Nachhaltige Kommunalpolitik –
ein Anforderungsprofil

Wolfgang Gernert
Norbert Konegen
Reinhard Meyers (Hrsg.)

Nachhaltige Kommunalpolitik – ein Anforderungsprofil

Rüdiger Robert
zum 65. Geburtstag

Waxmann 2010
Münster / New York / München / Berlin

Bibliografische Informationen der Deutschen Nationalbibliothek
Die Deutsche Nationalbibliothek verzeichnet diese Publikation in
der Deutschen Nationalbibliografie; detaillierte bibliografische
Daten sind im Internet über http://dnb.d-nb.de abrufbar.

Gedruckt mit freundlicher Unterstützung des
Landschaftsverbandes Westfalen-Lippe

Für die Menschen.
    Für Westfalen-Lippe.

ISBN 978-3-8309-2341-1

© Waxmann Verlag GmbH, 2010
Postfach 8603, D-48046 Münster

www.waxmann.com
info@waxmann.com

Umschlaggestaltung: Christian Averbeck, Münster
Titelgrafik: Heiko Sakurai
Alle Fotos, sofern nicht anders angegeben, stammen
von den Autorinnen und Autoren.
Satz: Stoddart Satz- und Layoutservice, Münster
Druck: Hubert & Co., Göttingen

Gedruckt auf alterungsbeständigem Papier,
säurefrei gemäß ISO 9706

Alle Rechte vorbehalten
Printed in Germany

Inhalt

Vorwort 7

I. Orientierungen und Konzepte

Gerhard W. Wittkämper
Was heißt – und zu welchem Zweck dient –
nachhaltige Kommunalpolitik?... 9

Paul Kevenhörster
Wann ist Politik nachhaltig? Anforderungsprofile in
sieben Politikfeldern 19

Hiltrud Naßmacher
Kommunale Innovationen und Demokratie.. 39

Hannes Rehm
Ziele und Steuerungsansätze einer nachhaltigen
kommunalen Finanzpolitik 57

II. Aufgaben und Themenfelder

Klaus Beck
Das kommunale Mandat – Entscheidungsträger im Spannungsfeld
von Dilettantismus und Professionalität – am Beispiel des
Rates der Stadt Telgte im Zeitraum von 1975 bis 2009 69

Manfred Scholle
Der Trend zur Rekommunalisierung – Chance oder Risiko? 95

Wolfgang Gernert
Integration durch Teilhabe.
Zur Umsetzung einer Leitidee in der regionalen Sozialpolitik 109

Eberhard Christ
Kommunale Eisenbahn – ein Modell von gestern? 129

Dietrich Meendermann
Interkommunale Zusammenarbeit in der Abwasserwirtschaft –
ein Instrument zur Stärkung lokaler Autonomie 145

Annette Zimmer und Friedrich Paulsen
Kommune als Raum bürgerschaftlichen Engagements –
Zivilgesellschaft in Münster 159

III. Kommunale Finanzen – dornige Wege zur Nachhaltigkeit

Martin Junkernheinrich
Kommunalverschuldung: zur Transparenz und Rückführung
kommunaler Schulden 175

Florian Boettcher
Wege aus der Schuldenfalle: ein Vorschlag zur Lösung des
kommunalen Schuldenproblems in Nordrhein-Westfalen 199

Norbert Konegen
Cross-Border-Leasing-Transaktionen – ein kommunales
Finanzierungsinstrument mit programmiertem Absturz 219

IV. Exkurs

Walther Keim
Keiner lebt für sich allein.
Körpersprache und Kommunikation in der Gemeinde 241

Reinhard Meyers
Politikwissenschaft und Kommunalpolitik –
fruchtbare Verbindung von Theorie und Praxis 251

Autorinnen und Autoren 263

Vorwort

Die Begriffe „Nachhaltigkeit" bzw. „nachhaltige Entwicklung" weisen in der aktuellen wissenschaftlichen Diskussion eine erstaunliche Bedeutungsvielfalt auf. Diese Feststellung gilt auch und vor allem für die Sozial- und Wirtschaftswissenschaften. So formulierte Meadows in „The Limits of Growth" 1972: „We are searching for a model output that represents a world system that is: 1. sustainable without sudden and uncontrollable collapse …". Meadows zielte mit dieser Aussage auf einen Zustand des globalen Gleichgewichts im weiteren Sinne.

Das als Brundtland-Bericht bezeichnete Abschlussdokument „Unsere gemeinsame Zukunft" (1987) zeigt langfristige entwicklungspolitische Perspektiven auf, die zugleich umweltverträglich angelegt sind. Das Konzept bietet folgende politische Zielorientierung: „Entwicklung zukunftsfähig zu machen, heißt, dass die gegenwärtige Generation ihre Bedürfnisse befriedigt, ohne die Fähigkeit der zukünftigen Generation zu gefährden, ihre eigenen Bedürfnisse befriedigen zu können." Damit wird erstmals eine umfassende politische Strategie formuliert, die die Befunde und Aufgabenfelder einzelner Politikbereiche und Politikfelder zu einer Gesamtschau integriert.

Die Begriffe „Nachhaltigkeit" und „nachhaltige Entwicklung" fanden ebenso Eingang in unterschiedliche sozial- und wirtschaftswissenschaftliche Teildisziplinen wie etwa die der Finanz- und Wirtschaftspolitik, aber auch die der Politikwissenschaft. So definiert beispielsweise Bernd Klauer 1999: „Die Gemeinsamkeit aller Nachhaltigkeitsdefinitionen ist der Erhalt eines Systems bzw. bestimmter Charakteristika eines Systems, sei es die Produktionskapazität des sozialen Systems oder des lebenserhaltenden ökologischen Systems. Es soll also immer etwas bewahrt werden zum Wohl zukünftiger Generationen."

Aus dieser Bedeutungsvielfalt lassen sich vier Komponenten des Nachhaltigkeitsbegriffs ableiten, die sich im Vollzug der sozialen Wirklichkeit gegenseitig bedingen sowie ergänzen und damit soziale Realitäten prägen und schaffen. Sie gelten deshalb auch als die konzeptionellen Richtpunkte dieser Schrift. Es handelt sich um

- die ökologische Nachhaltigkeit: Ziel dieser Systemkomponente ist es, Natur- und Umweltressourcen für die nachfolgenden Generationen zu bewahren. Sie schließt den Erhalt der Artenvielfalt, den Klimaschutz, die Pflege von Kultur- und Landschaftsräumen in ihrer ursprünglichen Gestalt und einen pfleglichen Umgang mit der natürlichen Umgebung ein.
- Die ökonomische Nachhaltigkeit: Nach dieser Vorgabe ist die Art des Wirtschaftens so zu gestalten, dass sie unter Beachtung des Schutzes wirtschaftlicher Ressourcen vor Ausbeutung eine tragfähige Basis für die Produktion sowie den Konsum und damit für materiellen Wohlstand bietet.
- Die soziale Nachhaltigkeit: Diese Zielvorgabe postuliert die Entwicklung gesellschaftlicher Partizipationschancen und -wege für alle Gesellschaftsmitglieder mit dem Ziel, einen Ausgleich sozialer Kräfte anzustreben, um eine dauerhafte sowie zukunftsorientierte und damit lebenswerte gesellschaftliche Situationen zu erreichen.

- Die digitale Nachhaltigkeit: Dieser relativ neue Systembefund meint eine langfrist- und problemorientierte Entwicklung digitaler Wissensgüter mit dem Ziel des freien Zugriffs der Individuen auf das kollektive Wissen durch das Angebot von Open Source Software, Open Standards, Open Content und Open Access.

Die Beiträge dieses Bandes behandeln im Wesentlichen Fragen und Befunde aus dem Politikfeld „Kommunalpolitik", vornehmlich unter den Rahmenbedingungen ökonomischer und sozialer Nachhaltigkeit. Sie charakterisieren damit u.a. Bereiche, mit denen sich Rüdiger Robert als Wissenschaftler intensiv lehrend, forschend und publizierend auseinandersetzt. Dabei kommen ihm unverkennbar seine langjährigen Erfahrungen aus seiner kommunalpolitischen Praxis ergänzend und bereichernd zugute.

Daher war es Ziel der Herausgeber, Wissenschaftler und kommunale Praktiker mit der Bitte zusammenzuführen, aus ihrer jeweiligen Perspektive Antworten auf die schwierigen und aktuellen Fragen einer nachhaltigen Kommunalpolitik auf den Feldern Orientierungen und Konzepte, Aufgaben und Themenfelder sowie kommunale Finanzen zu finden. Der guten Ordnung halber sei hinzugefügt, dass die Verantwortung für die Inhalte der Beiträge bei den jeweiligen Autoren bzw. den Autorinnen liegt.

Bedanken möchten wir uns bei allen, die engagiert zum Gelingen dieser Schrift beigetragen haben. Unser Dank gilt vor allem den Mitarbeiterinnen unseres Instituts Frau Daniela Schlicht und Frau Shazia Saleem. Sie ertrugen die Mühen des Korrekturlesens mit Gelassenheit und haben diese Arbeit mit Umsicht und Tatkraft ausgeführt. Das frühe Interesse der Verlegerin, Frau Dr. Ursula Heckel, am Gelingen dieser Schrift sowie ihre begleitende Kooperationsbereitschaft wussten die Herausgeber stets zu schätzen.

Köln und Münster im Frühjahr 2010
Wolfgang Gernert, Norbert Konegen, Reinhard Meyers

Gerhard W. Wittkämper

Was heißt – und zu welchem Zweck dient – nachhaltige Kommunalpolitik?

1. Einführung

Ein wichtiges Ergebnis der Konferenz der Vereinten Nationen für Umwelt und Entwicklung im Juni 1992 in Rio de Janeiro war die Agenda 21, die zu einer globalen Partnerschaft für eine nachhaltige Entwicklung aufrief. Nach dem Verständnis der Konferenz werden in der Agenda 21 „die dringlichsten Probleme von heute angesprochen, während gleichzeitig versucht wird, die Welt auf die Herausforderungen des nächsten, also des 21. Jahrhunderts, vorzubereiten" (Agenda 21: 1.1, 1.3).

Der Rolle der Kommunen widmet die Agenda ein kurzes eigenes Kapitel 28, in dem sie betont, die Beteiligung und Mitwirkung der Kommunen sei „ein entscheidender Faktor bei der Verwirklichung der in der Agenda enthaltenen Ziele" und weiter: „Kommunen errichten, verwalten und unterhalten die wirtschaftliche, soziale und ökologische Infrastruktur, überwachen den Planungsablauf, entscheiden über die kommunale Umweltpolitik und kommunale Umweltvorschriften und wirken außerdem an der Umsetzung der nationalen und regionalen Umweltpolitik mit. Als Politik- und Verwaltungsebene, die den Bürgern am nächsten ist, spielen sie eine entscheidende Rolle bei der Informierung und Mobilisierung der Öffentlichkeit und ihrer Sensibilisierung für eine nachhaltige, umweltverträgliche Entwicklung" (Agenda 21: 28.1). Damit ist auf die zahlreichen Aufgaben des Umweltschutzes hingewiesen, die die Kommunen (kreisfreie Städte, Kreise kreisangehörige Städte und Gemeinden) im Rahmen der kommunalen Selbstverwaltung (Art. 28, Abs. 2 GG) als Selbstverwaltungs- bzw. als Auftragsangelegenheiten (eigener bzw. übertragener Wirkungskreis) wahrnehmen (Erbguth & Schlacke 2008: 74; RSU 2007: 104ff.).

Für Deutschland betonen die kommunalen Spitzenverbände (Deutscher Städte- und Landkreistag, Deutscher Städte- und Gemeindebund) im „Fortschrittsbericht 2008 zur nationalen Nachhaltigkeitsstrategie", Nachhaltigkeit werde mehr und mehr zum zentralen Leitbild kommunaler Politik, nicht nur bezogen auf ökologisches Handeln, sondern auch in den Bereichen des Sozialen und der Ökonomie (vgl. Fortschrittsbericht 2008: 196). Auch weist der Bericht beispielhaft auf den Klimaschutz, die nachhaltige Stadtentwicklung und die Reduzierung der Flächeninanspruchnahme sowie auf Energieeinsparung und Energieeffizienz als „Eckpfeiler kommunalen Handelns" hin. Zugleich betont er aber auch, dass für die aktive Gestaltung einer nachhaltigen Politik auf kommunaler Ebene die Unterstützung durch den Bund und die Länder erforderlich sei (a.a.O.: 196–199), um die umweltpolitische Handlungsfähigkeit der Kommunen zu sichern (RSU 2004). Bei aller Klarheit darüber, dass der Themenkomplex der Nachhaltigkeit auf den Fundamenten Ökologie, Ökonomie und Sozialität ruht, gehen die kommunalen Spitzenverbände in ihrer Pragmatik jedoch nicht weiter auf die Konzeptionen nachhaltiger Entwicklung (Konzepte schwacher und starker Nachhaltigkeit) ein (RSU 2002: 57–69).

Die Umweltpolitik hat seit jeher mit einer Vielzahl von theoretischen und praktischen institutionellen Problemen zu kämpfen (Gawel 1996). Derzeit ist „ein zentrales Element der aktuellen Verwaltungsreformen" (RSU 2007: 104ff.) die sogenannte Kommunalisierung von Umweltschutzaufgaben. Dabei werden unter dem Begriff der Kommunalisierung „sehr unterschiedliche Formen der Aufgabenverlagerung von höheren Verwaltungsebenen auf die Landkreise und die Gemeinden zusammengefasst" (ebd.).

Nachhaltige Kommunalpolitik ist ein komplexes Handlungsfeld voller Dynamik, gesteigert durch die wachsenden und vielfältigen regionalen grenzüberschreitenden Vernetzungen in Europa (Röper 2004: 302ff.). Dieser Befund gilt für die Fachbereiche Naturschutz, Gewässerschutz, Bodenschutz, Abfall, Immissionsschutz, Klimaschutz und Energiemanagement sowie für die Umweltmanagement- und Querschnittsaufgaben (Deutscher Städtetag 2001).

2. Komplexitätsbeispiele nachhaltiger Kommunalpolitik

2.1 Klimawandel

Die Arbeiten des Intergovernmental Panel on Climate Change (IPCC 2007) und von Stern (2007) haben gezeigt, dass der Klimawandel mit seinen heiß diskutierten Kippelementen (PIK 2009) eine der größten Herausforderungen in Gegenwart und Zukunft ist. Nicht zuletzt deshalb stellte der RSU sein Jahresgutachten 2008 unter das Generalthema: „Umweltschutz im Zeichen des Klimawandels" (RSU 2008).

Vieles von dem, was auf internationaler, europäischer, nationaler und subnationaler Ebene für den Klimaschutz entschieden und umgesetzt werden soll, ist von der kommunalen Ebene als Umsetzungsebene abhängig. „Hier verdichten sich die technologischen, ökonomischen und ökologischen Herausforderungen, vor denen wir stehen" (Fortschrittsbericht 2008: 196), oder, wie es Henning Jensen als Berichterstatter vom Ausschuss der Regionen für die lokalen und regionalen Gebietskörperschaften ausdrückte: „Der Klimawandel ist eine Tatsache, und wir müssen Maßnahmen zu seiner Bekämpfung ergreifen. Jedoch manifestiert sich der Klimawandel (…) auf unterschiedliche Weise. Auch wenn der Klimawandel ein globales Thema ist, sind seine Folgen immer lokal (…). Jede Regierungs- und Verwaltungsebene hat daher ihre eigene wichtige Rolle, nicht nur bei der Bewältigung der Folgen des Klimawandels, sondern auch bei der Prävention …" (Jensen 2009: 5).

Die Klimapolitik mit ihrer von Jensen angesprochenen Mehrebenenstruktur ist ein hervorragendes Beispiel für die Fruchtbarkeit des Multi-Level-Governance-Ansatzes (Knodt & Große Hüttmann 2006). Einen Beleg dafür hat Axel Welge mit seiner Arbeit über „Europäische, nationale und städtische Klimapolitik" geliefert (Welge 2008: 211ff.); ergänzt durch die politische Erklärung 2008 „Global denken, lokal handeln" der kommunalen Spitzenverbände und des Bundesministeriums für Umwelt, Naturschutz und Reaktorsicherheit (Erklärung 2008).

Oftmals von der Öffentlichkeit nicht wahrgenommen, engagieren sich die Kommunen in einer Vielzahl von Projekten, um ihren Beitrag zur umweltpolitischen Zielerreichung der Bundesregierung zu leisten:
- Die Senkung der Treibhausgasemissionen bis 2020 um 40% gegenüber 1990,
- den Ausbau der erneuerbaren Energien im Strombereich auf 30% und der Kraft-Wärme-Kopplung auf 25% bis 2020,
- die Steigerung des Beitrags der erneuerbaren Energien im Wärmebereich auf 14% bis 2020
- und die Verdoppelung der Energieproduktivität bis 2020 gegenüber 1990.

Um die Komplexität der Aufgabe „Klimaschutz vor Ort" zu begreifen, ist es wichtig, die sich in den Schwerpunktthemen des Positionspapiers des Deutschen Städtetages „Klimaschutz in den Städten" (DST 2008: 212f.) darstellenden Handlungsfelder zur Kenntnis zu nehmen :
1. Energieerzeugung mit a) Bau/Erneuerung von Kraftwerken, b) Erneuerbare Energien, c) Kraft-Wärme-Kopplung, d) Effizienter Betrieb von Stromnetzen,
2. Energieeinsparung/Energieeffizienz,
3. Entsorgungsinfrastruktur,
4. Stadtentwicklungsplanung/Bauleitplanung/Wohnungswesen,
5. Verkehr und
6. Öffentlichkeitsarbeit.

Allein im Handlungsfeld der Stadtentwicklungplanung nennt der DST 14 konkrete Handlungsziele (DST 2008: 219f.). Die Veröffentlichungen einer Vielzahl von Umsetzungsbeispielen von DST und DStGB zeigen, dass mit Hilfe bestimmter Projekte die Umsetzung der Zielsetzungen auch praktisch abgestrebt wird DST und DStGB 2007; DStGB 2006: 2007). Diese Zielmatrix kann als Herausforderung verstanden werden, „Visionen künftigen Städtebaus und urbaner Lebensweisen" zu erarbeiten (Thema der internationalen Konferenz „Urban Futures" der Heinrich Böll Stiftung im Juli 2009). Kurzum, der zentrale Akteur in der „Deutsche(n) Anpassungsstrategie an den Klimawandel" (Bundesregierung 2008 A) sind die die Kommunen.

2.2 Reduktion verkehrsbedingter Schadstoffbelastungen

Im Sondergutachten „Umwelt und Straßenverkehr" (RSU 2005) hat der RSU ausführlich die bestehenden Auswirkungen des Straßenverkehrs auf Menschen und Umwelt in den Bereichen Gesundheit und Lebensqualität, Natur und Landschaft, sowie Klima behandelt. Er gab Prognosen zur Verkehrsentwicklung ab und erarbeitete nach der Analyse von Akteursverhalten sowie den Rahmenbedingungen der Verkehrspolitik unter Berücksichtigung ihrer normativen Grundlagen und Ziele, verkehrspolitische Strategien. Sie umfassen Maßnahmen wie beispielsweise die Reduktion von Lärmemissionen, eine Verringerung klassischer Luftschadstoffe, die Senkung des Kraftstoffverbrauchs sowie die Verringerung von CO_2-Emissionen und die Nutzung der Potentiale alternativer Kraftstoffe zur Emissionsreduktion. Besondere Bedeutung haben nach dem RSU Maßnahmen der Verkehrswege- und Raumplanung, der Verkehrslenkung sowie der Korrektur verkehrserzeugender Anreize. In diesen Maßnahmenbereichen sind die kommunalen Akteure von besonderer Wichtigkeit, zumal ihre Aufgabenfelder vor allem im innerörtlichen Verkehr und in der örtlichen Verkehrsplanung liegen.

Auf der Basis europäischer Richtlinien (Erbguth & Schlacke 2008: 144–146) und ihrer Umsetzung im Bundesimmissionsschutzgesetz erarbeitete der DST eine Arbeitshilfe, um die verkehrsbedingten Schadenstoffbelastungen in den Städten zu vermindern (DST 2004A). In ihr spiegelt sich als weiteres Beispiel für die Komplexität der Arbeitsfelder nachhaltiger Kommunalpolitik die Vielzahl der Organisationsaufgaben und der Umsetzungsfelder wider, die dem Ziel der Reduktion verkehrsbedingter Schadenstoffbelastungen dienen sollen. Zu den Organisationsaufgaben zählen Bereiche, die im Zusammenhang mit der Erstellung von Luftreinhalte- und Maßnahmeplänen sowie innerkommunale und regionale Koordination fallen.

Zu den Organisationsaufgaben gehören die Erstellung von Luftreinhaltungs- und Maßnahmeplänen sowie ihre Abstimmung auf kommunaler und regionaler Ebene. Die Umsetzungsfelder umfassen die strategische Rahmenplanung, die Verzahnung der Regional-, Kommunalentwicklungs-, Bauleit- und Verkehrsplanung zu einer integrierten Gesamtverkehrsplanung; Maßnahmen im Bereich des motorisierten Individualverkehrs (Verkehrs- und Mobilitätsmanagement), Förderung des ÖPNV und des Radverkehrs sowie der intelligente Umgang mit dem ruhenden Verkehr. Weitere Umsetzungsfelder beziehen sich auf ordnungspolitische Maßnahmen sowie solche zur verbesserten Abwicklung und/oder Reduktion des Güterverkehrs.

2.3 Ausblick

Mit diesen Beispielen der kommunalen Aufgaben im Bereich des Klimaschutzes und bei der Reduktion verkehrsbedingter Schadenstoffbelastungen ist hinreichend belegt, wie komplex kommunale Aufgabenpakete sind und was sich hinter einfach klingenden Begriffen wie „Klimaschutz" und „Schadstoffminderung" in der kommunalen Wirklichkeit verbirgt. Dabei sind hier im Verfahren der isolierenden Abstraktion diejenigen Herausforderungen nicht genannt worden, die sich z.B. aus den Interessenlagen unterschiedlicher Einwohner und unterschiedlicher Akteure aus den produzierenden und verarbeitenden Gewerben sowie aus dem Dienstleistungssektor ergeben. Das Thema der „sich verändernden institutionellen Arrangements zwischen Rat, Verwaltung und Kommunalwirtschaft einerseits, zwischen Kommune, ortsansässiger Wirtschaft sowie der Bürgerschaft andererseits" (Libbe, Tomerius & Trapp 2001: 88ff.), wirft Fragen der Strategien kommunaler umweltpolitischer Steuerung auf und stellt möglicherweise auch „die Rolle und Funktion von Kommunen als Orte lokaler Demokratie" (ebd.) infrage.

3. Der Fall „Stadtökologie"

Die Stadt als die vorherrschende Siedlungsform des industriellen und postindustriellen Zeitalters sowie andere hoch verdichtete kommunale Siedlungsregionen mit ihren sozialen, wirtschaftlichen, technischen, kulturellen, administrativen sowie infrastrukturellen Strukturen und Prozessen stehen vor besonderen Herausforderungen (Ritter 1996). Mit dem Befund: „Die Weltbevölkerung verstädtert", macht das Bundesinstitut für Bevölkerungsforschung (BfB) darauf aufmerksam, dass derzeit mehr als drei Milliarden Menschen, also knapp die Hälfte der Weltbevölkerung, in Städten leben. Den höchsten Verstädterungsgrad weisen die Industrieländer Europas und Nordamerikas mit 72 Prozent bzw. 81 Prozent urbaner Bevölkerung auf, gefolgt von den Ländern Lateinamerikas sowie der Karibik mit einem Anteil von 77 Prozent. Beachtet man zusätzlich die tendenziellen Entwicklungen in Afrika und Asien mit derzeit noch geringerem, jedoch schnell wachsendem Anteil der Stadtbevölkerung, so ergibt sich der Befund: „Das Weltbevölkerungswachstum wird (…) fast ausschließlich ein Wachstum der Stadtbevölkerung sein" (BfB 2008: 75).

Vor diesem Hintergrund entstanden in den Anfängen des 17.–19. Jahrhunderts aus dem Denken in biotischen und abiotischen Systemen einerseits sowie in urbanen Systemen andererseits, Denkansätze zu verdichteten Stadtregionen „als Ökosystemkomplexe. Ihre Erforschung verband die verschiedenen naturwissenschaftlichen Disziplinen und wirkte in die Sozial-, Kultur- und Humanwissenschaften hinein (Ritter 1996: 12f.; 147–220).

Seit „Mitte der achtziger Jahre (des 20. Jahrhunderts, der Verf.), entwickelten die Kommunen ein gesamthaftes Verständnis für ihre ökologische Situation; sie begannen, Stadtökologie als eigenständige Aufgabe zu begreifen und dazu ihre eigenen Potentiale zu mobilisieren" (Ritter a.a.O.: 280). Insoweit verbindet sich mit dem Begriff „Stadtökologie" eine Wandlung des Selbstverständnisses in Bezug auf die umweltpolitische Rolle der Kommunen. Sie begreifen sich nicht mehr als verlängerter Arm des Staates (Vollzugsorgan), vielmehr sehen sie sich als eigenständiger Akteur, der sein kommunalökologisches Wirkungspotential im eigenen und übertragenen Wirkungskreis ganzheitlich begreift.

Parallel dazu entwickelten sich Forschungseinrichtungen, -fragen und -ziele, für die stellvertretend das Konzept des Departement Stadtökologie, Umweltplanung und Verkehr des Helmholtz Zentrums für Umweltforschung (UFZ) Leipzig, zitiert werden soll: „Mit dem Konzept der dauerhaft umweltgerechten Entwicklung von Stadtregionen – als integrativem Bestandteil einer nachhaltigen Stadtentwicklung – soll … unerwünschten Auswirkungen" ökologischer Belastungen und Umweltrisiken „begegnet bzw. ihrem Entstehen vorgebeugt werden" (www.ufz.de, 27.08.2009).

Die Stadtökologie und das neue Selbstverständnis der kommunalen Ebene im Gesamtgefüge aller umweltpolitischen Handlungsträger haben zu einer zunehmenden Identifizierung der Besonderheiten kommunaler Umweltpolitik geführt. Dazu zählen ganzheitliches Denken und ganzheitlicher Einsatz des Arsenals an ökologisch wirksamen Instrumenten im regulativen sowie im fiskalisch-ökonomischen und im planerischen Bereich. Am Ende dieses Weges wird die ganz selbstverständlich wahrgenommene Aufgabe stehen, kommunalökologische Prozesse strategisch und operational zu gestalten und zu steuern, die Gestaltungsverantwortung für die je und je verschiedene kommunalökologische Politik bis zur ökologischen Gemeinde- und Stadterneuerung zu tragen, ohne die Restriktionen aus zu beachtenden unterschiedlichen Interessenlagen, widerstreitenden Anliegen und Spannungen zwischen einzelnen Umweltzielen aus dem Blick zu verlieren (Ritter a.a.O.: 281–300).

Dieses neue Selbstverständnis ist vor dem Hintergrund der oben dargestellten demografischen Entwicklungen in seiner Bedeutung für die ökologische Zukunftsfähigkeit kaum zu überschätzen. Es darf der Optimierung kommunaler Umweltpolitik z.B. durch interkommunale Zusammenarbeit und interkommunalen Clustern, nicht im Wege stehen. Eine Erarbeitung dafür notwendiger Optimierungskriterien gilt als zukunftsweisende Aufgabe im Rahmen einer Kooperation zwischen kommunalökologischer Praxis und Kommunalwissenschaft unter besonderer Berücksichtigung der Stadtökologie-Wissenschaft.

4. Standortfaktor Umwelt? – Standortfaktor Umwelt!

Durch die Finanzmarktkrise und ihre Auswirkungen auf die Realwirtschaft sowie auf die Beschäftigung wird die von der Deutschen Bundesbank im Rahmen einer Analyse der Entwicklung der Gemeindefinanzen seit 2000 festgestellte „weiterhin angespannte Haushaltslage in vielen Gemeinden" sich erneut verschärfen (Bundesbank 2007: 29ff.)

Daher ist es u.a. mehr denn je notwendig, „die wirtschaftlichen Grundlagen für die örtlichen Unternehmen zu sichern und entsprechende Voraussetzungen für den Bestand an Unternehmen sowie für Neuansiedlungen/Neugründungen zu schaffen" (DST 2004 B: 3). So kommt es immer wieder und besonders in Krisenzeiten zu Diskussionen über den Umweltschutz als Investitionshemmnis, als Verursacher von Sach-, Personal- und/oder Finanzkosten. Davon zu trennen sind Fragen der Überbürokratisierung der Strukturen und Verfahren sowie Fragen der Kosten durch Bürokratieüberwälzung.

Klemmer hat früh davor gewarnt, die Umweltpolitik unüberprüft zu einer Art Wachstumsmotor hoch zu stilisieren. Er riet davon ab, sich auf die positiven Beschäftigungswirkungen zu verlassen oder den umweltpolitisch induzierten Aufbau völlig neuer Beschäftigungszweige zu fördern und diese damit als Vehikel staatlicher Beschäftigungspolitik zu pervertieren. Er warnte vor der Gefahr, dass, losgelöst von den umweltpolitisch notwendigen Prioritätensetzungen einseitig jene umweltpolitischen Aktivitäten gefördert würden, die große Beschäftigungseffekte versprächen. Deshalb gilt auch für die kommunale Ebene der von ihm betonte Grundsatz: „Man muss den (...) Kosten des Umweltschutzes die vom praktischen Umweltschutz induzierten Nutzen gegenüberstellen und den Nachweis erbringen, dass der Nutzen des Umweltschutzes die Kosten des Umweltschutzes deutlich übersteigt, und die Kosten des unterlassenen Umweltschutzes über den Vermeidungskosten liegen" (Klemmer 1992: 22). Dieser Grundsatz, sich strikt an Kosten-Nutzen-Kriterien zu halten, ist auch beim Umgang mit dem Standortfaktor „Umwelt" stets zu beachten. Dabei sollten, nicht zu früh im jeweiligen Entscheidungsprozess, Standortfaktoren, insbesondere weiche, und Standortfaktoren im Bereich der Umweltqualität, als nicht quantifizierbar unbewertet gelassen werden. (Bundesumweltministerium und Umweltbundesamt 2001: 187ff., 505ff.).

Ende der 1990er Jahre führte das Deutsche Institut für Urbanistik (Difu) die Untersuchung: „Ökologisch orientierte Wirtschaftspolitik in den Städten" durch. Ziel war es, „gemeinsam mit fünf Städten Ansatzpunkte, Instrumente und Chancen einer ökologisch orientierten Wirtschaftspolitik auf der kommunalen Ebene zu erfassen" (DST 2004B: 5).

Der Deutsche Städtetag hat die Ergebnisse dieser Untersuchung und Beispiele für Kooperationsprojekte von Wirtschaft und Stadt für 12 Städte dokumentiert. Diese Arbeit liefert anhand praktischer Beispiele Belege für die Chancen einer ökologisch orientierten Kommunal-Wirtschaftspolitik (ebd.: 7–34).

Davon zu trennen ist die Frage, welche Bedeutung die Umweltschutz- und -erhaltungspolitik einerseits und die Umweltqualität einer Gemeinde oder Stadt samt ihrer Umgebung andererseits, als Standortfaktor haben. Die Antwort darauf geben die Befunde wirtschaftsgeografischer und anderer Untersuchungen zu den sog. harten und weichen Standortfaktoren. Inzwischen liegen, theoretisch plausibel und/oder empirisch bestätigte Befunde der Standortfaktorenforschung vor, um im Wettbewerb der Kommunen und Regionen die eigenen Standortfaktoren der Umweltqualität zu bewerben bzw. im kommunalen Marketing einzusetzen (Schätzl 2003; Schöler 2005). Allerdings wäre eine Erweiterung und Vertiefung der Forschungen zum Standortfaktor „Umwelt" in Deutschland und Europa wünschenswert. Dabei kann es eine Frage sein, welche Bedeutung und Verbreitung EMAS (Eco-Management and Audit Scheme), das Gemeinschaftssystem für das freiwillige Umweltmanagement und die Umweltbetriebsprüfung auf der Basis der Verordnung (EG) Nr. 761/2001, für die Kommunen hat.

5. Zusammenfassung

Nachhaltigkeit ist mehr und mehr zum zentralen Leitbild von Kommunen geworden. Dazu hat auch die sog. Kommunalisierung von Umweltschutzaufgaben beigetragen. Die Teilaufgaben, die Felder wie Klimaschutz oder die Reduktion von Schadstoffbelastungen im kommunalen Bereich umfassen, sind von großer Komplexität. Auch dies hat dazu beigetragen, ein neues Selbstverständnis der Kommunen Ebene im Gesamtgefüge aller umweltpolitischen Handlungsträger zu entwickeln. Die Stärkung der Kommunen stellt einen Gegenentwurf zu ihrem Selbstverständnis als verlängertem Arm der staatlichen Bund-Länder-Ebene dar. Bund und Länder werden im zweiten Modell umweltpolitischer Praxis auch als Transformatoren der globalen und transnational-regionalen Verpflichtungen verstanden. Nach neuem Selbstverständnis ist die Kommune dafür zuständig, kommunalökologische Prozesse strategisch und operational ganzheitlich unter Beachtung des Kooperationsprinzips zu gestalten. Weiterhin beinhaltet das „neue" kommunale Aufgabenspektrum die Optimierung kommunaler Umweltpolitik, sowohl durch interkommunale Zusammenarbeit in vielen möglichen Formen als auch durch die

Nutzung der Clusterpotentiale und der Möglichkeiten von Public-Private-Partnerships. Im Bereich der Optimierungskriterien besteht dringender Forschungsbedarf in enger Zusammenarbeit mit den kommunalen Spitzenverbänden.

Praktische Belege für die Chancen einer ökologisch orientierten Kommunal-Wirtschaftspolitik sollten dazu ermuntern, dieses Politikfeld systematisch und theoretisch zu untermauern, auch durch die Weiterführung der Analyse von Best-Practice-Beispielen. Vor dem Hintergrund des intensiven Standortwettbewerbs in Deutschland und der EU bedarf eine bedeutsame Frage ebenfalls einer Klärung: Welche Bedeutung haben Umweltschutz- und Umwelterhaltungspolitik einer Stadt oder Gemeinde sowie die umfassend verstandene Umweltqualität unter Einbeziehung aller Umweltmedien wie Boden, Luft, Wasser, Klima und Landschaft als Standortfaktor. Diese Forderung gilt nicht nur für den primären und sekundären Sektor, sondern angesichts seiner stetig wachsenden Bedeutung gerade auch für den tertiären Sektor. Solche Forschungen sollten von vorneherein europaorientiert mit dem Ziel geplant werden, u.a. europaweit Standorte repräsentativ vergleichend zu untersuchen.

Nachhaltige Kommunalpolitik ist ein eigenständiges Politikfeld, in dem die Aufgaben des eigenen und des übertragenen Wirkungskreises ganzheitlich strategisch und operational geplant und gestaltet werden. Dabei ist eine periodische Fortschreibung, die der Dynamik des Feldes Rechnung trägt, unerlässlich. Die Komplexität dieses Politikfeldes erfordert eine hohe Managementqualität. Das Politikfeld sollte einen gewichtigen Schwerpunkt des bewährten Zusammenwirkens von Wissenschaft und kommunaler Praxis bilden.

Abkürzungen

BfB	Bundesinstitut für Bevölkerungsforschung
BT	Bundestagsdrucksache
DST	Deutscher Städtetag
DStGB	Deutscher Städte- und Gemeindebund
EG	Europäische Gemeinschaft
IPCC	International Panel on Climate Change
ÖPNV	Öffentlicher Personennahverkehr
PIK	Potsdam-Institut für Klimafolgen-Forschung
RSU	Sachverständigenrat für Umweltfragen (vormals: Rat der Sachverständigen für Umweltfragen)
ZAU	Zeitschrift für angewandte Umweltforschung

6. Literatur

Zeitschriften

Deutsche Bundesbank. (Juli 2007). Monatsbericht. *Zur Entwicklung der Gemeindefinanzen seit dem Jahr 2000*. Frankfurt a. Main.

Gawel, E. (Hrsg.). (1996). *Institutionelle Probleme der Umweltpolitik*. Berlin: Analytika (Sonderheft 8/1996 ZAU).

Jensen, H. (2009). *Der Klimawandel ist ein globales Thema, aber seine Folgen sind immer lokal*. Regionen und Gemeinden Europas. Nr. 65.

Klemmer, P. (1992). *Nutzen des Umweltschutzes – ausgewählte Ergebnisse und methodische Zwischenbilanz eines Forschungsprogramms,* in: Junkernheinrich, M. & Klemmer, P. (Hrsg.). (1992). Wirtschaftlichkeit des Umweltschutzes. Berlin: Analytika (Sonderheft 3/1992 ZAU).

Libbe, J., Tomerius, St. & Trapp, J.H. (2001). *Kommunale Umweltpolitik im Zeitalter von Liberalisierung und Privatisierung*. Zeitschrift für angewandte Umweltforschung, 14 (1–4).

Ritter, E-H. (Hrsg.). (1996). *Stadtökologie*. Berlin: Analytika (Sonderheft 6/1995 ZAU).

Röper, E. (2004). *EU-Demokratisierung mittels der EU-Regionen/Euregios*. Verwaltungsarchiv 95(3).

Welge, A. (2008). *Europäische, nationale und städtische Klimapolitik*. Eildienst Städtetag Nordrhein-Westfalen. Heft 9.

Bücher

Bundesinstitut für Bevölkerungsforschung & Statistisches Bundesamt (2008). *Bevölkerung – Daten, Fakten, Trends zum demografischen Wandel in Deutschland*. Wiebaden: Eigenverlag.

Bundesumweltministerium & Umweltbundesamt (2001). *Handbuch Umweltcontrolling*. 2. Aufl. München.

Erbguth, W. & Schlacke, S. (2008). *Umweltrecht*. 2. Aufl. Baden-Baden.

Knodt, M. & Große Hüttmann, M. (2006). *Der Multi-Level Governance-Ansatz*. In: H.-H. Bieling, M. Lerch (Hrsg.). (2006). Theorien der europäischen Integration. 2. Aufl. Wiesbaden.

Schätzl, L. (2003). *Wirtschaftsgeografie 1. Theorie*. 2. Aufl. Paderborn.

Schöler, K. (2005). *Raumwirtschaftstheorie*. München.

Stern, N. (2007). *The Economics of Climate Change*. Cambridge.

Gutachten, Berichte, Dokumente

Bundesministerium für Umwelt, Naturschutz und Reaktorsicherheit (Hrsg.). (1997). *Umweltpolitik Agenda 21*. Berlin.

Bundesregierung (Hrsg.). (2008A). *Deutsche Anpassungsstrategie an den Klimawandel*. Berlin. BT 16/11595.

Dies. (Hrsg.). (2008B). *Fortschrittsbericht 2008 zur nationalen Nachhaltigkeitsstrategie*. Berlin.

Deutscher Städtetag (2001). *Zukunft des kommunalen Umweltschutzes*. Umdruck U 5291. Köln.

Ders. (Hrsg.). (2004A). *Arbeitshilfe: Reduzierung verkehrsbedingter Schadstoffbelastungen in den Städten*. Köln.

Ders. (Hrsg.). (2004B). *Standortfaktor Umwelt – Ziele, Voraussetzungen und Beispiele einer ökologisch orientierten Wirtschaftspolitik in den Städten*. Köln.

Ders. (2008). *Positionspapier „Klimaschutz in den Städten".* Eildienst Städtetag Nordrhein-Westfalen. Heft 9.

Deutscher Städtetag Nordrhein-Westfalen (Hrsg.). (2008): *Global denken – lokal handeln. Politische Erklärung der kommunalen Spitzenverbände und des Bundesumweltministeriums vom 19. Juni 2008.* in: Welge, a.a.O.

Deutscher Städte- und Gemeindebund (2006). *Intelligenter Energieeinsatz in Städten und Gemeinden.* Berlin: DStGB Dokumentation Nr. 55.

Ders. (2007). *Chance Solarenergie.* Berlin: DStGB Dokumentation Nr. 71.

Deutscher Städtetag & Deutscher Städte- und Gemeindebund (2007). Städte und Gemeinden aktiv für den Klimaschutz. DStGB Dokumentation Nr. 69.

IPCC.Working Group I (2007). *Climate Change 2007. The Physical Science Basis.* Cambridge.

IPCC.Working Group II (2007). *Climate Change 2007. Impacts, Adaptation and Vulnerability.* Cambridge.

IPCC Working Group III (2007). *Climate Change 2007. Mitigation of Climate Change.* Cambridge.

PIK (2009). *Kippelemente bleiben „heißes" Thema.* Potsdam: Pressemitteilung 24.08.2009.

RSU (2002). *Umweltgutachten 2002. Für eine neue Vorreiterrolle.* Berlin. BT 14/8792.

Ders. (2004). *Umweltgutachten 2004. Umweltpolitische Handlungsfähigkeit sichern.* Berlin. BT 15/3600.

Ders. (2005). *Umwelt und Strassenverkehr.* Berlin. BT 15/5900.

Ders. (2007). *Umweltverwaltungen unter Reformdruck – Herausforderungen, Strategien, Perspektiven.* Berlin. BT 16/4690.

Ders. (2008). *Umweltgutachten 2008. Umweltschutz im Zeichen des Klimawandels.* Berlin. BT 16/9990.

Paul Kevenhörster
Wann ist Politik nachhaltig?
Anforderungsprofile in sieben Politikfeldern

1. Wann ist Politik nachhaltig?

Die internationale Staatengemeinschaft hat sich auf der Konferenz der Vereinten Nationen 1992 in Rio de Janeiro zum Leitbild der *Nachhaltigen Entwicklung* bekannt und dieses mit der Agenda 21 in ein globales Aktionsprogramm für das 21. Jahrhundert umgesetzt. Zuvor hatte die Brundtland-Kommission im Jahr 1987 die Strategie einer wirtschaftlich leistungsfähigen, sozial gerechten und ökologisch verträglichen Entwicklung umrissen. Eine dem Leitbild nachhaltiger Entwicklung verpflichtete Politik soll die Bedürfnisse der heutigen Generation mit den Lebenschancen zukünftiger Generationen so verknüpfen, dass die langfristige Entwicklung beiden gerecht wird (Bundesregierung 2002; Deutscher Bundestag 2002; Weltkommission 1987; Kevenhörster 2006). Diese Politik versteht den Grundsatz der Nachhaltigkeit nicht nur im Sinne ökologischer Herausforderung, sondern als „Handlungsanleitung für eine umfassende zukunftsfähige Politik, um der Generationen übergreifenden Verantwortung für eine ökonomisch, ökologisch und sozial tragfähige Entwicklung gerecht zu werden." (Bundesregierung 2002: 4).

Die Bilanzen der Politik sollen daher im Folgenden in sieben unterschiedlichen Politikfeldern am *Leitbild nachhaltiger Entwicklung* gemessen werden (Bundesregierung a.a.O.: 5). Kernfrage der Nachhaltigkeit ist der *Interessenausgleich zwischen den Generationen*, der auch künftigen Generationen gute Voraussetzungen für die Gestaltung ihres Lebens schaffen soll. Darum geht es insbesondere in der Debatte um die Staatsverschuldung, die Reform der Renten, die Kosten des Gesundheitswesens und den Erhalt natürlicher Lebensgrundlagen.

> Der dem Leitbild der Nachhaltigkeit zugrunde liegende ethische Grundsatz lautet: Jede Generation muss ihre Aufgaben selbst lösen und darf sie nicht kommenden Generationen aufbürden.

Im Folgenden geht es daher darum, die Politikbilanzen führender Industriestaaten, insbesondere der Bundesrepublik Deutschland, auf die Verwirklichung der jeweils eigenen Ziele im Lichte der Maßstäbe *nachhaltiger Entwicklung* zu prüfen. Dies soll in grundsätzlichen Umrissen in der Wirtschafts-, Haushalts-, Sozial-, Gesundheits-, Energie-, Bildungs- und Entwicklungspolitik geschehen.

Ganz im Sinne der Grundwerte Gleichheit und Gerechtigkeit schließt das Leitbild einer nachhaltigen Entwicklung das Ziel der *Generationengerechtigkeit* ein.

> Kernfrage nachhaltiger Entwicklung ist ein neuer Generationenvertrag, wie der notwendige Interessenausgleich zwischen den Generationen in der Debatte um Staatsverschuldung, Rentenreform und den Erhalt der natürlichen Lebensgrundlagen unterstreicht.

International hat ein analytisches Modell Verbreitung gefunden, das als *Nachhaltigkeitsdreieck* bezeichnet wird und *Umwelt*, *Soziales* und *Wirtschaft* als gleichrangige Elemente nachhaltiger Entwicklung betrachtet (Fues 1998: 8; Empacher, Wehling 2002). Aus ganzheitlicher Perspektive müssen deren Handlungserfordernisse miteinander in Einklang gebracht werden. Gelegentlich werden diese drei Dimensionen – wie etwa vom UN-Indikatorenprogramm – um eine Kategorie „Institutionen/Partizipation" erweitert.

2. Wie nachhaltig ist die Wirtschaftspolitik?

Im Bereich der Wirtschaftspolitik zielt Nachhaltigkeit auf die Schaffung von Arbeits- und Beschäftigungsbedingungen, die der Erhaltung und Weiterentwicklung des individuellen Arbeitsvermögens und des gesellschaftlichen Beschäftigungspotentials zugute kommen (Institut Arbeit und Technik 2003). Dabei geht es einerseits um die gesellschaftlichen Rahmenbedingungen betrieblichen Handelns und die Gestaltungsmöglichkeiten von Arbeitsprozessen, andererseits um Erfordernisse zukünftiger Arbeitszeitregulierung bei der Beschäftigungssicherung und der Verbindung von Erwerbstätigkeit und Qualifikation. Fundamentale Herausforderungen stellen dabei der Wandel von der Industrie- zur Dienstleistungsgesellschaft dar, ferner die Folgen einer alternden Gesellschaft und der ständige Wandel der Organisationsformen von Unternehmen. Von einer neuen Balance von Arbeitsanforderungen und Ressourcen hängen sowohl Umfang als auch Qualität zukünftiger Beschäftigung ab. Der Beschäftigungspolitik stellt sich die Aufgabe, die Entwicklung von Arbeitssystemen zu fördern, die nicht nur die maximale Ausschöpfung des Potentials der Beschäftigten anstreben, sondern auch die Regeneration des Arbeitsvermögens und den Aufbau neuer Ressourcen in den Arbeitsprozess integrieren. Daraus ergibt sich die Frage nach dem Sinn und den möglichen Konturen künftiger gesellschaftlicher Arbeitszeitstandards und darüber hinaus nach notwendigen Reformen der Regulierung von Arbeit.

Eine *nachhaltige Wirtschaftspolitik* zielt auf eine langfristig wirksame wirtschaftliche Zukunftsvorsorge (Bundesregierung 2002 a.a.O.: 105). Entscheidende Voraussetzung dieser Politik ist die Schaffung günstiger Investitionsbedingungen. Nur wenn diese und leistungsfähiges Humankapital vorhanden sind, ist eine Sicherung eines hohen Beschäftigungsniveaus und einer innovativen Wirtschaftsstruktur auf Dauer möglich. Im internationalen Vergleich werden die Investitionsbedingungen in Deutschland aber eher ungünstig eingeschätzt: Vom Jahr 1992 bis zum Jahr 2001 ist hier der Anteil der Bruttoanlageinvestitionen (d.h. Ausrüstungen, Bauten und sonstige Anlagen der Unternehmen und des Staates) am Bruttoinlandsprodukt von 23,4 Prozent auf 21,3 Prozent zurückgegangen.

Weitere Merkmale einer nachhaltigen Wirtschaftspolitik sind eine kontinuierliche, umwelt- und sozialverträgliche Steigerung des Bruttoinlandsprodukts je Einwohner und die effektive Nutzung des vorhandenen Beschäftigungspotenzials. Die Erwerbstätigenquote ist in Deutschland seit Anfang der 90er Jahre mit 65,4 Prozent (2000) in etwa konstant geblieben. Eine Erhöhung auf 70 Prozent wird politisch angestrebt – setzt aber in erheblichem Umfang die Schaffung neuer Arbeitsplätze voraus. Andererseits weist die Bundesrepublik die höchste interne Flexibilität bei der Umsetzung von Arbeitskräften innerhalb des Unternehmens im internationalen Vergleich auf.

Als Barrieren einer nachhaltigen Wirtschaftspolitik sind die hohe Staatsquote (Anteil der Ausgaben der öffentlichen Hand an der gesamtwirtschaftlichen Leistung von fast 50 Prozent), der Spitzensteuersatz, vielfältige Marktzugangsbarrieren für Unternehmensgründer und die Höhe der Sozialversicherungsbeiträge zu nennen. Finanzwissenschaftler weisen auf einen Grundsatzkonflikt einer langfristigen wirksamen, wachstumsfördernden Wirtschaftspolitik hin: Aus einer kurzfristigen Perspektive, die durch den Zeitpunkt der nächsten Wahl bestimmt werde, eigneten sich *Verteilungsziele* besser für eine erfolgreiche Ansprache von Wählern als Wachstumsziele. Verteilungspolitische Ziele seien sofort, *Wachstumsziele* aber nur über eine längere Frist zu verwirklichen (Zimmermann 2003: 11). Chancen einer nachhaltigen Wirtschaftspolitik eröffneten sich nur bei einer stärkeren *Selbstbindung der Politik* auf der Grundlage eines breiten demokratischen Konsensus etwa durch verfassungsrechtlich verankerte Regelwerke zur Kontrolle der Staatsverschuldung.

Eine nur nachsorgende Arbeitsmarktpolitik reicht in der Wissensgesellschaft nicht mehr aus. Denn die Wirtschaftspolitiker stehen vor der Aufgabe, Beschäftigten, die durch den wirtschaftlichen Wandel, die Folgen der Globalisierung oder eine ökologische Steuerreform ihren Arbeitsplatz verlieren, einen Zugang zu neuen Beschäftigungsverhältnissen zu verschaffen (Bosch a.a.O.: 50). Die Politik hat nicht allein die Aufgabe, beschäftigungsfördernde Rahmenbedingungen zu setzen, sondern sollte durch die Förderung von Modelllösungen und unterstützenden Dienstleistungen Innovationen ermöglichen. Zu starre Institutionen büßen schnell an Effizienz und Legitimität ein. Daher müssen offensive Formen der Flexibilität auf dem Arbeitsmarkt – durch höhere Innovation und Qualifikation – verstärkt werden. Dazu zählen die Überprüfung von Lohn- und Gehaltsstrukturen, die Reorganisation von Unternehmen und die Verankerung neuer Leitbilder für neue Arbeitsformen und Unternehmensstrukturen in der Aus- und Weiterbildung (Bosch a.a.O.: 239).

3. Das Nachhaltigkeitsprofil der Entwicklungspolitik

In der internationalen Entwicklungszusammenarbeit wird unter *Nachhaltigkeit* das Ausmaß verstanden, in dem Projektziele auch nach dem Ende des Projektes fortbestehen und von der Zielgruppe bzw. dem Partner aufrechterhalten werden. Dabei geht es um zwei Fragen:

1. In welchem Umfang wurde das Projekt nach der Beendigung der Hilfeleistungen fortgesetzt?
2. Welches waren die Hauptfaktoren, die die Erreichung der Nachhaltigkeit förderten oder gefährdeten?

In der wissenschaftlichen Diskussion ist das Ziel der Nachhaltigkeit weiter präzisiert und konkretisiert worden, damit es für die Prüfung und Bewertung entwicklungspolitischer Programme und Projekte herangezogen werden kann (Stockmann 1996: 74ff.; Caspari 2004). Die neuere Evaluationsforschung fragt nach der *projektorientierten Nachhaltigkeit* („Führt die Zielgruppe die Neuerung im eigenen Interesse durch?"), der *output- bzw. produktionsorientierten Nachhaltigkeit* („Verfügt die Zielgruppe über eine Struktur, die den Nutzen für andere dauerhaft sichert?"), der *systemorientierten Nachhaltigkeit* („Führt die Innovation zu Diffusionsprozessen im gesamten Zielsystem?") und der *innovationsorientierten Nachhaltigkeit* („Besitzt die Zielgruppe ein Innovationspotential, mit dem sie auf veränderte Umweltbedingungen flexibel reagieren kann?"). Verschiedene Kombinationen dieser Nachhaltigkeitsdimensionen sind zulässig. Zwar weist ein Projekt im Idealfall nachhaltige Wirkungen auf *allen* vier Ebenen auf, aber auch eine positive Bewertung nach nur *einer* Dimension erlaubt es, von einer *bedingten Nachhaltigkeit* zu sprechen.

Haben die Projekte darüber hinaus im Sinne ihrer eigentlichen entwicklungspolitischen Legitimation die Armut in den Partnerländern wirksam bekämpft? Die Armutsorientierung der von einer Forschergruppe im Auftrag der Bundesregierung untersuchten 32 Projekte technischer und finanzieller Zusammenarbeit erwies sich als eindrucksvoll: Mehr als die Hälfte der Projekte richtete sich an arme Bevölkerungsgruppen, und mehr als ein Drittel der untersuchten Vorhaben waren in ressourcenarmen ländlichen oder städtischen Gebieten angesiedelt. Auf der Habenseite der Armutsorientierung der Projekte sind folgende Punkte zu vermerken: Fast alle erreichten ihre Zielgruppen, drei Viertel der neu geschaffenen Einrichtungen wurden den Projektzielen entsprechend genutzt, und mehr als jedes dritte Projekt trug konkret und unmittelbar nachvollziehbar zur Bekämpfung der Armut und zur Erhöhung des Lebensstandards der Zielgruppe bei. Andererseits zeigt die Sollseite der Projektevaluationen folgende Schwachpunkte: Viele Verbesserungen waren nur punktuell wirksam und lösten keine zusätzlichen Innovationsprozesse aus. Nur wenigen Projekten gelang es zudem, das Selbsthilfepotential der Zielgruppen zu stärken. Allerdings waren die meisten Projektkonzeptionen nicht auf das Ziel der Selbsthilfeförderung hin angelegt.

Welche Impulse haben die untersuchten Vorhaben dem jeweiligen Sektor der Entwicklungszusammenarbeit gegeben? Etwa zwei Drittel der Projekte haben neue Produkte, neue Technologien und neue Organisationsstrukturen eingeführt, aber nur wenige Projekte konnten dieses Innovationspotential auch in die Praxis umsetzen. Trotz dieser Einschränkung gingen die Sektorwirkungen über die Laufzeit der Projekte hinaus. Weiterhin nutzten Projektträger und Zielgruppe die neu geschaffene Infrastruktur, Technik, Ausrüstungsgüter und die neuen Institutionen. Auch wenn die Kapazität des jeweiligen Sektors dadurch gestärkt wurde, so gelang es andererseits nur in wenigen Fällen, neue Strukturen mit Breitenwirkung aufzubauen. Bemerkenswert ist, dass die Projekte zusätzliche Wirkungen erzielten, die über die unmittelbare Förderung der Sektoren – Grundbildung, Landwirtschaft, Wasserversorgung und Basisgesundheitsdienste – hinausreichen. Auch regional und national wurden unter dem Einfluss der Projekte mehr und vielfältigere Nahrungsmittel produziert. So wurden der Selbstversorgungsgrad mit Nahrungsmitteln erhöht, die Devisenbilanz entsprechend entlastet und darüber hinaus positive Beschäftigungseffekte verursacht.

Worin sind nach den Befunden dieser Breitenuntersuchung die wichtigsten Schlüsselgrößen für Entwicklungserfolge zu sehen? Die Ziele der Projektarbeit werden nur erreicht, wenn der Projektträger sie von Beginn an voll akzeptiert; denn ein zu Beginn der Projektdurchführung fehlender Zielkonsens lässt sich später nicht mehr herstellen. Eine reine Billigung der Ziele reicht nicht aus. Ist der Zielkonsens mangelhaft, so ist mit entsprechenden Defiziten der Personalausstattung, der Entscheidungskompetenz, der Durchführungsorganisation vor Ort und mit Finanzengpässen zu rechnen. Ein weiteres kommt hinzu: Für den Projekterfolg sind fundierte Zielgruppenanalysen und umfassende Zielgruppenbeteiligungen vor Projektbeginn ausschlaggebend. Mit nachhaltigen Wirkungen auf die Zielgruppe ist nur dann zu rechnen, wenn die Zielakzeptanz schon zu Projektbeginn gegeben war und das Ende der Förderung überdauerte. Für die Zielgruppen waren die Projektleistungen attraktiver, wenn die damit verbundenen staatlichen Versorgungsleistungen zuverlässig angeboten wurden und die entsprechende Kostenbelastung tragbar war.

4. Wann ist die Haushaltspolitik nachhaltig?

Eine nachhaltige Haushaltspolitik setzt die *dauerhafte Sicherung der haushaltspolitischen Handlungsfähigkeit* voraus, damit die Grundlagen wirtschaftlichen Wachstums durch die Finanzpolitik gesichert werden. Wird dieser Grundsatz nicht beachtet, treten immer wieder Finanzierungslücken auf, die nur durch Steuererhöhungen oder Ausgabenkürzungen geschlossen werden können (Rebbe 2003). Entsprechend fordert Art. 20a GG:

> „Der Staat schützt auch in Verantwortung für die künftigen Generationen, die natürlichen Lebensgrundlagen im Rahmen der verfassungsmäßigen Ordnung durch die Gesetzgebung und nach Maßgabe von Gesetz und Recht durch die vollziehende Gewalt und die Rechtsprechung."

Während das Nachhaltigkeitsprinzip im Hinblick auf den Umgang mit den *natürlichen Ressourcen* seit dem 27. Oktober 1994 Verfassungsrang hat, entfaltet es im Rahmen der öffentlichen Finanzwirtschaft bislang keinerlei rechtliche Bindungskraft: Aus verfassungsrechtlicher Sicht sind auch solche Etats unproblematisch, die den Grundsätzen der Nachhaltigkeit und der Generationengerechtigkeit eindeutig zuwiderlaufen. Vor einiger Zeit hat sich eine interfraktionelle Initiative (zumeist jüngerer) Mitglieder des Deutschen Bundestages das Ziel gesetzt, dieses Strukturdefizit des Grundgesetzes – und zudem der Finanzverfassung – zu beheben: Diese Abgeordneten von SPD, CDU, FDP und Grünen streben eine Grundgesetzänderung in zwei Punkten an: Zum einen soll ein neuer Artikel 20 b (als neue Staatszielbestimmung) in die Verfassung eingefügt werden: *„Der Staat hat in seinem Handeln das Prinzip der Nachhaltigkeit zu beachten und die Rechte künftiger Generationen zu berücksichtigen"* (Boettcher 2005: 3). Darüber hinaus soll der für die öffentliche Haushaltswirtschaft maßgebliche Art. 109 II GG ergänzt werden: „Bund und Länder haben bei ihrer Haushaltswirtschaft den Erfordernissen des gesamtwirtschaftlichen Gleichgewichts, *dem Prinzip der Nachhaltigkeit sowie den Interessen der künftigen Generationen Rechnung zu tragen.*"

In Anbetracht der geltenden Rechtslage kann es nicht überraschen, dass die deutsche Haushaltspolitik dem Anforderungsprofil der Nachhaltigkeit nach dem Urteil des Wissenschaftlichen Beirates beim Bundesministerium der Finanzen nicht gerecht wird; denn diese Politik liefere keine ausreichende Vorsorge für die Zukunft (Sachverständigenrat 2001; Wissenschaftlicher Beirat 2001). Die am kurzen Zeithorizont der Legislaturperioden orientierten Entscheidungsträger reagierten auf wirtschaftliche Engpässe und Strukturbrüche nur mit großen Verzögerungen. Nicht oder zu spät ergriffene Maßnahmen aber verursachten negative externe Effekte für künftige Regierungen und Generationen. Insbesondere die wachsende Zinslast steigender Verschuldung und die verspätete Reaktion auf die Auswirkungen des demographischen Wandels engten die Haushaltsspielräume immer mehr ein.

Entscheidende Anforderungen an eine nachhaltige Finanzpolitik sind die *Sicherung der politischen Handlungsfähigkeit des Staates* und die *Verwirklichung der Generationengerechtigkeit*. Eine nachhaltige Haushaltspolitik wird darauf bedacht sein, haushaltspolitische und gesamtwirtschaftliche Zusammenhänge zu beachten und den Staat von langfristigen Belastungen freizuhalten, die seine Handlungsfähigkeit einschränken. Niveau und Struktur der staatlichen Einnahmen und Ausgaben sollten vielmehr ein nachhaltiges Wirtschaftswachstum ermöglichen und fördern. Werden diese Anforderungen nicht beachtet, entstehen *Nachhaltigkeitslücken*, d.h. Finanzierungslücken staatlicher Ausgaben, die nur durch neue Staatsschulden oder Steuererhöhungen geschlossen werden können.

Wie weit entspricht die Haushaltspolitik in der Praxis und in ihren jetzt erkennbaren Auswirkungen diesen Anforderungen? Hierbei müssen vor allem die Auswirkungen auf die zukünftige Haushaltsentwicklung betrachtet werden. Zwei Analyseinstrumente bieten sich hierbei an: das Konzept der *„fiskalischen Nachhaltigkeit"* (fiscal sustainability) der OECD und die Methode der *Generationenbilanzierung*. Das von der OECD entwickelte Konzept der *fiskalischen Nachhaltigkeit* betrachtet staatliche Einnahmen und Ausgaben über einen sehr langen Zeitraum. Unterstellt wird dabei die Fortsetzung bisheriger Finanzpolitik. Nachhaltig ist diese Politik dann, wenn ihre langfristige Fortsetzung zur Folge hat, dass die Schuldenstandsquote trotz fiskalischer Mehrbelastungen am Ende des Betrachtungszeitraums den gegenwärtigen Stand nicht überschreitet (Wissenschaftlicher Beirat 2001: 49). Werden diese Bedingungen nicht erfüllt, ist die Haushaltspolitik nicht nachhaltig. Die erwähnte *Nachhaltigkeitslücke* stellt dar, in welchem Umfang der Haushalt konsolidiert werden muss, um eine nachhaltige Finanzpolitik zu gewährleisten (OECD 1998).

Unter den von der OECD untersuchten Ländern gehört Deutschland zu denjenigen Staaten mit der höchsten Nachhaltigkeitslücke. Auf lange Sicht können ein Ausgleich des Haushaltes und eine Reduzierung der Schuldenstandsquote auf 60 Prozent des Bruttoinlandsproduktes nur gelingen, wenn eine Primärüberschussquote erzielt wird – durch eine Anhebung der staatlichen Abgaben um mindestens bis zu vier Prozentpunkte oder eine entsprechende Senkung der Staatsausgaben. Die budgetären Folgelasten der weltweiten wirtschaftlichen Rezession in den Jahren 2008 und 2009 haben diesen politischen Handlungsdruck noch weiter verstärkt: In den Jahren 2004 bis 2010 wird sich die Nettokreditaufnahme des Bundes nach Prognosen von 39,5 auf 86,1 Mrd. Euro erhöhen – ohne die Berücksichtigung von Schattenhaushalten. Entgegen den Vorschriften des Maastrichter Vertrages wird die Defizitquote des Staatshaushaltes auf vier Prozent anwachsen. Darin ist die verdeckte Nachhaltigkeitslücke der Schattenhaushalte (Beamtenpensionen, Leistungsversprechungen der Sozialversicherungen) nicht einmal enthalten. Diese wird von Experten auf bis zu sechs Billionen Euro veranschlagt.

Der Anstieg der öffentlichen Verschuldung beruht nicht nur auf fiskalischen Gesetzen oder der aktuellen Weltwirtschaftskrise, sondern auf der politischen *Eigendynamik staatlicher Aufgabenübernahme in der Wettbewerbsdemokratie* (Gerlach u.a. 1996: 216). In komplexen interaktiven Prozessen, an denen Parteien und Interessengruppen, Politiker, Beamte und Berater beteiligt sind, wird das parlamentarische Muster der Mehrheitsentscheidung durch konsensuale Verfahren ersetzt, um allen Beteiligten vergleichbare Vorteile zu verschaffen. Die Folge sind systematische Fehllenkungen von Haushaltsmitteln, denn Allokationsentscheidungen folgen nicht in erster Linie politisch-gesellschaftlichen Nutzenkalkülen, sondern zeigen die Handschrift von Kompromissen zwischen zahlreichen divergierenden Einzelinteressen. Langfristig sind diese Entscheidungen aber – von einer raschen Ausweitung staatlicher Verschuldung begleitet – mit erheblichen und nur schwer zu (er)tragenden Lasten verbunden. Der Staat steht somit vor dem strukturellen Dilemma, die Ausgabenentwicklung langfristig zu steuern. Die Öffentlichkeit hat sich inzwischen an Nachhaltigkeitslücken gewöhnt; „denn das Stigma von Haushaltsdefiziten hat „weitgehend seine handlungsbestimmende und orientierende Kraft verloren." (dies. a.a.O.: 217). In den Politikfeldern Raumplanung, Wohnungsbau und Energiepolitik gibt es zahlreiche Beispiele für Wirkungen von Förderungsmaßnahmen, die den deklarierten politischen Zielen langfristig widersprechen. Die Finanzwissenschaftler bezeichnen diese Programme auch als *„perverse subsidies"*, deren „Perversität" darin besteht, dass sie die Umwelt schädigen und den Maßstäben nachhaltiger Entwicklung zuwiderlaufen (Vorholz 2003: 20).

Derzeit hält es die politische Klasse in den Industriestaaten für opportun, die Öffentlichkeit über die Nachhaltigkeitslücken der Haushaltsplanung und damit über den Umfang der intergenerativen Einkommensumverteilung zu Lasten künftiger Generationen möglichst im Unklaren zu lassen (ders. a.a.O.: 13; 20). Das Festhalten an etablierten Besitzständen lässt es den Regierungen zudem angeraten erscheinen, Reformen der staatlichen Ausgaben auf eine ungewisse Zukunft zu verschieben; denn das Durchforsten der Ausgaben würde – so die Befürchtung – Stimmenverluste in den jeweils nächsten Wahlen zur Folge haben.

Wie lassen sich die Nachhaltigkeitslücken auf Dauer schließen? (Hamm 2002: 17)

- Die Haushaltsbelastungen von Gesetzesvorhaben müssen ausreichend, d.h. über einen langen Zeitraum, dokumentiert werden. Die Belastung kommender Generationen sollte aus diesen Angaben deutlich hervorgehen.
- Die Durchforstung staatlicher Vorschriften, Deregulierung und Entstaatlichung sind notwendige Voraussetzungen für eine Senkung der Staatsausgaben.
- Die Anreizstrukturen im Bereich stark expandierender Sozialausgaben wie Kranken- und Arbeitslosenversicherungen sind zu überprüfen.
- Die Neuverschuldung muss abgebaut werden. Die kleineren Staaten der Europäischen Union haben unter Beweis gestellt, dass dies ein durchaus realistisches Ziel ist.
- Langfristig ist die Nachhaltigkeitslücke am ehesten durch ein höheres wirtschaftliches Wachstum zu schließen. Am nachdrücklichsten lässt sich das Wirtschaftswachstum durch einen langfristig orientierten, ordnungspolitisch widerspruchsfreien Kurs der staatlichen Wirtschaftspolitik fördern.

5. Leitplanken nachhaltiger Energiepolitik

Der Wissenschaftliche Beirat der Bundesregierung „Globale Umweltveränderungen" hat in seinem Bericht *„Energiewende zur Nachhaltigkeit"* wesentliche Probleme der bestehenden Energiesysteme dargestellt, Kriterien einer nachhaltigen Energiewende ermittelt und einen möglichen Pfad für die Transformation des globalen Energiesystems im 21. Jahrhundert aufgezeigt (Wissenschaftlicher Beirat 2003: 1f.). Diese *Energiewende* sei notwendig, um die natürlichen Lebensgrundlagen der Menschheit zu schützen und die Energiearmut in den Entwicklungsländern zu beseitigen. Die Nutzung fossiler Energieträger (heute 80 Prozent der weltweiten Energienutzung) gefährde die natürlichen Lebensgrundlagen durch Emissionen, die Luftverschmutzung, Krankheiten und Klimaveränderungen auslösten. Zudem nehme das Risiko einer irreversiblen Schädigung von Ökosystemen mit zunehmender Erwärmung der Emission langlebiger Treibhausgase immer mehr zu. Etwa zwei Milliarden Menschen fehle derzeit ein Zugang zu modernen Energieformen. In Entwicklungsländern würden durchschnittlich 35 % der Energie aus Biomasse gewonnen. Eine Energiewende sei folglich auch notwendig, um die Probleme der Entwicklungsländer zu überwinden. Sie ist damit auch Voraussetzung für die Erreichung der Millenniumsziele der Vereinten Nationen.

Der Wissenschaftliche Beirat hat im Interesse einer globalen Energiewende *„Leitplanken"* vorgeschlagen, mit denen nachhaltige Transformationspfade begrenzt werden sollen. Diese den Korridor nachhaltiger Energiepolitik sichernden Handlungsschranken legen die Schadensgrenzen fest, deren Verletzung schwere wirtschaftliche und soziale Verwerfungen zur Folge hätte. Auch kurzfristige Nutzenvorteile könnten diese Schäden nicht ausgleichen. Letztlich markieren die Leitplanken keine Garantien für die Realisierung energie- und umweltpolitischer Ziele, sondern lediglich *Minimalanforderungen einer nachhaltigen Energiepolitik.*

Ein exemplarischer Pfad auf dem durch die Leitplanken begrenzten Korridor würde beispielsweise das Ziel einer globalen Energiewende über einen Zeitraum von hundert Jahren anstreben. Er würde vier Komponenten aufweisen:
1. eine stark verringerte Nutzung fossiler Energieträger,
2. die auslaufende Nutzung nuklearer Energieträger,
3. den breiten Auf- und Ausbau erneuerbarer Energieträger und
4. die deutliche Steigerung der Energieproduktivität weit über bisherige Steigerungsraten hinaus (Wissenschaftlicher Beirat a.a.O.: 2).

Ein nachhaltiges Energiesystem muss sich auf zwei Pfeiler stützen: den effizienten Umgang mit Energie und auf die vermehrte Nutzung erneuerbarer Energie. Derzeit werden die Energiekosten bei energiepolitischen Entscheidungen vielfach nicht angemessen berücksichtigt und positive externe Effekte – wie etwa geringere Emissionen – vom Markt nicht ausreichend honoriert. Neue Energiequellen müssen zudem nicht nur wirtschaftlich konkurrenzfähig sein, sondern auch noch zusätzliche Vorteile bieten. *Nachhaltige Energiepolitik* bedeutet, dass die Energieversorgung der Zukunft den Maßstäben der Versorgungssicherheit, Wirtschaftlichkeit und Umweltverträglichkeit gerecht wird. Es bestehen erhebliche Zweifel, ob ein Energiesystem wie das gegenwärtige, das zu über 97% auf fossilen (fossil-biogenen und fossil-mineralischen) Vorräten beruht, diesen Maßstäben entspricht (Hoppenbrock 2004: 1).

- Die Nutzung von fossil-biogenen Rohstoffen beeinflusst durch die Freisetzung von CO_2 („Treibhauseffekt") den weltweiten Klimawandel. Je mehr Treibhausgase in die Atmosphäre gelangen, umso stärker der Klimawandel (vgl. Geitmann 2004: 30). Dadurch wird die *Umweltverträglichkeit* des gegenwärtigen Energiesystems grundsätzlich in Frage gestellt.
- Da die fossil-biogenen Vorräte auf Dauer nur begrenzt verfügbar sind, ist auch der Maßstab der Versorgungssicherheit auf Dauer unter den gegebenen Bedingungen nicht einzuhalten. So wird die Förderhöchstgrenze des Erdöls bereits in den nächsten Jahren erreicht sein.
- Ebenso bestehen Zweifel, ob ein Energiesystem, das auf Dauer den Kriterien Umweltverträglichkeit und Versorgungssicherheit nicht gerecht wird, dem Maßstab der Wirtschaftlichkeit der Energieversorgung genügen kann.

Eine Energiepolitik, die dem Anspruch der Nachhaltigkeit genügen soll, muss unter diesen Bedingungen auf die weitaus stärkere Nutzung erneuerbarer Energien setzen – wenn nicht auf den weitgehenden Umstieg zugunsten dieser Energiequellen (Lehmann 1995: 251).[1] Doch wie realistisch ist diese Perspektive? Zwar

---

1 Die Förderung erneuerbarer Energien stößt allerdings auch international auf starke Widerstände. So gibt es in den Leitungsgremien der Weltbank Auseinandersetzungen zwischen den Mitgliedern der „Johannesburg Renewable Energy Coalition" einerseits und den OPEC-Ländern sowie den USA andererseits. Im Zentrum der Debatte stehen dabei die Konsequenzen der Unterstützung erneuerbarer Energien für die Politik der Weltbank: Diese muss bei ihren Bemühungen um eine Verbesserung der Energiebereitstellung darauf achten, dass notwendige Investitionen in den Energiesektor auch in entwicklungspolitische Strategien integriert werden. Auch im Energiebereich kommt es daher darauf an, künftige von der Weltbank geförderte Infrastrukturmaßnahmen mit

bieten die regenerativen Energiequellen ein unerschöpfliches Energiepotential, das den gegenwärtigen Energieverbrauch um ein Mehrfaches übertrifft. Einer verstärkten Nutzung stehen jedoch zwei Probleme entgegen: die zu geringe Leistungsdichte und die jahres- und tageszeitlichen Schwankungen des Energieangebots. Wenn das Kriterium der Wirtschaftlichkeit an den Einsatz fossiler und erneuerbarer Energie angelegt wird, ist zu beachten, dass die volkswirtschaftlichen – und nicht nur die betriebswirtschaftlichen – Kosten der konkurrierenden Angebote verglichen werden. Denn fossile Energien schneiden bei Wirtschaftlichkeitsvergleichen oft besser ab, weil ihre volkswirtschaftlichen Kosten nicht vollständig berücksichtigt werden. Ein solcher Kostenvergleich macht es erforderlich, die vielfältigen direkten und indirekten Subventionen für unterschiedliche Energiequellen in Rechnung zu stellen und auf Dauer abzubauen.

6. Gedanken zu einer nachhaltigen Sozialpolitik

Der Grundsatz der *Nachhaltigkeit* bedeutet für die Finanzierung der sozialen Sicherungssysteme, die steigenden Kosten der sozialen Sicherung in einer alternden Gesellschaft gleichmäßig zwischen allen Generationen zu verteilen (Bundesministerium für Gesundheit 2003: 5f.). Hierin liegt eine zentrale Voraussetzung für die Akzeptanz des Systems sozialer Sicherung: Das Beitrags-Leistungs-Verhältnis darf sich nicht einseitig zu Lasten der Jüngeren verschieben. Die Berücksichtigung demographischer Verschiebungen muss durch eine intergenerative Umverteilung, d.h. durch Umschichtungen zugunsten der Jüngeren und noch nicht Geborenen erfolgen. Dementsprechend schließt das Nachhaltigkeitskonzept auch in der ökonomischen Theorie der Nachhaltigkeit die Berücksichtigung der Wohlfahrt künftiger Generationen als Argument in die Wohlfahrtsfunktion der lebenden Generationen ein (Ewringmann 1999).

Bei den anstehenden Umbauten der Wohlfahrtsstaates muss es aus der Sicht einer nachhaltigen, d.h. langfristig wirksamen und tragbaren Sozialpolitik vor allem darum gehen, die Sozialhilfe von Fehlanreizen zu beseitigen und das Fehlverhalten der Akteure zu begrenzen (Berthold 2002: 13). Die Beiträge der Arbeitnehmer müssen stärker nach individuellem Risiko differenziert werden. Vor allem Sozialhilfeempfängern mit Familie und steigender Kinderzahl nimmt ein unzureichender Abstand zu möglichen Arbeitseinkommen jeden materiellen Anreiz, wieder eine reguläre Arbeit aufzunehmen. Das dichte Netz von Regulierungen des modernen Wohlfahrtsstaates, das diesen unbeweglich und auf Dauer unbezahlbar werden lässt, ist zu entflechten. Die *„institutionelle Verflechtungsfalle"* des Wohlfahrtsstaates (ebd.) kann auch als Ausdruck einer *Zwei-Drittel-Gesellschaft neuen Typs* bezeichnet werden: Die Mehrheit hat sich arrangiert und fragt nicht nach der Tragfähigkeit dieses Modells für Mehrheit, Minderheit *und* künftige Generationen.

---

sozialen und ökonomischen Entwicklungsvorhaben enger zu verknüpfen. Vgl. hierzu den Jahresbericht/Geschäftsjahr 2004 des Deutschen Exekutivdirektors der Weltbank, The World Bank Group/Office of the German Executive Director, Washington D.C. 2004, S. 25ff.

Tabelle 1: Nachhaltigkeit der Rentenpolitik: Prognosen zu dem Anteil öffentlicher Rentenausgaben am Bruttoinlandsprodukt in %*

Länder	2000	2020	2040[1]
Österreich	9,5	11,5	13,3
Belgien	8,8	9,9	12,5
Dänemark	6,1	9,0	9,6
Frankreich	12,1	15,0	15,8
Deutschland	11,8	12,6	16,6
Italien	14,2	14,9	15,7
Japan	7,9	8,5	8,2
Norwegen	4,9	8,1	13,0
Spanien	9,4	10,1	16,1
Großbritannien	4,3	3,9	4,1
USA	4,4	5,4	6,3

[1] In die Prognose für 2040 gehen eine Reihe von Modellannahmen über demographische Entwicklung und Zuwanderung, Erwerbstätigenzahl, Wirtschaftswachstum etc. ein.

* Quelle: Dang Thai Than et al. Fiscal Implications of Ageing: Projections of Age-Related Spinding. OECD Economics Department Working Papers No. 305, Paris, September 2001, FAZ, 28.12.2002, S. 5; DIA 2001, OECD 2001

Zur Entscheidung steht die Frage an, *wie* der Sozialstaat in der postindustriellen Gesellschaft gestaltet werden muss, um eine nachhaltige Sozialpolitik zu ermöglichen. Der dänische Soziologe Gøsta *Esping-Andersen* geht von folgenden Entwicklungstendenzen aus (Esping-Andersen 1999: 145–168; Lampert u.a. 2001: 448): der Überalterung der Gesellschaft, der wachsenden Bedeutung des Dienstleistungssektors und wissensbasierter Ökonomie und der größeren Pluralität von Lebensformen. Da die „Qualität der Kindheit" für die individuellen Lebenschancen ausschlaggebend sei, komme es in einer überalterten Gesellschaft um so mehr darauf an, eine *„kinderorientierte soziale Investitionsstrategie"* zu entwerfen und durchzusetzen. Die Verringerung der Kinderarmut werde in der Zukunft eine „individuelle und soziale Dividende" abwerfen (Soldt 2003: 8). Chancengleichheit wird so vorrangig als größere Gleichheit der Bildungschancen verstanden, als Förderung der kognitiven und sozialen Fähigkeiten der Menschen. Denn in der Wissensökonomie bleibt das Humankapital die wichtigste Ressource.

Erstrebenswert ist ein neues Arrangement im Rahmen des Wohlfahrtsstaates: Der Umfang der Transferzahlungen ist abzubauen, zugleich sind die sozialen Dienste zu stärken. Der Wohlfahrtsstaat könnte sich von Aufgaben trennen, die außerstaatlich genauso gut oder sogar besser zu erledigen sind, und so neue Handlungsspielräume zurückgewinnen. Aus dieser Perspektive sind nicht „Deregulierung und Privatisierung um jeden Preis" gefragt, sondern eine *Reform des Wohlfahrtsstaates durch neue Anreiz- und Steuerungssysteme.*

7. Wie nachhaltig ist die Gesundheitspolitik?

In allen Wohlfahrtsstaaten hat die Abhängigkeit der Bürger von wohlfahrtsstaatlichen Leistungen, insbesondere von Leistungen der Gesundheitsversorgung zugenommen. Sanford *Schram* haben sogar von einer sich beschleunigenden *„Medikalisierung der Wohlfahrtsabhängigkeit"* (medicalization of welfare dependency) gesprochen (Sanford u.a. 2000: 60). Diese Abhängigkeit sei zusammen mit anderen Formen der Abhängigkeit in den letzten Jahrzehnten stark angestiegen und werde in der postindustriellen Gesellschaft auch durch Faktoren kultureller Verunsicherung verursacht. Die Abhängigkeit der Bürger von wohlfahrtsstaatlichen Leistungen sei zu einem Charakteristikum postindustrieller Gesellschaften geworden.

Gesundheitssoziologische Studien haben gezeigt, dass eine weitere Verringerung von Krankheitsrisiken der Bevölkerung nicht vorrangig durch medizinisch-therapeutische Investitionen zu erreichen ist, sondern durch eine integrierte, das gesamte Gesundheitssystem einbeziehende Interventionsstrategie (Hurrelmann 2000: S. 177). Dies gilt auch für die Einsicht, dass gesundheitsbeeinträchtigendes Verhalten durch die gesellschaftlichen und kulturellen Lebensbedingungen begünstigt wird und *Gesundheitspolitik daher als Querschnittspolitik* zu verstehen ist. Diese Erkenntnis schlägt sich auch darin nieder, dass sozial benachteiligte Gruppen einen besonderen Bedarf an gesundheitspolitischen Leistungen haben. Die Funktionen des Gesundheitssystems müssen klar bestimmt werden. Nur auf dieser Grundlage lassen sich seine Leistungen und Ergebnisse regelmäßig evaluieren.

Um die Grundlagen eines bedarfsgerechten und zukunftsfähigen Systems der Gesundheitsversorgung zu schaffen, hat der Sachverständigenrat zur Begutachtung der gesamtwirtschaftlichen Entwicklung (Sachverständigenrat 2003) die Verankerung des Wettbewerbs auf zwei Ebenen vorgeschlagen: zwischen Leistungserbringern um Vergütung einerseits und zwischen Krankenversichern um Beitragszahler andererseits. Um die *„Rationalitätenfalle"* des bisherigen Krankenversicherungssystems zu entschärfen, werden mehrere Schritte vorgeschlagen: die Einführung von Selbstbehalten, die Einführung eines Leistungskatalogs der gesetzlichen Krankenversicherung und damit die Abdeckung der in diesem Grundkatalog nicht erfassten Risiken durch eine Zusatzversicherung und der Übergang von der Einzelfallvergütung zur Pauschale. Die Prävention sei zu stärken und der Arzneimittelvertrieb im Sinne der erwähnten Einführung von Wettbewerbselementen zu liberalisieren. Der Transparenz und Berechenbarkeit des Systems käme der Übergang von einkommensabhängigen Beiträgen zu gesundheitskostenorientierten Kopf-Pauschalen zugute.

In welchem Umfang vermögen es die Gesundheitssysteme der führenden Industriestaaten, die Ziele effizienter Leistungserbringung und gleichen Zugangs zu den Versorgungseinrichtungen auch in der Phase anhaltender Reformen und zudem starken Kostendrucks zu verwirklichen? Stellt man die USA, Großbritannien und Deutschland gegenüber, so zeigt sich, dass Großbritannien und die Bundesrepublik in den 90er Jahren Kostenreduzierungen vorgenommen haben, ohne den gleichen Zugang einzuschränken (Giaimo 2001: 334–367). Während die britischen Bemühungen um eine kostengünstige Leistungserbringung erfolgreich gewesen sind, bleiben die Zugangschancen in den Vereinigten Staaten ungleich zwischen den gesellschaftlichen Schichten verteilt, während Deutschland eine Zwischenstellung zwischen den beiden angelsächsischen Staaten einnimmt: um kostengünstige Leistungen wie England bemüht, ohne den Aufbau neuer gesellschaftlicher Barrieren gegenüber den Leistungsträgern zu riskieren.

Der Vergleich der Gesundheitspolitik westlicher Wohlfahrtsstaaten stützt im Ergebnis folgende These: Ein ausschließlich öffentliches System der Gesundheitsversorgung bietet wie etwa in Großbritannien nur eine unzureichende, wenn auch kostengünstige Versorgung mit eher durchschnittlichen Leistungen *(Staatsversagen)*, ausschließlich privat finanzierte Systeme bieten zwar wie etwa in den USA anspruchsvolle Leistungen an – aber in unzureichendem Umfang nur für einen Teil der Gesellschaft *(Marktversagen)* (Hajen u.a. 2000: 228, 245; Oberender u.a. 2004: 111–138). Die gesundheitspolitische Diskussion hat folgenden Ausweg aus diesem Dilemma aufgezeigt: Das Gesundheitssystem beruht auf einer öffentlichen Finanzierung, um die medizinische Grundversorgung zu gewährleisten, und es stützt sich ergänzend auf private Vorsorge, um der ungebremsten Kostensteigerung entgegenzuwirken. In dieser Konzeption beschränken sich die Sozialversicherungsleistungen auf die Grundversorgung und schaffen zugleich Anreize für eine private Vorsorge. Die Regulierung der Kosten erfolgt durch pauschale Selbstbeteiligung, verbrauchsorientierte Arzneimittelzuzahlung und eine Bilanzierung („Kontoauszug") der jährlichen Einzahlungen und Kosten.

International vergleichende Politikfeldstudien bieten neue Chancen politischen Lernens: Die deutsche Gesundheitspolitik kann von den *Niederlanden* lernen, wenn es um medizinische Qualitätssicherung und um Entwicklung und Anwendung von Leitlinien geht; von *Großbritannien* kann sie Hinweise auf mögliche Kostensenkungen erhalten; von *Kanada* kann sie lernen, wie das Prinzip Grundversorgung konsequent angewendet und eine „Zwei-Klassen-Medizin" verhindert werden kann; die *Schweiz* bietet schließlich ein Beispiel für die konsequente Gestaltung der Rahmenbedingungen eines marktwirtschaftlichen Gesundheitssystems. Die Schweiz ist aber auch ein lehrreiches Beispiel dafür, dass Reformen des Gesundheitssystems einen langen Atem benötigen (Barth u.a. 2000: 155–157).

8. Nachhaltige Bildungspolitik

Der Bildungspolitik kommt eine hohe Bedeutung für eine *nachhaltige Entwicklung* der Gesellschaft und des Einzelnen zu. Denn Bildung zielt nicht nur auf die Vermittlung fachspezifischer Kenntnisse, sondern auch auf die Entwicklung und Förderung fachübergreifender Kompetenzen, Kenntnisse und Fähigkeiten (Verband 2002: 2). Eines der Lernfelder der Bildung für eine nachhaltige Entwicklung ist *globales Lernen* etwa durch Auseinandersetzung mit entwicklungspolitischen und migrationspolitischen Fragen. Dieses Lernen aber spielt in den offiziellen Dokumenten der Bildungspolitik derzeit nur ein Schattendasein. *Nachhaltige Bildungspolitik* strebt danach, die Voraussetzungen einer guten und umfassenden Bildung in angemessener Form vom Kindergarten über Schulen und

Hochschulen bis hin zur Berufsausbildung zu sichern (Bericht der Bundesregierung 2003). Ihr vorrangiges Ziel ist die *Vermittlung von Gestaltungskompetenz* – und damit die Förderung vorausschauenden Denkens, komplexen interdisziplinären Wissens, die Fähigkeit zur Gestaltung der Umwelt und die Förderung der Teilhabe an gesellschaftlichen Entscheidungsprozessen. Im Zeitalter der Globalisierung und eines raschen sozioökonomischen Strukturwandels geht es einer *nachhaltigen Bildungspolitik* vorrangig darum, Grundlagen dafür zu legen, dass die Bürger diesen Strukturwandel eigenständig und offensiv gestalten können.

Inwieweit werden diese Voraussetzungen international verwirklicht? Aus den OECD-Studien lässt sich die Forderung an die Bildungspolitik ableiten, der vorschulischen Erziehung und Bildung einen höheren Stellenwert zuzumessen (Organisation for Economic Co-operation and Development 2001: 127). Diese Konsequenz kommt der Verwirklichung von Bildungsstandards ebenso zugute wie dem Bildungsertrag der Schule. Sie setzt zweierlei voraus: einen dezentralen Ansatz staatlicher Förderung vorschulischer Erziehung (*early childhood education and care*), um unterschiedliche regionale Gegebenheiten berücksichtigen zu können, und eine klare Ressortzuordnung im Regierungsapparat.

Obwohl es Aufgabe der Bildungspolitik ist, durch die Förderung *kompensatorischer Erziehung* (Bronfenbrenner 1947: 17, 140, 149). Startbenachteiligungen im Bildungssystem aufgrund sozialer Schichtpositionen von Schülern und Schülerinnen zu verringern, hat die Politik aus der schon vor langer Zeit festgestellten Tatsache, dass sich etwa die Hälfte der intellektuellen Entwicklung von Kindern zwischen Geburt und dem vierten Lebensjahr abspielt (Bloiin 1964: 88), noch keine ausreichenden Schlussfolgerungen gezogen und ist davor zurückgeschreckt, das Ausbildungsniveau für Erzieher(innen) im Bereich der Früherziehung und -förderung anzuheben. Das gilt insbesondere für eine breitere, vorschulische Förderung von Kindern durch Gruppenarbeit, aber auch für die Entwicklung von Programmen der „Förderung durch die Eltern" (Naßmacher/Naßmacher 1999: 89f., 107, 163, 185). Die politikwissenschaftliche Bildungsforschung hat in diesem Zusammenhang darauf hingewiesen, dass sich Bildungssysteme als teilautonome Systeme in der Regel *inkrementalistisch* verändern – während sich der wirtschaftlich-technische Wandel beschleunigt und immer wieder einen sprunghaften Verlauf zeigt (Reuter 2002: 179). Die Abstimmung zwischen Bildungs- und Beschäftigungssystem bleibt daher eine Grundsatzaufgabe der Politik in der Moderne.

Die PISA-Studie hat die Voraussetzungen für lebenslanges Lernen benannt: Es lohnt sich für die Bildungssysteme, die Fähigkeit der Schüler zu effektivem, selbstreguliertem Lernen zu fördern (Artelt u.a. 2003; Organisation for Economic Co-operation and Development 2003: 75, 98f.). Die Lernansätze der Schüler selbst – Anwendung von Lernstrategien, Selbstvertrauen und Motivation – sind als *Bildungsertrag* zu bewerten: Sie sind maßgebend für den schulischen Erfolg. Im Bereich der Lernstrategien weist die Kontrolle des eigenen Lernens einen engen Zusammenhang mit der Leistung auf, während bei den motivationalen Merkmalen ein starker Zusammenhang zwischen Leseinteresse und Leistung besteht. Das selbstbezogene Vertrauen der Schüler wirkt sich stark auf die Lernleistung aus.[2]

---
[2] Zur Leistungsdiskussion in der Schule siehe auch: Matthias von Saldern, Schulleistung in Diskussion, Hohengehren 1999, S. 217ff.

In Deutschland zeichnet sich die bildungspolitische Debatte seit jeher durch ihre politisch-instrumentelle Stoßrichtung sowie ihren demonstrativen und symbolischen Gebrauch aus. Eine „Tendenz zur Ideologisierung bildungspolitischer Auseinandersetzungen" (Thränhardt 1990: 187) ist daher unübersehbar. Die aktuellen Grundsatzdebatten zur Leistungsfähigkeit des deutschen Bildungssystems im internationalen Vergleich bieten zumindest die Chance einer nachhaltigen Kurskorrektur: *An die Stelle politisch-ideologischer Bekenntnisse und symbolischer Gesten muss ein Diskurs treten, der die Ziele der Bildungspolitik klarer benennt und auch operationalisiert. Nur so macht die Diskussion um bildungspolitische Leistungsbilanzen politischen Sinn.* Vor Bildungsreformen, die sich in hektischen Organisationsänderungen erschöpfen, hat indessen der Römer *Petronius Arbiter* schon vor 2200 Jahren mit eindringlichen Worten gewarnt:

„Wir betreiben harte Ausbildung, aber jedes Mal, wenn wir dabei waren, Gemeinschaften zu bilden, wurden wir umorganisiert. Später im Leben habe ich gelernt, dass wir dazu neigen, neuen Situationen mit Reorganisation zu begegnen: Und dies kann eine glänzende Methode sein, die Illusion von Fortschritt zu schaffen, während Verwirrung, Wirkungslosigkeit und Demoralisierung produziert werden."

9. Ausblick

Was sind die Bedingungen nachhaltiger Politik? Vor dem Hintergrund der für die untersuchten sieben Politikfelder verbindlichen Ziele lassen sich folgende Voraussetzungen und Maßstäbe benennen (siehe Tabelle 2).

Unter diesen Politikfeldern kommt der Haushaltspolitik eine Schlüsselrolle bei der Gestaltung einer zukunftsfähigen, nachhaltigen Politik zu. Die aus der Sicht des Nachhaltigkeitspostulats drängendste politische Herausforderung ist die Sanierung der Staatsfinanzen. Das Bundesministerium der Finanzen rechnet bis 2013 für den Bund allein mit Schulden von mehr als 300 Milliarden Euro. Das Verhältnis der Schulden zum Bruttoinlandsprodukt wird schon bald die 80-Prozentmarke überschreiten. Versprechungen von Steuersenkungen werden dieses Problem noch weiter verschärfen. Zudem schreibt das neue gesetzliche Konzept der *Schuldenbremse* der Regierung vor, von 2011 bis 2016 etwa 40 Milliarden Euro aufzubringen. Im Sinne einer verlässlichen Rentenpolitik, die sich auf eine auf Dauer tragfähige, neue Rentenformel stützt, muss es ferner darum gehen, die Kopplung der Renten an die Lohnentwicklung nicht weiter zu lockern.

Die nachrückende Generation, die für die Schulden von Bund und Ländern einzustehen hat, wird indessen kaum haushaltspolitischen Spielraum für neue Ausgaben oder gar für Steuersenkungen vorfinden. Umso mehr kommt es jetzt darauf an, Maßnahmen zur Gegenfinanzierung von Steuersenkungen mit zu beschließen, Subventionen abzubauen und die steuerliche Bemessungsgrundlage möglichst zu verbreitern. Ohnehin hat die Agenda 21 der UN-Konferenz zu Umwelt und Entwicklung einen tiefgreifenden Wandel der Verbrauchsgewohnheiten von Industrie, Staat, Handel und Einzelpersonen gefordert. Dieser Aufruf soll – einem häufig benutzten Bild entsprechend – nicht die Geschwindigkeit des Zuges in die Zukunft verlangsamen, sondern vielmehr seine Richtung ändern.

Tabelle 2: Voraussetzungen nachhaltiger Politik

Kriterien / Politikfelder	Ziele	Bedingungen der Nachhaltigkeit
Wirtschaftspolitik	„Magisches Sechseck" (gesetzliche Festlegung, hoher wissenschaftlicher Konsens)	• bedarfsgerechte Beratungs- und Fortbildungsangebote • Jobsharing • Spreizung der Löhne
Entwicklungspolitik	„Magisches Fünfeck" (Wachstum, Arbeit, Gerechtigkeit, Partizipation, Eigenständigkeit)	• Entwicklungsorientierung staatlichen Handelns • Effizienz, Effektivität, Wirkung, Relevanz
Haushaltspolitik	• Sicherung dauerhafter politischer Handlungsfähigkeit • Wirtschaftliches Wachstum • Generationengerechtigkeit	• Erfordernisse gesamtwirtschaftlichen Gleichgewichts • Berücksichtigung der Interessen künftiger Generationen
Energiepolitik	• Globale Energieversorgung auf Dauer • Versorgungssicherheit • Minimierung ökologischer Belastungen	• Balance zwischen Ressourcennutzung und -erneuerung • Selbststabilisierung der Umwelt • Intensive Nutzung umweltverträglicher Ressourcen
Sozialpolitik	Finalziele: • Gleichheit • Gerechtigkeit • Solidarität	• Solidaritätsprinzip • Subsidiaritätsprinzip • Selbstverantwortung • dezentrale Aufgabenerfüllung
Gesundheitspolitik	Gesundheitliche Lage der Bevölkerung • Gesundheitsvorsorge • Krankheitsbehandlung • Krankheitsfolgen	• Wohlstandsniveau • Arbeitsbedingungen • Lebensstil • Gesundheitsvorsorge
Bildungspolitik	• Anspruch auf Erziehung und Bildung • Transfer gesellschaftlicher Werte • Vermittlung grundlegender Bildungsqualifikationen	• Vermittlung von Gestaltungskompetenz • lebenslanges Lernen • Förderung ergebnisorientierter Lernumgebung

Quelle: Kevenhörster, 2006, S. 331.

Literatur

Artelt, C. u.a. (2003). *Das Lernen. Voraussetzungen für lebenbegleitendes Lernen. Ergebnisse vpn PISA 2000, OECD 2003.* Paris.

Barth, H. u.a. (2000). *Vom Ausland lernen.* In: Jan Böcken, Martin Butzlaff, Andrea Esche (Hrsg.). Reformen im Gesundheitswesen. Gütersloh.

Bericht der Bundesregierung zur Bildung für eine nachhaltige Entwicklung. (2003). In: www.bundesregierung.de, 21.01.

Berthold, N. (2002). *Ein gefesselter Riese am Boden.* In: Frankfurter Allgemeine Zeitung, 6. April.

Bloiin, B.S. (1964). *Stability and Charge in Human Charaktristics.* New York.

Boettcher, F. (2005). *Begrenzungskonzepte der Staatsverschuldung auf dem Prüfstand. Der Vorschlag zur Änderung von Artikel 109 Abs. 2 GG.* Münster. Institut für Politikwissenschaft (Manuskript).

Bosch, G. (1998). *Ist Vollbeschäftigung nur auf Kosten des sozialen Gleichgewichts möglich? Empirische Befunde zu einem wirtschaftsliberalen Mythos,* in: Ders. (Hrsg.). Zukunft der Erwerbsarbeit a.a.O.

Bosch, G. (Hrsg.). (1998). *Zukunft der Erwerbsarbeit. Strategien für Arbeit und Umwelt.* Frankfurt/New York.

Bronfenbrenner, U. (1974). *Wie wirksam ist die kompensatorische Erziehung?* Stuttgart.

Bundesministerium für Gesundheit und soziale Sicherung (2003). *Nachhaltigkeit in der Finanzierung der sozialen Sicherungssysteme.* Bericht der Kommission. Berlin.

Bundesregierung (2002). *Perspektiven für Deutschland: Unsere Strategie für eine nachhaltige Entwicklung. Konzept der Bundesregierung.* In: www.dialog-nachhaltigkeit.de. Stand: 12.11.

Bundesregierung (2002). *Perspektiven für Deutschland. Unsere Strategie für eine nachhaltige Entwicklung.* Berlin.

Caspari, A. (2004). *Evaluation der Nachhaltigkeit von Entwicklungszusammenarbeit. Zur Notwendigkeit angemessener Konzepte und Methoden.* Wiesbaden.

Deutscher Bundestag (2002). *Bericht der Kommission zu den Folgen der Globalisierung.* Berlin.

Empacher, C., Wehling, P. (2002). *Soziale Dimensionen der Nachhaltigkeit. Theoretische Grundlagen und Indikatoren, Studientexte des Instituts für sozial-ökologische Forschung.* Nr. 11, Frankfurt a.M.

Esping-Andersen, G. (1999). *Social Foundations of Postindustrial Economics.* Oxford.

Ewringmann, D. (1999). *Sustainability – Leerformel oder Forschungsprogramm?.* Universität zu Köln, Sonderforschungsbereich 419, Forschungsbericht Nr. 01-99, Köln.

Fues, T. (1998). *Indikatoren für die Nachhaltigkeit der deutschen Beziehungen zum Süden.* Gerhardt-Mercator-Universität Duisburg. INEF Report, Heft 34.

Geitmann, S. (2004). *Erneuerbare Energieen und alternative Kraftstoffe.* Norderstedt.

Gerlach, I., Konegen, N., Sandhövel, A. (1996). *Der verzagte Staat – Policy-Analysen. Sozialpolitik, Staatsfinanzen, Umwelt.* Opladen.

Giaimo, S. (2001). *Who Pays for Health Care Reform?* In: Paul Pierson (Hrsg.). The New Politics of the Welfare State. Oxford/New York.

Hajen, L. u.a. (2000). *Gesundheitsökonomie.* In: Dieter Cassel (Hrsg.). (2004). Wettbewerb und Regulierung im Gesundheitswesen. Baden-Baden.

Hamm, W. (2002). *Finanzpolitik für die kommende Generation.* In: ORDO. Jahrbuch für die Ordnung von Wirtschaft und Gesellschaft. Bd. 53. Stuttgart.
Hoppenbrock, V. (2004). *Wird die rot-grüne Bundesregierung ihrem Ziel einer nachhaltigen Energiepolitik gerecht?* Universität Münster. Institut für Politikwissenschaft. Seminararbeit.
Hurrelmann, K. (2000). *Gesundheitssoziologie.* Weinheim/München.
Institut für Arbeit und Technik (Wissenschaftszentrum Nordrhein-Westfalen) (2003). *Mittelfristiger Forschungsplan 2004–2009.* Gelsenkirchen.
Kevenhörster, P. (2006). *Politikwissenschaft Bd. 2: Ergebnisse und Wirkungen der Politik.* Wiesbaden.
Lampert, J. u.a. (2001). *Lehrbuch der Sozialpolitik.* Berlin/Heidelberg. 6.A.
Lange, H. (Hrsg.). (2008). *Nachhaltigkeit als radikaler Wandel. Die Quadratur des Kreises.* Wiesbaden.
Lehmann, H. (1995). *Zukunftsenergien: Strategien einer neuen Energiepolitik.* Berlin.
Naßmacher, H. u.a. (1999). *Kommunalpolitik in Deutschland.* Opladen.
Oberender, P. u.a. (2004). *Ordnungsökonomische Konsequenzen einer flächendeckenden Versorgung im liberalisierten Gesundheitswesen: Notwendigkeit einer Regulierung?* In: Dieter Cassel (Hrsg.). (2004). Wettbewerb und Regulierung im Gesundheitswesen. Baden-Baden.
OECD. *Economic Outlook.* (Dezember 1998). Paris. Nr. 64.
Organisation for Economic Co-operartion and Development (2001). *Starting Strong. Early Childhood Education and Care.* Paris.
Organsiation for Economic Co-operation and Development (2003). *Education Policy Analysis 2003.* Paris.
Pierson, P. (Hrsg.). (2001). *The New Politics of the Welfare State.* Oxford/New York.
Rebbe, K. (2003). *Evaluierung der deutschen Haushaltspolitik – Wie nachhaltig ist die deutsche Haushaltspolitik?* Münster. Institut für Politikwissenschaft. (Manuskript).
Reuter, L.R. (2002). *Politik- und rechtswissenschafliche Bildungsforschung.* In: R. Tippelt (Hrsg.). Handbuch Bildungsforschung. Opladen.
Sachverständigenrat zur Begutachtung der gesamtwirtschaftlichen Entwicklung (2001). *Für – Stetigkeit – gegen Aktionismus.* Jahresgutachten 2001/2002. Stuttgart.
Sachverständigenrat zur Begutachtung der gesamtwirtschaftlichen Entwicklung (2003). *20 Punkte für Beschäftigung und Wachstum.* Jahresgutachten 2002/03. Berlin.
Saldern, M. v. (1999). *Schulleistung in Diskussion.* Hohengehren.
Sanford, F., Schram, S.F. (2000). *After Welfare. The Culture of Postindustrial Social Policy.* New York/London.
Soldt, R. (2003). *Der dänische Weg.* In: Frankfurter Allgemein Zeitung, 14. August.
Stockmann, R. (1996). *Die Wirksamkeit der Entwicklungszusammenarbeit. Eine Evaluation der Nachhaltigkeit von Programmen und Projekten der Berufsbildung.* Opladen.
Thränhardt, D. (1990). Bildungspolitik. In: Klaus von Beyme, Manfred G. Schmidt, Politik in der Bundesrepublik Deutschland. Opladen.
Verband entwicklungspolitischer deutscher Nichtregierungsorganisationen e.V. (2002): *Stellungnahme zum „Bericht der Bundesregierung zur Bildung für eine nachhaltige Entwicklung"* Bonn, 18. März.
Vorholz, F. (2000). *Das Ende der Bequemlichkeit.* Frankfurt a.M.
Vorholz, F. (2003). *Perverse Geschenke.* In: Die Zeit, Nr. 23, v. 28. Mai, S. 13, 20.

Weltkommission für Umwelt und Entwicklung (1987). *Unsere gemeinsame Zukunft*. Greven.
Wissenschaftlicher Beirat beim Bundesministerium der Finanzen (2001). *Nachhaltigkeit in der Finanzpolitik. Konzepte für eine langfristige Orientierung öffentlicher Haushalte.* Schriftenreihe des Bundesministeriums der Finanzen, Heft 71, Berlin.
Wissenschaftlicher Beirat der Bundesregierung (2003). *Globale Umweltveränderungen, Welt im Wandel: Energiewende zur Nachhaltigkeit.* Heidelberg.
Zimmermann, H. (2003). *Viel zu wenig Wachstumspolitik*, in: Frankfurter Allgemeine Zeitung v. 15. Januar.

Hiltrud Naßmacher
Kommunale Innovationen und Demokratie

In den Debatten zur Legitimation von Demokratie spielt die sinkende Wahlbeteiligung immer eine große Rolle. Sie gilt häufig als der wichtigste Indikator für die wachsende Distanz zwischen Wählern und politischen Institutionen. In den 1970er Jahren erwarteten Politikwissenschaftler dagegen als Folge der wachsenden formalen Bildung der Bürger sogar eine ‚partizipative Revolution' (Kaase 1982: 173ff.). Diese Befunde müssen nicht im Widerspruch zueinander stehen: Die wachsende Beteiligung mag sich in unkonventionelle Aktivitäten verlagert haben. Als Indikator dafür wird die ständig steigende Zahl neuer Zusammenschlüsse (Assoziationen, Vereine, NGOs) genannt. Manche Forscher gehen sogar von einer zahlenmäßigen Explosion in diesem Sektor aus (Anheier, Priller, Seibel & Zimmer 1997: 13, 64). Neue kleine Parteien haben zum Teil erfolgreich den Sprung in die Kommunalparlamente geschafft und dort das lokale Parteiensystem verändert.

Diese Entwicklungen können als Schritte zu einer aktiveren Zivilgesellschaft gedeutet werden, die Demokratieforscher seit Jahrzehnten fordern. Normative Konzepte wie die ‚Strong democracy' (Barber 1984) oder die ‚reflexive Demokratietheorie' (Schmalz-Bruns 1995) mahnen an, dass eine aktive Zivilgesellschaft eine unverzichtbare Basis für die Demokratie sei. Auch viele empirische Studien haben die positiven Effekte des Engagements für die Gesellschaft bewiesen, z.B. für die Entwicklung von sozialem Vertrauen (z.B. Putnam 2000). Alle westlichen Demokratien haben den Forderungen nach mehr Beteiligung durch institutionelle Innovationen stattgegeben. Das trifft besonders für die kommunale Ebene zu. Ist dadurch die Demokratie wirklich gestärkt worden? Nachdem Erfahrungen aus mindestens zwei Jahrzehnten aus verschiedenen Demokratien der westlichen Welt vorliegen, sollte es möglich sein, Erwartungen und empirische Ergebnisse einer Würdigung zu unterziehen und eine Hypothese zu den Wirkungen der innovativen Arrangements zu wagen.

1. Wichtige Innovationen im Überblick

Die Betrachtung beginnt mit der Darstellung der neuen Möglichkeiten für die Beteiligung auf der lokalen Ebene. Viele dieser Arrangements sollten die Lücke füllen zwischen der vermuteten größeren Beteiligungsbereitschaft und dem als starr erscheinenden repräsentativen System, in dem die Parteien auch auf der kommunalen Ebene eine zentrale Rolle innehaben. Es ist daher nicht verwunderlich, dass mit Innovationen, die auch der Forderung von Willy Brandt in seiner Regierungserklärung 1969 „Mehr Demokratie wagen" folgten, vor allem die Input-Seite des politischen Entscheidungsprozesses (Policy Cycle) angegangen wurde. Diese neuen Beteiligungsmöglichkeiten sollten vor allem dazu beitragen, in einer frühen Phase des Aufgreifens eines politischen Problems möglichst viele Vorschläge zu sammeln und Restriktionen aufzuzeigen, die eine Lösung befördern oder behindern könnten. Vorübergehende Teilnahme in einer sehr frühen Phase wurde in allen Fragen der Stadtentwicklung (Bauleitplanung, Infrastrukturplanung) gewährt, permanente Mitwirkung auch in einzelnen Policy-Feldern, z.B. der Schuladministration. Erst zögerlich kamen in einigen Bundesländern die direktdemokratischen Entscheidungsverfahren hinzu, obwohl diese Verfahren in anderen Ländern bereits jahrzehntelang etabliert waren. Auch die wichtigste Mitwirkungsmöglichkeit in der Demokratie wurde bürgerfreundlicher gestaltet. So sollte durch die Herabsetzung des Wahlalters bis auf 16 Jahre mehr Partizipationsbereite erreicht werden. Wahlsysteme für die Wahl der Gemeinderäte wurden mit zusätzlichen personenbezogenen Auswahlmöglichkeiten ausgestattet (Kumulieren/Panaschieren). Durch die Direktwahl des obersten Repräsentanten und gleichzeitigen Verwaltungschefs der Städte und Gemeinden überall in Europa wurde Politik sehr stark personalisiert (Guerin & Kerrouche 2008: 184, 185; Wollmann 2008: 284). Dabei muss der Spitzenmanager sowohl zentrale politische als auch verwaltungsspezifische Kompetenzen ausfüllen. Neue Möglichkeiten der Beteiligung in allen Politikfeldern wurden schließlich durch die in den 1990er Jahren in Gang gesetzten lokalen Agenda-Prozesse eröffnet.

Die wesentliche Neuerung in den 1990er Jahren war allerdings die Implementation des New Public Management (NPM) (Bogumil 2001; Wollmann 1998: 400; Pratchett 1999; John 2001). Die Niederlande und Neuseeland gingen voran, gefolgt von den Vereinigten Staaten und den nordeuropäischen Ländern. Dadurch sollte nicht nur das Management der Verwaltung effizienter gemacht werden sondern auch die politischen Entscheidungsprozesse. In Deutschland wurde diese Innovation nicht nur von der Wissenschaft, sondern auch von den wichtigsten Verbänden der Kommunen und ihren Beratern (insbesondere der KGSt) vorangetrieben. Die Städte und Gemeinden sahen sich genötigt, dem Trend zu folgen und wagten nicht, sich der Modernisierung zu verweigern. Obwohl die Innovationen sich vor allem auf das Management in der Verwaltung und die Zusammenarbeit zwischen Politik und Verwaltung richteten, wurden auch neue Beteiligungsformen für Bürger und Einwohner angesteuert (Schedler und Proeller 2000: 205ff., besonders 210f.). New Public Management hat im Rahmen der veränderten Governance-Strukturen neue und breitere Netzwerke in die Zivilgesellschaft hinein geschaffen, die von privaten Einzelpersonen und solchen, die im dritten Sektor und in NGOs agieren oder dort mitwirken wollen, mehr Engagement für die Lösung gemeinsamer Probleme einfordern. Politische Aufgaben sollten dann – so die Hoffnung – auch bürgerfreundlicher angegangen werden. „Neue" Ehrenamtlichkeit wurde eine vielbeschworene Zielvorstellung, die nicht nur mehr Bürgernähe der Politik, sondern auch mehr Nähe der Bürger zur Politik hervorbringen sollte (Naßmacher 2006: 10).

War bis in die 1990er Jahre die Mitwirkung der Bürger in der Kommunalpolitik vor allem auf den Input des Politikzyklus beschränkt, also die Anregung und Vorbereitung von Entscheidungen, so eröffneten die Reformen der 1990er Jahre weitere Möglichkeiten. Mitwirkung wurde auch bei der Implementation von verbindlichen Entscheidungen vorgesehen (Pratchett 1999: 733; Lowndes, Pratchett und Stoker 2001: 447). Diese Aufgaben sind in vielen Bereichen der Administration angesiedelt, z.B. in städtischen Einrichtungen (Schulen, Bibliotheken, Kindergärten, Altenheimen, Volkshochschulen, Museen, bei quartiersspezifischen Integrationsaufgaben u.a.) oder bei Non-Profit-Organisationen, die im Auftrag der Kommunen öffentliche Aufgaben verrichten.

Als wesentlicher Gewinn für die Demokratie kann vermerkt werden, dass die ehrenamtlich engagierten Bürger nun miteinander in Kommunikation treten. Es besteht Einigkeit in der wissenschaftlichen Einschätzung, dass in diesen „face-to-face-Begegnungen" soziales Vertrauen entstehen kann und gleichzeitig Organisationskapazität, Moderationsfähigkeit und Kompromissfindung geübt sowie zuweilen (je nach ehrenamtlichem Tätigkeitsfeld) ein besseres gegenseitiges Verständnis von Menschen unterschiedlicher sozialer Herkunft hervorgebracht werden kann. Allerdings gibt es auch kritische Stimmen gegenüber diesen Zielen. Die Aufgaben, die Ehrenamtliche übernehmen könnten, seien angesichts der Professionalisierung in den meisten Bereichen sehr untergeordnet und insofern nähmen die Engagierten doch eher die Rolle des „Lückenbüßers" ein. Vielmehr sehen die Kritiker eher die Entlastungsfunktion dieser Aktivitäten für die öffentliche Hand, die seit Jahren mit Finanzknappheit zu kämpfen hat. Allerdings kann davon ausgegangen werden, dass die Verwaltung, die die Ziele der Reformen ernst nimmt, auch stärker darauf hinarbeiten wird, die Bevölkerung zur Mitarbeit zu animieren um ihr dazu Chancen zu eröffnen.

2. Wirkungen der Innovationen

Die Reform der institutionellen Arrangements im Kontext des New Public Management, in Deutschland bekanntgeworden als „Neues Steuerungsmodell", hat eine Fülle von tradierten Akteuren (insbesondere die Nonprofit-Organisationen) stärker, aber auch neue Akteure (z.B. neue Initiativen/NGOs) zusätzlich in die Erledigung öffentlicher Aufgaben einbezogen. Da Outsourcing ein erklärtes Ziel der Reformen war, sahen Wissenschaft und Praxis die Einbeziehung privat Engagierter als einen wichtigen Schritt an. Nicht nur Einzelne sollten in ehrenamtlicher Tätigkeit ihre Potentiale unter vielfältigen öffentlichen Hilfen (z.B. Vermittlungsbüros für Ehrenamtliche, Anschubfinanzierung für NGOs in den verschiedenen Politikfeldern) für die Allgemeinheit einbringen. Die Verwaltungen verhielten sich wie Unternehmer, indem sie für einzelne (Groß-)Projekte immer häufiger das Modell der Public-Private-Partnership wählten. Private Investoren wurden auch für die Entwicklung sensibler Bereiche der Städte willkommen geheißen, z.B. für die Wiederbelebung der Innenstädte und für Außenbereiche mit neuen Freizeitangeboten. Inzwischen wird erkannt, dass die häufigsten Lösungsstrategien für Innenstädte (Einkaufszentren zur Stärkung der Stadtmitten) die gewachsenen Strukturen sehr stark negativ beeinflussen können (Naßmacher 2006: 107f.). Freizeiteinrichtungen auf der grünen Wiese haben sich zuweilen als unternehmerische Fehlinvestitionen erwiesen und fielen der öffentlichen Hand mit hohen Folgekosten zu.

All diese Akteure, die im Spektrum der öffentlichen Aufgabenerledigung zusätzlich engagiert wurden, haben gemeinsam, dass sie sich gegenüber den Bürgern nicht verantworten müssen. Die Verantwortung bleibt weiterhin bei den durch Wahlen legitimierten Entscheidungsträgern. Dies gilt vor allem für die Repräsentanten der Bürger in den Gemeinderäten. Sind Aufgaben aber erst einmal an Akteure außerhalb der Verwaltung delegiert, so ist der Einfluss der Ratsmitglieder auf die Aufgabenerledigung sehr beschränkt. Bei den Wahlen werden aber sie vor allem an den Leistungen für die Bürger gemessen. Sie haben in der Regel eine kürzere Amtszeit als die (Ober)-Bürgermeister. Letztere können immer noch darauf hoffen, dass die Bürger vergesslich sind und falsche Weichenstellungen in der Amtszeit bei den Wahlen keine Rolle mehr spielen.[1]

Gleichzeitig wird die Zurechenbarkeit von Verantwortung für auftretende Probleme immer schwieriger. Verwaltungen und Ratsfraktionen folgten zuweilen einem Herdentrieb indem sie im Wettbewerb der Städte städtebauliche und finanzielle Problemlösungen durch private Anbieter, Investoren oder andere Geldgeber mit vollzogen haben, konnten sie sich doch im Fall eines Misslingens stets der Verantwortung entziehen. Auch gewählte Führungspersönlichkeiten „try to maintain that whatever is wrong is not their problem" (Margolis und Resnick 1996: 196).

Vor Jahrzehnten war demgegenüber die These vertreten worden, dass sich das kommunale Entscheidungssystem eher in Richtung Parlamentarisierung verändern würde und solle (Frey und Naßmacher 1975), wie es sich in Deutschland seit den 1960er Jahren abzeichnete. Wesentliches Kennzeichen des parlamentarischen Systems ist die zeitliche Gewaltenteilung zwischen der Parlamentsmehrheit und der Exekutive auf der einen Seite und der parlamentarischen Opposition auf der anderen. Dies bedeutet, dass die Mehrheit verantwortlich für die Entscheidungen und Nicht-Entscheidungen in der Wahlperiode ist. Das kann auch für die Öffentlichkeit und die Wähler sichtbar gemacht werden, denn die Verantwortlichen müssen für ihre Aktionen werben, während die Opposition Probleme verdeutlichen und Alternativen aufzeigen kann. Der Wert des parlamentarischen Systems besteht darin, dass die Zuordnung von Verantwortung deutlich wird, ein Merkmal, das westliche Demokratien auszeichnen sollte. Dies wurde durch die neuen institutionellen Arrangements auf der kommunalen Ebene verwischt.

Zudem sollten durch das Neue Steuerungsmodell die Beziehungen zwischen Rat und Verwaltung verschlankt werden, indem auf das Principal-Agent-Model zurückgegriffen wurde: Der Rat formuliert zu Beginn seiner Amtszeit die Ziele – möglichst für die gesamte Wahlperiode, die die Verwaltung dann auszuführen hat. Kritiker (z.B. Naßmacher & Naßmacher 2007: 61ff.) haben immer wieder darauf hingewiesen, dass dieses Modell der Realität von Politikprozessen nicht gerecht wird. Die Entwicklungen im Laufe einer Wahlperiode verlangen flexible Reaktionen, die immer wieder Erwägungen und Entscheidungen aufgrund langfristiger Wertvorstellungen bedürfen, für die die einzelnen Fraktionen stehen. Zudem bedeutet das Principal-Agent-Modell eine weitere Annäherung an das präsi-

---

1 Abwahlen der Führungspersönlichkeiten während der Amtszeit sind immer noch die Ausnahme. Häufiger ist die Nichtwiederwahl von Bürgermeistern nach nur einer Amtszeit.

dentielle System, das durch die Direktwahl des (Ober-)Bürgermeisters bereits auf der kommunalen Ebene etabliert wurde. Es ist gekennzeichnet durch eine Trennung der Macht zwischen den beiden Gegenspielern, dem Präsidenten (in den Kommunen dem Bürgermeister) und den gewählten Repräsentanten (Gemeinderäten), die jeweils über eine eigenständige Legitimation durch Volkswahl verfügen. Der (Ober-)Bürgermeister als Verwaltungschef ist mit umfassenden Kompetenzen ausgestattet. Allerdings muß er die meisten Entscheidungen durch eine Ratsmehrheit absegnen lassen, so dass seine formal sehr starke Stellung hier an erhebliche Grenzen stoßen kann.

Dies ist vor allem dann der Fall, wenn ein Verwaltungschef im Rat einem Vielparteiensystem gegenübersteht. Ohne stabile Koalitionen müssen die Führungskräfte permanent neue Netzwerke knüpfen, deren jeweilige Zusammensetzung von außen schwer erkennbar ist. Dies erschwert für Außenstehende (Medien und Bürger) die Orientierung und die Suche nach den Verantwortlichen. Das gilt vor allem dann, wenn neben den Non-Profit-Organisationen neue Initiativen und private Anbieter in die Vorbereitung von Entscheidungen, in die Entscheidung selbst und ihrer Implementation eingebunden werden.

Auch die veränderte Zusammensetzung der Kommunalparlamente macht die Durchschaubarkeit von Entscheidungsabläufen nicht leichter. Wurde bereits vor einigen Jahrzehnten die Nichtparteibindung von Kandidaten in Nordamerika als ein Problem erkannt, das die Orientierung für den Wähler erschwerte (Kevenhörster 1979), so gilt das heute in Deutschland (nach der Abschaffung der Fünf-Prozent-Klausel bei Kommunalwahlen) umso mehr. Auch kleine und neuere Gruppierungen haben eine reelle Chance, bei den Wahlen in die Räte einzuziehen. Das kann vordergründig als Offenheit des politischen Systems gedeutet werden, in Wahrheit handelt es sich aber häufig um personenbezogene Abspaltungen von traditionellen Parteien oder um themenspezifisch interessierte Gruppierungen, die aus Bürgerinitiativen hervorgegangen sind (Naßmacher 1996, 1997). Die bunte Zusammensetzung der Gemeinderäte wird zudem dadurch dauerhaft hergestellt, dass häufig schon kleinste Gruppierungen/Fraktionen aus dem Haushalt der Stadt gefördert werden. So sitzen im Rat neben den bundesweit agierenden Parteien nicht nur, wie in kleineren Gemeinden in Süddeutschland seit jeher üblich, die Freien Wähler, sondern eine Vielzahl von Gruppierungen, deren Zielvorstellungen selten deutlich sind.

Mit dem ehrenamtlichen Engagement werden einzelne Aktivisten auch nicht intensiver in die Politikprozesse einbezogen. Denn ihr Engagement ist auf viele unterschiedliche Initiativen und Gruppierungen verstreut. Die Fragmentierung hat sich auch bei der Ergänzung der Mitwirkungsmöglichkeiten im Policy Output nicht positiv verändert, im Gegenteil. Zwar lassen sich hier Implementationsprobleme einzelner Entscheidungen aufdecken oder auch Anregungen für notwendige Entscheidungen geben, allerdings ist die Mitarbeit in der Regel so punktuell und sporadisch, dass nur sehr kleine Anliegen bzw. nur Probleme, die nicht mehr als eine handvoll Leute betreffen, in den Blick gerückt werden können. Es besteht die Gefahr, dass das soziale Engagement gerade im Vorfeld des eigentlichen Politikprozesses verpufft. Der Zugang zu minimalen Ressourcen (z.B. bei den lokalen Agenda-Prozessen, denen Räume zur Verfügung gestellt oder eine Teilzeitkraft zur Erledigung der kontinuierlichen Arbeit bezahlt wird) weckt die Illusion einer wertvollen Mitarbeit, deren Ergebnisse tatsächlich von den wichtigen Entscheidungsträgern nach Belieben mißachtet oder aufgegriffen werden können. Demgegenüber betonen Netzwerkanalysen, dass „policy emerges not from centrally concerted or programmed action but from the autonomous interaction of a plurality of independent organisations" (Pratchett 1999: 740). Damit wird aber gleichermaßen die Unkontrollierbarkeit der Entscheidungsprozesse wiederum bestätigt. Diejenigen jedoch, die öffentliches Geld ausgeben, sollten denjenigen verantwortlich sein, in deren Namen sie handeln. Soll die Unübersichtlichkeit und unklare Zuordnung von Mitwirkung und Verantwortung verhindert werden, müssen die vielen neuen Gruppierungen inkorporiert werden und damit sichtbar gemacht werden. Das würde allerdings die Zahl der Veto-Spieler zweifellos erhöhen und Entscheidungsprozesse erheblich verlangsamen. Damit wäre aber die Frage der Legitimation all dieser neuen Akteure keineswegs gelöst.

Nun wird beim Neuen Steuerungsmodell sehr entschieden die Kundenorientierung betont. Diese Vorstellung ist aber eher naiv, denn „den" Kunden gibt es nicht, es sind immer solche mit unterschiedlichen Interessen. Diese mögen in einzelnen Bereichen durchaus ähnlich sein (z.B. im Baubereich). Aber die Baulobby setzt sich gern über Umweltinteressen oder Eigentümerinteressen hinweg, so dass die Berücksichtigung von bzw. die Abwägung zwischen divergierenden Ansprüchen, die mehr oder weniger an die öffentliche Hand herangetragen werden, unverzichtbar ist. Die Orientierung an den individuellen Kundenerwartungen ersetzt keinesfalls die Verantwortlichkeit gegenüber der breiten Bevölkerung. Ähnliche Beispiele lassen sich für andere Politikbereiche finden. Wird die Abwägung der unterschiedlichen Interessen der Verwaltung bzw. ihren einzelnen Mitarbeitern überlassen, so besteht die Gefahr, dass durch die Kundenorientierung auch Korruption befördert werden könnte. Das wird aber eher selten thematisiert.

Sowohl dieses Problem als auch die politisch folgenlose Beschäftigung in politiknahen Ehrenämtern und die große Unübersichtlichkeit der Verantwortung können Frustrationen über Politik verstärken und gerade das Gegenteil dessen bewirken, was als eine Stärkung der Demokratie angestrebt wurde. Denn in Demokratien ist von sehr großer Bedeutung, dass zweifelsfreie Orientierung für die Bürger gegeben ist. Dass ist schwer vereinbar mit einer Reform, die auf Mobilisierung der Bürger zur Ehrenamtlichkeit abzielt, dabei aber nicht beachtet wird, dass sich das Engagement in folgenloser Beschäftigung in einer Vielzahl von Initiativen verläuft.

Natürlich sind Lernprozesse im Umgang mit den neuen dezentralisierten Strukturen zu erwarten und auch neue Politikstile beim politischen Management sind wahrscheinlich. Aber dabei ist zunächst eine Durststrecke zu überwinden, die von einer neuen komplexen Unübersichtlichkeit geprägt ist. Sie kann durch die Person des direkt gewählten (Ober-)Bürgermeisters nur ansatzweise kompensiert werden. Die Fragmentierung überschaubar zu machen braucht Zeit. Auch die als Zielvorstellung angesteuerte größere Effizienz dürfte dabei (zumindest zunächst) auf der Strecke bleiben.

Weiterhin ist kaum zu erwarten, dass die Ergebnisse älterer vergleichender Studien zur Machtverteilung auf der kommunalen Ebene (Hunter 1953; Dahl

1961; Bogumil und Holtkamp 2002) schnell überholt sein werden, die in allen westlichen Demokratien seit Jahrzehnten immer wieder durchgeführt wurden. Hinzu kommen die Ergebnisse über korporatistische Strukturen, deren positive und negative Folgen (Bevorzugung etablierter Non-Profit-Organisationen) weitgehend bekannt sind. Auch Vertreter eines neueren Forschungsparadigmas, des ‚akteurzentrierten Institutionalismus', betonen, dass sich die Macht bei den zentralen Steuerungspolitikern noch stärker konzentrieren wird (Prior, Stewart und Walsh 1995: 119; John 2001), sie aber nicht in alle Politikfelder gleichermaßen hineinreichen kann (ein Beispiel dazu bei Pratchett 1999: 740).

3. Prognosen für künftige Entwicklungen

Die Vorausschau soll sich auf die wesentlichen Akteure in der Kommunalpolitik und die institutionellen Arrangements, die ihr Verhalten mitbestimmen, konzentrieren.

3.1 Ehrenamtliches Personal

Ohne Zweifel kann sich der direkt gewählte (Ober-)Bürgermeister auch in Zukunft der größten Aufmerksamkeit durch die Lokalmedien sicher sein. Dass mag dazu beitragen, dass die Ratsmandate für politisch interessierte und mitwirkungsbereite Menschen weniger attraktiv werden. Eine solche Gruppe könnte aus den sehr gut ausgebildeten Frauen bestehen, die heute zunehmend Beruf und Familie miteinander verbinden. Heute bestehen noch große Defizite bei Hilfsangeboten, die dieses Nebeneinander ermöglichen. Dass gilt nicht nur für die Phase mit Kindern in der häuslichen Gemeinschaft, sondern auch in jener mit der Bürde der Altenbetreuung. Da bleibt für politische Betätigung als Ratsmitglied, die in einer größeren Stadt leicht dem Zeitaufwand für eine Halbtagstätigkeit gleichkommt (Naßmacher und Naßmacher 1999: 276–278), wenig Raum. Daher ist es nicht verwunderlich, dass durch Ehrenamtlichkeit eher Tätigkeiten angesteuert werden, die Defizite beseitigen helfen, die selbst in der eigenen Lebensgestaltung erkannt werden. Das Engagement findet daher eher in sporadischen Aktivitäten und unkonventionelleren Formen statt (Stöbe-Blossey 2001: 174; Phillips 1996: 115), also dort, wo Ergebnisse unmittelbarer erwartet werden können. Weil viele junge Frauen Schwierigkeiten antizipieren, nach Abschluß des Studiums sofort in eine bezahlte Tätigkeit einzusteigen zu können, sind sie bereit, in Initiativen mitzuwirken, um dadurch ihre Chancen auf dem Arbeitsmarkt zu verbessern (Rabe-Kleberg 1992: 87, 90). Auch diese Gruppe ist für ein langfristiges Engagement in der Politik kaum zu gewinnen.

Frauen müssen, ebenso wie ihre männlichen Konkurrenten, sehr flexibel in der Wahl ihres Wohnortes sein, wenn sie bezahlter Arbeit nachgehen und sich dann ganz auf die neue Herausforderung konzentrieren, wollen sie nicht Gefahr laufen, später auf die Politik als Beruf angewiesen zu sein. In ihre Berufstätigkeit können Aktive zwar politische Erfahrungen mitnehmen; möglicherweise haben ihnen auch Netzwerke aus der Beteiligung an Politik geholfen. Dennoch ist für junge Leute die intensive Konzentration auf das Politikgestalten äußerst risikobeladen. Nur wenige schaffen den Einstieg in eine langfristige Karriere und damit in gut bezahlte Positionen. Für Politik als Beruf ist allerdings die Kommunalpolitik immer noch ein wichtiges Sprungbrett. Dieses nutzen zu können setzt aber kontinuierliche Mitarbeit voraus.

Nach jahrelanger Debatte über die Entfremdung zwischen Politikern und Bürgern wird die Mitarbeit in Parteien nicht sehr hoch bewertet. Im Gegensatz dazu gibt es diese Einschätzung bei ehrenamtlicher Arbeit in anderen sozialen und kulturellen Angelegenheiten nicht. Eher ist das Gegenteil der Fall. Das könnte zur Folge haben, dass viele gut ausgebildete Menschen sich eher innerhalb „into functionally-based arenas and patterns" bewegen. Die Folge ist, dass „this in turn undermines the support at both central and local levels for government for broad, community-based, local democratic policy-making" (Stoker 1991: 14). Weiterhin werden deshalb Kandidaten und Repräsentanten aus einer viel zu geringen Grundgesamtheit der Bevölkerung ausgewählt. Bürger, die ihre berufliche Karriere bereits hinter sich haben oder die sich in einer sicheren Position befinden, in Deutschland z.B. in der Verwaltung, als Lehrer oder als Selbständiger mit einigen Mitarbeitern, sind am häufigsten in Gemeinderäten anzutreffen. Hinzu kommen Rentner und Studenten. Diese Personen haben wichtige Weichenstellungen mit zu verantworten und sie sollen Kontrollfunktionen ausüben und werden dabei durch kritische Politikinteressierte begleitet. Sind diese nicht von der Kompetenz der Repräsentanten überzeugt sind, kann das zur Delegitimation der Demokratie beitragen.

Bisher sind die Kompetenzen der Ratsmitglieder vor allem von der Berufstätigkeit und der Lebenserfahrung abgeleitet. Nur wenige Ratsmitglieder geben zu, dass zusätzliche Fortbildung ergänzend hinzukommen müßte. Andere fordern, dass Spezialisten in den entsprechenden Politikfeldern bessere Ergebnisse erzielen könnten. Dabei wird allerdings übersehen, dass auch die Ratsausschüsse häufig mit Vertretern bestimmter Berufsgruppen (z.B. Stadtentwicklung mit Architekten und Bauunternehmern, Schulen und Soziales mit Lehrern bzw. Sozialarbeitern) zu fachdominant besetzt sind und so spezifische Interessen bei Entscheidungen durchschlagen. Immer noch werden die meisten Ratsmitglieder durch Parteien sozialisiert. Initiativen, Vereine und Verbände treten allenfalls ergänzend hinzu, wenn in den Parteien (z.B. auf dem Land) Kandidatenmangel herrscht. Lokale Parteiarbeit bleibt also der wesentliche Einstiegskanal und zugleich der Flaschenhals für kontinuierliches (nicht nur sporadisches) politisches Engagement und damit für den Zugang zu machtvolleren Positionen in der Politik. Daran ändert auch die Ergänzung der Kommunalverfassungen durch direktdemokratische Entscheidungen wenig.

3.2 Politische Parteien

Westliche Demokratien sind repräsentative Demokratien. Die gewählten Repräsentanten sind einerseits Vertreter ihrer Wähler, andererseits jedoch nur ihrem Gewissen bei der Ausübung ihres Amtes verantwortlich. Westliche Demokratien sind immer zugleich Parteien-Demokratien. Das gute Funktionieren der Parteien ist Voraussetzung für die Qualität der Demokratie. Das Engagement in Parteien verlangt von den Aktivisten, dass sie mit Menschen unterschiedlicher Herkunft, mit unterschiedlichen organisatorischen Fähigkeiten und mit unterschiedlicher Vorbildung zusammenkommen um einander zuzuhören und miteinander zu diskutieren. Das verlangt Geduld und Toleranz von allen Seiten. Nur wer in der Gruppe eine genügende Zahl von Sympathisanten findet, die ihn unterstützen, hat die Chance, in geheimer Wahl eine Mehrheit zu finden. Die „socioeconomic disparities can be partially counteracted by popularly rooted political parties" (Skocpol 2001: 10). Auch Initiativen, Vereine und Verbände bringen häufig Menschen unterschiedlicher Herkunft zusammen. Sie können Zubringer für die Parteien sein. Aktive Menschen können Wissen und Motivation auf andere Vorhaben übertragen (ebd.: 11). Wesentlich ist aber, dass Parteien nicht nur zu Schlüsselentscheidungen Stellung nehmen, sondern auch Interessen kanalisieren und aggregieren. Besonders neue Kandidaten und die Eliten von konkurrierenden Parteien versuchen, die Sympathien der Wähler zu gewinnen und deren Stimmen zu erhalten. Dass gilt auch (und unter den stärker personalisierten Wahlverfahren gerade) für die kommunale Ebene.

Die Einschätzungen der Öffentlichkeit und der Wissenschaft scheinen in eine andere Richtung zu gehen. Wie schon häufiger in der Vergangenheit wird die Rolle der Parteien in der Kommunalpolitik in Frage gestellt. Diese traditionelle Sichtweise wurde immer in kleineren Gemeinden vertreten und Parteilichkeit dort möglichst verleugnet. Hier waren immer schon informelle soziale Netzwerke von besonderer Bedeutung und konsensuales Verhalten bei der Entscheidungsfindung üblich. Bei der Implementation des Neuen Steuerungsmodells werden Bewertungen durch Parteien in politischen Entscheidungsprozessen kaum beachtet und unterschiedliche Einschätzungen der Fraktionen bei einzelnen Entscheidungen eher als störend empfunden. In dieser Vorstellung wird das verallgemeinerte Wohl der Stadt in den Vordergrund gerückt, das langfristig (z.B. als Stadtleitbild) festlegbar erscheint und den unterschiedlichen Zielorientierungen einzelner Gruppen und Parteien übergeordnet ist. Diese Art der Entscheidungsfindung wurde bereits in den 1970er Jahren sichtbar. Die dabei verabschiedeten Entwürfe, damals „Stadtentwicklungspläne" genannt, gerieten aber schnell in Vergessenheit. Zu Recht heben Kritiker hervor, dass Politik unter unsicheren Bedingungen stattfindet und relativ kurzfristig auf unvorhersehbare Situationen reagieren muss. Dabei gilt es, bewertende Entscheidungen zu treffen, die keinesfalls nur der Verwaltung überlassen werden dürfen. Es ist auch empirisch nachgewiesen, dass Entscheidungen auf der kommunalen Ebene parteispezifisch unterschiedliche Bewertungen zur Geltung bringen (Kunz 2000) – nicht nur in Deutschland.

Eine Vielzahl von Forschern prognostizierte schon in den 1970er Jahren, „that future parties will be less dependent on the functioning of their local subunits because new communication technologies (...) will give them ample opportunities for campaigning" (Geser 1999: 34). Lokale Zusammenkünfte erschienen überholt. Inzwischen wird den Ortsparteien wieder mehr Aufmerksamkeit geschenkt und empirische Informationen über den Wert der Aktivitäten vor Ort nehmen zu. Das gilt sowohl für die USA als auch für europäische Länder und deren Parteien

(Geser a.a.O.: 35–37; John und Saiz 1999: 47). Dabei werden nicht nur die Aktivitäten im Wahlkampf hervorgehoben, sondern auch die Einmischung der Parteien und ihre Stellungnahmen zu wichtigen Entscheidungen aufgrund spezifischer Bewertungen. Die Stadtgröße und die sozio-ökonomische Struktur der Stadt tragen zur Profilierung und zur Stärke der Parteiorganisation bei (John und Saiz a.a.O.: 44, 55, 69).

Aber auch die politischen Parteien selbst haben zur Vernachlässigung ihrer Ortsparteien beigetragen. Hier gibt es allerdings Unterschiede und eine Vielzahl von Impulsen kann diese Differenzen bewirken. Eine besonders unterschiedliche Organisationsstärke weisen die Lokalparteien in den USA auf. In großen Städten scheinen sie nach wie vor ziemlich einflußreich zu sein. Sie agieren in kommunalen Angelegenheiten sehr unabhängig von den überörtlichen Ebenen. Dies ist auch in Kanada der Fall (Saiz 1999 a.a.O.: 174, 177). Bis in die 1990er Jahre waren die Lokalparteien der Labour Party in Großbritannien sehr stark in die nationale Hierarchie eingebunden und wurden auch durch nationale Richtlinien gesteuert. Im Gegensatz dazu agierten die Lokalorganisationen der Konservativen und Liberalen mehr dezentralisiert, ohne wesentlichen Einfluß der Parteispitze. Zusätzlich dominierten eher die informellen Strukturen. Dieses änderte sich zunächst bei den Konservativen, die stärker zentralisiert wurden.

Seit den 1990er Jahren begann Labour seine lokale Basis zu vitalisieren. Die einzelnen Mitglieder wurden als „lifeblood of the parties" gesehen. Die Parteispitze kümmerte sich mehr um die Aktivitäten in den Wahlkreisen und die Unterstützung der Kandidaten bei Wahlen. Unter Blair wurden neue „selbständige" Mitglieder willkommen geheißen, um dadurch auch die neue Ausrichtung von Labour zu demonstrieren (Seyd & Whiteley 2002: 32f.).

3.3 Institutionelle Arrangements

Die Kommunen sind Teil der politischen Kultur ihres Landes und ihre Entwicklungen sind pfadabhängig. Die institutionellen Arrangements strukturieren die politischen Prozesse. Jedoch sind diese in westlichen Demokratien nicht so unterschiedlich wie Beobachter vielleicht erwarten. Insbesondere in föderalistischen Systemen gibt es Variationen in den einzelnen Staaten und ihren Teilstaaten (wie in Deutschland und den USA). Besondere Bedeutung kommt jedoch den politischen Wettbewerbsregeln zu, den Wahlsystemen und den Regeln zur Aufstellung der Kandidaten. Sie haben für das Parteiensystem der Gemeinderäte besondere Relevanz.

Weil die Parteien überall unter Druck sind, erhält der Trend zu „Nicht-Parteien-Kommunen" wieder Auftrieb. Diese Vorstellung hat sich in kleineren Gemeinden nie überlebt. In Nordamerika, zunächst in den USA und in der Folge auch in Kanada, wurde diese Option auch in Städten aller Größenordnungen realisiert. Zwei Drittel der kommunalen Wahlen finden in den USA ohne Parteietikett auf dem Stimmzettel statt. In Kombination mit Wahlkreisen, die die ganze Stadt umfaßten, wollten die Reformer die Aufmerksamkeit der Aktivisten auf lokale Probleme lenken. Natürlich war das auch ein Angriff auf die sehr machtvollen Parteimaschinen und deren Begleiterscheinungen wie Korruption und Patronage. Weiterhin ging es darum, die Kommunalverwaltungen effizienter auszugestalten (Margolis und Resnick 1996: 184) und besser qualifizierte Kandidaten für die Lokalpolitik zu gewinnen.

Viele Forscher haben Zweifel, dass die lokale Demokratie durch diese Maßnahmen gestärkt wurde. Wie bereits erwähnt, ist schon in mittelgroßen Städten nur eine kleine Zahl von Kandidaten bei der Bevölkerung persönlich bekannt, was den meisten Wählern die Entscheidung darüber erschwert (Kevenhörster 1979: 292), wen sie wählen sollen. Der politische Prozess tendiert dazu „to be dominated by well-organized, often well-endowed, interest groups with their own particular agenda" (Margolis & Resnick 1996: 183). Solche Schwerpunkte werden natürlich in größeren Städten deutlicher. Wenn keine Organisation als Sponsor hinter Kandidaten steht, ist es nur solchen aus der Mittel- oder Oberklasse möglich, erfolgreich zu kandidieren, da sie viel eigenes Geld in ihre Wahlwerbung investieren müssen. Ergebnis ist, dass die Republikaner in den USA und die Konservativen in Kanada bei diesen Rahmenbedingungen im Vorteil sind. Auch wenn die Wahlbeteiligung als Maßstab für die Grasverwurzelung in der Zivilgesellschaft gesehen wird, scheint das Instrument der Nichtparteienwahlen nicht empfehlenswert. Der Wettbewerb ohne Parteien war mit dem Problem verbunden, dass die Wahlbeteiligung zurückging.

Trotz der Nichtparteienwahlen überlebten die Parteien auf der kommunalen Ebene. Der Wettbewerb findet zwar unter Gruppierungen ohne Parteietikett statt, häufig gibt es aber eine eindeutige ideogische Ausrichtung auf nationale Parteien (Purcal 1993). Die Parteien selbst haben versucht, durch massive Werbung in sogenannten ‚get-out-the-vote-drives' ihnen nahestehende Kandidaten zu unterstützen und zudem einem Trend des Nichtwählens entgegenzuwirken. Die organisatorische Aktivität scheint intensiver als in der Vergangenheit zu sein. Die überörtlichen Parteien unterstützten örtliche Gruppierungen daher bald auch finanziell (Naßmacher 2004: 98ff.). All das wurde auch von der Öffentlichkeit wahrgenommen (Masson 1985: 298; Purcal 1993), so dass schließlich die Nichtparteienwahlen generell nur noch eine formale Hürde blieben, allenfalls noch in den sogenannten Edge-Cities und Kleinstädten nicht nur formal fortbestehen. Das zeigt, dass es fast unmöglich ist, Parteipolitik aus den Kommunen herauszuhalten. „Thus, local political decision making has a partisan component, even though it is covert rather than overt" (Masson a.a.O.: 292).

Auch andere Forschungsergebnisse über die Rolle politischer Parteien deuten auf eine Organisationsentwicklung auf der kommunalen Ebene hin. Aber die wenigen empirischen Ergebnisse dazu sind höchst unterschiedlich (Margolis und Resnick 1996: 188). Einige ergaben, dass Parteien nur in Wahlkampfzeiten aktiv sind. „(...) neither their leaders nor their public officeholders envision them fulfilling the active policy role called for by the strong model of party responsibility. Local politicians are constantly searching for nonpolitical solutions that relieve them for responsibility for making tough decisions" (ebd.: 190, 192). Diese Verhaltensweise ist nicht besonders förderlich für die Reputation der Gemeinderäte und weckt Zweifel an deren Fähigkeit, politische Probleme zu lösen.

Einige Wissenschaftler sehen die repräsentative Demokratie auch als überholt an und halten angesichts besser gebildeter Bürger nur die direkte Demokratie noch für zukunftsfähig. Der Idealfall wäre für sie, dass sich die Bürger zusammensetzen und gemeinsam nach Lösungen suchen. Einige Erfahrungen gibt es dazu aus kleinen Dörfern in der Schweiz, in denen traditionell solche Zusammenkünfte stattfinden. Auch aus den Neu-England-Staaten der USA können einzelne Hinweise über den Wert von town meetings für die Demokratie abgeleitet werden.[2] Die Teilnahme an solchen Zusammenkünften war außer in sehr kleinen Dörfern sehr gering, aber generelle Trends ließen sich kaum ableiten. In den 1960er Jahren war die Teilnahme größer als in den 1990ern. Jedenfalls wurden der Entscheidungsproeß und die Entscheidungsfindung sehr stark durch Verwaltungsmitarbeiter beeinflusst (Zimmerman 1999: 46, 47, 49). Aber angeregte Debatten und das Gefühl der Teilnehmenden, gut informiert zu sein, wurden als positiv hervorgehoben. Jedoch kann für die vielen anstehenden Entscheidungen auf kommunaler Ebene ein solcher Prozess nicht der Normalfall sein.

Direktdemokratische Entscheidungen, die durch die Bürger selbst in Gang gesetzt werden oder zusätzlich durch den Rat initiiert werden, sind in westlichen Demokratien weitverbreitet, aber besonders tradiert in der Schweiz und den USA. Die meisten Bundesländer in Deutschland sind erst spät dieser Entwicklung gefolgt. Der Einsatz dieses Instruments zeigt ansteigende Tendenz. Mit der direkten Demokratie haben die Bürger und Einwohner die Chance, über spezielle Probleme und Lösungsmöglichkeiten intensiv zu diskutieren, sie müssen sich dann aber als „Ersatzgesetzgeber" für eine einfache Ja- oder Nein-Lösung entscheiden. Schließlich handelt es sich um eine „unmediated participation in both policy formation and policy decision" (Dalton, Scarrow und Cain, 2003: 10).

Wie durch sehr viele Forschungsergebnisse belegt, wirken bei diesen Verfahren insbesondere gut ausgebildete und gut situierte Bürger mit. Erwartungen, dass ganz neue Fragen in die Debatte eingeführt und neue Problemlösungen angesteuert werden, haben sich bisher nicht erfüllt. In allen Ländern sind die thematisierten Entscheidungsfragen ähnlich und werden immer wieder zur Abstimmung gestellt: Entwicklungen der Infrastruktur, Umweltprobleme, Konflikte mit der Stadtentwicklung (Flächennutzung) sind dominant. Bei Abstimmungen im Hinblick auf Budget-Probleme, etwa die Perspektive, künftig höhere Steuern zahlen zu müssen, sind die Bürger sehr zurückhaltend und stimmen zumeist dagegen (Wagschal 1997). Schlankere Haushalte finden eher Zustimmung, was häufig Personalreduzierung und Streichung von Sozialprogrammen bedeutet. Ausländerfeindliche Rhetorik wird bisweilen ebenfalls zur Entscheidungsfindung eingesetzt.

Wissenschaftler, die sich intensiv für die direkte Demokratie einsetzen, haben nie den finanziellen Aufwand mit in die Betrachtung einbezogen. Zusätzlich wird viel Zeiteinsatz von der Verwaltung und den Aktivisten der Zivilgesellschaft verlangt. Auch die politischen Parteien können sich dem Engagement nicht entziehen, was in der Schweiz mit einer Professionalisierung des Parteiapparates einhergeht (Ladner & Brändle 1999: 293) Die Beantwortung der Frage, ob die Parteien durch direkte Demokratie geschwächt werden, fällt bei unterschiedlichen

---

2 Mit der Konsequenz, dass die kanadische Provinz British Columbia mit der Hochburg der NDP die geringste Zahl an Nichtpartei-Kommunen hat.

Blickwinkeln anders aus. Natürlich wird die Arbeitsbelastung für Ehrenamtliche und den professionalisierten Stab höher (Ladner & Brändle a.a.O.: 284–286). Die Parteien haben aber dadurch auch die Chance, über die Wahlkampfzeiten hinaus in der Öffentlichkeit sichtbar zu werden. Also bedeutet direkte Demokratie nicht automatisch eine Schwächung der Parteien. Unter bestimmten Bedingungen kann direkte Demokratie auch die Unzufriedenheit der Bürger mit den Parteien abmildern und „boost support for the process upon which the parties depend" (Scarrow 1999: 358/359). Eine andere Beobachtung ist, dass die direkte Demokratie gerade für kleinere Parteien nützlich zu sein scheint (Ladner & Brändle a.a.O.: 295) und dadurch Parteiensysteme verändert werden. Allerdings muss auch der starke Einfluß von Interessengruppen in Abstimmungsverfahren beachtet werden. Gut organisierte Gruppen können zuweilen Anliegen von Minderheiten mit entsprechend finanzstarken Kampagnen stark in den Vordergrund spielen.

Weiterhin ist das Wahlsystem von entscheidender Bedeutung. In Mehrheitswahlsystemen hat der Wähler die beste Chance, die Parteien an der Wahlurne zur Verantwortung zu ziehen. Hier scheint nur ein Faktor diese grundsätzliche Regel negativ zu beeinflussen: die regionalen Schwerpunkte der Parteien aufgrund einer spezifischen sozioökonomischen Struktur der Wählerschaft im jeweiligen Wahlkreis. Das verursacht möglicherweise die langfristige Dominanz der gleichen Partei. Das kann der Korruption Vorschub leisten. Andererseits neigen langfristig dominante Parteien zum machtpolitischen Hochmut und zur Spaltung. Darin liegt die Chance struktureller Minderheitsparteien, die mit geeigneten Kandidaten breite Bündnisse zum Sieg führen können (Naßmacher 1981: 74f.).

Verhältniswahl wird in der Regel als Ursache für Vielparteiensysteme mit zentrifugalen Tendenzen allgemein akzeptiert. Nach wie vor sind die nationalen Parteien in den Parteiensystemen der Gemeinderäte dominant. Das gilt sowohl für die Schweiz als auch für Deutschland. In Deutschland haben kleinere lokale Organisationen, die sich selbst als neue Parteien ansehen, in größeren Städten erst nach Abschaffung der Fünf-Prozent-Hürde an Bedeutung gewonnen. Einen ersten Schritt in diese Richtung mag bereits das Kumulieren und Panaschieren bewirkt haben. In den süddeutschen Ländern ist diese Möglichkeit tradiert. Sie wird inzwischen auch in anderen Ländern immer häufiger angewandt. Dadurch wurden allerdings die dominanten Parteien CDU in Baden-Württemberg und CSU in Bayern kaum geschwächt. Eher scheint das Gegenteil der Fall zu sein, weil deren Kandidaten aufgrund ihrer Berufstätigkeit (Selbständige Akademiker: Rechtsanwälte, Apotheker, Ärzte, Architekten) oder als Vereinsvorsitzende bei der Bevölkerung gut bekannt sind. Parteien der Minderheit haben grundsätzlich Probleme, Kandidaten mit ähnlicher Reputation zu finden. Daher scheint eine Vorhersage auf der Grundlage einiger kleinerer empirischer Untersuchungen zutreffend, dass eine bundesweite Veränderung des Kommunalwahlsystems eher von Vorteil für die Mitte-Rechts-Parteien sein würde. Die Abschaffung der Fünf-Prozent-Hürde ist u.a. eine Einladung für Abspaltungen aus Fraktionen, die dann als kleine Gruppierungen weiterhin im Rat vertreten sein können. Die als „neu" angesehenen Akteure sind also oft in Wirklichkeit gar nicht neu. Sie waren nur nicht in der Lage, sich in einer größeren Gruppierung Gehör zu verschaffen und

Kompromisse zu entwickeln, die sie mittragen konnten. Zuweilen spielen bei Abspaltungen auch persönliche Eifersüchteleien zwischen den Akteuren eine Rolle.

In geringerem Maße sind selbst die Regeln für die Parteienfinanzierung für die internen Strukturen von Parteien und Fraktionen von Bedeutung. Generell können öffentliche Zuschüsse neue Gruppierungen in der Anfangsphase stabilisieren und damit ihren Fortbestand sichern. Lokalorganisationen von tradierten Parteien erhalten durch öffentliche Zuschüsse Möglichkeiten, attraktive Veranstaltungen auch zwischen den Wahlen durchzuführen und damit neue Aktivisten zu rekrutieren. Das hat sich besonders für Schwedens Lokalparteien positiv ausgewirkt. Die finanziellen Mittel, über die die Parteien in Deutschland verfügen, setzten sich einerseits aus öffentlichen Geldern, das an die Parteizentralen vergeben wird, andererseits aber auch aus eigenen Einnahmen zusammen. Die Höhe der öffentlichen Zuwendungen hängt u.a. von der Höhe der eigenen Einnahmen ab. Daher sind die Parteien gezwungen, ihre Mitgliedschaften zu pflegen und neue Mitglieder und sonstige Spender zu finden, um öffentliche Zuschüsse zu erhalten. In Schweden ist die öffentliche Finanzierung nur an die Wählerresonanz (Zahl der Wählerstimmen bei Kommalwahlen) gebunden und fließt auch direkt den Lokalorganisationen zu (Naßmacher 2004: 104–106).

Eigene Erhebungen für die lokale Ebene bestätigen, dass die Aktivitäten der deutschen Lokalparteien sehr stark mit den dort agierenden Personen zusammenhängen, ihrer Motivation, ihrer sozialen Geschicklichkeit, ihren Fähigkeiten, sowohl Politikprozesse zu gestalten als auch eigene Sachkenntnis einzubringen. Es ist wenig überraschend, dass die Mitglieder der Gemeinderäte die ehrenamtlich Engagierten dominieren. Sie verfügen gegenüber den „normalen" Aktivisten über einen besseren Ressourcenzugriff nicht nur aufgrund besserer Kenntnisse über gerade ablaufende Entscheidungsverfahren, sondern auch durch den Zugriff auf öffentlich bezahlte Mitarbeiter der Fraktionen.

4. Ergebnis

Nicht wenige Beobachter haben die dargestellten Veränderungen der institutionellen Arrangements begrüßt oder halten weitere für wünschenswert, ohne die aufgrund empirischer Forschungsergebnisse deutlich erkennbaren Wirkungen zu beachten. Ist die lokale Demokratie dadurch wirklich verbessert worden? Wenn es Schwierigkeiten gibt, unterschiedliche Lösungsvorschläge vor dem Hintergrund längerfristiger tradierter Wertorientierungen zu aggregieren, hat das zwangsläufig auch Auswirkungen auf die Dauer von Entscheidungsprozessen. Wenn Entscheidungsprozesse nicht mehr durchschaubar sind und für den Beobachter immer schwerer erkennbar wird, wer für welche Entscheidungen die Verantwortung trägt, kann das auch zur Unzufriedenheit mit der Demokratie beitragen.

Die Arbeit von Ratsmitgliedern spielt sich schwerpunktmäßig in Fraktionen ab. Die Medien helfen den politisch interessierten Bürgern und Einwohnern, deren unterschiedliche Sichtweisen zur Stadtentwicklung und ihren Beitrag zur Gestaltung der Stadtpolitik erkennbar zu machen und sie zu kontrollieren. Das wird schwieriger, je mehr Fraktionen/Gruppen im Rat vertreten sind. Als Konsequenz steht der (Ober-)Bürgermeister mehr im Zentrum der Aufmerksamkeit. Seine politische Fähigkeit, die Mitglieder des Rates in Entscheidungen einzubinden, sind extrem gefordert. Ansonsten besteht die Gefahr, dass die Öffentlichkeit dem Entscheidungsverhalten von Rat und Verwaltung eine „Verzögerungstaktik" unterstellt. Die Kandidatur für ein Ratsmandat als eine wesentliche Möglichkeit, in politischen Entscheidungsprozessen relevante Positionen zu erlangen, würde für politisch interessierte Aktivisten unattraktiv.

Die institutionellen Arrangements müssen so gestaltet sein, dass der Zugang zu öffentlichen Institutionen, in denen verbindliche Entscheidungen fallen, nicht nur formal möglich, sondern auch attraktiv ist, dass sie zur Mitarbeit motiviert und zugleich für gut gebildete und engagierte Menschen keine Sackgasse bedeutet. Der organisierte Leerlauf des sporadischen Dabeiseins in politischen Angelegenheiten oder die Beschäftigung mit wichtigen sozialen Aufgaben, die allerdings eher „Lückenbüßerqualität" hat, reichen nicht aus, um die Demokratie zu stärken. Die bisherigen Weichenstellungen bei den institutionellen Arrangements wirken nach heutigen Erkenntnissen nicht in eine Richtung, die als Stärkung der Demokratie zu bezeichnen ist.

5. Literatur

5.1 Monographien

Barber, B. J. (1984). *Strong Democracy: Participatory Politics in a New Age*. Berkely u.a.: University of California Press.
Bogumil, J. (2001). *Modernisierung lokaler Politik*. Baden-Baden: Nomos.
Dahl, R. A. (1961). *Who Governs?* New Haven & London: Yale University.
Fischer, F. (2000). *Citizens, Experts and the Environment: The Politics of Local Knowledge*. Durham, NC: Duke University Press.
Hunter, F. (1953). *Community Power Structure*. Chapel Hill: University of North Carolina.
John, P. (2001). *Local Governance in Western Europe*. London u.a.: Sage.
Kriesi, H.-P. (2005). *Direct Democratic Choice: The Swiss Experience*. Lanham MD: Lexington Books.
Kunz, V. (2000). *Parteien und kommunale Haushaltspolitik im Städtevergleich. Eine empirische Analyse zum Einfluß parteipolitischer Mehrheiten*. Opladen: Leske + Budrich.
Ladner, A. (1991). *Politische Gemeinde, kommunale Parteien und lokale Politik*. Zürich: Seismo.
Masson, J. (1985). *Alberta's local Governments and their Politics*. Edmonton: Pica Pica.
Naßmacher, H. (2006). *Baustelle Stadt*. Wiesbaden: VS Verlag für Sozialwissenschaften.
Naßmacher, H. & Naßmacher, K.-H. (1999). *Kommunalpolitik in Deutschland*. Opladen: Leske+Budrich (UTB).
Naßmacher, H. & Naßmacher, K.-H. (2007). *Kommunalpolitik in Deutschland* (2. Aufl.). Wiesbaden: VS Verlag für Sozialwissenschaften.
Norris, P. (2002). *Democratic Phoenix*. Cambridge: University Press.

Prior, D., Stewart, J. & Walsh, K. (1995). *Citizenship. Rights Community and Participation.* London: Pitman.

Purcal, C. (1993). *Kommunalparteien – Eine Untersuchung von Struktur und Funktionen politischer Vereinigungen in der kanadischen Stadt Vancouver.* Oldenburg: BIS.

Putnam, R. D. (2000). *Bowling alone. The Collapse and Revival of American Community.* New York: Simon & Schuster.

Schedler, K. & Proeller, I. (2000). *New Public Management.* Bern: Haupt.

Schmalz-Bruns, R. (1995). *Reflexive Demokratietheorie: die demokratische Transformation moderner Politik.* Baden-Baden: Nomos.

Seyd, P. & Whiteley, P. (2002). *New Labour's Grassroots.* Houndsmills: Palgarave.

Zimmerman, J. F. (1999). *The New England Town Meeting. Democracy in Action.* Westport Conn. & London: Praeger.

5.2 Zeitschriftenaufsätze

Frey, R. & Naßmacher, K.-H. (1975). Parlamentarisierung der Kommunalpolitik. *Archiv für Kommunalwissenschaft,* 14, 195–212.

Guerin, E. & Kerrouche, E. (2008). From Amateurs ot Professionals: The Changing Face of Local Elected Representatives in Europe. *Local Government Studies,* 34, S. 179–201.

Ladner, A. & Brändle, M. (1999). Does Direct Democracy Matter for Political Parties? *Party Politics,* 3, 283–302.

Lowndes, V. (2004). Getting on or getting by? Women, Social Capital and Political Participation. *British Journal of Politics and International Relations,* 6.

Lowndes, V., Pratchett, L. & Stoker, G. (2001). Trends in Public Participation: Part 1 – Local Government Perspectives. *Public Administration,* 79, 205–222.

Lowndes, V., Pratchett, L. & Stoker, G. (2001). Trends in Public Participation: Part 2 – Citizens Perspectives. *Public Administration,* 79, 445–455.

Naßmacher, H. (2001). Die Bedeutung der Kommunen und der Kommunalpolitik für den Aufstieg neuer Parteien. *Zeitschrift für Parlamentsfragen,* 32, 3–18.

Pratchett, L. (1999). New Technologies and the Modernisation of Local Government: An Analysis of Biases and Constraints. *Public Administration,* 77, 731–750.

Ramirez Perez, A., Navarro Yanez, C. J. & Clark, T. N. (2008). Mayors and Local Governing Coalitions in Democratic Countries: A Cross-National Comparison. *Local Government Studies,* 34, S. 147–178.

Scarrow, S. E. (1999). Parties and the Expension of Direct Democray: Who Benefits? *Party Politics,* 5, 341–362.

Skocpol, T. (2001). Voice and Inequality: The Transformation of American Civic Democracy. *Perspectives on Politics,* 2, 3–20.

The Economist (2003). Power to the People. *The Economist,* January 25th, 13–15.

Wagschal, U. (1997). Direct Democracy and Public Policymaking. *Journal of Public Policy,* 17, 223–245.

Wollmann, H. (2008). Reforming Local Leadership and Local Democracy: The Cases of England, Sweden, Germany and France in Comparative Perspective. *Local Government Studies,* 34, 279–298.

5.3 Beiträge in Sammelbänden

Anheier, H. K., Priller, E., Seibel, W. & Zimmer, A. (1997). Einführung. In: H. K. Anheier, E. Priller, W. Seibel & A. Zimmer (Hrsg.), *Der Dritte Sektor in Deutschland. Organisationen zwischen Staat und Markt im gesellschaftlichen Wandel.* Berlin: Rainer Bohn, S. 13–28.

Anheier, H. K. (1997). Der Dritte Sektor in Zahlen: ein sozial-ökonomisches Portrait. In: H. K. Anheier, E. Priller, W. Seibel. & A. Zimmer (Hrsg.), *Der Dritte Sektor in Deutschland. Organisationen zwischen Staat und Markt im gesellschaftlichen Wandel.* Berlin: Rainer Bohn, S. 29–74.

Dalton, R. J., Scarrow, S. E. & Cain, B. E. (2003). New Forms of Democracy? Reform and Transformation of Democratic Institutions. In: B. E. Cain, R. J. Dalton & S. E. Scarrow (Hrsg.), *Democracy Transformed? Expanding Political Opportunities in Advanced Industrial Democracies.* Oxford: University Press, S. 1–22.

Geser, H. (1999). The Local Party as an Object of Interdisciplinary Comparative Study: Some Steps Toward Theoretical Integration. In: M. Saiz & H. Geser (Hrsg.), *Local Parties in Political and Organizational Perspective.* Boulder CO: Westview, S. 3–43.

John, P. & Saiz, M. (1999). Local Parties in Comparative Perspective. In: M. Saiz & H. Geser (Hrsg.), *Local Parties in Political and Organizational Perspective.* Boulder CO: Westview, S. 44–73.

Kaase, M. (1982). *Partizipative Revolution – Ende der Parteien?* In: J. Raschke, (Hrsg.), Bürger und Parteien. Bonn.

Kevenhörster, P. (1979). Politik ohne Parteien? In: H. Kühr (Hrsg.), *Vom Milieu zur Volkspartei.* Königstein/Ts.: Anton Hain, S. 279–340.

Margolis, M. & Resnick, D. (1996). Responsible Political Parties and the Decentering of American Metropolitan Areas. In: J. C. Green & D. M. Shea (Hrsg.), *The State of the Parties. The Changing Role of Contemporary American Parties.* Lanham u.a.: Rowman & Littelfield, S. 178–186.

Naßmacher, H. (1996). Die Rathausparteien. In: O. Niedermayer (Hrsg.), *Intermediäre Strukturen in Ostdeutschland.* Opladen: Leske & Budrich, S. 173–191.

Naßmacher, H. (1997). Parteien und Wählergruppen in der Kommunalpolitik. In: O. W. Gabriel, O. Niedermayer & R. Stöss (Hrsg.), *Parteiendemokratie in Deutschland.* Bonn: Bundeszentrale für Politische Bildung, S. 427–442.

Naßmacher, H. (2004). Finanzen und Demokratie – dargestellt an der Parteienfinanzierung. In: S. Baringhorst & I. Broer (Hrsg.), *Grenzgänge(r).* Siegen: universi, S. 94–114.

Naßmacher, K.-H. (1981). Empirische Dimensionen einer kommalen Verfassungsreform. In: D. Thränhardt & H. Uppendahl (Hrsg.), *Alternativen kommunaler Demokratie.* Königstein/Ts.: Anton Hain, S. 43–84.

Phillips, A. (1996). Feminism and the Attractions of the Local. In: D. King & G. Stoker (Hrsg.), *Rethinking Local Democracy.* Houndmills et al.: Macmillan, S. 111–129.

Rabe-Kleberg, U. (1992). Wenn der Beruf zum Ehrenamt wird. Auf dem Weg zu neuartigen Arbeitsverhältnissen in sozialen Berufen. In: S. Müller & T. Rauschenberg (Hrsg.), *Das soziale Ehrenamt. Nützliche Arbeit zum Nulltarif* (2. Aufl.). Weinheim & München: Juventa, S. 87–102.

Saiz, M. (1999). Do Political Partie Matter in the U.S. Cities? In: M. Saiz & H. Geser (Hrsg.), *Local Parties in Political and Organizational Perspective.* Boulder CO: Westview, S. 171–190.

Stöbe-Blossey, S. (2001). Verbände und Sozialpolitik: Das Beispiel der Jugendhilfe. In: A. Zimmer & B. Weßels (Hrsg.), *Verbände und Demokratie in Deutschland.* Opladen: Leske + Budrich, S. 159–181.

Stoker, G. (1991). Introduction: Trends in Western European Local Government. In: R. Batley & G. Stoker (Hrsg.), *Local Government in Europe. Trends and Developments* Houndmills: Macmillan, S. 1–20.

Stoker, G. (1996). Introduction: Normative Theories of Local Government and Democracy. In: D. King & G. Stoker (Hrsg.), *Rethinking Lokal Democracy.* Houndmills u.a.: Macmillan, S. 1–27.

Wollmann, H. (1998). Modernisierung der kommunalen Politik- und Verwaltungswelt. Zwischen Demokratie und Managmentschub. In: D. Grunow & H. Wollmann (Hrsg.), *Lokale Verwaltungsreform in Aktion: Fortschritte und Fallstricke.* Basel u.a.: Birkhäuser, S. 400–438.

5.4 Arbeitspapiere

Bogumil, J./Holtkamp, L. (2002). *Die Bürgerkommune als Zusammenspiel von repräsentativer, direkter und kooperativer Demokratie,* Hagen: Arbeitspapiere aus der Fernuniversität, polis Nr. 55.

Hannes Rehm

Ziele und Steuerungsansätze einer nachhaltigen kommunalen Finanzpolitik

I.

Nachdem in den zurückliegenden Jahren der Rückgang des kommunalen Finanzierungssaldos eine Entspannung der gemeindlichen Haushaltssituation signalisiert hatte (Deutsche Bundesbank 1997), haben aktuell vor allem zwei Entwicklungen erneut die Frage nach der langfristigen Orientierung der kommunalen Finanzwirtschaft aufgeworfen: Zum einen drohen aufgrund der konjunkturellen Entwicklung die Einnahmen aus der Gewerbesteuer, der wesentlichen gemeindlichen Steuerquelle, drastisch wegzubrechen. So zeigt eine Umfrage der „Welt am Sonntag" von Mitte Juli bei den 20 größten Kommunen Deutschlands, dass im Jahr 2009 mit durchschnittlich 20 Prozent weniger Steueraufkommen gerechnet wird als im Jahr 2008, in einigen Städten (Frankfurt/M., Hannover, Duisburg) bewegt sich die Prognose hinsichtlich des erwarteten Ausfalls sogar zwischen 30 bis 40 Prozent.

Zum anderen sind die Sozialausgaben in den Kommunalhaushalten von 1992 bis 2008 von rd. 22 Milliarden Euro auf rd. 39 Milliarden Euro gestiegen. Die Mittel des Konjunkturpaketes II des Bundes und der Länder können diese Entwicklung allenfalls abmildern, nicht aber ausgleichen (Hassel 2009: 27).

Besonders deutlich lässt die Gesamtentwicklung der Kassenkredite die Anspannung der kommunalen Finanzen erkennen. Diese eigentlich nur zur Überbrückung kurzfristiger Liquiditätsengpässe vorgesehenen Darlehen werden inzwischen vielfach eingesetzt, um Deckungslücken bei laufenden Ausgaben für längere Zeit zu überbrücken. Noch Ende 1999 meldeten die Gemeinden Kassenkreditbestände von 6 Milliarden Euro, Ende 2002 war bereits ein Volumen von 10,5 Milliarden Euro erreicht. In den Folgejahren stieg es erheblich beschleunigt bis zur Jahresmitte 2006 auf gut 28 Milliarden Euro an. Angesichts deutlich unterschiedlicher Finanzentwicklungen in den einzelnen Gemeinden dürfte sich die Lage seitdem weiter verschärft haben. So mussten z.B. zum Jahresende 2006 von den 427 Kommunen des Landes Nordrhein-Westfalen 198 Gemeinden Haushaltssicherungskonzepte vorlegen, wobei in 115 Fällen von der Kommunalaufsicht die Genehmigung versagt wurde.

Selbst dort, wo die Budgethoheit noch formal bei den Gemeinden liegt, ist diese materiell nur noch von marginaler Bedeutung, da in der Regel kaum noch originär für das jeweils nächste Haushaltsjahr entschieden werden kann. De facto ist die gesamte Haushaltsmasse durch Verpflichtungen vorgeprägt, die Pflichtaufgaben lassen also kaum noch Raum für die Gestaltung der eigentlichen Selbstverwaltungsaufgaben.

Diese aktuelle Entwicklung und deren langfristige Konsequenzen führen zu der Frage nach dem mittel- und langfristigen Pfad der kommunalen Finanzwirt-

schaft, die dauerhaft die gemeindliche Selbstverwaltung absichern und insofern nachhaltig ist. Im Folgenden sollen deshalb
- die Ziele,
- die Rahmenbedingungen,
- die Konzepte und
- die Instrumente

einer nachhaltigen kommunalen Finanzpolitik erörtert werden.

II.

Die Fragen und Herausforderungen der Nachhaltigkeit an die kommunale Finanzpolitik sind erst in den zurückliegenden Jahren deutlicher artikuliert worden (Deutsche Bundesbank 1997; Hüther 2008; Deutsche Bundesbank 2009; Wissenschaftlicher Beirat 2001; Raffelhüschen 2002: 73; Jochimsen 2008: 108). Im Wesentlichen sind zwei Gründe dafür maßgeblich: Zum einen stellt die demografische Entwicklung die Gemeinden mittel- und langfristig vor erhebliche Herausforderungen an eine „altersgerechte" kommunale Daseinsvorsorge. Zum anderen wird der Druck einer deutlich eingetrübten finanzpolitischen Perspektive deutlich. Dieser signalisiert im Gegensatz zu den zurückliegenden Jahren keinen Finanzierungsüberschuss, sondern ein deutlich ansteigendes Finanzierungsdefizit, insbesondere aufgrund des zu erwartenden deutlichen Rückgangs des Gewerbesteuer-Aufkommens.

Dabei ist zu bedenken, dass trotz einer relativ günstigen Entwicklung während der zurückliegenden Jahre die Haushaltslage vieler Gemeinden auch in der Vergangenheit außerordentlich angespannt war. Die Haushaltskennziffern lieferten keine zutreffenden Informationen über die tatsächlichen Belastungen der Zukunft: Im kameralistischen System galt als Maßstab für die finanzielle Leistungsfähigkeit die Fähigkeit, die vorgeschriebenen Überschüsse im Verwaltungshaushalt zu erzielen. Der zu erwirtschaftende Mindestüberschuss wurde im Wesentlichen durch die regulären Tilgungen von auslaufenden Darlehen bestimmt. Bei fristenkongruenter Finanzierung erfolgte die Kreditrückzahlung also parallel zum Verzehr des gebildeten Sachvermögens. Konnte die geforderte Leistungsfähigkeit nicht nachgewiesen werden, war die Gemeinde in der regulären Kreditaufnahme stark eingeschränkt. Sie musste dann auf Investitionen verzichten, wenn sie sich nicht etwa durch Gebühreneinnahmen kompensierend finanzieren konnte. Die Konsequenz war, dass zukunftsfördernde Ausgaben unterblieben oder diese über den Ausweg kurzfristiger Finanzierung dargestellt wurden – dies alles zu Lasten künftiger Generationen. Dieser Befund ist an der Tatsache zu spiegeln, dass die demografische Entwicklung, also die Überalterung der Bevölkerung die Gemeinden mit erheblichen ausgabenwirksamen Maßnahmen im Bereich der Sozialpolitik, der Anpassung der Infrastruktur und der Redimensionierung (Rückbau) des kommunalen Wohnungsbaulandes und der Versorgung (z.B. Kanalisation) konfrontiert (Seitz 2006).

III.

Eine nachhaltige kommunale Finanzpolitik muss darauf ausgerichtet sein, zukunftsfähige finanzwirtschaftliche Rahmenbedingungen für die Entwicklung einer Gemeinde zu schaffen. In den zurückliegenden Jahren sind verschiedene Ansätze entwickelt worden, um das Ziel „Nachhaltigkeit" zu definieren. Diese sollen im Folgenden kurz vorgestellt werden.

a) Das *OECD-Konzept* spiegelt die „klassische" Methode zur Ermittlung der Nachhaltigkeit der Finanzpolitik wider. Es beruht auf der intertemporalen Budgetrestriktion: Bei einem unendlichen Zeithorizont verlangt die intertemporale Budgetrestriktion, dass der Barwert des Schuldenstandes gegen Null konvergiert. Diese Bedingung ist dann erfüllt, wenn der Barwert der Primärüberschüsse des Kommunalhaushaltes der Summe aus gegenwärtigem Schuldenstand und Zinszahlungen für diesen Schuldenstand entspricht. Ist diese Bedingung verletzt, ist die Finanzpolitik in der bisherigen Form nicht nachhaltig, sie kann also nicht dauerhaft fortgesetzt werden.

Da die Finanzpolitik nur einen endlichen Zeithorizont berücksichtigen kann, muss für das letzte Jahr des jeweiligen Betrachtungszeitraums ein Zielwert, also ein bestimmter Schuldenstand, festgelegt werden. Hier sind mehrere Zielwerte denkbar, da auch die Finanzwissenschaft keine eindeutigen Vorgaben für einen optimalen Schuldenstand ableiten kann. Eine gängige Option besteht darin, die Schuldenquote konstant zu halten, d.h. das jetzige Verhältnis von Schuldenstand und Bruttoinlandsprodukt unverändert zu lassen. Ergibt sich bei dieser Betrachtung eine Differenz zwischen der für das Ende des Betrachtungszeitraums errechneten und der gegenwärtigen Schuldenquote, so misst die Differenz die Nachhaltigkeitslücke als Anteil am Bruttoinlandsprodukt.

b) Beim *Ressourcenverbrauchs-Konzept* steht die Übertragung von Ansätzen des kaufmännischen Rechnungswesens auf den Haushalt und das Vermögen des öffentlichen Sektors, d.h. die Doppik, im Vordergrund. Der Kernbestandteil dieses Konzepts liegt in der Erstellung einer Vermögensbilanz des öffentlichen Sektors. Die Einführung des kaufmännischen Rechnungswesens ermöglicht die periodengerechte Zuordnung des Ressourcenverbrauchs und erhöht dadurch die Transparenz der Staatstätigkeit. Damit wird ein direkter Zusammenhang zwischen staatlichem Verbrauch (Kosten) und staatlicher Leistungserstellung sichtbar.

c) Zunehmend werden *wachstums- und nachhaltigkeitswirksame Ausgaben* (WNA) als *Indikatoren* (Diefenbacher u.a. 2002; Döring u.a. 2004: 96) für die „Qualität der öffentlichen Finanzen" herangezogen. Ein Beispiel für solche lokalen und regionalen Indikatorsysteme gibt die Tab. 1. Mit „Qualität" ist in diesem Zusammenhang in der Regel die Produktivität oder Wachstumswirkung der öffentlichen Ausgaben gemeint. Künftige Generationen können zum einen diese Investitionen nutzen und befinden sich zum anderen aufgrund dieser Investitionen auf einem höheren Wachstumspfad.

d) Einen anderen Ansatz verfolgt die *Generationenbilanz*. Hier liegt der Fokus auf der intergenerativen Verteilung. Dieser Ansatz knüpft an die intertemporale Budgetrestriktion der öffentlichen Hand an. Eine Nachhaltigkeit liegt demnach dann vor, wenn der Barwert der Nettosteuerzahlungen aller gegenwärtigen und zukünftigen Generationen ausreicht, die Staatsschuld und die staatlichen Ausgaben zu finanzieren. Das heißt, dass die öffentliche Hand (Kommune) bei einem unendlichen Zeithorizont nur das verbrauchen kann, was im Ausgangsjahr an staatlichem Nettovermögen vorhanden ist, zzgl. der Summe zukünftiger Nettozahlungen (also künftiger Steuerzahlungen) abzüglich künftiger Transfers aller lebenden Generationen sowie der Summe der Nettozahlungen aller zukünftigen Generationen. Wird die intertemporale Budgetrestriktion verletzt, müssen entweder gegenwärtige oder künftige Generationen höhere Steuern zahlen oder mit weniger öffentlichen Leistungen auskommen.

Tab. 1: Indikatoren in lokalen und regionalen Indikatorensystemen (n = 25)

Indikator	Häufigkeit der Verwendung in %
1. Ökologie – Versiegelte Fläche/Siedlungs- und Verkehrsfläche/ Bodenfläche nach Nutzungsarten	88
2. Ökologie – Trinkwasserverbrauch	64
3. Ökologie – Abfallaufkommen	64
4. Ökonomie – Arbeitslosigkeit	60
5. Ökologie – CO_2-Emissionen	56
6. Ökologie – Energieverbrauch	52
7. Ökologie – Anzahl der Pkw	52
8. Ökologie – Angebot und Nutzung des ÖPNV	48
9. Ökologie – Naturschutz bedeutsame/geschützte Gebiete	44
10. Ökologie – Fahrradfahrer und Fußgänger	44
11. Ökologie – Regenerative Energien	40
12. Soziales – Zahl/Anteil der Sozialhilfeempfänger	40
13. Ökonomie – Umweltmanagementsysteme in Unternehmen	40
14. Ökonomie – Versorgung mit regionalen Produkten	40
15. Soziale – Straftaten in der Kommune	40

Quelle: Heiland u.a. 2008: 31.

Alle diese Konzepte weisen Vor- und Nachteile auf. Die Abb. 1 zeigt eine zusammenfassende Übersicht und Bewertung dieser Konzepte. Ein komparativer Vergleich dieser Ansätze führt zu dem Ergebnis, dass das OECD-Konzept im Vergleich zu den anderen Nachhaltigkeits Konzepten eine Reihe von Chancen und Vorzügen aufweist, während ein Großteil der Probleme dieses Ansatzes relativ einfach behoben werden kann. Ein Problem ist die Wahl der Diskontrate und des Basisjahrs. Bei einem Prognosezeitraum von in der Regel 30 Jahren

Abb. 1: Übersicht und Bewertung von Konzepten der Nachhaltigkeit

Nachhaltigkeits-konzept	Vorteile	Nachteile	Gesamtbewertung
Ressourcen-verbrauch	• Informationsgehalt des Nettovermögens relativ groß • Intertemporale Lastverteilung sichtbar • Teilweise Berücksichtigung der impliziten Verschuldung • Leichte Kompatibilität mit Doppik	• vergangenheitsorientiert • Bewertungsprobleme schwer lösbar • Aufgrund komplizierter Bewertungsprobleme nur in größeren Abständen empfehlenswert, z.B. alle 5 Jahre • Keine Berücksichtigung der impliziten Verschuldung	• Zu hoher Bewertungsaufwand • Jährliche Ermittlung der Indikatoren praktisch nicht möglich
Wachstums- und nachhaltigkeits-wirksame Ausgaben	• Innovativer Ansatz • langfristige Wirkungen von Ausgaben werden berücksichtigt	• empirisch umstritten, was wachstumsfördernd ist • Bezug zur Nachhaltigkeit nicht eindeutig, wachstumsorientiert muss nicht zwangsläufig nachhaltig bedeuten	• Zu wenig erprobt, empirische Belastbarkeit zu unklar • Weiterentwicklung des Ansatzes abwarten und in zehn Jahren neu bewerten
Generationen-bilanz	• Generationengenaue Zurechnung staatlicher Einnahmen und Leistungen • Berücksichtigung der impliziten Verschuldung • Langer Prognosezeitraum	• Aufteilung des Budgets auf Alterskohorten sehr schwierig • Sehr große Prognoseunsicherheit aufgrund des extrem langen Berichtzeitraums, besonders in folgenden Bereichen: • Regionale demographische Entwicklung • Regionale Wanderungsbewegungen • Wahl der Diskontrate • Institutionelle Änderungen	• Zu große Unschärfen aufgrund hoher Prognoseunsicherheiten • Bisher keine befriedigende Lösung zur generationengemäßen Aufteilung des Budgets
OECD-Konzept	• Einfach zu berechnen • Kann ohne großen Aufwand jährlich angewandt werden • Überschaubarer Berichtszeitraum • Mehrere Varianten zur Steigerung der Komplexität möglich	• Wahl der Diskontrate • Wahl des Basisjahres willkürlich • Keine Berücksichtigung der impliziten Verschuldung	• Klares, einfaches Konzept • Leicht zu handhaben • Etliche Nachteile können vergleichsweise einfach überwunden werden

Quelle: Jochimsen 2008: 112.

sind jedoch die Konsequenzen einer möglicherweise falsch gewählten Diskontrate relativ gering. Das Problem, die „richtige" Quote für das Basisjahr zu fixieren, kann durch die Möglichkeit gelöst werden, anstatt der Quote des Basisjahres die durchschnittliche Quote der zurückliegenden 5 Jahre heranzuziehen.

Die regelmäßige Veröffentlichung geeigneter Indikatoren liefert einen wesentlichen Baustein zur Gestaltung einer nachhaltigen kommunalen Finanzpolitik. Dies ist allerdings nur Mittel zum Zweck. Der Transmissionsmechanismus von der Veröffentlichung der Indikatoren zu einer Verwirklichung nachhaltiger Finanzpolitik erfolgt in drei Schritten:
- Der Rückgriff auf Nachhaltigkeitsindikatoren erhöht die Transparenz der kommunalen Finanzen und ermöglicht auch Nicht-Haushaltsexperten zumindest in bestimmten Kernaussagen eine Interpretation der Kommunalhaushalte.
- Infolge der dadurch größeren Verständlichkeit kommunaler Haushalte können schlechte Indikatorenwerte zu einem Druck der Öffentlichkeit auf die politischen Entscheidungsträger führen, diese zu verbessern, m.a.W.: eine solide Finanzpolitik zu betreiben.
- Damit wird das eigentliche Ziel erreicht: die Umsetzung einer auch künftigen Generationen gegenüber verantwortungsbewussten Finanzpolitik durch Kommunalpolitiker, deren Legitimation zur Durchsetzung auch unpopulärer Maßnahmen infolge des öffentlichen Drucks gestiegen ist.

Fluchtpunkt aller Überlegungen und Methoden muss letztlich die Intention sein, kommunale Selbstverwaltung dauerhaft finanzpolitisch abzusichern.

Dazu können im Wesentlichen zwei Instrumente dienen:
- eine kommunale Rechnungslegung nach den Regeln der Doppik
- ein kommunales Risikomanagement.

IV.

Orientieren sich Städte und Gemeinden an der Doppik, so liefert diese mit der Bilanz die dafür notwendigen Informationen über künftige finanzwirtschaftliche Belastungen. Die kommunale Bilanz zeigt nicht nur eine stichtagsbezogene Darstellung der gesamten Verbindlichkeiten aus Krediten, sondern zusätzlich auch eine Aufstellung des bilanziellen Vermögens, das diesen Verbindlichkeiten gegenübersteht. Zudem beinhaltet die Bilanz neben den Krediten auch weitere künftige Verpflichtungen, die in die Beurteilung einfließen (z.B. als Rückstellungen). Die Gegenüberstellung aller Verpflichtungen und des gesamten Vermögens zeigt an, ob die Belastungen mit der wirtschaftlichen Leistungsfähigkeit der Gemeinde im Einklang stehen. Anders als bei einer an der jährlichen Neuverschuldung und an den Investitionen ansetzenden Regel wird der Wert des Vermögens jährlich ebenso fortgeschrieben wie die Summe der Schulden. Dadurch ist gewährleistet, dass unterschiedliche Kreditlaufzeiten und Nutzungsperioden der Vermögensgegenstände die Darstellung der finanzwirtschaftlichen Situation der Kommunen nicht verzerren.

Die haushaltswirtschaftlichen Voraussetzungen für die Kreditaufnahme ändern sich durch die Doppik nicht grundsätzlich, denn der Gedanke der dauerhaften Leistungsfähigkeit gilt auch weiterhin, es ändert sich aber die Definition der dauerhaften Leistungsfähigkeit (Schwarting 2007: 47; Bolsenkötter 2005: 165; ders. 2007: 157). Der Haushaltsausgleich in der Doppik basiert auf zwei Kriterien: Er ist aktuell dann gegeben, wenn die Erträge ausreichen, um alle Aufwendungen zu decken, der *Ergebnishaushalt* mithin einen positiven Saldo in der Planung bzw. in der Rechnung aufweist. Dann sind sowohl Periodengerechtigkeit als auch intergenerative Gerechtigkeit verwirklicht: Der in jeder Periode anfallende Ressourcenverbrauch (Aufwendungen) wird durch die Erwirtschaftung eines entsprechenden Ressourcenaufkommens (Erträge) in der gleichen Periode gedeckt (Bertelsmann-Stiftung 2009). Um den Haushaltsausgleich *dauerhaft* sicherzustellen ist jedoch eine *zweite* Bedingung zu erfüllen: Der Gemeindehaushalt muss ein *positives Eigenkapital* ausweisen. Mit anderen Worten: In der Bilanz muss die Summe der Aktiva die Summe der Verbindlichkeiten – im Wesentlichen die Rückstellungen und die kurz- bzw. langfristige Verschuldung – übersteigen. Bei einem negativen Eigenkapital, d.h. einem nicht durch Eigenkapital gedeckten Fehlbetrag, ist der Fall der *Überschuldung* gegeben. In diesem Fall hat die Gemeinde ein von der Aufsicht zu genehmigendes Haushaltssicherungskonzept aufzustellen. Mit der Bilanz steht ein Instrument zur Verfügung, das die Folgen einer übermäßigen Kreditaufnahme anzeigen kann. Daher kann die Verschuldung statt über eine Regel zur Begrenzung der Neuverschuldung über eine Regel zur Limitierung der Gesamtverschuldung gesteuert werden.

Ein positives Eigenkapital bedeutet aber nicht in *jedem* Fall, dass die Verbindlichkeiten auch wirtschaftlich durch Eigenkapital gedeckt sind. Hinter dem ausgewiesenen Eigenkapital steht nur bedingt ein realisierbarer Marktwert, denn viele Vermögensobjekte einer Kommune lassen sich nicht veräußern, weil sie öffentlichen Zwecken gewidmet sind oder als Infrastrukturobjekte nur einen geringen Marktwert aufweisen. Die in der Doppik ausgewiesenen Vermögenswerte sind i.d. R. nur mit dem Sachwert erfasst, der keinen Verkehrswert darstellt.

Gerade wegen dieser Bewertungsproblematik (Harms 2004: 18) und den damit einhergehenden Fragen der „richtigen" Abschreibungen auf die kommunalen Vermögenswerte ist es weder möglich noch sinnvoll, für alle Kommunen einen einheitlichen Eigenkapitalbetrag, eine einheitliche Eigenkapitalquote oder die Höhe des am Stichtag der Eröffnungsbilanzstichtag „zufällig" vorhandenen Eigenkapitals festzuschreiben. Es kann Situationen geben, in denen eine Senkung des Eigenkapitals sinnvoll und vertretbar ist. Dies kann der Fall sein, wenn eine Kommune sich aus Aufgaben zurückzieht, wenn die Einwohnerzahl sinkt oder wenn aus ordnungspolitischen Erwägungen das im Auftrag des Bürgers verwaltete Kapital gezielt abgesenkt werden soll. Der Abbau des Eigenkapitals ist also zu regeln und dabei auch zu begrenzen.

Mit der Einführung der Doppik sind der Rat und die Verwaltung gezwungen, sich umfassender mit der finanziellen Lage der Kommune, wie sie sich auf der Passivseite der Bilanz widerspiegelt, auseinanderzusetzen. Dabei kann auch deutlich werden, dass die Kommune Verbindlichkeiten eingegangen ist, deren Auswirkungen auf die Ergebnis- und Finanzrechnung größer und weitreichender sind, als diejenigen aus der Kreditfinanzierung im engeren Sinne. Tebroke nennt das Beispiel einer typischen kreisangehörigen Kommune in Nordrhein-Westfalen (Tebroke 2007: 167). Die Pro-Kopf-Verschuldung in dieser Gemeinde beläuft sich – abgestellt auf die Investitionskredite zum Stichtag 01.01.2007 – auf etwa 1650 Euro. Dieser Wert liegt deutlich unter dem Landesdurchschnitt, nimmt zudem nach Plan in den nächsten Jahren ab. Dies könnte eine vorsichtige Entwarnung bedeuten, wenn die Analyse sich auf Investitionskredite beschränken würde. Bei Einbeziehung der Kassenkredite ergibt sich aber eine Pro-Kopf-Verschuldung von 2200 Euro. Berücksichtigt man zudem weitere Verbindlichkeiten (z.B. aus Leasingverträgen, ausgewiesene ungewisse Verbindlichkeiten in Form von Rückstellungen, drohende Verluste in Form von Verpflichtungen aus Pensionszusagen, „Altlasten" aus unterlassenen Instandhaltungsmaßnahmen sowie Defizite aus umlagefinanziertem Gebührenhaushalt, die oftmals erst mit Einführung der Doppik deutlich werden), so ergibt sich in dem Beispiel zum Stichtag allein aus dem Kernhaushalt – zum Konzern gehörende gemeindeeigene Unternehmen sowie Sondervermögen, Wasser und Abwasser werden nicht mit eingerechnet – eine bereinigte Pro-Kopf-Verschuldung in Höhe von 4500 Euro. Diese liegt somit um mehr als das eineinhalbfache über der immer noch bevorzugt verwandten „traditionellen" Pro-Kopf-Verschuldung.

V.

Notwendig für eine nachhaltige kommunale Finanzpolitik ist neben dem Rückgriff auf die Doppik ein kommunales Risikomanagement. Dieses ist nicht nur angezeigt, um einem verspäteten Eingreifen der Aufsichtsbehörde vorzubeugen, sondern auch um den Unwägbarkeiten z.B. aus den Folgekosten kommunaler Investitionen, aus schwankenden Steuereinnahmen oder aus Verlusten kommunaler Unternehmen Rechnung zu tragen (Bähr 1999: 1; Andrae 2003: 42; Schwarting 2004: 101). Das Konzept lehnt sich an das 1998 in Kraft getretene „Gesetz zur Kontrolle und Transparenz im Unternehmensbereich" (KONTRAG), dem börsennotierte Aktiengesellschaften und jene Unternehmen unterliegen, die unter die Norm des § 53 Haushaltsgrundsätzegesetz (HGrG) fallen. Das KONTRAG schreibt die Überwachung der unternehmerischen risikobehafteten Strukturen und Prozesse vor. Darüber hinaus fordert es ein Frühwarnsystem, das sensibel genug für feine Risikosignale ist, sowie die kontinuierliche Überwachung der Funktionsfähigkeit aller installierten Kontrollinstrumente. Dazu kommen müssen ein (EDV-gestütztes) Berichtswesen sowie die schriftliche Dokumentation der Risiken und des Risikomanagementsystems. Dabei ist das Spektrum kommunaler Risiken durchaus auf mehrere Elemente verteilt: Zu den kommunalen Risiken im engeren Sinn gehören die der Verwaltung selbst, im weiteren Sinne auch die der Eigen- und Regiebetriebe der Zweckverbände sowie der selbständigen Tochterunternehmen. Eine konsequente „kommunale Gesamthaushaltsführung" ist allerdings bislang nur in Ansätzen zu erkennen. Risiken werden nur in seltenen Fällen systematisch erkannt, analysiert und gesteuert.

Das Hauptproblem der Verankerung eines Risikomanagements in den Kommunen war bislang die Divergenz zwischen der Kameralistik einerseits und den betriebswirtschaftlichen Ansprüchen eines Risikomanagements an das Rechnungswesen und die Bilanzierung andererseits. Die Kameralistik liefert lediglich eine an Einnahmen und Ausgaben orientierte Ist-Soll-Rechnung für das Haushaltsjahr. Nicht erfasst wurden die tatsächlichen Kosten und Leistungen der Verwaltung, die Vermögenssituation und der Verschuldungsgrad. Die Doppik schafft insofern wesentliche Voraussetzungen für das kommunale Risikomanagement. Im künftigen kommunalen Haushaltsrecht ist durch Ausweis von Rückstellungen Vorsorge für eine ganze Reihe von Eventualverbindlichkeiten zu bilden. Die Abb. 2 zeigt ein Raster der Risikostrategien für einen solchen Ansatz.

Abb. 2: Kommunale Risiken

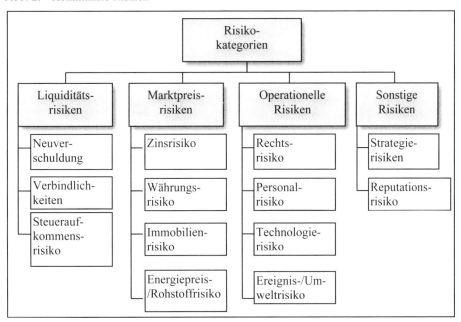

Quelle: Andrae 2003: 47.

Eine Plattform für die Risikoabschätzung kann der Finanzplan sein. In einer Szenario-Technik können hier verschiedene Risikoausprägungen betrachtet werden (Schwarting 2005: 146). Eine solche Betrachtungsweise verletzt zwar streng genommen den Haushaltsgrundsatz der Genauigkeit, dies sollte aber in Kauf genommen werden. Obwohl zur Wahrung der haushaltsrechtlichen Vorschriften dem endgültig zu verabschiedenden Haushaltsplan nur eine – als wahrscheinlich angesehene – Finanzplanung beigefügt werden kann, würde durch solche Ergänzungen für die Haushaltsberatungen und auch für das Genehmigungsverfahren ein wichtiges Instrument bereitgestellt, das auch mit einem Haushaltskonsolidierungskonzept verknüpft werden könnte.

Eine andere Möglichkeit wäre die Aufnahme von Aussagen zum Risikomanagement in den Vorbericht, der dem Haushaltsplan beizufügen ist. Dies geschieht vereinzelt bereits heute, z.B. im Hinblick auf die voraussichtliche Steuerentwicklung. Entscheidend ist, dass eine fundierte Vorsorge rechtzeitig ermöglicht ist und damit hektische Konsolidierungsrunden vermieden werden, die im Zweifel immer zu Lasten einer dauerhaften Aufgabenerfüllung gehen.

VI.

Die vorangegangenen Ausführungen haben sich auf die Ziele und die Steuerungsansätze für eine nachhaltige kommunale Finanzpolitik konzentriert. Nicht erörtert wurden die den Gemeinden zur Verfügung stehenden operativen einsetzbaren Instrumente zur Umsetzung einer auf Nachhaltigkeit ausgerichteten kommunalen Daseinsvorsorge, wie etwa die kommunale Standortpolitik, die Wirtschaftsförderung und die geschäftspolitische Ausrichtung der kommunalen Unternehmen auf eine solche Zielsetzung.

Unabhängig von diesem Hinweis bleibt aber die Feststellung, dass eine wirkliche Reorientierung der kommunalen Finanzpolitik sich nicht auf Steuerungskonzepte und Instrumente beschränken kann. Sie setzt ein Umdenken in der Ausrichtung der kommunalen Finanzpolitik, deren Voraussetzungen und politischer Entscheidungsmechanismen voraus.

Ohne dies hier im Einzelnen auszuführen, sollen dazu folgende Andeutungen genügen:
- Die kommunale Finanzpolitik kann nur nachhaltig sein, wenn sie eingebettet ist in eine föderative Struktur, bei der eine hinreichende Kongruenz von Aufgaben-, Ausgaben- und Einnahme-Verantwortung gegeben ist, so dass die Gemeinden nicht weiter zunehmend lediglich ausführende Ebene für (ausgabenwirksame) Maßnahmen des Bundes und der Länder sind.
- Dazu gehört eine kommunale Finanzpublizität, die den Gemeindebürgern ein Urteil über die im Kommunalhaushalt anstehenden wesentlichen Entscheidungen, die Abwägung von Prioritäten und die Artikulation ihrer eigenen Präferenzen ermöglicht.
- Schließlich erfordert dies auch die Bereitschaft der Gemeinden, bei der Bepreisung der kommunal bereitgestellten Leistungen, also die Gebühren und Beiträge, zumindest kostendeckend auszugestalten, um auch damit sowohl Belastungstransparenz herzustellen als auch Quersubventionierungen zwischen den Gemeindebürgern zu vermeiden.

Literatur

Andrae, S. (2003). *Risikomanagement in der Kommune: Von der Sparkasse lernen?*, in: Finanzwirtschaft.

Bähr, U. (1999). *Risikomanagement für Kommunen und öffentliche Unternehmen*, in: Erich Meurer, Stefan Günter (Hrsg.): Rechnungswesen und Controlling in der öffentlichen Verwaltung, Loseblattsammlung, München.

Bertelsmann-Stiftung (2009). *Manifest zum öffentlichen Haushalts- und Rechnungswesen in Deutschland,* Gütersloh.

Bolsenkötter, H. (2005). *Öffentliche Verschuldung und neues (integriertes) öffentliches Rechnungswesen.* In: Armin Goldbach u.a. (Hrsg.): Entwicklungslinien und Problemschwerpunkte der öffentlichen Betriebswirtschaftslehre, Frankfurt/Main.

Bolsenkötter, H. (2007). *Haushaltssicherungskonzepte nach neuem kommunalen Haushaltsrecht.* In: Martin Brüggemeier u.a. (Hrsg.): Controlling und Performance Management im öffentlichen Sektor, Festschrift für Dietrich Budäus, Bern, Stuttgart, Wien.

Deutsche Bundesbank (1997). *Die fiskalische Belastung zukünftiger Generationen – eine Analyse mit Hilfe des Generational Accounting.* In: Monatsbericht November.

Deutsche Bundesbank (2009). *Demografischer Wandel und langfristige Tragfähigkeit der Staatsfinanzen in Deutschland.* In: Monatsbericht Juli.

Diefenbacher, H., Dümig, D., Teichert, V., Wilhelmy, S. (2002): *Indikatoren zur lokalen Agenda 21.* Karlsruhe.

Döring, T., Heiland, S., Tischer, M. (2004). *Kommunale Nachhaltigkeitsindikatoren – Systeme in Deutschland.* In: Vierteljahreshefte des DIW zur Wirtschaftsforschung.

Harms, J. (2004). *Reformen der staatlichen Rechnungslegung in Deutschland – Entwicklungen und Anforderungen.* In: Wirtschaftsprüfung – Sonderheft.

Hassel, F. (2009). *Die Angst der Städte vor dem Absturz.* In: Welt am Sonntag vom 19.7.2009.

Heiland, S., Tischer, M., Döring, T., Jessel, B. (2008): *Indikatoren zur Zielkonkretisierung und Erfolgskontrolle im Rahmen der lokalen Agenda 21*, Berlin.

Hüther, M. (2008). Intergenerational *Justice and Economic Growth – A Challenge for Economic Growth,* in Foundation for the Rights of Future Generations: Demographic Change and Intergenerational Justice, London.

Jochimsen, B. (2008). *Nachhaltige Finanzpolitik auf Länderebene – Konzepte, Indikatoren, Umsetzung,* in: Wirtschaftsdienst.

Raffelhüschen, B. (2002). *Ein Plädoyer für ein flexibles Instrument zur Analyse nachhaltiger Finanzpolitik*, in: Wirtschaftsdienst.

Schwarting, G. (2004). *Gedanken zum Finanzwirtschaftlichen Risikomanagement in öffentlichen Haushalten.* In: Hermann Hill (Hrsg.): Aufgabenkritik, Privatisierung und neue Verwaltungssteuerung, Baden-Baden.

Schwarting, G. (2005). *Einige Gedanken zur fiskalischen Disziplin kommunaler Gebietskörperschaften in Deutschland.* In: Bernd Genser (Hrsg.): Haushaltspolitik und öffentliche Verschuldung, Berlin.

Schwarting, G. (2007). *Kommunales Kreditwesen*, Berlin.

Seitz, H. (2006): *Nachhaltige Finanzpolitik und demografischer Wandel.* In: Bertelsmann-Stiftung, Gütersloh.

Tebroke, H. J. (2007). *Zum Verschuldungsrisiko und Zinsmanagement im kommunalen Bereich.* In: Martin Brüggemeier, Reinbert Schauer u. Kuno Schedler

(Hrsg.): Controlling und Performance im öffentlichen Sektor, Festschrift für Dietrich Budäus, Berlin.

Wissenschaftlicher Beirat beim Bundesministerium der Finanzen (2001). *Nachhaltigkeit in der Fiskalpolitik: Konzepte für eine langfristige Orientierung öffentlicher Haushalte*, Bonn.

Klaus Beck

Das kommunale Mandat – Entscheidungsträger im Spannungsfeld von Dilettantismus und Professionalität – am Beispiel des Rates der Stadt Telgte im Zeitraum von 1975 bis 2009

1. Vorbemerkung

Nach 36 Jahren politischer Arbeit im Rat der Stadt Telgte und in seinen Ausschüssen ist nun mit dieser „institutionalisierten Verantwortungsübernahme zur Gestaltung von Gegenwart und Zukunft für eine kommunale Gemeinschaft" Schluss. Diesen Zeitpunkt selbst zu bestimmen und zu organisieren war dem Autor wichtig; er wollte weder mit den Füßen voraus aus dem Rat getragen werden – „Gott sei Dank, dass er geht" –, noch wollte er Gefahr laufen, abgewählt zu werden, weil das einerseits immer ein unschöner politischer Abgang ist und er sich andererseits über die falsche Beurteilung der politisch-personellen Lage geärgert hätte. Es ist also Zeit für einen Rückblick: keine Sorge, es wird keine Abrechnung mit dem politischen Mitbewerber oder gar mit den politischen Freunden, mit denen man all die Jahre in Konkurrenz um politische Macht und Einfluss auf den unterschiedlichen Ebenen in Gesellschaft und Partei gestanden hat. Vielmehr soll es der Versuch sein, ein wenig von dem Wunder funktionierender Demokratie auf örtlicher Ebene zu berichten, das eine Stadt wie Telgte in den vergangenen 36 Jahren zu einer strukturell durch und durch positiven Entwicklung geführt hat. Gleichwohl haben Menschen wie der Verfasser und andere an mehr oder weniger prominenter Stelle daran mitgewirkt.

2. Einordnung kommunaler Politik

Ob man Politik als Handwerk, Kunst oder Wissenschaft definiert, darüber streiten sich Theoretiker. Für jemanden, der als Akteur im konkreten politischen Prozess steht, sich alltäglich um die Wahrnehmung und Formulierung politischer Ziele kümmert und alle Kraft darauf verwendet, Mehrheiten und Finanzierungsmöglichkeiten so zu organisieren, dass Ideen auch Wirklichkeit werden können, ist die Frage sekundär. Man muss jedoch der Politikwissenschaft dankbar sein für ihre Erklärungsversuche von Abläufen, das Sezieren der Wirklichkeit, das Offenlegen von Strukturen, das Erkennen von verdeckten Zusammenhängen und Regeln und für das Entwickeln neuer gültiger und brauchbarer Theorien. Deren Kenntnis ist zwar keine zwingende Voraussetzung für eine erfolgreiche kommunale Politik, ist aber in keinem Falle hinderlich und mag in dem einen oder anderen Fall dem konkreten Entscheider mehr Handlungssicherheit geben. Gleichwohl ist allen, die willens und bereit sind, auf kommunaler Ebene politische Verantwortung zu übernehmen, ohne zuvor Politikwissenschaft studiert zu haben, Mut zu machen und dies zu beachten. Das Studium der Politikwissenschaft ist keine conditio sine qua non; genauso wenig ist sie eine Garantin des Erfolges. In diesem Sinne soll das Wort Bismarcks über seine Einordnung von Politik verstanden sein, das er im Deutschen Reichstag am 15. März 1884 äußerte: „Die Politik ist keine Wissenschaft, wie viele der Herren Professoren sich einbilden, sie ist eben eine Kunst; sie ist ebenso wenig eine Wissenschaft wie das Bildhauen und das Malen."

Aus der Sicht des langjährigen kommunalpolitischen Praktikers ist der wesentliche Unterschied zwischen Politik und Wissenschaft darin begründet, dass „die Politik unausweichlich gezwungen ist, sich gerade jenen gesellschaftlichen Widersprüchen zuzuwenden, für die es keine Methode wissenschaftlicher Lösung gibt" (Thaysen 2007). Während sich der Wissenschaftler auf die Schlüssigkeit theoretischer Erkenntnisse und Folgerungen zurückziehen kann, ohne zugleich den Praxistest bestehen zu müssen, muss sich der kommunale Politiker bei jedem konkreten Problem zu einer Entscheidung durchringen. Dafür wird er vom Bürger, in Abhängigkeit von dessen Betroffenheit, mehr oder minder stark in Haftung genommen. Auch wenn sich die persönliche Entscheidungsfindung an Sach- und Zweckmäßigkeitsüberlegungen orientiert, so ist die vom zuständigen Beschlussgremium mehrheitlich gefasste Variante immer ein Kompromiss. Dabei muss die gemeinsame Schnittmenge der Gemeinsamkeiten nicht zwingend in der Mitte zwischen auseinanderklaffenden Auffassungen und Überzeugungen liegen, sondern kann auch von Beiträgen und Gutachten der Fachleute oder durch geschickt inszenierten öffentlichen Druck des Bürgers, der dabei nicht immer als Betroffener erkennbar ist, eine ganz neue und häufig nicht vorhergedachte Qualität erhalten. Ein Beispiel dafür ist die im Jahr 2009 geführte Diskussion um die weitere Bebauung des Klatenberges[1] in Telgte, wo die städtebauliche Notwendigkeit neuer Häuser verschränkt wurde mit dem Abriss des Michaelsheimes[2], der Sanierung des Altenheimes „Maria Rast", der Fortentwicklung altersgerechten Wohnens und der, von Fachleuten behaupteten, Verbesserung der Verkehrsanbindung des so erweiterten Wohngebietes. Die „Alteinwohner" im Umfeld des Erweiterungsgebietes protestierten massiv gegen diese Planung mit dem Ergebnis, dass der Rat qualitativ und quantitativ seine ursprünglichen Pläne reduzierte und den Investor an die vermuteten Grenzen der Wirtschaftlichkeit des Gesamtvorhabens führte. Ob hier die Politik als „Kunst des Dissensmanagements" (Thaysen 2007) erfolgreich sein wird, werden vermutlich die Verwaltungsgerichte entscheiden.

3. Orientierung

Um nicht parteilich oder gar willkürlich zu entscheiden, braucht auch der Kommunalpolitiker Maßstäbe und Kriterien, an denen er seine Entscheidungen aus-

---

1 Wald im Norden der Stadt Telgte, nördlich der Umgehungsstrasse B 51/B64.
2 Ehemaliges Förderschulwohnheim, dessen Nutzung vom Betreiber aufgegeben worden ist.

richtet. Sicherlich ist die Gemeindeordnung (Gemeindeordnung NRW 1994), insbesondere § 43 über die Rechte und Pflichten der Ratsmitglieder, einschlägig. Der Hinweis, das eigene Tun nur an den gültigen Gesetzen auszurichten, reicht dem Gesetzgeber aber offensichtlich nicht aus, so dass er das Ratsmitglied in der gleichen Vorschrift auch verpflichtet, nach seiner „nur durch Rücksicht auf das öffentliche Wohl bestimmten Überzeugung zu handeln". So hat sich zum Beispiel Altkanzler Helmut Schmidt den alten römischen Satz „Salus publica suprema lex esto – Das öffentliche Wohl sei höchstes Gesetz" (Schmidt 2008) zu seiner Richtschnur gemacht. Im Gegensatz dazu klagt er darüber, dass an unterschiedlichen Stellen in Staat und Gesellschaft Entscheidungsträger ihrer persönlichen Geltung, ihrer persönlichen Macht und ihrem persönlichen Reichtum den Vorrang einräumen (ebd.: 8). Dass auch Kommunalpolitiker diesen Gefahren erliegen, ist nicht zu bestreiten, jedoch ist ein solcher Fall von Pflichtvergessenheit in Telgte in den letzten 37 Jahren nicht bekannt geworden. Die persönliche Auseinandersetzung eines jeden Ratsmitgliedes mit dem Stellenwert des Gemeinwohls in der Demokratie ist eine elementare Voraussetzung für verantwortbare und gerechtfertigte Entscheidungen. Dabei sollte dieser grundsätzliche Klärungsprozess so rechtzeitig und unabhängig von einer konkreten Entscheidungssituation stattgefunden haben, dass die dabei als richtig erkannten Parameter in jedem anstehenden Einzelfall maßgebend zur abschließenden Position von Entscheider und Gremium beitragen. Josef Isensee hat in seinem Vortrag vor der Nordrhein-Westfälischen Akademie der Wissenschaften am 18.01.2006 in Düsseldorf unter dem Titel „Salus publica – suprema lex?" die Bedingungen formuliert, unter denen dieser Leitsatz in unserem demokratischen Verfassungsstaat zu gelten hat (Isensee 2006). Immanuel Kant bringt in seiner Definition des Gemeinwohls die Frage nach dessen Kern auf den Punkt: „Der Satz: Salus publica suprema civitatis lex est, bleibt in seinem unverminderten Wert und Ansehen; aber das öffentliche Heil, welches *zuerst* in Betrachtung zu ziehen steht, ist gerade diejenige gesetzliche Verfassung, die jedem seine Freiheit durch Gesetze sichert" (ebd.: 68, Fn. 186).

Die Telgter haben ihr früheres Rathaus am Marktplatz, das 1907 erbaut und im November 1908 bezugsfertig wurde (Frese 1999: 339), ganz dem Wohlergehen seiner Bürgerschaft gewidmet. An gut sichtbarer Stelle haben sie an der Giebelseite die Widmung in Stein meißeln lassen: SALUS TUA CIVITAS TELGETANA SIT HUIUS DOMUS UNICA CAUSA FINISQUE TOTUS.[3]

Als Beispiel für eine vom Gemeinwohl dominierte Ratsentscheidung ist der im Jahr 2009 gefasste Beschluss „zur Zügigkeit der Grundschulen in Telgte" zu nennen. Nach heftiger und strittiger öffentlicher Diskussion wiesen sowohl der Fachausschuss als auch der Rat einstimmig den Wunsch der Eltern zurück, die Zügigkeit einer bestimmten Grundschule zu erhöhen, um über 60 Erstklässlern dort den gemeinsamen Schulstart zu ermöglichen. Unabhängig von allen schulorganisatorischen, pädagogischen, personellen und rechtlichen Aspekten und Vorgaben,

---

3 Dein Wohlergehen, Telgter Bürgerschaft, möge dieses Hauses einziger Grund und ganzer Endzweck sein.

Abbildung 1:
Chronogramm am alten Rathaus

die dem Rat die Ablehnung des elterlichen Petitums angemessen erscheinen ließen, sollte auch das „bonum commune" gewährleistet sein. Aufgabe des Schulträgers ist es nämlich, für alle Grundschulkinder die infrastrukturellen Voraussetzungen zu schaffen, so dass die pädagogischen Absichten und Ziele zum Wohle *aller* Kinder erreicht werden. Die vom Schulträger eingesetzten Haushaltsmittel müssen gewährleisten, dass vergleichbare Verhältnisse an vergleichbaren Schulen herrschen und eine Bevor- oder Benachteiligung einzelner Schulen vermieden wird. Das Gebot von Zweckmäßigkeit und Sparsamkeit ist dabei zu beachten. Wäre der Rat dem partiellen Elternwunsch gefolgt, so hätte er sich manche öffentliche Vorwürfe erspart. Doch für die künftige pädagogische Arbeit hätte er damit auch beengte räumliche Verhältnisse zugelassen, die sich negativ auf die pädagogische Arbeit ausgewirkt und Entwicklungsmöglichkeiten gehemmt hätten. Trotz objektiv sinkender Grundschülerzahlen im gesamten Telgter Stadtgebiet hätte er sich leichtfertig der Steuerungsoptionen in der Schulentwicklung begeben und so nicht mehr ein optimales infrastrukturelles Angebot zur Umsetzung pädagogischer Konzepte für *alle Kinder* in Telgte nicht mehr anbieten und verwirklichen können.

4. Die Entscheider

4.1 Politische Sozialisation

In den Ratsperioden von 1975 bis 2009 haben sich 258 Telgterinnen und Telgter entweder als Ratsmitglieder oder als sachkundige Bürgerinnen und Bürger[4] ehrenamtlich für ihre Stadt engagiert. Auf die jeweiligen Phasen der persönlichen politischen Sozialisation (Kevenhörster 2008: 61ff.) dieser 69 Damen und 189 Herren einzugehen, in denen ihre individuellen politischen Grundlagen und Präferenzen angelegt und entwickelt wurden, ist hier nicht der Platz. Doch was alle miteinander verbindet, das sind die Wahrnehmungen und Erfahrungen von Meilensteinen, Wendemarken und Brüchen der deutschen Politik: 1970 Kniefall von Warschau, 1972 Geiselnahme bei den Olympischen Spielen in München, 1973 Erste Ölkrise, 1977 Deutscher Herbst, 1979 Nato-Doppelbeschluss, 1980 Gründung der Grünen, 1982 Misstrauensvotum gegen Helmut Schmidt, 1983 Waldsterben, 1986 Tschernobyl und „Historikerstreit", 1989 Fall der Berliner Mauer, 1990 Deutsche Wiedervereinigung, 1992 EU-Vertrag von Maastricht, 1993 Solidarpakt, 1994 Auslandseinsätze der Bundeswehr, 1998 Rot-Grüne Koalition, 1999 Krieg im Kosovo, 2000 Riester-Rente und Zuwanderungsgesetz, 2001 Pisa-Studie und Anti-Terror-Gesetzgebung, 2002 Einführung des Euro, 2003 „Nein" zum Irakkrieg, 2004 Hartz IV, 2007 Gründung der Partei „Die Linke", 2008 Finanzkrise. Doch diese Ereignisse werden nicht den letzten Anstoß zum aktiven Einstieg in die örtliche Politik gegeben haben, auch wenn sie für politische Sensibilisierung, Aufbruchstimmung, Wechselbereitschaft und Mut zu „mehr Demokratie wagen"[5] gesorgt haben mögen. Für viele, die 1975 mit ihrer Ratsarbeit begonnen haben, war die Gestaltung der „Kommunalen Neugliederung" der Ursprung ihres politischen Engagements. Damals schlossen sich Telgte-Stadt, Westbevern-Dorf und Vadrup zur neuen Stadt Telgte zusammen, die dem neuen Kreis Warendorf zugeordnet wurde. Darüber hinaus erhitzte die Diskussion um die Verkehrsführung durch die Altstadt und der Verlauf einer Umgehungsstraße die Gemüter. Der Widerstand gegen die „autogerechte Innenstadt", die zum Abriss ganzer Straßenzüge in der Altstadt geführt hätte, brachte vor allem Sozialdemokraten dazu, sich auch als „Neubürger" für „ihre" Stadt zu engagieren. Dass der Bau der Umgehungsstraße so nicht realisiert wurde, lag aber nicht an der Überzeugungskraft der „Widerständler", sondern allein an der versagten Genehmigung durch die münstersche Bezirksregierung, die den vom Rat der Stadt Telgte mehrheitlich beschlossenen und vom Kreis Warendorf genehmigten Bebauungsplan ablehnte.

---

4 Gem. § 58 Abs. 3 GO NRW.
5 „Wir wollen mehr Demokratie wagen!". Leitsatz aus der ersten Regierungserklärung, die Bundeskanzler Willy Brandt am 28. Oktober 1969 vor dem Deutschen Bundestag abgab.

4.2 Das Personal

4.2.1 Der Rat

Die Ratsmitglieder und sachkundigen Bürger rekrutieren sich über ihre politischen Parteien oder Wählergruppierungen aus allen gesellschaftlichen Schichten und Berufen. Kamen die Ratsmitglieder früher vorwiegend aus dem Sektor der Landwirtschaft, so sind heute Juristen überproportional vertreten, obwohl der Zugang zu diesem öffentlichen Ehrenamt allen Bürgern offen steht; dieses ist allein an die gesetzlich definierten Voraussetzungen für die Wählbarkeit in den Rat geknüpft.

Abbildung 2a: Verteilung der Ratsmitglieder auf die Fraktionen

Rats-periode	Rats-mitglieder	CDU[1] Anz.	CDU[1] %	SPD[2] Anz.	SPD[2] %	FDP[3] Anz.	FDP[3] %	B90/GRÜNE[4] Anz.	B90/GRÜNE[4] %	UWG[5]/CWU[6,7] Anz.	UWG[5]/CWU[6,7] %
1975–1979	33	22	66,7	9	27,3	2	6,0	-	-	-	-
1979–1984	39	22	56,4	13	33,3	4	10,3	-	-	-	-
1984–1989	41	20	48,8	12	29,3	5	12,2	4	9,8	-	-
1989–1994	39	19	48,7	11	28,2	4	10,3	5	12,8	-	-
1994–1999	45	20	44,4	12	26,6	2	4,4	6	13,3	5 / -	11,1/-
1999–2004	37	18	48,6	9	24,3	2	5,4	3	8,1	2 / 3	5,4/8,1
2004–2009	33	16	48,5	7	21,2	3	9,1	5	15,2	2	6,1

1: CDU: Christlich Demokratische Union; 2: SPD: Sozialdemokratische Partei Deutschlands; 3: FDP: Freie Demokratische Partei; 4: B90/GRÜNE: Bündnis 90/Die GRÜNEN; seit 1984 im Rat; 5: UWG: Unabhängige Wählergemeinschaft; seit 1994 im Rat; 6: CWU: Christliche Wählerunion seit 1999 im Rat; 7: UWG und CWU bilden seit 2004 Fraktionsgemeinschaft im Telgter Rat.

Abbildung 2b: Verteilung der Ratsmitglieder auf die Fraktionen in Prozent

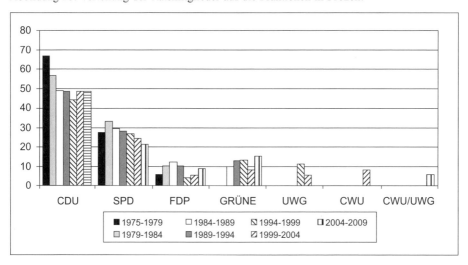

Die CDU-Fraktion ist in Telgte traditionell zahlenmäßig die stärkste Kraft im Rat. In Zeiten, in denen sie die absolute Mehrheit besaß, nutzte sie dies auch in enger Abstimmung mit der Verwaltungsspitze „rücksichtslos" für ihre Ziele aus. Vorschläge und Anregungen anderer Fraktionen wurden nur dann „gnädig" angenommen, wenn sie zu 100 Prozent mit den eigenen Vorstellungen übereinstimmten. Ebenso wurden Anträge im Rat oder in den Ausschüssen von anderen Parteien häufig mit sehr fadenscheinigen Gründen rundweg abgelehnt um dann, nach einer zeitlichen Frist, als CDU-Antrag wieder auf die Tagesordnung gesetzt und beschlossen zu werden. In Verbindung mit der damaligen Presseberichterstattung über die Ratsarbeit, die die Form einer „Hofberichterstattung" annahm und die politischen Minderheiten polemisch-kritisch kommentierte, versuchte die Mehrheitsfraktion, ihre Macht in Telgte zu halten. Die ungeschickte Ausnutzung der absoluten Mehrheit durch die Repräsentanten der CDU bestimmte natürlich auch das Binnenklima im Rat wesentlich mit. Scharf und häufig überspitzt formulierte Gegenargumente, Kritik und Unterstellungen erschwerten oft den Weg zu Kompromissen in der Sache. Hinzu kam, dass die Verwaltungsspitze zwar „pflichtgemäß" alle Ratsfraktionen informierte, der Informationsvorsprung der CDU-Fraktion jedoch unübersehbar war. Das änderte sich erst langsam mit dem Verlust der absoluten Mehrheit der CDU nach den Wahlen von 1984. Bis zum heutigen Tag ist die CDU entweder auf einen Koalitionspartner angewiesen oder muss sich für ihre Beschlüsse Mehrheiten besorgen, die von Fall zu Fall wechseln. Natürlich ist dafür ein politischer Mehraufwand nötig. Das tut der Arbeit im Rat und in seinen Ausschüssen gut. Alle Entscheidungsträger wissen, dass sie nichts mehr „mit der Brechstange" durchsetzen können. Die Bereitschaft, bis an die Grenzen der eigenen politischen Ziele zu gehen, um einen kompromissfähigen Lösungsvorschlag zum Wohle der Stadt zu formulieren und eine tragfähige Mehrheit dafür zu gewinnen, trägt maßgeblich dazu bei, dass sich die Ratsmitglieder, unabhängig von ihrer Fraktionszugehörigkeit, auf gleicher Augenhöhe begegnen.

4.2.2 Der sachkundige Bürger (SKB)

Die Gemeindeordnung lässt es zu, dass sich der Rat Bürgerinnen und Bürger hinzuwählt, um sich deren Wissen und Sachkunde in Einzelfragen zu Nutze zu machen. Einen besonderen Nachweis des jeweiligen Fachwissens verlangt das Gesetz nicht. Das hat in vielen Fällen dazu geführt, dass diejenigen Frauen und Männer als sachkundige Bürger vorgeschlagen wurden, die zwar kein Ratsmandat erringen konnten aber sich im Wahlkampf besonders positiv hervorgetan oder sich sonstige Verdienste in ihren Parteien erarbeitet hatten. Obwohl sachkundige Bürger nur Rede- und Abstimmungsrecht in Aufgabenbereichen ihres jeweiligen Ausschusses haben, ist jede Fraktion bestrebt, sie möglichst harmonisch in die Arbeit der Gesamtfraktion einzubinden. Andernfalls besteht die Gefahr, dass sich die Meinungsbildung von Fraktion und sachkundigen Bürgern auseinander entwickelt. Unterschiedliches Stimmverhalten zu gleichen Sachfragen signalisiert der Öffentlichkeit jedoch einen unklaren politischen Kurs der Partei. Darüber hinaus läuft der sachkundige Bürger Gefahr, politisch zu vereinsamen. Er könnte dadurch die Freude an seiner Arbeit verlieren und sich schlimmstenfalls frustriert aus der Politik zurückziehen. Wegen mangelnder Auslastung in ihrem Aufgabengebiet sind die sachkundigen Bürger oft gerne bereit, auch in anderen Sachgebieten politische Zuarbeit zu leisten und sich ratgebend einzubringen. Nutzt die Fraktion dieses Potential nicht, verzichtet sie auf Handlungsoptionen und vernachlässigt das Heranführen politischen Nachwuchses an die Ratsarbeit.

Abbildung 3: Verteilung der sachkundigen Bürger auf die Fraktionen

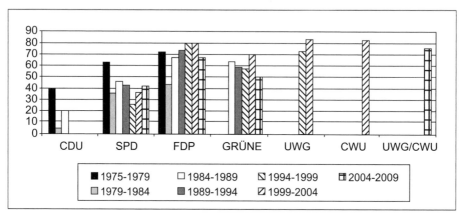

Sachkundige Bürger spielen in kleineren Fraktionen tragendere Rollen als in der Mehrheitsfraktion. Von der Ratsperiode 1975 bis 1979 einmal abgesehen, hat die CDU die Anzahl der ihr zuarbeitenden sachkundigen Bürger auf Null reduziert. Hauptgrund dafür mag das Problem gewesen sein, die Ratsmitglieder selbst nicht genug mit Ausschussarbeit betrauen zu können. Im Zeitraum von 1999 bis 2004 bestand die UWG – Fraktion zu 83 Prozent aus sachkundigen Bürgern. Ihre kommunalpolitische Arbeit ließ sich allerdings bei der Kommunalwahl 2004 nicht in Ratsmandate ummünzen.

4.2.3 Geschlechterverteilung

Die rechnerische Dominanz der Männer als Ratsmitglieder und sachkundige Bürger ist über den Betrachtungszeitraum von 1975 bis 2009 unübersehbar: 189 Männer (73,3 Prozent) und nur 69 Frauen (26,7 Prozent) waren „in Amt und Würden".[6]

---

6 Es wurden jeweils die ersten und letzten Protokolle der Ratssitzungen der jeweiligen Ratsperioden ausgewertet.

Abbildung 4a: Verteilung von Männern und Frauen im Telgter Rat und als Sachkundige Bürger

Verteilung von Männern (♂) und Frauen (♀) im Rat u. als Sachkundige Bürger (SKB)									
	Ratsmitglieder					SKB			
Periode	Σ[1]	♂	%	♀	%	Σ	♂	%	♀	%
1975–1979	33	30	90,9	3	9,1	34	31	91,2	3	8,8
1979–1984	39	36	83,7	7	16,3	11	9	81,8	2	18,2
1984–1989	41	37	86,0	6	14,0	32	23	71,9	9	28,1
1989–1994	39	33	76,7	10	23,3	26	14	53,8	12	46,2
1994–1999	45	35	68,6	16	31,4	37	27	67,5	13	32,5
1999–2004	37	28	75,7	9	24,3	39	21	53,8	18	46,2
2004–2009	33	25	71,4	10	28,6	22	21	75,0	7	25,0
1975–2009	267	224	78,6	61	21,4	201	146	69,5	64	30,5

1 Addition der Zahlen von ♂ und ♀ kann von Σ der Ratssitze abweichen, da das Geschlechterverhältnis durch Mandatswechsel während der laufenden Ratsperiode sich verändern kann und ausscheidende und hinzukommende Persönlichkeiten gleichwertig weiter berücksichtigt wurden.

Abbildung 4b: Verteilung von Männern und Frauen im Telgter Rat und als sachkundige Bürger

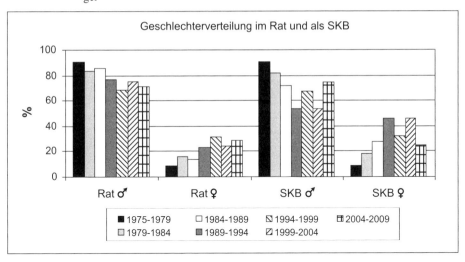

Vergleicht man die Geschlechterverteilung im Rat mit der Gruppe der sachkundigen Bürger, stellt man fest, dass die Frauenquote bei den sachkundigen Bürgern deutlich höher ist. Das lässt den Schluss zu, dass die Männer sich – trotz möglicher parteiinterner Frauenquote – die Ratsmandate wegen schon bestehender innerparteilicher Dominanz gesichert haben und den Frauen jeweils nur noch der zu besetzende Platz im Ausschuss als sachkundige Bürgerin zugestanden wird.

Abbildung 5a, b: Verteilung von Männern und Frauen in den Fraktionen als Ratsmitglieder und SKB

Verteilung von Männern (♂) und Frauen (♀) in den Fraktionen als Ratsmitglieder und SKB											
	CDU				SPD				FDP		
	♂		♀		♂		♀		♂		♀	
Periode	Rat	SKB	Rat	SKB	Rat	SKB	Rat	SKB	Rat	SKB	Rat	SKB
1975–1979	20	13	2	1	8	13	1	2	2	5	0	0
1979–1984	19	1	3	0	9	5	4	2	4	3	0	0
1984–1989	17	2	3	3	10	8	2	2	5	8	0	2
1989–1994	16	0	3	0	7	5	4	3	3	7	1	4
1994–1999	16	2	4	0	6	2	6	2	1	6	1	2
1999–2004	15	0	3	0	6	3	3	2	1	6	12	2
2004–2009	13	0	3	0	4	4	3	1	2	3	1	2
1975–2009	116	16	21	4	50	40	23	14	18	38	4	12

Verteilung von Männern (♂) und Frauen (♀) in den Fraktionen als Ratsmitglieder und SKB															
	GRÜNE				UWG				CWU				UWG/CWU[1]			
	♂		♀		♂		♀		♂		♀		♂		♀	
Periode	Rat	SKB	Rat	SKB	Rat	SKB	Rat	SKB	Rat	SKB	Rat	SKB	Rat	SKB	Rat	SKB
1975–1979	-	-	-	-	-	-	-	-	-	-	-	-	-	-	-	-
1979–1984	-	-	-	-	-	-	-	-	-	-	-	-	-	-	-	-
1984–1989	3	5	1	2	-	-	-	-	-	-	-	-	-	-	-	-
1989–1994	4	2	1	5	-	-	-	-	-	-	-	-	-	-	-	-
1994–1999	3	5	3	3	3	11	2	6	-	-	-	-	-	-	-	-
1999–2004	2	3	1	4	1	5	1	5	3	4	0	5	-	-	-	-
2004–2009	2	3	3	2	-	-	-	-	-	-	-	-	2	5	0	1
1975–2009	14	18	9	16	4	16	3	11	3	4	0	5	2	5	0	1

1 UWG und CWU bilden seit 2004 eine Fraktionsgemeinschaft.

Sehr häufig fallen den Frauen, gleich ob Ratsmitglieder oder sachkundige Bürgerinnen, die Sitze in den Ausschüssen zu, die aus Männersicht nicht so wichtig und interessant zu sein scheinen: Solche Aufgabenfelder beschrieb der ehemalige Bundeskanzler Gerhard Schröder anlässlich der Vereidigung des Bundeskabinetts im Oktober 1988 etwa mit „Frauenpolitik und so Gedöns" (zit. n. Bild v. 14.01.02).

4.3 Anforderungen

4.3.1 Ratsmitglieder

Das Gesetz fordert keine besonderen Qualifikationen für das ehrenamtlich tätige Ratsmitglied. Jede Persönlichkeit, die nach den Bestimmungen von Gemeindeordnung und Kommunalwahlgesetz wählbar ist, hat uneingeschränkten Zugang zu diesem Amt. Das ist gut so, weil dadurch das demokratische Prinzip in die politische Praxis umgesetzt wird. Gleichwohl ist nicht von der Hand zu weisen, dass auch im Betrachtungszeitraum Ratsmitglieder mit hohem Ausbildungs- und Bildungsniveau über alle Parteigrenzen hinweg sowohl zahlenmäßig als auch von ihrer politischen Dominanz die Mehrheit repräsentieren. Dabei ist – im Vergleich zu der Bildungsverteilung in der Telgter Bevölkerung – der Anteil an Akademikern überdurchschnittlich.

Die Ansammlung von Bildung und Wissen garantiert aber keineswegs gute und erfolgreiche Ratsarbeit. Eine Phase intensiven Lernens ist notwendig, um sich sowohl das notwendige Rüstzeug für formale und institutionalisierte Verfahrensabläufe als auch das Fachwissen für Entscheidungen auf ganz unterschiedlichen Gebieten zu erarbeiten. Dieser Lernprozess wird das Ratsmitglied bis zu seinem Ausscheiden ständig begleiten. Rat und Verwaltung bilden zwar nach dem Gesetz[7] eine Einheit und die Verwaltung wird jede Frage nach bestem Wissen und Gewissen beantworten. Das Ratsmitglied kann sich jedoch allein auf die Ausführungen des jeweiligen Leiters der Verwaltung nicht verlassen, denn das wird nicht dem Verantwortungsspektrum des Ratsmitgliedes gerecht. Wie sollen zum Beispiel die Mitglieder des Rechnungsprüfungsausschusses die Rechnungslegung des Verwaltungschefs prüfen, wenn sie vom kommunalen Haushaltsrecht und von Buchungstechniken keine Kenntnis haben. Wie soll der Finanzausschuss arbeiten, wenn seine Mitglieder die Systematik des Haushaltsplanes und des Haushaltsrechtes nicht verstehen? Was macht der Entscheider im Fachausschuss für Planung, Stadtentwicklung und Umwelt, wenn ihm Fachbegriffe nicht geläufig und rechtliche Steuerungsmöglichkeiten zur Verwirklichung von politischen Zielen auf diesen Gebieten nicht bekannt sind? Auch die Option, spezielle Fachkenntnisse auf einzelne Mitglieder der Fraktion zu delegieren, ist kein Königsweg, weil im Hauptausschuss und spätestens im Rat die Themen abschließend entschieden werden müssen. Wie will ein Ratsmitglied in der politischen Diskussion bestehen, wenn es die Kommunalverfassung nicht im Detail kennt und die Hauptsatzung der Stadt und die Geschäftsordnung des Rates nicht anzuwenden weiß? In der frühzeitigen Aneignung dieses Basiswissens liegt der Schlüssel, um sich vom anfänglich zumeist dilettierenden Stadtvertreter zum professionellen Akteur zu entwickeln. Praktische Erfahrung lässt zwar einprägsam lernen, reicht aber allein nicht aus, um den Anforderungen des Ehrenamtes von Anfang an gerecht zu werden!

4.3.2 Sachkundige Bürger

Im Vergleich zu den Ratsmitgliedern sind die Anforderungen, die man an die sachkundigen Bürger stellen muss, nicht ganz so hoch. Wenn sie die fachliche Kompetenz für ihren Ausschuss mitbringen, so ist damit eine wesentliche Hürde in der politischen Alltagsarbeit genommen. Sind sie allerdings durch das gern praktizierte „Handauflegeverfahren" zur Fachfrau oder zum Fachmann aus politischen Gründen erklärt worden, wird es zwingend notwendig, persönlich so schnell wie möglich zusätzliche Fachkompetenzen zu erwerben.

---

7   Vgl.: § 2 und insbesondere § 40 Abs. 1 u. 2 GO NRW.

Ein strukturelles Problem ist die Einbindung der sachkundigen Bürger in die jeweilige Fraktion. Da während der Sitzungen alle Tagesordnungspunkte des Rates und der Ausschüsse diskutiert werden, der sachkundige Bürger aber zunächst nur originäres Interesse an „seinen" Themen hat, ist die Gefahr einer Abkopplung von der Fraktion konkret gegeben. Bei nicht öffentlichen Tagesordnungspunkten, die seinen Ausschuss nicht betreffen, muss er sogar den Beratungsraum verlassen. Hier ist vom sachkundigen Bürger zu erwarten, dass er viel Verständnis für den kommunalpolitischen Alltag der Ratsarbeit aufbringt. Die „Kernfraktion" muss hingegen versuchen, die sachkundigen Bürger auch bei anderen als ihren Themen als gleichberechtigte Gesprächspartner ernst zu nehmen. Hier liegt auch die besondere Führungs- und Integrationsaufgabe der Fraktionsvorsitzenden.

4.3.3 Mitglieder des Rates und sachkundige Bürger

Liest man die Liste aller Mitglieder des Rates und der sachkundigen Bürger, so findet man dort Namen alteingesessener Telgter und von Neubürgern. Eltern, Ehepartner, Kinder und sonstige Verwandtschaft finden sich ebenso wie nicht verwandtschaftlich begründete Namensgleichheiten. Auch die parteipolitische Präferenz ist unter den familiär verbundenen Namensträgern nicht zwingend vorherbestimmt. Vor allem der kommunalpolitische Insider wird mit vielen Namen so manche Geschichte verbinden und damit ein Stück personalisierte Stadtgeschichte vor seinem geistigen Auge ablaufen lassen.

Das trifft in erster Linie auf diejenigen zu, die mehr als eine Ratsperiode ihre Pflicht getan haben. 13 Prozent der Frauen und 21,3 Prozent der Männer haben ihre erste Wahlzeit um mindestens eine weitere verlängert. Offensichtlich kollidierte die zeitliche Belastung bei der Ausübung des Mandates mit den familiären und beruflichen Anforderungen so stark, dass manche Frauen bereits nach der ersten Wahlperiode ihre politische Arbeit beendet haben. Vielleicht haben auch nachhaltige Frustrationserlebnisse, verursacht durch die Verhaltensweisen der zahlenmäßig dominierenden männlichen Ratsmitglieder, mit zu dieser Entscheidung der Frauen beigetragen. Die unterschiedlichen Gründe differenziert aufzufächern und zu gewichten, muss einer gesonderten Untersuchung vorbehalten bleiben. Mehr als zehn Prozent der Männer und Frauen sind jeweils in die dritte Ratsperiode eingestiegen. Hätten letztere in dieser Periode auch „ihre Frau gestanden", so hätten sie dann die Männer in der vierten prozentual überflügeln können.

Die Motive, sich erneut dem Ehrenamt zu stellen und die nicht unerheblichen Belastungen in Kauf zu nehmen, mögen so vielfältig sein wie die Menschen, die die politische Arbeit auf sich nehmen. Da spielen sicher die Freude an der praktischen Gestaltung der örtlichen Lebensverhältnisse, die Ausübung von Macht auf Zeit und das Gefühl, in der ersten Periode noch nicht alles zu Ende gebracht zu haben, eine wichtige Rolle. Weitere Gründe für die Fortsetzung des politischen Engagements können darin begründet liegen, das im Amt erworbene politische „Know-how" weiter anzuwenden, politische Zielsetzungen zu realisieren und Bürgern sowie Gesellschaft dienen zu wollen. Vielleicht trägt aber auch die

Abbildung 6a: Häufigkeit der Wiederwahl als Ratsmitglied und als Sachkundiger Bürger

Wiederwahl von Ratsmitgliedern und Sachkundigen Bürgern 1975 – 2009						
Perioden	Gesamt	%	Männer	%	Frauen	%
2	49	19,1	40	21,3	9	13,0
3	27	10,5	20	10,6	7	10,1
4	20	7,8	13	6,9	7	10,1
5	8	3,1	7	3,7	1	1,5
6	2	0,8	2	1,1	0	0
7	5	1,9	4	2,1	1	1,5

Abbildung 6b: Häufigkeit der Wiederwahl als Ratsmitglied und als Sachkundiger Bürger in Prozent

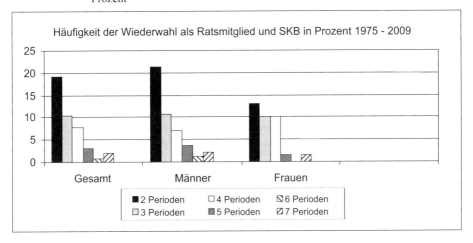

Erfahrung dazu bei, dass der Sitz im Rat berufliche Vorteile verspricht, weil man über fast alles frühzeitig informiert wird, an Entscheidungen über künftige Entwicklungen mitwirken und Einfluss ausüben kann.

4.3.4 Fraktionsvorsitzende

Fraktionsvorsitzende sind zentrale Persönlichkeiten in der kommunalpolitischen Arbeit. Sie sind das Sprachrohr ihrer Fraktion. Sie sind diejenigen, die zu allen Themen der örtlichen Politik zu jeder Tages- und Nachtzeit Stellung beziehen können und sogar müssen, sei es im Rat, im Ausschuss, in der sonstigen Öffentlichkeit oder gegenüber der Presse. Sie sind das „Aushängeschild" ihrer Fraktion und vermitteln durch ihr Agieren erste Eindrücke universeller Kompetenz ihrer Ratsgruppierung. Sie sind die ersten Ansprechpartner für Bürgermeister und die anderen Fraktionen. Sie koordinieren die fraktionsinterne Arbeit, leiten die Diskussion, fassen die Beiträge zusammen und bringen sie häufig „auf den Punkt", so dass klar abgestimmt werden kann. Widerstreitende Positionen einzelner Fraktionsmitglieder versuchen sie einer gemeinsamen Lösung zuzuführen. Ihre beson-

Abbildung 7a: Fraktionsvorsitzende im Telgter Rat:

Ratsperiode	CDU	SPD	FDP
1975–1979	Mönig, Manfred	Beck, Klaus	Sieger, Manfred
1979–1984	Mönig, Manfred Paris, Bernhard Hertleif, Antonius	Beck, Klaus	Dr. Röbig, Bernhard
1984–1989	Mönig, Manfred	Beck, Klaus Dr. Robert, Rüdiger	Köller, Alfred Dr. Röbig, Bernhard
1989–1994	Mönig, Manfred	Dr. Robert, Rüdiger	Dr. Röbig, Bernhard Müller, Hans-Martin
1994–1999	Mönig, Manfred Prinz, Ludwig	Dr. Robert, Rüdiger	Dr. Müller, Hans-Martin
1999–2004	Prinz, Ludwig	Dr. Robert, Rüdiger	Suntrup, Doris
2004–2009	Dr. Allemeyer, Werner	Dr. Robert, Rüdiger	Suntrup, Doris

Abbildung 7b: Fraktionsvorsitzende im Telgter Rat:

Ratsperiode	B90/GRÜNE	UWG	CWU	UWG/CWU
1975–1979	-	-	-	-
1979–1984	-	-	-	-
1984–1989	Eisen, Christa Niet, Nikolaus	-	-	-
1989–1994	Pieper, Wolfgang Drestomark, Bernhard	-	-	-
1994–1999	Drestomark, Bernhard Pieper, Wolfgang	Köper, Bernhard	-	-
1999–2004	Pieper, Wolfgang	Köper, Bernhard	Willemsen, Burkhard	-
2004–2009	Pieper, Wolfgang	-	-	Willemsen, Burkhard

dere Integrationskraft ist bei der Einbindung der sachkundigen Bürger gefragt. Unabhängig von ihrer persönlichen Meinung vertreten sie die Beschlüsse der Fraktion offensiv nach außen.

Das setzt voraus, dass diese Frauen und Männer das Handwerkszeug des Ratsmitgliedes beherrschen, auf der Klaviatur interfraktioneller Verhandlungen mit und ohne Bürgermeister zu spielen wissen und sich mit Geschäftsordnungsdebatten nicht ins „Bockshorn schicken" lassen. Praktische Menschenführung auf hohem Niveau ist gefragt, um die ganz unterschiedlichen Persönlichkeiten einer Fraktion ihrem Anspruch gemäß ernst zu nehmen, sie zu integrieren und so zu Mitarbeit zu motivieren.

Fraktionsvorsitzende sind strukturell die bestinformierten Ratsmitglieder. Sie werden vom Bürgermeister in vertraulichen Gesprächen, noch bevor der Rat darüber informiert wird, mit Entwicklungen und möglichen Problemen vertraut gemacht und um ihre Meinung zu möglichen Lösungsansätzen gebeten. Dabei laufen sie Gefahr, mit der Zeit eine eigene Klasse in der Gruppe der Ratsmitglieder zu werden. Je länger sie das Amt ausüben, desto stärker müssen sie darauf achten, sich wieder mit ihrer Fraktion rückzukoppeln, sich „zu erden". Tun sie das nicht und missachten sie die Signale aus der Fraktion, laufen sie Gefahr, trotz aller Dominanz abgewählt zu werden.

Die Fraktionsvorsitzenden in Telgte haben sich offensichtlich aus Sicht ihrer Fraktionen über viele Jahre bewährt, so dass ein Wechsel nicht notwendig wurde, abgesehen von den anfänglichen Wechseln bei den Grünen und von den personell inhaltlichen Schwierigkeiten bei der CDU, die im Januar 1999 zur Wahl des ersten sozialdemokratischen Bürgermeisters in Telgte führten. Das hat vielleicht auch mit dem Arbeitsaufwand zu tun, den diese Funktionsträger zusätzlich zu ihrem Ratsmandat zu leisten haben. Rüdiger Robert (1997: 456) hat das ausführlich und exemplarisch in seiner Untersuchung dargelegt.

5. Entscheidungen

5.1 Bevölkerungsentwicklung

Der Rat trifft seine Entscheidungen für die Menschen, die in der Stadt leben. Das mag zwar banal klingen, es ist jedoch wichtig, immer wieder daran zu erinnern. Manchmal ist es nämlich einfacher, sich auf standardisierte Entscheidungsmuster und Verfahren zurückzuziehen, als das konkrete Petitum des Bürgers auf eine individuelle Lösungsmöglichkeit zu prüfen. Hier Sensibilität zu entwickeln, das Gespräch mit dem Bürger initiativ zu suchen und zu führen, zuzuhören und die Sachverhalte mit der Verwaltung abzuklären, bevor die Entscheidung in der Sache fällt, ist zugleich sowohl Alltagsgeschäft als auch die „hohe Kunst" in der Praxis des kommunalen Mandats.

1975 lebten in Telgte 15.122 Einwohner. Im Jahre 2008 war die Bevölkerung um 27,9 Prozent auf 19.347 Einwohner angestiegen (Haushaltsplan: 3; Robert 1997: 312ff.). Die Anzahl der Ratsmitglieder ist nicht in dem Maße gestiegen, vielmehr hat er von der Möglichkeit Gebrauch gemacht, die Zahl seiner Mitglieder zu reduzieren. Die Qualität seiner Arbeit wurde dadurch nicht negativ beeinflusst.

5.2 Haushaltspläne

Ohne Geld kann auch in der kommunalen Politik nichts bewegt werden. Der vom Rat verabschiedete Haushaltsplan ist die demokratische Legitimation für das Wirtschaften von Bürgermeister und Verwaltung. Deshalb kommt der Haushaltsplanberatung besondere Bedeutung zu. Diese erfordert spezielle Kenntnisse der Finanz- und Betriebswirtschaft, Grundkenntnisse reichen zum Verstehen der komplexen Materien nicht aus. Auch die Umstellung der Haushaltssystematik vom kameralistischen Haushalt auf ein budget- und produktorientiertes Verfahren auf der Grundlage des Neuen Kommunalen Finanzmanagements (NKF), haben die Komplexität nicht verringert. Finanz- und betriebswirtschaftliche Grundkenntnisse reichen nicht mehr aus. Das richtige Lesen und Interpretieren von Bilanzen ist Grundlage der finanzpolitischen Diskussion zwischen Rat und der Verwaltung. Die nachstehende Übersicht verdeutlicht, in welchen Größenordnungen die Ratsmitglieder finanzielle Verantwortung übernehmen.

Abbildung 8a: Entwicklung des städtischen Haushalts

Jahr	Verwaltungs-Haushalt €[1]	Vermögens-Haushalt €	Gesamt-Haushalt €
1975	7.426.514	5.424.295	12.850.809
1976	7.047.647	4.464.600	11.512.247
1977	8.091.705	5.644.662	13.736.367
1978	8.658.728	7.405.040	16.063.768
1979	9.103.040	9.279.436	18.382.476
1980	9.850.549	9.768.231	19.618.780
1981	11.343.010	10.744.012	22.087.022
1982	11.340.453	8.778.370	20.118.823
1983	12.409.565	9.762.607	22.172.172
1984	13.017.491	7.139.679	20.157.170
1985	14.008.374	11.014.249	25.022.623
1986	14.668.964	7.445.432	22.114.396
1987	15.585.620	7.101.844	22.683.464
1988	17.184.520	7.513.945	24.698.465
1989	16.963.642	5.747.319	22.705.961
1990	17.524.040	8.216.971	25.741.011
1991	19.400.970	5.392.084	24.793.054
1992	21.411.881	7.390.212	28.802.093
1993	25.085.513	7.448.500	32.534.013
1994	25.361.611	5.704.994	31.066.605
1995	26.743.121	12.104.835	38.847.956
1996	27.127.613	14.222.606	41.350.219
1997	25.574.819	13.982.299	39.557.118
1998	21.206.853	11.038.791	32.245.644
1999	22.527.520	8.467.504	30.995.024
2000	22.172.172	13.009.821	35.181.993
2001	22.205.917	9.343.859	31.549.776
2002	22.801.000	10.787.000	33.588.000
2003	23.325.000	7.434.000	30.759.000
2004	22.974.000	4.268.000	27.242.000
2005	23.423.000	7.370.000	30.793.000
2006	24.110.000	11.040.000	35.150.000
2007	25.300.000	12.305.000	37.605.000
2008	NKF[2]	NKF	NKF
2009	NKF	NKF	NKF

1 Beträge aus der Währung Deutsche Mark wurden in EURO umgerechnet und durch Abrundung geglättet.
2 Neues Kommunales Finanzmanagement, auf Grund des Systemwechsels sind Werte nicht mehr miteinander vergleichbar.

Abbildung 8b: Entwicklung des städtischen Haushalts

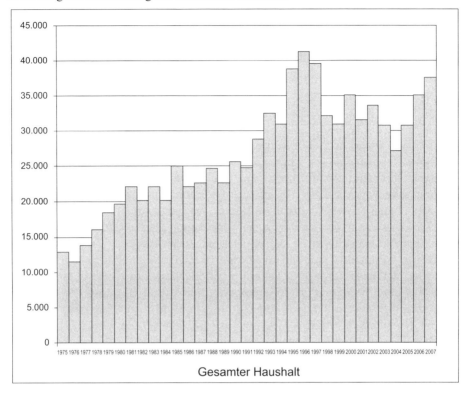

Auch wenn die kommunalen Ausgaben insgesamt nicht „bereinigt" (Robert a.a.O.: 283ff., 289) wurden, zeigen die Summen die für die Erledigung der Pflichtaufgaben als auch für die freiwilligen Aufgaben ausgegeben wurden, welche Dynamik der Haushaltsplan besitzt. Der Gesamthaushalt stieg im Zeitraum von 1995 bis 2007 um 290 Prozent. Die Anzahl der Entscheidsträger blieb fast gleich. Anhand der „Detailversessenheit" kann die persönliche Überforderung von Ratsmitgliedern in der Haushaltsplanung aufgezeigt werden. So wurde und wird etwa auch bei Beträgen deutlich unter 1000 DM bzw. Euro oftmals unverhältnismäßig lange diskutiert, bis eine Einigung zustande kam bzw. kommt.

5.3 Entscheidungsarten

Während einer Ratssitzung sind oft eine Vielzahl von Tagesordnungspunkten abzuarbeiten und Entscheidungen zu treffen (Robert a.a.O.: 409). Auch wenn fast alle der durchschnittlich 15 Tagesordnungspunkte in den Fachausschüssen vorberaten werden, so fällt doch dem Zuhörer auf, dass einige durch die Sprecher der Fraktionen erneut begründet und andere kommentarlos durch Handheben „durchgewinkt" werden. Der Grund für die jeweilige Behandlung der Themen mag zum einen an zuvor ausführlichen Beratungen im jeweiligen Fachausschuss, an der

Anwesenheit von Bürgern im Beratungsraum oder an der vermuteten politischen Brisanz der Entscheidung liegen. Zum anderen kommen wegen der gesetzlich vorgegebenen Allzuständigkeit[8] des Rates Sachverhalte zur Abstimmung, deren Ergebnisse durch pflichtgemäßes Folgen gesetzlicher Bestimmungen oder anderer alternativlos bindender Vorgaben vorgezeichnet sind. Natürlich gibt es auch Mischformen für das jeweilige Verhaltensmuster der unterschiedlichen Fraktionen.

5.3.1 Politische Entscheidungen

Die Altstadtsanierung war ein zentraler Aufgabenbereich in den 1980er Jahren. Nachdem die Fertigstellung der Umgehungsstraße 1986 den Durchgangsverkehr von der Altstadt an den Stadtrand verlagerte, war eine wesentliche Voraussetzung für die Verbesserung der innerörtlichen Verhältnisse gegeben. In Folge wurde die Sanierung der Altstadt großzügig von Düsseldorf saniert.

Telgtes Kernstadt wurde um ca. 20 ha erweitert. Der Schwerpunkt lag dabei im Süden der Stadt. Mit den Erweiterungsmöglichkeiten in Westbevern-Dorf und Vadrup wurden insgesamt ca. 26 ha neues Wohnbauland erschlossen und die dafür notwendige Infrastruktur zur Verfügung gestellt. Mit dem Gewerbepark „Kiebitzpohl" wurden außerdem 16 ha Gewerbebaufläche für die wirtschaftliche Entwicklung zur Verfügung gestellt. Erweiterungsmöglichkeiten sind bereits beschlossen und werden in Angriff genommen.

Auch die Ortsteile Westbevern-Dorf und Vadrup haben ihre planungsrechtlich garantierten Entwicklungsmöglichkeiten erhalten. Die neue Ortsumgehung für Vadrup entlastet die Anwohner von verkehrsbedingten Emissionen. Die bereits realisierten sowie projektierten Bebauungsplangebiete in beiden Ortsteilen zielen auf weiteren Bevölkerungszuwachs.

Mit dem Bau des Bürgerhauses am Baßfeld im Jahr 1989 und der Renovierung der alten Baßfeldschule sowie ihre Nutzungsübergabe an die VHS 1990, wurden den Bürgern an zentraler Stelle zwei Gebäude zur Verfügung gestellt, die vielfältig genutzt werden.

Zur Daseinsvorsorge gehören auch die neuen Kindergärten. 1994 wurde die städtische Kindertagesstätte „Abenteuerland" am Orkotten und 1996/1997 eine weitere Tagesstätte in privater Trägerschaft an der Walter-Gropius-Straße gebaut. Mit dem Kindergarten in Telgte-Süd, der „Kinderwelt", trug die Stadt der sich abzeichnenden Zunahme der Wohnbevölkerung in diesem Bereich schon damals Rechnung. Mit dem Kindergarten Westbevern und dem Kindergarten „Sternenzelt" in Westbevern-Vadrup, stehen in der Stadt Telgte derzeit und künftig ausreichend Kindergarten-, Krippen- und Hortplätze zur Verfügung.

Im Schulbereich sind unter anderem die Errichtung des heutigen Maria-Sibylla-Merian-Gymnasiums 1994/1995, die bauliche Erweiterung des Schulzentrums mit seiner Fertigstellung 1998 und die Errichtung einer Mensa 2009 zu nennen. Mit insgesamt ca. 13,3 Millionen Euro sind das die größten Einzelinvestitionen der Stadt im Bildungsbereich.

---

8 Vgl.: § 41 GO NRW.

Mit dem Um- und Ausbau der ehemaligen Teichertschen Mühle am Emstor im Jahre 1991 kam die Stadt einem lang gehegten Wunsch der Jugendlichen nach, einen Treffpunkt zu erhalten.

Mit Millionenaufwand ist 1997 das Waldfreibad Klatenberg saniert und mit neuester Technik ausgestattet worden. Seine Attraktivität wird auch künftig viele Besucher aus der näheren Umgebung anziehen. Trotz eines erheblichen jährlichen Defizits ist die Entscheidung, diese Einrichtung zum Erhalt der örtlichen Lebensqualität energetisch und technisch zu optimieren, zukunftsorientiert.

Der Bau des Zentralklärwerkes 1993 und seine Erweiterung unter Anschluss der Abwassermengen aus Westbevern im Jahr 1997 lassen ein Bevölkerungswachstum der Stadt auf ca. 25.000 Einwohner zu.

In der Zeit von 1984 bis 1989 wurden in Telgte sieben neue Brücken für Fußgänger und Radfahrer gebaut. Eine davon überbrückt die Schienen am Bahnhof, drei andere überspannen die Ems und ermöglichen den Naherholungssuchenden schöne Spaziergänge durch das Naherholungsgebiet „Emsaue", das 1988 fertig gestellt und 1995 bzw. 1997 erweitert worden ist. Auch im Ortsteil Westbevern können die Bürger auf neuen Brücken die Bever überqueren. Ein Beispiel für die Einbindung notwendiger Parkflächen in den städtischen Naturraum ist die 1986 errichtete Parkpalette hinter dem Rathaus.

Natürlich darf in Telgte die Erwähnung des Krippenmuseums und des Heimathauses Münsterland nicht fehlen. Obwohl die Stadt nur mittelbar über die Heimathaus GmbH an der Museumseinrichtung beteiligt ist, deren Neubau 1994 die Nordrheinwestfalen-Stiftung bezahlt hat, deckt sie über ihren Haushalt die jährlichen Fehlbeträge der Gesellschaft anteilig mit.

Das Kornbrennereimuseum hat die Stadt selbst bezahlt. 1996 wurde in dem denkmalgeschützten Industriegebäude der früheren Homoetschen Brennerei, die ein Wahrzeichen der Stadt Telgte ist und in der alkoholische Getränke produziert werden, seiner heutigen Bestimmung übergeben. Besucherströme haben sich leider nicht eingestellt, so dass auch unter wirtschaftlichen Gesichtspunkten eine Neuausrichtung dieses Museums notwendig ist.

Als Fehlentscheidung des Rates ist die Weigerung zu werten, geringfügige Eigenmittel für den Neubau der Flutbrücke im Bereich des Emstors zur Verfügung zu stellen, um im Rahmen der Regionale „links und rechts der Ems" das sanierungsbedürftige Bauwerk qualitativ hochwertig zu ersetzen.

Diese Aufzählung wichtiger städtischer Vorhaben und Entwicklungen steht exemplarisch für eine Vielfalt von kleinen und großen Entscheidungen. Mit ihnen wurde entweder Grundsätzliches entschieden oder auch nur Details festgelegt. Sie alle wurden zeitaufwändig vorbereitet, teilweise strittig diskutiert, abgeändert oder nachgebessert und zumindest mehrheitlich entschieden. Alle diese Entscheidungen wirken sich noch heute wegweisend aus. Sie prägen den Charakter dieser Stadt und bestimmen ihre Atmosphäre. Sie legen die Rahmenbedingungen fest, die die Lebensqualität einer städtischen Gemeinschaft ausmachen und den Grad der Zufriedenheit ihrer Einwohner wesentlich mit bestimmen.

5.3.2 Formale Entscheidungen

Formal und materiell strittig waren die Verfahren nach den Bestimmungen des Denkmalschutzes (Denkmalschutzgesetz 1980). Gebäude, die unter die Regelungen dieses Gesetzes fallen, werden auch gegen den Willen ihrer Eigentümer von Amts wegen[9] in die Denkmalliste aufgenommen. Zwar hat die Entscheidung darüber der Rat zu treffen, jedoch verfügt er über keinen Ermessensspielraum in der jeweiligen Angelegenheit. Gleichwohl hat sich der Telgter Rat in der Vergangenheit mehrheitlich in den Fällen gegen eine Unterschutzstellung ausgesprochen, in denen die Eigentümer ihre Zustimmung zur Eintragung in die Denkmalschutzliste verweigert hatten. Letztendlich wurde das widerrechtliche Verhalten des Rates zunächst durch den Hauptverwaltungsbeamten beanstandet, dann wurden die Verfahren, wegen erneuter Ermessensüberschreitung des Rates, mit der Beschluss – Ersatzvornahme durch die Kommunalaufsicht des Kreises Warendorf „geheilt".[10]

Eine Besonderheit ist der Erlass von Satzungen.[11] Mag der Anlass zum Erlass von Satzungen noch politischer Natur sein, unterliegt ihre Ausgestaltung nicht mehr politisch verhandelbarer rechtlicher Normen und Festlegungen. Unter Berücksichtigung höchstrichterlicher Rechtsprechung haben Satzungen eine solche juristische Komplexität, dass die Städte und Gemeinden sich der Mustersatzungen der kommunalen Spitzenverbände zu bedienen pflegen. Aber auch das ist keine Garantie für ihren rechtlichen Bestand, wie das jüngste Beispiel für die Berechnung der Gebühr zur Beseitigung des Regenwassers durch das OVG Münster beweist (Urteil 2007). Eine jahrelang geübte Praxis, die Kosten der Regenwasserbeseitigung über den Frischwassermaßstab (Frischwasser = Abwasser) abzurechnen, wurde für rechtswidrig erklärt. Als Konsequenz musste die Stadt mit erheblichem personellem und finanziellem Aufwand die Grundstücksflächen in ihrer tatsächlichen Nutzung ermitteln, um die Kosten zur Beseitigung des Regenwassers nach diesem neuen Schlüssel zu verteilen.

Das Ratsmitglied, das die „alte" Satzung auf Empfehlung des Städte- und Gemeindebundes sowie der eigenen Stadtverwaltung beschlossen hatte, hat auch die „neue" Satzung angenommen. Sicher ist, dass viele Mitentscheider ohne eigenes juristisches Spezialwissen dieses im Vertrauen auf die nun behauptete Rechtmäßigkeit taten und dabei die philosophische Erkenntnis des Griechen Sokrates, „scio nescio"[12], ganz konkret erfahren haben. Letztere Erfahrung ist aber nicht allein auf den Bereich der Gebührensatzungen zu beschränken, sondern sie kann auch schon bei den vermeintlich leicht zu verstehenden Festsetzungen von Bebauungsplänen gemacht werden, die ebenfalls als örtliches Recht zu beschließen sind.

---

9   § 3 Abs. 2 DSchG.
10 Vgl.: § 54 GO NRW.
11 § 7 GO NRW.
12 „Scio me nihil scire." (deutsch: *„Ich weiß, dass ich nichts weiß."*) – nach Sokrates (Original: *„Εν οίδα οτι ουδέν οίδα."*), auch: „Scio nescio".

5.4 Initiativen

Ratsmitglieder müssen nicht darauf warten, dass die Verwaltung Entscheidungen zu bestimmten Sachverhalten einfordert oder dass die Einwohner ihrer Stadt sie zum Handeln auffordern.[13] Sie können vielmehr versuchen, durch Einbringen von Anträgen, politische Weichen zu stellen. Zu Beginn einer Wahlperiode sind solche Initiativen zahlreicher als gegen Ende, weil offensichtlich die Versprechen in den jeweiligen Wahlprogrammen „abgearbeitet" werden sollen. Weiterhin ist festzustellen, dass vornehmlich die Oppositionsfraktionen auf diese Weise versuchen, politische Positionen in Abgrenzung zur Mehrheitsfraktion zu formulieren und politischen Einfluss zu organisieren (Robert a.a.O.: 415ff.). Ein Schwerpunkt für Anträge jeglicher Art sind die jährlichen Beratungen zum Haushaltsplan. Aufgrund der Vielzahl von Anträgen und der Begrenztheit der Beratungszeit wird hier zumeist sachlich und ergebnisorientiert diskutiert und entschieden. Wenn es auch manchmal an Beratungstiefe fehlen mag, so werden doch die politischen Eckpunkte der Fraktionen deutlich. Die Wahrnehmung dieser Initiativen in der politischen Öffentlichkeit ist wiederum überproportional gering. Wegen ihrer Vielzahl bekommen selbst die wegweisenden Anträge – im Vergleich zu so genannten „Solitäranträgen" minderer politischer Relevanz – nicht die ihnen zustehende Beachtung in der Öffentlichkeit. Der nahe liegende Vorschlag, solche Initiativen als „Solitäranträge" einzubringen, greift zu kurz: die Verwirklichung der meisten Anträge ist häufig mit erheblichem finanziellen Aufwand, der über den jeweiligen Haushalt finanziert werden muss, verbunden. Ob diese Ausgabe jeweils gerechtfertigt ist, kann nur nach der Priorisierung und Bewertung aller Maßnahmen des Haushaltes verantwortlich entschieden werden. Insofern ist der Zeitpunkt der Haushaltsplanberatungen für die Einbringung der Anträge der offensichtlich sachlich begründete. Das Dilemma von beratungstechnischer Zweckmäßigkeit und öffentlich wirksamer „Vermarktung" politischer Ideen kann grundsätzlich nicht aufgelöst werden.

6. Belastungen

Die Tätigkeit als Ratsmitglied ist ehrenamtlich. Kein Ratsmitglied ist gezwungen, sich um das Mandat zu bewerben und es nach der Wahl anzunehmen. Es steht jedem Mitglied des Rates frei, zu jeder Zeit gegenüber dem zuständigen Wahlleiter den Verzicht auf sein Mandat unwiderruflich zu erklären (Kommunalwahlgesetz 1998). Es besteht somit kein Grund für das Ratsmitglied, sich über Belastungen aus dem Mandat heraus zu beklagen. Gleichwohl ist es angemessen, einige Hauptlasten beim Namen zu nennen, um zu verdeutlichen, welche psychischen und physischen Kräfte aufgebracht und wie groß die Einschränkungen im Beruf und im Privaten sein können, wenn über Jahre das Ehrenamt erfolgreich bekleidet wird.

---

13 Vgl.: §§ 24, 25, 26 GO NRW.

6.1 Zeit

Für ihre kommunalpolitische Arbeit brauchen die Ratsmitglieder viel Zeit. Nicht alles ist in den Abendstunden oder außerhalb der für den Beruf benötigten Zeit zu erledigen. Zwar schreibt die Gemeindeordnung vor, dass berufliche Benachteiligungen unzulässig seien[14], aber im Einzelfall den Gegenbeweis zu führen, ist schwierig. Zudem haben viele Ratsmitglieder einen Beruf, in dem die Arbeit liegen bleibt d.h. sie ist zusätzlich in der Freizeit zu erledigen. Meist geht das zu Lasten der Familie.

Im Zeitraum von 1975 bis 2009 haben 297 Ratssitzungen stattgefunden (Robert a.a.O.: 384, 409), also im Durchschnitt knapp neun Sitzungen pro Jahr. Bei einer normalen Dauer von 3,5 Stunden pro Sitzung haben die Mandatsträger etwa 31 Stunden jährlich im Ratssaal verbracht. Mitglieder des Hauptausschusses benötigen mindestens die gleiche Zeit für ihre Beratungen. Die anderen Fachausschüsse schlagen mit einem etwas geringerem Zeitkontingent ebenfalls zu Buche. In den Fraktionssitzungen, zumeist vierzehntägig, werden alle Sitzungen inhaltlich vorbereitet. Nimmt man die umfangreichen Sitzungsvorlagen zur Hand, wird der Stundenbedarf allein für das Lesen augenscheinlich. Wenn jetzt noch Einzelrecherchen notwendig sind, steigt der Zeitaufwand zusätzlich an. Dabei sind die Gespräche mit dem Bürger, Besuche weiterführender Veranstaltungen auf überörtlicher Ebene oder zur kommunalpolitischen Weiterbildungen sowie die praktische Rückbindung an die örtliche Partei noch gar nicht im Zeitbudget enthalten. Für Mandatsträger mit zusätzlichen Funktionen wie Bürgermeister oder Fraktionsvorsitzende ist die zeitliche Beanspruchung noch größer.

6.2 Öffentlichkeit

Das Ratsmitglied steht ständig im Fokus der Öffentlichkeit, hat es doch vor seiner Wahl seinen Bekanntheitsgrad durch Wahlwerbung gesteigert. Die so erreichte Popularität bleibt auch nach der Wahl bestehen. So motivierend eine positive Zeitungsberichterstattung über eigenes kommunalpolitisches Handeln sein mag, so frustrierend ist veröffentlichte Kritik, auf die man nur zeitverzögert antworten kann. Der Verlust an Privatsphäre ist ein Preis für die Ehre, Ratsmitglied zu sein. Unabhängig von inhaltlicher oder formaler Zuständigkeit wird das Ratsmitglied für alles „Negative" in seiner Stadt von den Bürgern verantwortlich gemacht. „Positives" wird dagegen als eine Selbstverständlichkeit angenommen. Persönliche Anliegen und Forderungen werden häufig in apodiktischer Form vorgetragen und Gegenargumente, Alternativen sowie Kompromisse als Parteilichkeit abgetan, Käuflichkeit und Bestechlichkeit unterstellt. Damit richtig umzugehen, muss man lernen, sich damit abfinden kann man nie!

---

14 Vgl.: § 44 GO NRW.

7. Aufwandsentschädigung

Ratsarbeit kostet auch Geld. Aufwandsentschädigungen, Verdienstausfälle und Nutzung des Rathauses schlagen finanziell zu Buche. Anspruchsgrundlagen[15] und jeweilige Stundensätze sind vom Landesgesetzgeber durch Gesetz und Verordnung festgelegt worden (Verordnung 2007). Der Finanzminister hat auch die Steuerfreibeträge bis in die Details geregelt.[16]

Auch wenn sich die Kosten im Zeitraum von 1975 bis 2009 um mehr als 340 Prozent erhöht haben, so stellen sie mit 0,448 Prozent des im Jahre 2009 veranschlagten Gesamtbetrages der Aufwendungen im Ergebnisplan eine zu vernachlässigende Größe dar. Der Aufwandsentschädigung stehen ja auch tatsächliche Kosten der Mandatsträger gegenüber, die teilweise höher sind als der gewährte Ersatz. Eine Aufrechnung zwischen der investierten Zeit für das kommunale Mandat und der Höhe der Entschädigung läuft der Idee vom Ehrenamt zuwider. Hinzu kommt dann noch der verpflichtende Wunsch der jeweiligen politischen Partei, prozentualen Anteil[17] an allen finanziellen Aufwandsentschädigungen zu erhalten, die der Mandatsträger direkt oder für ein durch das Mandat „verursachtes" Amt erhält (Robert a.a.O.: 263, 447). Weigert sich der Mandatsträger, diese freiwilligen Spenden zu entrichten, gilt analog die dem ehemaligen Fraktionsvorsitzenden der SPD – Bundestagsfraktion, Herbert Wehner, zugeschriebene Antwort an ein Fraktionsmitglied. Dieses hatte ihm erklärt einen Fraktionsbeschluss aus Gewissensgründen nicht mittragen zu können. Daraufhin legte Wehner ihm nahe, sich doch bitte für die nächste Bundestagswahl von seinem Gewissen aufstellen zu lassen. Vergleichbarer politischer Druck wurde kürzlich auf den Bürgermeister der Stadt Oelde öffentlich ausgeübt, der sich geweigert hatte, vier Prozent seines monatlichen Grundgehaltes an die Partei als Sonderbeitrag abzuführen, obwohl die Satzung seines CDU – Kreisverbandes dieses vorschreibt (Westfälische Nachrichten 2009). An diesem Beispiel wird die wechselseitige Abhängigkeit von Mandatsträger und Partei – sei es die finanzielle Alimentierung der einen oder die Sicherung der politischen und beruflichen Existenz des anderen – offensichtlich.

8. Ausblick

Ratsarbeit ist eine die gesamte Persönlichkeit fordernde und Zeit füllende ehrenamtliche Tätigkeit. Sie gewährt nicht nur Macht auf Zeit, sondern ermöglicht es, an verantwortlicher Stelle und mit vielen anderen zusammen die Lebensbedingungen der Gegenwart zukunftsorientiert zu gestalten und zu entwickeln. Sie gewährt Einblicke in andere, bisher vielleicht verschlossene Bereiche gesellschaftlichen Lebens. Zusätzlich erworbenes Wissen und gemachte Erfahrungen möchte

---

15 Vgl.: § 33 und § 45 GO NRW.
16 Entschädigungen an Mitglieder kommunaler Vertretungen. RdErl. d. Finanzministerium v. 2.1.2008 S 2337 – 3 V B 3.
17 Bei der SPD sind 30 Prozent beschlossen.

Abbildung 9a: Gesamtkosten Rat und Sachkundige Bürger

Jahr	Kosten Rat¹ €	Jahr	Kosten Rat €	Jahr	Kosten Rat €	Jahr	Kosten Rat €
1975	40.903	1983	78.227	1992	154.154	2001	174.233
1976	44.431	1984	75.671	1993	154.154	2002	144.247
1977	44.431	1985	81.806	1994	154.154	2003	145.419
1978	58.031	1986	102.769	1995	189.177	2004	159.760
1979	59.054	1987	111.205	1996	189.177	2005	142.292
1980	73.626	1988	111.717	1997	180.179	2006	143.193
1981	78.227	1989	111.717	1998	185.701	2007	141.080
1982	78.227	1990	145.462	1999	178.031	2008	138.000
		1991	148.018	2000	152.978	2009	140.000

1 Summe von Aufwandsentschädigungen für ehrenamtliche Bürgermeister, Fraktionsvorsitzende, Ratsmitglieder, Sachkundige Bürger und Einwohner; beinhaltet auch Verdienstausfallentschädigungen, Auslagen für die kommunalpolitische Bildung und Geschäftsführungskosten der Fraktionen.

Abbildung 9b: Gesamtkosten Rat und Sachkundige Bürger

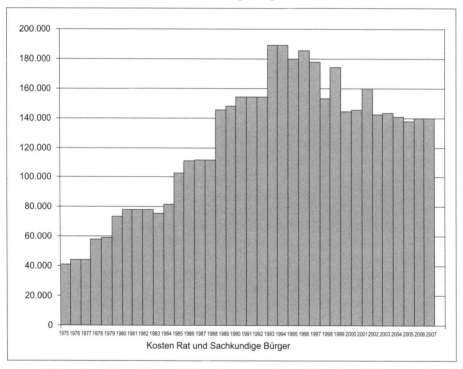

man nicht mehr missen. Ratsarbeit verkommt nie zur Routine; jeder ratsuchende Bürger ist einzig mit seinem Anliegen. Hier gibt es ebenso wenig Patentrezepte wie für die Lösung städtischer Probleme.

Die Übernahme des Ratsmandats verpflichtet die Ratsmitglieder zur dauernden systematischen Weiterbildungen auf den unterschiedlichen Gebieten des Rechts, der Wirtschaft, der Organisation, der Raum- und Stadtplanung, der Verwaltungsführung, des Controllings und insbesondere der Menschenführung, um den vielfältigen Anforderungen an den kommunalen Entscheidungsträger gerecht werden zu können. Eine freiwillige Selbstverpflichtung des künftigen Mandatsträgers sollte dazu obligatorisch sein. Unabhängig von parteinahen Stiftungen muss der Besuch spezieller Seminare der kommunalen Spitzenverbände die selbstverständliche Regel werden. Dabei geht es nicht um die Ausbildung des Ratsmitgliedes zum Juristen oder zum Verwaltungsfachmann, sondern im Kern darum, die Denk- und Arbeitsweise dieser Fachleute beispielhaft kennen zu lernen, sich kommunal-wirtschaftliche Strukturen bewusst zu machen und die unterschiedlichen Steuerungsmöglichkeiten sowie ihre Auswirkungen an praktischen Beispielen zu vertiefen. Sich auf „learning on the job" und künftig zu erwerbende Erfahrung zu verlassen, ist nicht mehr zeitgerecht. Ein unwissendes Ratsmitglied hat keine Chance, seine politischen Vorstellungen jemals zu verwirklichen und seiner ihm übertragenen Verantwortung für das Gemeinwohl gerecht zu werden.

Strukturelle Unausgewogenheit herrscht zwischen Rat und Verwaltung bei der Aufgabe des Rates, den Jahresabschluss des Haushaltes „dahingehend zu prüfen, ob er ein den tatsächlichen Verhältnissen entsprechendes Bild der Vermögens-, Schulden-, Ertrags- und Finanzlage der Gemeinde unter Beachtung der Grundsätze ordnungsgemäßer Buchführung ergibt" (§ 101 GO NRW). Hier – und bei den weiteren detaillierten Forderungen des § 101 GO – sind die Mitglieder des Rechnungsprüfungsausschusses zeitlich wie voraussetzungsmäßig regelrecht überfordert. Was gelernte Verwaltungsfachleute wochenlang vollständig prüfen, soll das Ratsmitglied stichprobenweise an einem Tage tun. Das Ergebnis ist vom Zufall abhängig; es suggeriert eine falsche rechtliche Sicherheit und ist keine tragfähige Grundlage für die Beurteilung der Chancen und Risiken für die künftige Entwicklung der Stadt.[18] Hier ist der Landesgesetzgeber gefragt, der, abweichend von § 102 Absatz 2 GO NRW, die zwingende jährliche Prüfung durch eine gemeindeunabhängige Prüfungsstelle ins Gesetz schreiben sollte, die ihren Bericht dann dem Rat zur Beratung und Beschlussfassung vorzulegen hat. Damit gibt man den ehrenamtlichen Mandatsträgern die Chance, auch auf diesem Gebiet der gesetzlich übertragenen Verantwortung gerecht zu werden.

Die Einbringung des jährlichen Haushalts ist die große Stunde des Bürgermeisters, die Beratung und Beschlussfassung dieses Entwurfes die hohe Zeit des Rates, die Präsentation der Bilanz – was war gewollt, was wurde verwirklicht und was ist noch zu tun – fällt dagegen eher mager aus. Die Stunde der Wahrheit wird von Rat und Verwaltung verpasst.

„Quidquid agis, prudenter agas et respice finem"[19] soll allen Ratsmitgliedern als Losung mit auf ihren weiteren Weg gegeben werden, damit – in Abwandlung des Chronogramms am alten Telgter Rathaus am Markt – das Wohlergehen der Telgter Bürgerschaft dieses *Rates* einziger Grund und ganzer Endzweck sei. Handeln die Bürgervertreter danach, ist ihr ehrenamtliches Tun nachhaltig und professionell.

SALUS TUA CIVITAS TELGETANA SIT HUIUS *CONSILII* UNICA
CAUSA FINISQUE TOTUS.

---

18 Vgl.: § 101 Abs. 6 GO NRW.
19 Was auch immer Du tust, tue es klug und bedenke das Ende.

Literatur

Denkmalschutzgesetz. DSchG. *Gesetz zum Schutz und zur Pflege der Denkmäler im Lande Nordrhein-Westfalen vom 11. März 1980* (GV. NW. 1980 S. 226, ber. S. 716; 1982 S. 248; 1984 S. 663; 1989 S. 366; 1997 S. 430, 2001 S. 708. 5.4.2005 S. 272).

Entschädigungen an Mitglieder kommunaler Vertretungen. RdErl. d. Finanzministerium v. 2.1.2008 S 2337 – 3 V B 3.

Frese, W. (Hrsg.) (1999). *Geschichte der Stadt Telgte.* Schwinger, Klaus. Die Telgter Verwaltung von der Übergangszeit bis zum Ende des Ersten Weltkrieges. Münster: Ardey-Verlag.

Gemeindeordnung für das Land Nordrhein-Westfalen (GO NRW) vom 14. Juli 1994, zuletzt geändert durch den Artikel I des Gesetztes vom 9. Oktober 2007 (Fn 1, 35).

Gesetz über die Kommunalwahlen im Lande Nordrhein-Westfalen (Kommunalwahlgesetz) in der Fassung der Bekanntmachung vom 30. Juni 1998.

Haushaltspläne der Stadt Telgte 1975 bis 2009. Stadtverwaltung Telgte. Archiv.

Isensee, J. (2006). *Salus publica – suprema lex? Das Problem des Gemeinwohls in der freiheitlichen Demokratie.* Paderborn: Schöningh.

Kevenhörster, P. (2006). *Politikwissenschaft, Band 2: Ergebnisse und Wirkungen der Politik* Wiesbaden: VS Verlag für Sozialwissenschaften.

Kevenhörster, P. (2008). *Politikwissenschaft, Band 1: Entscheidungen und Strukturen der Politik* (3. Aufl.). Wiesbaden: VS Verlag für Sozialwissenschaften.

Protokolle der Sitzungen der Stadtvertretung des Rates der Stadt Telgte 1975 bis 2009. Stadtverwaltung Telgte. Archiv.

Robert, R. (1997). *Telgte im 20. Jahrhundert. Sozialdemokratie, Parteiensystem und gesellschaftlicher Wandel.* Warendorf; Sassenberg: Krimphoff.

Schmidt, H. (2008). *Außer Dienst.* München: Siedler.

Schulenburg, K. (1999). *Direktwahl und kommunalpolitische Führung. Der Übergang zur neuen Gemeindeordnung in Nordrhein-Westfalen.* Basel; Boston; Berlin: Birkhäuser.

Thaysen, U. (2007). *Politik als Kunst: Bewährung in den ehernen Dichotomien der Politik.* Manuskriptvorlage zur After Dinner Speech anlässlich des Kongresses „Fifty Years of Interparliamentary Cooperation: Progressing towards Effective Cross-Level Parliamentarism"? der I.P.A. COO zusammen mit der Stiftung Wissenschaft und Politik, 13.06.2007, Bundesrat. Verfügbar unter: http://www.swp-berlin.org/de/common/get_document.php?asset_id=4122 [19. Juli 2009].

Urteil des OVG NRW vom 18.12.2007, Az.: 9 A 3648/04 und Beschluss des BVerwG vom 13.05.2008, Az.: 9 B 19.08.

Verordnung über die Entschädigung der Mitglieder kommunaler Vertretungen und Ausschüsse (Entschädigungsverordnung – EntschVO) vom 19. Dezember 2007.

Westfälische Nachrichten (WN) vom 1. Juli 2009, NR. 149 RKW01, Kreis Warendorf.

Manfred Scholle

Der Trend zur Rekommunalisierung – Chance oder Risiko?

1. Einleitung

„Die Renaissance des Staates" titelte am 05. Mai 2009 der Tagesspiegel und führte verschiedene Beispiele an, die die These seiner „Wiederbelebung" unterstützen (www.tagesspiegel.de 2009). So hat Kiel im Januar 2009 beschlossen, dass die Kommune wieder zu 100 Prozent die Anteile der vormals privatisierten Verkehrsbetriebe halten soll. In Hamburg kündigte die Umweltsenatorin noch für 2009 die Gründung kommunaler Stadtwerke an. In Leipzig verhinderten Bürger durch eine Volksabstimmung die Privatisierung der Stadtwerke. Es gibt etliche Beispiele für die Zurückführung von Infrastrukturaufgaben in die kommunale Familie.

Wie sind diese Tendenzen nun zu bewerten? Ist bei Kommunen tatsächlich „das gesunde Selbstvertrauen zurückgekehrt" (Stuttgarter Nachrichten v. 13.08.2008), sich auf die eigenen Stärken zu konzentrieren? Gelten alte Grundsätze nicht mehr, wie die, dass größere Einheiten in der Regel höhere Effizienzen haben können, dass es einer gewissen Unternehmensgröße bedarf, um am Markt zu bestehen?

Im Folgenden soll der Frage nach den Ursachen für diese Rekommunalisierungsbestrebungen nachgegangen werden. Abschließend werden Chancen und auch Risiken dieser Tendenzen aufgezeigt.

Zuerst einmal ist zu klären, welche Bereiche in die Kommunen zurückgeholt oder neu aufgebaut werden sollen. Im Prinzip ist dabei, wenn auch in unterschiedlichen Nuancen, von Infrastrukturdienstleistungen im weiteren Sinne die Rede. Strom, Gas, Wasser, Abwasser, Schwimmbäder, Verkehr, Müllbeseitigung, Telekommunikation, Krankenhäuser etc. seien an dieser Stelle exemplarisch für Aufgaben genannt, die klassischerweise auch durch die Kommunen erledigt werden können und im Rahmen kommunaler Daseinsvorsorge auch erfüllt werden müssen. Schon an diesem Punkt lassen sich Auseinandersetzungen führen über die Aufgaben, die eine Kommune kraft Gesetz erfüllen muss. Der Begriff „Daseinsvorsorge" wurde in den dreißiger Jahren des letzten Jahrhunderts von Ernst Forsthoff (a.a.O. 1958) geprägt. Er verstand die Daseinsvorsorge als staatliche Aufgabe, die sich nicht auf existenznotwendige Leistungen beschränken soll. Sie umfasst dieser Definition folgend die Versorgungswirtschaft (Strom, Gas, Fernwärme, Wasser), die Entsorgung (Abwasser, Müll), das Verkehrswesen, den Rundfunk (Grundversorgung), die Telekommunikation, das Kreditwesen sowie kommunale Einrichtungen für Bildung, Soziales, Gesundheit, Kultur und Freizeitgestaltung. Die Aufzählung dieser Aufgaben bedeutet nicht, dass die Kommunen sämtliche dieser Aufgaben auch tatsächlich übernehmen, sondern nur, dass Kommunen letztendlich für die Gewährleistungen der Aufgaben verantwortlich sind. Ausgangspunkt dieser Überlegungen ist der Markt, der normalerweise automatisch zu einer optimalen Allokation knapper Ressourcen führt. Einige Leistungen von allgemeinem Interesse können jedoch durch den Markt nicht oder nur unzureichend zur Verfügung gestellt werden, weil der Marktpreis zur Deckung der Bereitstellungskosten zu hoch ist, um die vorhandene Nachfrage zu befriedigen. In diesen Fällen müssen Kommunen die Grundversorgung sicherstellen. Da das Sozialstaatsprinzip nach Artikel 20 des Grundgesetzes keine Subsidiarität der wirtschaftlichen Betätigung des Staates gegenüber der Privatwirtschaft kennt, ist es grundsätzlich unerheblich, wer die Leistung erbringt, sofern die Leistungserbringung an sich gewährleistet ist. Diese umfassende Definition von kommunaler Daseinsvorsorge wird in den einzelnen Gemeindeordnungen der Länder näher erläutert.

2. Historie der Privatisierung

Schon in den 1980er Jahren gliederten Kommunen Leistungen der kommunalen Daseinsvorsorge in größerem Umfang aus der Kernverwaltung in rechtlich selbstständige Organisationseinheiten aus. Die Ursachen für diese Entwicklungen waren vielfältig. Exemplarisch zu nennen sind sicher unwirtschaftliche, kleinteilige Strukturen einerseits und unzureichende Entscheidungsprozesse andererseits. Seit Anfang der 1990er Jahre beteiligten sich zunehmend private Unternehmen an diesen ausgegliederten Gesellschaften. Auf diese Weise sind vielfach gemischtwirtschaftliche Unternehmen entstanden. Der Begriff der „öffentlich-privaten Partnerschaft" (ÖPP) war geboren. ÖPP bezieht sich meistens auf die gemeinsame Planung, den Bau, den Betrieb und die Unterhaltung einer Infrastruktur durch die öffentliche Hand und die Privatwirtschaft. Angefangen bei gemischtwirtschaftlichen Unternehmen des Versorgungssektors, weiteten sich die Einsatzmöglichkeiten von ÖPPs zunehmend aus. Mittlerweile gibt es gar eine Reihe von Schulen, die in Kooperationen von Kommune und Privatwirtschaft renoviert, neu gebaut und auch betrieben werden. Einsparungen in relevanter Höhe führen dazu, dass kommunale Entscheidungsträger auch diese Formen der Kooperation in ihre Planungen einbeziehen, dabei aber auch berücksichtigen müssen, dass zukünftige Generationen die eigentliche Last zu tragen haben. In den vergangenen Jahren wurde die Privatisierungsdebatte zunehmend von kritischen Stimmen begleitet. Es gab und gibt negative Beispiele, etwa im Bereich der Privatisierung ehemals öffentlicher Wohnungsbaugesellschaften. Darüber hinaus wurde die bis dato gängige Praxis der großen vier Energieversorger, sich flächenweise an Stadtwerken zu beteiligen, durch kartellrechtliche Auflagen erschwert oder sogar untersagt. Die Beteiligung an Stadtwerken war fortan nur noch im Tausch gegen andere Beteiligungen möglich. Der aktuelle Verkauf des Energieversorgers Thüga an ein Konsortium der Stadtwerke Hannover, Frankfurt, Nürnberg und mehrerer kleinerer kommunaler Versorger, unterstreicht diese Entwicklung exemplarisch und zeigt, dass der finanzielle Aspekt für ein Bieterkonsortium aus kommunalen Versorgern keinen Hinderungsgrund für die Rekommunalisierung darstellt. Die Kommunen gehen zudem auf Distanz zu den großen vier Versorgern.

3. Ursachen für Rekommunalisierungstendenzen

Der Trend zur Rekommunalisierung hat verschiedene Ursachen:
- die Wirtschafts- und Finanzkrise,
- die Erfahrungen im Cross-Border-Leasing,
- die Liberalisierung der Energieversorgung,
- die Preisentwicklung im Energiesektor,
- auslaufende Konzessionsverträge,
- die Förderung regenerativer Energien,
- das wirtschaftliche Interesse,
- Gefahren für die Infrastrukturentwicklungen sowie
- die Reform der Gemeindeordnung.

3.1 Die Wirtschafts- und Finanzkrise

Befanden sich einige Kommunen in den wirtschaftlich starken Jahren 2006–2008 auf dem Weg der finanziellen Gesundung, so hat die globale Wirtschaftskrise dazu geführt, dass die angespannte finanzielle Situation nunmehr zu politischem Handlungsdruck führt. Dieser Druck resultiert aus zwei Entwicklungen: Zum einen brechen die Gewerbesteuereinnahmen zunehmend weg. 45 Prozent der Gesamteinnahmen unserer Kommunen werden aus den Gewerbesteuereinnahmen generiert. Im Jahr 2010 und verstärkt im Jahr 2011 werden diese Einnahmen aufgrund zurückgehender Auftragslage der ortsansässigen Unternehmen zurückgehen. In Nordrhein-Westfalen beispielsweise gehen Schätzungen von Gewerbesteuerrückgängen von bis zu 30 Prozent aus. Bei der Einkommensteuer wirkt sich die Wirtschaftskrise mit einer gewissen Verzögerung aus. Allerdings wird für das Jahr 2010 mit einem Anstieg von Kurzarbeit und Arbeitslosigkeit und einem entsprechend sinkenden Einkommenssteuer- und Gewerbesteueraufkommen gerechnet.

Die Bundesregierung versucht, den Auswirkungen der Wirtschaftskrise auf die Kommunalfinanzen mit Maßnahmen aus dem Konjunkturpaket zu begegnen. Demnach stellt der Bund den Kommunen 10 Milliarden Euro für Investitionsmaßnahmen zur Verfügung. Schwerpunkte bilden Investitionen in die Bildungsinfrastruktur und in die energetische Gebäudesanierung.

Allerdings ist zu vermuten, dass der erhoffte Bauboom ausbleibt bzw. nur von kurzer Dauer ist; denn den 10 Milliarden Euro aus dem Konjunkturpakt stehen 16 Milliarden Euro fehlende Steuereinnahmen gegenüber. Insofern werden auch die Hilfen aus dem Konjunkturpakt nicht zu einer spürbaren Entlastung der kommunalen Haushalte führen, zumal die erwarteten Subventionen nicht für schon eingeplante, sondern nur für neue Projekte verwendet werden dürfen. Unterstützt wird diese Sichtweise durch Studien, die mittelfristig mit einer steigenden Finanznot der Kommunen rechnen (Ernst & Young 2009a).

Um der Rekordverschuldung in den Jahren 2009 und 2010 Herr zu werden, vereinbarten die Koalitionsparteien die so genannte Schuldenbremse, die Bund und Ländern eine Neuverschuldung künftig nur noch in Krisenzeiten gewährt.

Allerdings werden in diesem Regelwerk nicht die spezifischen Probleme der Finanzierung kommunaler Aufgaben angesprochen. Es ist daher zu erwarten, dass die Länder, wie immer, geneigt sein könnten, Lasten auf die kommunale Ebene zu verschieben.

Allerdings ist die Wirtschaftskrise nicht die Verursacherin der desolaten Lage der Gemeindefinanzen, sondern nur ein verstärkendes Element. So waren die meisten Kommunen selbst in den Jahren 2007 und 2008 nicht in der Lage, einen ausgeglichenen Haushalt zu erreichen. Im Gegenteil zeigt die Entwicklung der Kassenkredite, wie angespannt die finanzielle Situation schon vor der Wirtschaftskrise war (Meyer 2007). Es wird ersichtlich, dass viele Kommunen ein strukturelles Ausgabenproblem haben, welches nicht erst mit der Wirtschaftskrise entstanden ist. Noch 1994 machten die Kassenkredite etwa ein Prozent der kommunalen Schulden aus. Dieser niedrige Anteil resultiert auch aus der ursprünglichen Bestimmung von Kassenkrediten, die zur Überbrückung kurzfristiger Liquiditätsengpässe dienen sollten. Mittlerweile wird ein großer Teil der laufenden kommunalen Ausgaben über diese (teure) Form der Kreditvergabe finanziert. Damit jedoch werden keine bleibenden Werte geschaffen. Aus diesem Tatbestand folgt, dass dem wachsenden Schuldenstand kein ebenfalls steigendes kommunales Eigenkapital gegenübersteht, es werden lediglich laufende Leistungen bezahlt. Der Anteil der Kassenkredite ist dementsprechend bis heute auf 50 Prozent der gesamten kommunalen Schulden gestiegen. Vor diesem Hintergrund suchen Kommunen händeringend nach kontinuierlichen Einnahmequellen. Die Gründung eigener Stadtwerke oder die Rekommunalisierung einzelner Infrastrukturdienstleistungen wird hier immer wieder als Königsweg genannt.

3.2 Erfahrungen im Cross-Border-Leasing[1]

Ein weiteres Beispiel, das die Tendenzen zur Rekommunalisierung verstärkt, sind so genannte Cross-Border-Geschäfte, die in den vergangenen Monaten Schlagzeilen machten. Im Prinzip geht es darum, dass eine Kommune öffentliches Eigentum an einen ausländischen Investor verkauft und es im gleichen Moment zurückmietet. In den USA galt Cross-Border-Leasing als förderungswürdige Investition, die steuermindernd geltend gemacht werden konnte. Insofern handelt es sich bei den möglichen ausländischen Investoren auch allein um amerikanische Unternehmen. Der Mietvertrag der Kommune mit dem Investor läuft 99 Jahre. Ihren Verkaufserlös, einen Anteil am Steuervorteil, bekam die Stadt jeweils am ersten Tag der Vertragslaufzeit. Ein scheinbar sicheres Geschäft, bei dem zwar der Eigentümer wechselte, jedoch vermeintlich wirtschaftlich nichts änderte. So verkauften Städte von Leipzig über Berlin, Düsseldorf bis Ulm Verkehrsbetriebe, Klärwerke, Abwassersysteme, Krankenhäuser und Schulzentren. Die Risiken dieser Geschäfte wurden im Zuge der Finanzkrise deutlich.

Große amerikanische Versicherer und Fondsgesellschaften sicherten die Käufe ab. Allerdings wurden die Verkäufer (die Kommunen) vertraglich verpflichtet, für Ersatzversicherer zu sorgen, falls das Rating und damit die Refinanzie-

---

1 Vgl. den entsprechenden Beitrag in diesem Band.

rungswahrscheinlichkeiten der ursprünglichen Versicherer sich verschlechterten. Die Eintrittswahrscheinlichkeit einer Herabstufung des Erstversicherers wurde bei Vertragsabschluss nicht angenommen. Doch selbst große Versicherer, wie die amerikanische AIG, gerieten im Wege der Finanzkrise in Schwierigkeiten und wurden herabgestuft. Folglich mussten betroffene Kommunen neue Versicherer finden, was im allgemein schlechten wirtschaftlichen Umfeld des Jahres 2009 sehr schwierig war. Gelang es, konnten neue Verträge nur zu wesentlich höheren Kosten abgeschlossen werden. Der so genannte Barwertvorteil, der den Kommunen durch den damaligen Verkauf ihrer Infrastruktur entstand, löste sich auf diese Weise auf bzw. deckte nicht einmal die anfallenden Kosten. Der Zweckverband Bodensee-Wasserversorgung sowie die Landeswasserversorgung Baden-Württemberg verzeichnen nach Ausstieg aus ihren Cross-Border-Geschäften ein Minus von 10 Millionen Euro. Auch andere Städte, die sich noch in Verhandlungen befinden, werden wohl unter dem Strich ein Minusgeschäft gemacht haben. In der Nachbetrachtung fallen die Risiken dieser Geschäfte sofort ins Auge. Es ist nicht nachvollziehbar, dass Verträge (in englischer Sprache) abgeschlossen werden konnten, deren Inhalte von den kommunalen Vertragsparteien nicht verstanden wurden und darüber hinaus stets amerikanisches Vertragsrecht in Verbindung mit einem US- Gerichtsstand galt. Ob sich Bürgermeister, Kämmerer und Stadträte allerdings „blauäugig" verhalten haben (Kirbach 2009), wie eine große deutsche Wochenzeitung verkündete, darf zumindest diskutiert werden. Unbestritten bleibt allerdings, dass ein subjektives Unwohlsein der beteiligten kommunalen Vertreter bei dem Gedanken daran, dass amerikanische Konzerne über deutsche Infrastruktur bestimmen, durchaus seine Berechtigung hatte. Die Erkenntnis, dass es kein Geschäft (Rendite) ohne Risiko gibt, führt heute bei etlichen kommunalen Vertretern zu einer generell ablehnenden Haltung jeglicher Reduzierung kommunaler Entscheidungskompetenz. Kommunen wollen ihren Entscheidungs- und Gestaltungsspielraum behalten bzw. in Fragen von Infrastrukturdienstleistungen abgegebene Verantwortungsbereiche wieder selbst übernehmen.

Diese beiden genannten Schwerpunkte gehören sicher zu den aktuellen Ursachen des Rekommunalisierungstrends. Andere Entwicklungen sind zwar nicht neu, werden aber im aktuellen Zusammenhang häufig ebenfalls als Begründung für die Erbringung kommunaler Infrastrukturdienstleistungen genannt. Sie sollen nachfolgend kurz erläutert werden.

3.3 Liberalisierung der Energieversorgung

Mit der Verabschiedung des Energiewirtschaftsgesetzes 1998 begann eine Periode zunehmenden Wettbewerbs auf den Energiemärkten. Das Ziel der Politik war es, die Monopole auf den Versorgungsfeldern Strom und Gas aufzubrechen und mehr Wettbewerb zuzulassen. Leitungsgebundene Infrastrukturaufgaben, wie die Bereitstellung von Gas und Strom, werden im volkswirtschaftlichen Sprachgebrauch als „natürliche" Monopole bezeichnet. Sie haben hohe Fixkostenanteile, die bei einem potentiellen Marktaustritt nicht abgegolten werden (sog. sunk costs). Damit stellen diese Investitionen eine Marktzutrittsbeschränkung dar. Ein Wettbewerb unter verschiedenen Versorgern ist aus Kostenaspekten nicht sinnvoll, da der Aufbau von Parallelnetzen zu teuer ist. Der Wettbewerb auf den Netzen wurde insofern zugelassen als jeder Anbieter gegen Zahlung einer Netznutzungsgebühr die Netze zur Durchleitung von Strom oder Gas verwenden darf, um die Energie anschließend an den Endkunden zu verkaufen. Verschiedenen kommunalen Versorgern wurde so die Möglichkeit eröffnet, Strom und Gas zu vertreiben, ohne Eigentümer bzw. Besitzer der Netze zu werden. In dem Maße wie Unternehmensgewinne der vier großen Energiekonzerne zunahmen, wuchsen auch die Begehrlichkeiten städtischer Vertreter, an diesen Renditen zu partizipieren.

3.4 Preisentwicklung im Energiesektor

Die Preisentwicklung der letzten Jahre im Bereich Energie hat ebenfalls einen Teil dazu beigetragen, dass kommunale Entscheidungsträger heute ernsthaft überlegen, Infrastrukturdienstleistungen eigenständig zu erbringen. Forderungen wie „Energie muss bezahlbar bleiben" oder „Zugang zu Energieversorgung ist Bürgerrecht" wurden laut. Im Gaskonflikt zwischen der Ukraine und Russland wurde darüber hinaus die Abhängigkeit Deutschlands von Energieimporten aus dem Ausland deutlich. Eigenständige Energieversorgung und möglicherweise auch Erzeugung kann diese Abhängigkeit verringern und die Versorgungssicherheit erhöhen. Durch die Kopplung der Gaspreise an die Ölpreise und die damit resultierende verzögerte zeitliche Anpassung der Preise, verstärkte sich der Eindruck bei vielen Verbrauchern, dass Preissenkungen nur verzögert an die Kunden weitergegeben werden. Sollte die Energieversorgung zurück in die kommunale Familie geholt werden, können Preise „bürgerfreundlicher" gestaltet werden; so hoffen die kommunalen Entscheider. So könnte dann die Politik einerseits wieder auf Investitionen und andererseits auf die Preisgestaltung Einfluss nehmen. Neugegründete Stadtwerke werben z.B. mit „gutem Service und fairen Preisen".[2] Der lokale Gedanke und die Anziehungskraft der Marke „Stadtwerke" werden häufig mit dem Argument unterstützt, dass die Gewinne der kommunalen Unternehmen wieder der Stadt zugute kommen (Südthüringer Zeitung v. 29.11.2008). Ob und inwiefern das tatsächlich gelingt und wie groß ihre Möglichkeiten tatsächlich sind, soll am Ende dieser Ausführungen erläutert werden.

3.5 Auslaufende Konzessionsverträge

Ein Grund für Rekommunalisierungsbestrebungen ergibt sich schlichtweg aus der Tatsache, dass in den kommenden Jahren ein Großteil der Konzessionsverträge im Bereich Gas und Strom auslaufen. So geht der Verband kommunaler Unternehmen davon aus, dass allein in den nächsten zwei Jahren deutschlandweit 2000 Konzessionsverträge davon betroffen sein werden.[3] Wurden diese vielfach

---
2 Vgl. Gründung HochsauerlandEnergie GmbH.
3 http://www.vku.de/de/Presse/Pressemitteilungen_Liste/Pressemitteilung_44_09_.html.

Anfang der 1990er Jahre mit den großen vier Energieversorgern abgeschlossen, so suchen Kommunen heute nach Alternativen. Insofern ist es nur verständlich, auch über die Versorgung mit Energie durch die Kommune selbst nachzudenken. Allein um die eigene Verhandlungsposition beim Abschluss neuer Konzessionsverträge zu stärken, müssen sich die Kommunen verschiedene Handlungsoptionen offen halten, zu denen Rekommunalisierung mit oder ohne Partner sicher zählt. In den nördlichen Landkreisen von Hessen laufen bis 2011 eine Vielzahl von Konzessionsverträgen im Bereich Gas und Strom aus. Mittlerweile schließen sich ganze Landkreise zusammen, um die Konzessionen wieder selbstständig zu übernehmen. Neben einer preisgünstigen Versorgung ist der Umweltschutz dabei ein wesentliches Anliegen (Waldeckische Landeszeitung v. 13.12.2007).

3.6 Förderung regenerativer Energien

Während der Umweltschutz für die Wasserwirtschaft schon immer im Fokus ihrer Geschäftspolitik lag, haben andere Branchen diese Entwicklung zum größten Teil verpasst. Die Automobilbranche ist ein Paradebeispiel dafür, dass die Entwicklung von umweltschonenden Modellen heute echte Wettbewerbsvorteile schafft. Beispielsweise ist die Krise der amerikanischen Autobauer nicht allein auf exogene Faktoren (Wirtschaftskrise) zurückzuführen, sondern ist zu großen Teilen selbst verschuldet. Der Erfolg verbrauchsarmer Autos zeigt, dass auch in den USA Umweltbewusstsein sowie Energiepreissensibilität in den Vordergrund rücken. Gleiches gilt für die Energiebranche. Klimaschutzziele zur Vermeidung von CO_2-Reduktion wurden häufig als zu teuer und nicht praktikabel bezeichnet. Es ist zwar nach wie vor richtig, dass der gesamte Energiebedarf Deutschlands nicht ausschließlich durch regenerative Energien gedeckt werden kann, weil zumindest die Grundlast mit konventionellen Energieträgern sichergestellt werden muss. Trotzdem darf der Schutz der natürlichen Lebensgrundlagen nicht vernachlässigt werden. Sowohl die Bundesregierung als auch die Europäische Union haben die Notwendigkeit von Umweltschutz erkannt und verbindliche Klimaschutzziele vereinbart. Allein die Einführung des Zertifikathandels hat möglicherweise zu einem Bewusstseinswandel geführt. Wer die Umwelt verschmutzt, muss dafür bezahlen. Das ist insofern geboten, da der Verursacher die Verschmutzungskosten zu tragen hat. Energieversorger konnten dem Wunsch ihrer Kunden lange Zeit nicht gerecht werden, da Energie einerseits bezahlbar aber andererseits ihre Erzeugung „sauber" sein sollte. Erst in den letzten Jahren haben einzelne Versorger begonnen, ökologischen Strom oder Gas zu Konditionen anzubieten, die unwesentlich über denen der konventionellen Energieträger liegen. Die Gründung der kommunalen Hamburger Stadtwerke ist zu großen Teilen auf diese Einsicht zurückzuführen.[4] Gerade weil sich der Markt gewandelt hat, besteht mittlerweile eine ausreichende Nachfrage nach diesen umweltorientierten Produkten, deren Renditen möglicherweise immer noch geringer sind als die konventioneller Energien. Sie erscheinen mittlerweile aus Unternehmersicht dennoch auskömm-

---

4 www.abendblatt.de/hamburg/.../Hamburg-folgt-Trend-und-gruendet-eigene-Stadtwerke.html.

lich. So hat z.B. der Energieversorger Badenova aus Freiburg beschlossen, ausschließlich Ökostrom zu vertreiben. Auch GELSENWASSER liefert seinen Kunden nunmehr Strom aus Wasserkraft.

3.7 Wirtschaftliches Interesse

Kommunale Leistungen sind aus ökonomischen Gesichtspunkten differenziert zu beurteilen. Es gibt beispielsweise nur sehr wenige Kommunen in Deutschland, die den öffentlichen Personennahverkehr gewinnbringend betreiben. In der Regel muss die Kommune aus diesem Geschäftsfeld hohe Defizite verkraften. Strom und Gas gehören je nach Ausgestaltung der Rahmenbedingungen und des vorhandenen Know-hows eher zu den gewinnbringenden Bereichen kommunaler Aufgaben. Insofern haben Kommunen schon aus Gründen einer legitimen Quersubventionierung ein Interesse an eigenen Stadtwerken. So kann die Schließung privater Schwimmbäder Kommunen dazu veranlassen, diese in öffentlicher Trägerschaft zu übernehmen. Da Schwimmbäder zum steuerlichen Querverbund nach § 4 Abs. 3 KSTG zählen, wird dieses Ansinnen auch steuerlich unterstützt.

3.8 Gefahren für die Infrastrukturentwicklung

Kommunen haben die Aufgabe, ihre Bürger mit Leistungen zu versorgen, die sie zur Deckung des täglichen Bedarfs benötigen. Allerdings ist, über die Grundbedürfnisse hinaus, nicht eindeutig bestimmt, was zu den freiwilligen Leistungen einer Kommune zählt; es sei denn, alle kommunalen Aufgaben, die nicht zu den Pflichtaufgaben gehören, werden als freiwillige Leistungen angesehen. Wenn z.B. Schulkinder Schwimmunterricht erhalten, muss die Kommune Bäder zur Verfügung stellen. Wünschen dagegen Privatpersonen diese Leistung, ist die Kommune nicht verpflichtet, diesen Wünschen nachzukommen. Die Lebensqualität einer Stadt wird jedoch häufig erst über diese Art freiwilliger Leistungen für die Bürger sichtbar. Deshalb sind Kommunen bemüht, Infrastrukturleistungen anzubieten, die zur Steigerung der Wohnortqualität beitragen. Gerade vor dem Hintergrund des demographischen Wandels und den daraus folgenden Veränderungen der Bevölkerungsstrukturen, nimmt der städteweite Wettbewerb um Anwohner und Unternehmen zu. Beide Entwicklungen bedingen sich gegenseitig. Arbeitsplätze allein sind kein ausreichender Grund, um junge Familien zum Wohnortwechsel zu bewegen. Schon heute lässt sich in den neuen Bundesländern beobachten, was in 20 Jahren auf andere Regionen Deutschlands zukommen kann. So gehen aktuelle Prognosen der Bertelsmann-Stiftung davon aus, dass beispielsweise der Ballungsraum Ruhrgebiet bis 2025 zwischen acht und zehn Prozent seiner Bevölkerung verlieren wird.[5] Daher wird es in Zukunft mehr denn je darauf ankommen, welche Kommunen die besseren Rahmenbedingungen zum Arbeiten und Leben anbieten. Freiwillige Leistungen werden damit zum entschei-

---

5 Vgl. www.wegweiser-kommune.de.

denden Differenzierungsmerkmal. Gute Standortbedingungen für Unternehmen setzen ausreichende infrastrukturelle Anbindung aber auch kommunikative Erreichbarkeit voraus, zumal der Datenaustausch mit Tochterunternehmen oder anderen Teilnehmern der Wertkette leistungsfähige Übertragungswege voraussetzt. Deshalb haben Kommunen ein hohes Interesse daran, Datenleitungen anzubieten, die einen schnellen Datentransfer ermöglichen. Private Telekommunikationsunternehmen rüsten ihre Kupferleitungen jedoch nur auf schnelle Glasfaserkabel um, wenn sich die Investition innerhalb eines kalkulierbaren Zeitraums amortisiert. Viele ländliche Gebiete sind jedoch so dünn besiedelt, dass sich eine Umrüstung kaum lohnt. Zwar hat die Bundesregierung mit der Breitbandinitiative ein Förderprogramm zum Ausbau schneller DSL-Netze aufgelegt, aber selbst mit staatlichen Subventionen wird die Deckungslücke zwischen Aufwand und Ertrag häufig nicht geschlossen (Kommunalpolitische Blätter, 4/2009: 8). Wenn die Privatwirtschaft diese Aufgaben übernimmt, so der Gedanke einiger Kommunalpolitiker, müsse eben ein kommunales Unternehmen den Part des Telekommunikationsdienstleisters wahrnehmen. In einigen Regionen verstärkt dieser Gedanke die Rekommunalisierungsbestrebungen. Neben der Standortqualität für Unternehmen sind Kommunen ebenfalls bemüht, attraktive Rahmenbedingungen für die Freizeitgestaltung ihrer Bürger anzubieten. Diese zählen häufig zu den freiwilligen Leistungen. Wenn auf kommunaler Ebene überlegt wird, ein eigenes Stadtwerk zu gründen, können diese Infrastrukturdienstleistungen im freiwilligen Bereich weitere Anreize setzen. Letztlich gelten an dieser Stelle auch politische Argumente. Bürgermeister werden nicht dafür gewählt, dass sie nur Pflichtaufgaben erfüllen, sondern dafür, dass sie mehr für ihre Bürger und ihre Unternehmen leisten. Auch aus diesem Grund ist der finanzielle Aspekt solcher Rekommunalisierungsbestrebungen, auf den später noch einzugehen ist, nicht zu vernachlässigen. Verständlicherweise möchte kein Bürgermeister mit dem Nothaushaltsrecht konfrontiert werden. Mit ihm unterliegen freiwillige Ausgaben der Genehmigungspflicht durch die Aufsichtsbehörde.

3.9 Reform der Gemeindeordnung

Durch die Neufassung der Gemeindeordnung in Nordrhein-Westfalen im Jahr 2007, wurde die Zulässigkeit der wirtschaftlichen Betätigung kommunaler Unternehmen neu definiert und damit auch die Wettbewerbsfähigkeit von Stadtwerken im Vergleich zu anderen Wettbewerbern stark eingeschränkt. Die wirtschaftliche Betätigung der Kommune wird demnach grundsätzlich auf die Energie- und Wasserversorgung, den öffentlichen Verkehr sowie den Betrieb von Telekommunikationsnetzen beschränkt. Darüber hinaus darf die Kommune nur noch tätig werden, wenn „der dringend öffentliche Zweck durch andere Unternehmen nicht ebenso gut und wirtschaftlich erfüllt werden kann" (Gemeindeordnung-Reformgesetz NRW v. 9.10.2007). Des Weiteren gilt das Örtlichkeitsprinzip, nach dem die wirtschaftliche Betätigung der Kommune grundsätzlich auf das Gemeindegebiet beschränkt ist und nur mit Genehmigung auch außerhalb dieser Grenzen zulässig ist. Wollen kommunale Unternehmen vor diesem Hintergrund weiter wachsen, müssen sie vornehmlich die Leistungen rekommunalisieren, die nach der Änderung der Gemeindeordnung zulässig sind.

4. Fazit

Die Ursachen für Rekommunalisierungsbestrebungen sind, wie dargestellt, sehr vielschichtig. Dabei müssen im Gesamtkontext unterschiedliche Entwicklungen betrachtet werden. Darüber hinaus ist die Bedeutungsfestlegung „Rekommunalisierung" nicht eindeutig, zumal der Begriff nahe legt, dass sich Kommunen Strom- oder Gasnetze, die Energieversorgung bzw. sonstige Infrastrukturdienstleistungen wieder wie früher selbst zur Verfügung stellen. Allerdings haben private Unternehmen die Leitungen gebaut und damit ermöglicht, dass auch ländliche Gebiete an die allgemeine Versorgung angeschlossen wurden. Insofern liegt in vielen Fällen eher der Tatbestrand einer „Kommunalisierung" statt derjenige einer „Rekommunalisierung" nahe.

Grundsätzlich gilt, dass Empfehlungen für oder gegen die Rekommunalisierung von Infrastrukturdienstleistungen jeweils am Einzelfall geprüft werden müssen. Es existiert kein allgemein gültiger Leitfaden, der den kommunalen Vertretern diese Entscheidung abnimmt. Allerdings gibt es generelle Chancen und Risiken, die es zu überprüfen und im Einzelfall zu bewerten gilt, um eine ausgewogene Entscheidung treffen zu können, die alle Einflussfaktoren berücksichtigt.

4.1 Chancen der Rekommunalisierung

Kommunale Vertreter beklagen häufig einen Einflussverlust im Zusammenhang mit der Privatisierung von Infrastrukturdienstleistungen. Dabei darf der Einfluss auf die Unternehmenspolitik über die Entscheidungsgremien allerdings nicht mit dem Einfluss auf die Preisgestaltung der Energieversorgung verwechselt werden. Jedes Unternehmen, also auch kommunale, unterliegen dem Wirtschaftlichkeitsgebot. Es darf folglich nicht durchgehend Verluste produzieren, sondern muss kostendeckend arbeiten. Im Energiesektor gibt es klare gesetzliche Regelungen, welche die Preisbildung exakt vorschreiben. Insofern ist der Gestaltungsspielraum der Kommune an dieser Stelle gering. Zu beachten ist in diesem Zusammenhang, dass kommunale Vertreter für die Preisbildung verantwortlich gemacht werden, unabhängig davon, ob sie diese tatsächlich beeinflussen können oder nicht. Finanzielle Gründe können ebenfalls dafür sprechen, Infrastrukturdienstleistungen zu kommunalisieren. Effizient wirtschaftende Stadtwerke können Gewinne erwirtschaften, die der Kommune zugute kommen, sei es in Form von Sponsoring oder direkter Beteiligung an den Unternehmensgewinnen. Allerdings ist gerade dieser Aspekt einer sorgfältigen Prüfung zu unterziehen. So geben einer Umfrage des Bundesverbandes der Energie- und Wasserwirtschaft zufolge nur elf Prozent der befragten Stadtwerke an, dass der „Stand-alone"-Ansatz aus finanziellen Gründen für sie die Erfolg versprechende Strategieoption ist (Ernst & Young 2009b: 34). Wie am Beispiel der Neugründung der Hamburger Stadtwerke geschildert, kann auch der Umweltschutz ein Anreiz zur Rekommunalisierung sein. Lokale Klimaschutzkonzepte, die aufgrund der lokalen Rahmenbedingungen Ziele im Bereich der CO_2-Reduktion, der Energieeinsparungen sowie der Steigerung der Energieeffizienz umfassen, können in Zusammenarbeit zwischen Kommune und Stadtwerk möglicherweise besser geplant und umgesetzt werden als mit einem externen Partner (Verband 2009: 22). Um Versorgungssicherheit zu garantieren und die Abhängigkeit von zentralen Energieversorgern zu reduzieren, können lokale Stadtwerke, z.B. über Kraft-Wärme-Kopplung, dezentrale Lösungen einer Energieversorgung entwickeln. Immer wieder wird das Argument vorgebracht, vor Ort Arbeitsplätze erhalten zu müssen. Dem ist zu entgegnen, dass lokale Stadtwerke vor Ort möglicherweise mehr Arbeitnehmer beschäftigen würden als ein privates Unternehmen, welches die operativen Geschäfte aus der Zentrale steuert und so den Personaleinsatz optimiert. Darüber hinaus bleibt die Wertschöpfung in der Region und sichert damit Arbeitsplätze, weil Aufträge vornehmlich an heimische Unternehmen vergeben werden können. An dieser Stelle ist das europäische Vergaberecht zu beachten, das normalerweise den günstigsten Anbieter zum Zuge kommen lässt. Eine Bevorzugung heimischer Unternehmen ist demnach also nur im Rahmen der gesetzlichen Vorschriften zulässig.

4.2 Risiken der Rekommunalisierung

Risiken ergeben sich nicht aus dem Prozess des Netzrückkaufes an sich. Wenn Kommunen die Energieversorgung wieder oder erstmals eigenständig übernehmen wollen, verschafft ihnen das Vergaberecht durchaus eine bevorzugte Stellung. Die Frage ist vielmehr, inwiefern Kommunen in der Lage sind, die dann folgenden Probleme unter Berücksichtigung von Wirtschaftlichkeitskriterien einerseits und der Versorgungssicherheit andererseits, zu lösen. Vielfach ertönt der Ruf nach der Energieversorgung in Eigenregie bevor erste Wirtschaftlichkeitsprüfungen stattgefunden haben. Häufig führt dieser Ruf zu einem sich selbst verstärkenden Prozess indem sich die kommunalen Entscheider argumentativ in die Lage versetzen, den versprochenen Netzrückkauf unabhängig vom Ausgang der Wirtschaftlichkeitsprüfung durchführen zu wollen. Es darf in diesem Zusammenhang durchaus die Frage nach der Wertschöpfung gestellt werden, welche die Kommune generieren will. Exemplarisch sei hier die Netzregulierung im Energiesektor genannt. Mit der Einführung der Regulierung im Energiesektor wurde das Netzeigentum vom Vertrieb getrennt. Falls Kommunen Konzessionen „in house" vergeben, erlangen sie nach Zahlung eines wirtschaftlich angemessenen Kaufpreises[6] nur das Eigentum am jeweiligen Energienetz. Damit haben sie allerdings noch keinen Kunden gewonnen. Nötig ist zuvor der Aufbau einer eigenen Vertriebsgesellschaft, die die Energie selbst erzeugt oder einkauft und an die Endkunden weiter leitet. Der Kaufpreis des Netzes ist regelmäßig Gegenstand gerichtlicher Auseinandersetzungen zwischen der Gemeinde und dem Verkäufer. So gibt es auch seitens des Gesetzgebers einen gewissen Verhandlungsspielraum

---

6 § 46 Abs. 2 EnWG.

zwischen dem Sachzeitwert und dem Ertragswert, sofern der Sachzeitwert den Ertragswert nicht wesentlich übersteigt. Als wesentlich wird in diesem Zusammenhang eine Überschreitung von mehr als zehn Prozent bezeichnet. Gerichtliche Auseinandersetzungen über den Kaufpreis können sich über Jahre hinziehen. In jedem Fall muss die Kommune darauf achten, dass der Kaufpreis über die zukünftig zu erwartenden Netznutzungsentgelte refinanziert werden kann. Da eine Prognose über künftige Entwicklungen selbst Experten nicht leicht fällt, sollte eher eine konservative Schätzung zugrunde gelegt werden. Laut einer aktuellen Stadtwerke-Studie von PWC gehen 86 Prozent der Befragten von einer Renditesenkung im Zuge der Anreizregulierung aus (PriceWaterhouseCoopers 2008: 6). In der Kalkulation sollten ebenfalls Entflechtungskosten berücksichtigt werden. Sie entstehen, wenn ein Teilnetz aus einem Netzgebiet herausgetrennt wird und Übergabepunkte definiert werden müssen. Auf den Ort bezogen können sich dann die Netzkosten durch die Rekommunalisierung erhöhen und damit die Kosten vor der Netztrennung übertreffen. So erhöhen sich für die Bürger auch die Energiekosten, unabhängig davon, wer letztlich der Lieferant ist. Zusätzlich muss eine Einbindung in die kommunale Infrastruktur erfolgen. Ferner ist ein möglicher Betriebsübergang nach § 613 BGB zu berücksichtigen. Dieser führt dazu, dass alle Mitarbeiter mitsamt ihren Besitzständen zu übernehmen sind. In jedem Fall verlangt eine Netzübernahme eine tragfähige und finanzierbare Konzeption der Energieversorgung. Schließlich verlangt ein Netz auch Investitionen, Administration und Bewirtschaftung. Zu dieser Konzeption gehört ebenfalls der Aufbau einer eigenen Vertriebsorganisation. Nur wenn die Kommune auch Energie zu konkurrenzfähigen Konditionen anbietet, kann sie dem Anspruch gerecht werden, Preisstrukturen zu gestalten. Zusätzlich sind Siedlungsstruktur, Siedlungsdichte und Kundenstruktur als weitere kritische Erfolgsfaktoren zu nennen. Sowohl eine Veränderung der Einwohnerzahl als auch die Dominanz von Großkunden geben Hinweise auf eine Anfälligkeit der Netzauslastung. Vor diesem Hintergrund sollten sich Kommunen die Frage nach Alternativen zu einer 100-prozentigen Rekommunalisierung stellen und Varianten in Betracht ziehen, die eine Kooperation mit etablierten Versorgern ermöglichen. Die Anteilsverhältnisse können in diesem Fall so gewählt werden, dass die Kommune eine beherrschende Stellung behält, auf die Erfahrung von etablierten Unternehmen jedoch zurückgreifen kann. Bei Energienetzen muss zudem bedacht werden, dass Investitionen in das Netz von der Regulierungsbehörde zu genehmigen sind, also der eigene Spielraum begrenzt ist.

4.3 Ideologie vs. Rationalität

Grundsätzlich sollte die Thematik der Rekommunalisierung sachlich und unideologisch diskutiert werden. Dazu gehört zwangsläufig eine Wirtschaftlichkeitsbetrachtung, die durchgeführt werden muss, bevor die Entscheidung für den Rückkauf von Infrastruktur fällt. Gemäß § 6 Abs. 1 HGrG hat die öffentliche Hand bei ihren Investitionsvorhaben den Grundsatz der Wirtschaftlichkeit und Sparsamkeit zu beachten. Wirtschaftlichkeitsrechnungen in diesem Sinne setzen einen mehrstufigen Prozess voraus, bei dem unter Einschluss aller Kosten und Erlöse die wirtschaftlichste Realisierungsvariante ermittelt werden soll. Ziel ist eine Lebenszyklusbetrachtung unter Berücksichtigung sämtlicher Alternativen, d.h. neben der Rekommunalisierung auch die Kooperation mit einem weiteren Partner oder die Verlängerung von Konzessionsverträgen. In diesem Prozess sollten kommunale Entscheider gegenüber Lobbygruppen das Wohl der Kommune nicht aus den Augen verlieren. Sie sollten unabhängig und kompetent entscheiden, welche Lösung aus Gründen der Wirtschaftlichkeit, des Umweltschutzes, der Versorgungssicherheit oder der Arbeitnehmerinteressen zu bevorzugen ist.

4.4 Kooperationen

Neue Geschäftsfelder können auch über Kooperationen zwischen kommunalen Stadtwerken und einem weiteren Partner erschlossen werden. Gerade für kleine und mittlere Stadtwerke sind solche Kooperationen eine wesentliche strategische Option. Aktuell befinden sich knapp 60 Prozent aller Stadtwerke in Kooperationen, 50 Prozent wollen ihre Kooperationen noch stärker ausbauen. Nur neun Prozent verfolgen derzeit keine Planungen hinsichtlich einer Kooperation (Verband 2009: 63). Die Beliebtheit solcher Formen der Zusammenarbeit resultiert aus unterschiedlichen Faktoren (Ernst & Young 2007: 20):
- Kosteneinsparungen bei den Baukosten durch Größenvorteile in der Beschaffung,
- Einsparungen durch optimierte Planungs- und Bauzeiten,
- Einsparungen bei den Betriebskosten durch Lebenszyklusansatz,
- vertraglich geregelte Anreizmechanismen (beide Partner sind an einer wirtschaftlichen und nachhaltigen Leistungserbringung interessiert),
- private Eigenkapitalbeteiligung.

Beispiele wie Trianel oder die GELSENWASSER AG zeigen, dass horizontale Kooperationen mit anderen kommunal orientierten Partnern durchaus eine Erfolg versprechende Alternative zur vollständigen Rekommunalisierung sind, weil strategische Partnerschaften Risiken begrenzen und Stärken bündeln können. In einer Partnerschaft auf Augenhöhe verliert niemand sein Mitbestimmungs- und Gestaltungsrecht. Die mit einer Rekommunalisierung verbundenen Ziele können durchaus auch in verschiedenen Kooperationsformen realisiert werden.

5. Ausblick

Infrastrukturdienstleistungen gehören zum Kernbereich der kommunalen Daseinsvorsorge. Insofern ist es eine Pflichtaufgabe der Kommune eine preisgünstige, nachhaltige und qualitativ hochwertige Versorgung ihrer Bürger mit diesen Leistungen zu gewährleisten. Mit Beendigung der Konzessionsverträge in den nächsten Jahren stehen Kommunen vor der Herausforderung der Neuorganisation von Infrastrukturdienstleistungen. Diese sollte dazu genutzt werden, über Alternativen nachzudenken. Allerdings müssen wirtschaftliche Kriterien und die Versorgungssicherheit der Bürger im Vordergrund stehen. Deshalb ist eine Wirtschaftlichkeitsbetrachtung unter Berücksichtigung sämtlicher Alternativen an den Anfang dieses Prozesses zu stellen. Kooperationsformen mit anderen kommunalen oder privaten Partnern können eine sinnvolle und wirtschaftlich tragfähige Alternative zur vollständigen (Re-)Kommunalisierung darstellen.

6. Literatur

Ernst & Young (2007). *Privatisierungen und ÖPP als Ausweg? Kommunalfinanzen unter Druck – Handlungsoptionen für Kommunen.*
Ernst & Young (2009a). *Deutsche Kommunen 2009 – Konjunkturpaket und ÖPP.*
Ernst & Young (2009b). *Stadtwerkstudie – Die Zukunft der Stadtwerke.*
Forsthoff, E. (1958). *Die Daseinsvorsorge und die Kommunen*. Stuttgart.
Hoffmann, K. P. (2009). Die Renaissance des Stockes. In: *Der Tagesspiegel* vom 5.5.2009 [www.tagesspiegel.de/wirtschaft/art271,2789189].
Kirbach, R. (2009). *Für dumm verkauft*. In: Die Zeit vom 12.03.
Meyer, H. (2007). *Wir fordern die gleichen Spielregeln wie für Bund und Länder*. In: das Parlament v. 27.07.
PriceWaterhouseCoopers (2008). *Kooperation oder Ausverkauf der Stadtwerke? –* Umfrage unter 202 deutschen Städten und Gemeinden.
Verband kommunaler Unternehmen. (2009). *Stadtwerk der Zukunft IV – Konzessionsverträge.*

Wolfgang Gernert

Integration durch Teilhabe.
Zur Umsetzung einer Leitidee in der regionalen Sozialpolitik

Ziel dieses Beitrages ist es, die Umsetzung der Leitidee „Integration" bei Menschen mit Behinderung in der regionalen Sozialpolitik am Beispiel des Landschaftsverbandes Westfalen-Lippe (LWL) darzustellen. Ausgehend von divergierenden Definitionen der „Behinderung" und „Integration" werden die in jüngerer Zeit national wie international weiterentwickelten Intentionen der Fachdiskussion aufgezeigt. Dabei gewinnt die Forderung nach Integration behinderter Menschen entscheidende Bedeutung für die Zukunft der Hilfen, deren Paradigmen-Wechsel eingeleitet worden ist.

1. Solidarität mit sozial Schwachen als Staatsziel

Die Bundesrepublik Deutschland wird durch die Verfassung als sozialer Rechtsstaat definiert (Art. 20, 28 GG). Damit ist das Staatsziel postuliert, soziale Gerechtigkeit in den gesellschaftlichen Verhältnissen anzustreben. Diese Solidarität ist im Rahmen der staatlichen und kommunalen Sozialpolitik in der Weise umzusetzen, dass soziale Unterschiede ausgeglichen werden und allen Bürgern ein menschenwürdiger Lebensstandard ermöglicht wird. Die unbestimmten Rechtsbegriffe „Ausgleich sozialer Unterschiede" und „angemessener Lebensstandard" interpretieren die Parlamente im Rahmen ihrer Gesetzgebung. Dabei spielt das Abstandsgebot von Leistungsträgern und Leistungsempfängern eine Rolle. Aktuell gilt der Sozialstaat als „eine nicht nur moralisch, sondern eine politisch und ökonomisch notwendige Bedingung für den Fortbestand der Marktwirtschaft" (Marx 2008: 297). Solidarität soll jedem Menschen eine gerechte Teilhabe an den wirtschaftlichen, politischen, kulturellen und sozialen Bereichen des öffentlichen Lebens eröffnen. Die Verantwortung der staatlichen Gemeinschaft gegenüber Menschen mit körperlicher, geistiger oder seelischer Verschiedenartigkeit – einer sog. Behinderung – gehört zum Kern moderner Sozialstaatlichkeit (BVerfGE 40: 121). Auf internationaler Ebene werden Forderungen und konkrete Erwartungen an die Staaten formuliert, die über den Abbau von Diskriminierungen und konkreter Nachteile für behinderte Menschen hinausreichen; es soll ihnen eine gleichberechtigte Partizipation am Leben in der Gemeinschaft ermöglicht werden. So hat die Bundesrepublik Deutschland entsprechende Gesetze beschlossen, die diesem Ziel dienen. Inwieweit die Umsetzung von UN-Konventionen bereits gelungen ist, wird noch zu zeigen sein.

2. Integration – ein inflationärer Begriff

In der gesellschaftlichen und politischen Diskussion nimmt der Begriff der Integration breiten Raum ein. Man versteht darunter sowohl den Prozess als auch das anzustrebende Ziel einer Eingliederung in die bestehende Gesellschaft, und stellt ihm den Ausschluss vom gesellschaftlichen Leben durch Isolation, Ausgrenzung, Exklusion oder Segregation entgegen. Integration wird gesehen als „Wiederherstellung eines Ganzen, einer Einheit, Eingliederung in ein größeres Ganzes" (Brockhaus 2006: 497).

Seit Durkheim definiert die Soziologie Integration als Eingliederung einzelner Menschen und von Gruppen in die Gesellschaft. Nach Luhmanns Systemtheorie bilden und erhalten sich soziale Systeme durch Erzeugung und Erhaltung einer Differenz zur Umwelt (Luhmann 1984: 35). Münch bezeichnet die soziale Integration als „Voraussetzung von Demokratie, aber auch von Sicherheit als einer Voraussetzung von Grundrechtsgebrauch" (Münch 2004: 285). Dahrendorf fordert zutreffend: „Wenn wir in zivilisierten Gesellschaften leben wollen, dann müssen wir tun, was wir können, um die Ausgeschlossenen hereinzuholen in die Chancenwelt des modernen Lebens" (Dahrendorf 2003: 89).

Die Befunde angestrebter Integration sind vielfältig und verfolgen in der Regel das Ziel, Reibungsverluste und Konflikte innerhalb der Gesellschaft zu reduzieren. Dazu zählen etwa

- die Eingliederung der Menschen mit Migrationshintergrund (sog. Gastarbeiter, Flüchtlinge, Spätaussiedler),
- die gesellschaftliche Integration junger Menschen durch Erziehung zur körperlichen, geistigen und sozialen Mündigkeit. Sie sollen die Werte und Normen der Gesellschaft übernehmen und lernen, eigenverantwortlich zu leben,
- soziale Minderheiten (Randgruppen und Mitglieder von Subkulturen),
- Strafgefangene, Suchtabhängige, Arbeitslose, Nichtsesshafte und Obdachlosen, aber auch alte und kranke Menschen,
- die Integration Arbeitsloser in das Erwerbsleben durch Eingliederungsvereinbarungen, die von der Arbeitsagentur mit dem erwerbsfähigen Hilfsbedürftigen geschlossen werden (§ 15 SGB II) und
- schließlich auch körperlich und seelisch Behinderte.

Diese Beispiele zeigen nicht nur die Vielschichtigkeit des Begriffs, sondern zugleich seine inflationäre umgangssprachliche und politische Verwendung. Als wissenschaftlicher Begriff ist „Integration" daher untauglich (Kreft und Mielenz 2008: 341). Dennoch verwendet ihn die deutsche Übersetzung der UN-Behinderten-Konvention (BRK) neben der „vollen bzw. wirklichen Teilhabe" behinderter Menschen weiter.

2.1 Zur Integration behinderter Menschen

Die Brockhaus-Enzyklopädie stellt fest: „Eine einheitlich verbindlich formulierte Definition von Behinderung existiert weder in Deutschland noch international" (Brockhaus a.a.O.: 498). In einem neuen Verständnis würden weniger die Defizite als vielmehr die Ressourcen von Menschen in den Mittelpunkt gerückt. Die WHO gehe seit 2001 davon aus, dass zum Verständnis von Behinderung alle Faktoren der Person und der Umwelt zu berücksichtigen sind. Die internationale Klassifikation ist ein Modell, das die gegenseitigen Abhängigkeiten angemessen gewichtet. So wird der behinderte Mensch von seiner bisherigen Objektrolle befreit und im Prinzip als ein Mensch betrachtet, der als handelndes Subjekt die Chance und das Recht zur Teilhabe (Partizipation) in allen relevanten Bereichen der Gesellschaft und ihrer Umwelt besitzt. Die Beauftragte der Bundesregierung spricht von einer „Abkehr vom medizinischen Modell hin zum sozialen Modell von Behinderung" (Beauftragte 2009: 2).

Inzwischen orientiert sich die Definition von Behinderung in der praktischen Sozialpolitik weitgehend an jüngeren Gesetzesbeschlüssen des Deutschen Bundestages. Danach werden Menschen als behindert definiert, wenn „ihre körperliche Funktion, geistige Fähigkeit oder seelische Gesundheit mit hoher Wahrscheinlichkeit länger als sechs Monate von dem für das Lebensalter typischen Zustand abweicht und daher ihre Teilhabe am Leben in der Gesellschaft beeinträchtigt ist" (§ 2 Abs. 1 SGB IX). Auch solche Menschen, die chronisch krank sind oder voraussichtlich demnächst beeinträchtigt sein werden bzw. dauerhaft gefährdet sind, werden den Menschen mit einer Behinderung gleichgestellt.

Da es keine Meldepflicht für behinderte Menschen gibt, kann ihr Anteil an der Bevölkerung nur über das formelle Kriterium der anerkannten Schwerbehinderung – d.h. mindestens 50 v.H. und mehr – abgeschätzt werden. Für die Bundesrepublik Deutschland wird ihre Zahl mit 6.765.355 beziffert (Statistisches Jahrbuch 2008: 212). Betrachten wir die Statistik, dann wird eine Zunahme von Behinderungen mit wachsendem Lebensalter deutlich.

Tabelle 1: Anteil Schwerbehinderter an der Bevölkerung

Altersgruppe	Prozentanteil
Unter 5 Jahre	0,5
5 – 14	1,2
15 – 24	1,5
25 – 34	2,0
35 – 44	3,4
45 – 54	6,7
55 – 64	15,0
Über 64	23,1

Quelle: Brockhaus 2006, S. 497

Im Rahmen der Hilfen für Behinderte ist in den letzten Jahrzehnten zur notwendigen Fürsorge und Versorgung eine differenziertere Betrachtung von Integration entwickelt worden. Der Deutsche Bundestag stellte in einer Entschließung fest, im Mittelpunkt der politischen Anstrengungen stehe nicht mehr die Fürsorge und Versorgung behinderter Menschen, sondern ihre selbstbestimmte Teilhabe am gesellschaftlichen Leben und die Beseitigung der Hindernisse, die ihrer Chancengleichheit entgegenstehen (BT-Drs. 14/2913: 3).

Feuser sieht Integration als „das Bemühen um die gemeinsame Erziehung, Bildung und Unterrichtung behinderter und nichtbehinderter Kinder und Jugendlicher" (Feuser 1992: 1022). Nach Stimmer zielt die integrative Erziehung nicht auf Angleichung der Gruppen, sondern vielmehr auf einen wechselseitigen Prozess der Akzeptanz und Sensibilität, wobei die Legitimität von Ausgrenzung infrage gestellt wird (Stimmer 2000: 334). Das Schwerbehindertenrecht des SGB IX postuliert vor allem eine Eingliederung in die Arbeitswelt. Im Schulbereich wird zwischen zieldifferenter und zielgleicher Integration unterschieden. Eine zieldifferente Integration meint, für behinderte Kinder sollten reduzierte Anforderungen oder Sonderbedingungen gelten, während die zielgleiche Integration Nachteilsausgleiche vorsieht, um das gemeinsame Ziel erfolgreich anzustreben (http://de.wikipedia.org/wiki/Integration_(Soziologie)).

Insgesamt aber ist der vielfach strapazierte Integrations-Begriff aufgrund seiner Unbestimmtheit als Floskel im Rahmen der Sozialpolitik wenig hilfreich und wird deshalb in der fachlichen Diskussion kaum noch verwendet. Zunehmend tritt an seine Stelle der Begriff einer „Teilhabe" der Behinderten. Für die Bundesregierung bedeutet sie beispielsweise, „dass Menschen mit Behinderungen selbstbestimmt am Leben in der Gesellschaft und insbesondere am Arbeitsleben teilnehmen können". Das SGB IX räumt der Teilhabe gegenüber der bisherigen Fürsorge und Versorgung Vorrang ein (Müntefering 2006: 3). Nach der internationalen Klassifikation der Funktionsfähigkeit, Behinderung und Gesundheit (ICF) wird „Teilhabe" in neun Bereiche unterteilt:
- „Lernen und Wissensanwendung,
- allgemeine Aufgaben und Anforderungen,
- Kommunikation,
- Mobilität,
- Selbstversorgung,
- häusliches Leben,
- interpersonale Interaktionen und Beziehungen,
- bedeutende Lebensbereiche und
- gemeinschafts-, soziales und staatsbürgerliches Leben" (WHO 2005: 20).

2.2 Verfassungsgebote zur Teilhabe Behinderter

Bei einer Analyse der im Grundgesetz verankerten Gebote zur Integration behinderter Menschen ergibt sich schon aus der Würde des Menschen (Art. 1) und dem Gleichheitsprinzip (Art. 3) die Forderung, Diskriminierung von Menschen mit Behinderung abzuwehren oder aufzuheben. Sozialpolitik will Menschen vor Schaden und Fehlentwicklungen bewahren; sie setzt deshalb schon bei der sozialen Sicherung an. Der in den Artikeln 20 und 28 GG enthaltene Sozialstaatsgedanke zielt auf eine Beteiligung sozial Schwacher. Angesichts dieser Verpflichtung hat staatliche Sozialpolitik ein Netz von Leistungen geknüpft, welches behinderte Menschen einbeziehen und ihre Benachteiligung ausgleichen soll.

Im Rahmen einer umfassenden Verfassungsreform des Grundgesetzes forderten die Behindertenverbände darüber hinaus ein ausdrückliches Verbot, Behinderte zu diskriminieren. Obwohl sich der Rechtsausschuss des Deutschen Bundestages nicht zu einer Empfehlung durchringen konnte, fand in der Schlussabstimmung der Verfassungskommission der folgende Satz 2 in Artikel 3 Abs. 3 breite Zustimmung: „Niemand darf wegen seiner Behinderung benachteiligt werden". Hierbei handelt es sich um eine Bestätigung dessen, was bislang schon für die staatliche Gesetzgebung galt. Zugleich wird dieses neue Verfassungsgebot als Signal an die Gesellschaft verstanden, noch existierende Benachteiligungen über einen Einstellungswandel abzubauen (BT-Drs.12/8165: 29).

Auch die meisten Verfassungen der Bundesländer enthalten die ausdrückliche Forderung, dass behinderte Menschen nicht zu diskriminieren und zu benachteiligen. Diese länderspezifischen Verfassungspostulate entsprechen im Wesentlichen den Forderungen des Grundgesetzes. Entsprechende Feststellungen finden wir in folgenden Landesverfassungen:
- Baden-Württemberg (Art. 2a)
- Bayern (Art. 118a)
- Berlin (Art. 11)
- Brandenburg (Art. 12 Abs. 2)
- Bremen (Art. 2 Abs. 3)
- Mecklenburg-Vorpommern (Art. 17 Abs. 2)
- Niedersachsen (Art. 3 Abs. 3)
- Rheinland-Pfalz (Art. 64)
- Saarland (Art. 12 Abs. 4)
- Sachsen (Art. 7 Abs. 2)
- Sachsen-Anhalt (Art. 38 Abs. 2)
- Thüringen (Art. 2 Abs. 4)

Während die Länderverfassungen sich überwiegend daran orientieren, behinderte Menschen „vor Benachteiligungen (zu) schützen" und „auf ihre Integration und die Gleichwertigkeit ihrer Lebensbedingungen" hinwirken – so beispielsweise Art. 64 für Rheinland-Pfalz -, bestimmen die Landesverfassungen von Thüringen und Sachsen-Anhalt die „gleichwertige Teilnahme behinderter Menschen am Leben in der Gemeinschaft".

2.3 Internationale Übereinkommen

Auf der europäischen Ebene verbietet die Charta der Grundrechte in Art. 21 Abs. 1 Diskriminierung u.a. aufgrund einer Behinderung. Konkretisiert wird dies in Art. 15 der Europäischen Sozialcharta. Danach verpflichten sich die Vertragsparteien
- zur Bereitstellung von Ausbildungsmaßnahmen,
- zur Arbeitsplatzvermittlung und

- zu finanziellen Anreizen für Arbeitgeber zur Einstellung von Behinderten zu schaffen (BGBl. II 1964: 1261).

Ziel dieser Maßnahmen ist eine wirksame Ausübung des Rechts von körperlich, geistig oder seelisch behinderten Menschen auf berufliche Ausbildung sowie ihre berufliche und soziale Eingliederung bzw. Wiedereingliederung zu gewährleisten. Nach Welti fördert diese Vereinbarung die Verwirklichung des sozialen Staatsziels in der Bundesrepublik Deutschland indem sie „einen wesentlichen Rückhalt und Hinweise auf thematische Prioritäten" (Welti 2005: 356) der Sozialpolitik gibt.

Die Vereinten Nationen ratifizierten ebenfalls verschiedene Konventionen, die dem Schutz und der Förderung behinderter Menschen dienen. So enthält die UN-Konvention über die Rechte des Kindes von 1989 Grundlagen für die Bildungsrechte junger Menschen mit besonderen Bedürfnissen. In Art. 23 Abs. 1 ist bestimmt, dass „ein geistig oder körperlich behindertes Kind ein erfülltes und menschenwürdiges Leben unter Bedingungen führen soll, welche die Würde des Kindes wahren, seine Selbständigkeit fördern und seine aktive Teilnahme am Leben der Gemeinschaft erleichtern" (Art. 23 Abs. 3). Die Staaten sollen eine möglichst vollständige soziale Integration und individuelle Entfaltung des Kindes einschließlich seiner kulturellen und geistigen Entwicklung fördern.

Fünf Jahre später rief die UNESCO ihre Mitgliedsstaaten dazu auf, sich für eine „Schule für alle" und für eine integrative Pädagogik stark zu machen. Kinder mit besonderen Bedürfnissen sollten einen diskriminierungsfreien Zugang zu den Regelschulen erhalten. Nach der Salamanca-Erklärung sind „integrative Maßnahmen das beste Mittel, um diskriminierende Haltungen zu bekämpfen" (UNESCO 1994). Partizipation und Inklusion avancierten zunehmend zu Schlüsselbegriffen einer im Rahmen der WHO geführten internationalen Diskussion (Sander 2003: 13).

Die seit dem 26.März 2009 in Deutschland geltende Behindertenrechtskonvention (BRK) wird zutreffend als „Meilenstein" in der Behindertenpolitik angesehen, da sie in über 50 differenzierten Artikeln die Prinzipien Selbstbestimmung, Teilhabe und Inklusion für die Vertragsstaaten formuliert. Damit würden Menschen mit Behinderung nicht länger über Defizite definiert. Vielmehr gelten sie als „gleichberechtigte Mitglieder der Gesellschaft" (Beauftragte der Bundesregierung 2009: 3). Neben vielen Menschenrechten verpflichten sich die Vertragsstaaten in der BRK zur Gewährleistung eines „integrativen Bildungssystems auf allen Ebenen" sowie dazu, Menschen mit Behinderung zur wirklichen Teilhabe in einer freien Gesellschaft zu befähigen und auch lebenspraktische Fertigkeiten sowie soziale Kompetenzen zu erwerben (Art. 24). Der im BRK-Originaltext verwendete Begriff einer „inclusion" verweist auf eine Vielzahl von Bedeutungen. Diesen weitreichenden Intentionen wird seine deutsche Übersetzung (Integration) kaum gerecht.

2.4 Empfehlungen auf nationaler Ebene

Der Deutsche Bildungsrat sprach sich schon 1973 dafür aus, dass „soviel gemeinsamer Unterricht wie möglich durchgeführt wird und eine isolierte Förderung der behinderten Kinder nur vorgenommen wird, wo sie notwendig ist" (a.a.O. 1973: 74). Nach einer Entscheidung des Bundesverfassungsgerichts von 1997 soll integrativer Unterricht zwar „die vorrangig zu verwirklichende Alternative" sein. Bei der Entscheidungsfindung seien die „Persönlichkeit des Schülers (Art. 2.1 GG) und das elterliche Erziehungsrecht (Art. 6.2 GG) zu berücksichtigen" (BVerfGE 96: 299). Organisatorische, personelle und sächliche Schwierigkeiten des Staates seien ggf. Gründe, um die Erziehung und Unterrichtung des behinderten Kindes am besten in einer Sonderschule gewährleistet erscheinen zu lassen.

Erst 1994 setzte sich die Kultusministerkonferenz (KMK) mit einer Empfehlung zur „sonderpädagogischen Förderung in den Schulen der Bundesrepublik Deutschland" für eine Überwindung der Distanz von Regelschule und Sonderschule ein und führte den Begriff der „Förderschule" ein. Er umschreibt nicht mehr Defizite (Behinderungen) der Kinder, sondern geht von Förderbereichen aus, die nicht mehr allein an die Sonderschule gebunden sind. Neben den integrativen Maßnahmen in Regelschulen sollen weiterhin Sonderschulen, sonderpädagogische Förderzentren und Kooperationsformen von Regelschulen und Sonderschulen zur Verfügung stehen (KMK 1994: 2).

Seit 1999 existiert auch eine Bundesstatistik über diejenigen Schülerinnen und Schüler, die integriert gefördert werden. Von allen Schülerinnen und Schülern mit sonderpädagogischem Förderbedarf besuchten danach in Deutschland 86,7 Prozent Sonderschulen, die übrigen wurden integriert beschult. Zwar forcierten die Länder und die Kommunen eine integrative Beschulung in Regelschulen jedoch reichen die Angebote bei weitem nicht aus, um den Eltern das Wahlrecht für die Bildung ihres Kindes zu ermöglichen. Mit einer Integration sonderpädagogischer Förderung in die Regelschulen wird die Hoffnung auf eine Entkopplung von Herkunft und Chancenlosigkeit verknüpft. Mokatef weist auf einen menschenrechtlichen Ansatz in der Reflexion des Bildungssystems, wonach „sich die Schule stärker als bisher an der Vielfalt der Bedürfnisse und Lernausgangslagen von Kindern und Jugendlichen orientieren muss, wenn sie im vollen Sinn Diskriminierungsfreiheit gewährleisten will" (Mokatef 2006: 43). Inklusive Strategien in der Bildung bereicherten alle Menschen, weil sie nicht auf Normalisierungserwartung ausgerichtet seien, sondern die Vielfalt an Lebenslagen und Lebensentwürfen respektieren.

Der UN-Sonderbeauftragte Manoz Villalabos rügte Deutschland, weil hier der Grundsatz des chancengleichen Zugangs zu den Bildungseinrichtungen nicht gewährleistet sei (GEW 2008: 3). Auch die deutsche National Coalition urteilt, hier scheitere die Integration vielfach an „mangelnden finanziellen Ressourcen und unzureichenden Kompetenzen" (Mokatef a.a.O.: 38).

2.5 Schutz- und Leistungs-Gesetze in Deutschland

Die öffentliche Fürsorge ist nach Art.74 GG Gegenstand der konkurrierenden Gesetzgebung mit der Folge, dass ein großer Teil der Sozialgesetze durch den Bund erlassen wird. Als Ergebnis einer Interpretation des Sozialstaatsgebotes unserer Verfassung und in Übereinstimmung mit grundlegenden internationalen Forderungen zum Diskriminierungsverbot behinderter Menschen hat der Deutsche Bundestag insbesondere während der letzten Legislaturperioden Leistungsgesetze für behinderte Menschen erlassen, die ihre Integration erleichtern, die Folgen ihrer Behinderung mindern und eine Teilhabe am Leben der Menschen unserer Gesellschaft ermöglichen sollen. Dabei wird jeweils ein finaler Behinderten-Begriff zugrunde gelegt, d.h. unabhängig von Art und Verursachung einer Behinderung, wie es vom Bundesverfassungsrecht in einer Grundsatzentscheidung verlangt wurde (BVerfGE 57: 153).

Den Anfang der behinderten-spezifischen Gesetze bildete § 39 des Bundessozialhilfegesetzes von 1961. In den 1970er Jahren des 20. Jahrhunderts setzte sich die Auffassung durch, dass die unterschiedlichen Rechtsnormen zur Förderung sozial schwacher Menschen in einem umfassenden Sozialgesetzbuch zu bündeln seien. Die aktuelle Zusammenfassung der Rechtsnormen unterhalb der Verfassungen enthält folgende Schutz- und Leistungs-Gesetze für behinderte Menschen in Deutschland:

- Sozialgesetzbuch (SGB) I: Grundsätze zu den Aufgaben von Sozialleistungen,
- § 10 Teilhabe behinderter Menschen:
  - Recht auf Hilfe zum Abwenden, Beseitigen oder Mindern einer Behinderung,
  - Vermeiden von Pflegebedürftigkeit,
  - Sichern eines entsprechenden Arbeitsplatzes,
  - Fördern der Entwicklung und Teilhabe am Leben in der Gesellschaft sowie eine
  - selbständige Lebensführung.
- Sozialgesetzbuch II Fördern und Fordern: Grundsicherung für Arbeitsuchende
- Sozialgesetzbuch III Einbeziehen Behinderter und chronisch kranker Menschen in die Arbeitsförderung
- Sozialgesetzbuch VI Gesetzliche Rentenversicherung, Abschnitt Leistungen zur Teilhabe
- Sozialgesetzbuch VII Gesetzliche Unfallversicherung (u.a. Kraftfahrzeughilfe, Wohnungshilfe, Haushaltshilfe, Heilbehandlung behinderter Menschen)
- Sozialgesetzbuch VIII Kinder- und Jugendhilfe:
  - § 22 Abs. 4 fordert, Kinder mit und ohne Behinderung in Gruppengemeinschaft zu fördern,
  - § 35a Eingliederungshilfe für seelisch behinderte Kinder und Jugendliche.
- Sozialgesetzbuch IX Rehabilitation und Teilhabe behinderter Menschen
- Sozialgesetzbuch XI Soziale Pflegeversicherung bei Krankheit oder Behinderung

- Sozialgesetzbuch XII Sozialhilfe: Hilfe zum Lebensunterhalt, Grundsicherung im Alter
- Behinderten-Gleichstellungsgesetz (AGG) vom 19.12.2007 (BGBl. I, S. 3024)
- Schutz der Beschäftigten vor Benachteiligungen, Barrierefreiheit, Beauftragte für die Belange behinderter Menschen
- Schwerbehindertengesetz in der Fassung vom 14.8.2006 – BGBl. I, S. 1897

Außerdem finden sich diverse Einzelvorschriften im
- Steuerrecht
- Straßenverkehrsrecht
- Baurecht
- Betreuungsrecht

2.6 Zusammenfassung: das Recht auf Teilhabe und Nachteilsausgleich

Behinderte und von Behinderung bedrohte Menschen haben in Deutschland einen Anspruch darauf, nicht diskriminiert und bei entstehenden Nachteilen unterstützt zu werden. Umfassende verfassungsrechtliche Grundrechte sowie differenzierte Schutz- und Leistungsgesetze garantieren ihnen die erforderlichen Hilfen sowohl zur Bildung, Lebensführung und zur Eingliederung in das Erwerbsleben. Das Sozialrecht verfolgt das Ziel, die gleichberechtigte Teilhabe behinderter Menschen am Leben in der Gesellschaft zu fördern.

Der Blickwinkel in der Kultur des Helfens hat sich grundlegend gewandelt. Statt Aussonderung ist Normalisierung angezeigt. Behinderte Menschen sollen nicht mehr an Normalitätsmaßstäbe angepasst werden, sondern ihr Leben selbst bestimmen. Das heißt konkret aktive Mitwirkung statt bloße Anwesenheit beim Gemeinschaftsleben. Damit ist die bisher vorherrschende Fremdbestimmung von Konzepten einer aktivierenden Unterstützung abgelöst worden. Dieses entspricht den jüngeren Empfehlungen sowohl auf nationaler wie auch auf internationaler Ebene. Wie die Berichte des UN-Beauftragten zur Bildung in Deutschland zeigen, stellt dies in der Umsetzung eine große Herausforderung dar, die in Deutschland noch erheblicher Anstrengungen bedarf, um dem international vereinbarten Anspruch zu genügen. Das bezieht sich in besonderer Weise auf die gemeinsame Beschulung behinderter und nicht behinderter Kinder.

3. Zur Situation im Land Nordrhein-Westfalen (NRW)

Nach einer Skizze der Grundlagen auf nationaler und internationaler Ebene wenden wir uns nun der Situation in NRW zu. Hier gibt es nach Angaben der Landesbeauftragten insgesamt 1.637.650 schwer behinderte Menschen (9,1 Prozent der Bevölkerung); davon sind 9,6 Prozent Männer und 8,5 Prozent Frauen (Landesbehindertenbeauftragte 2007: 18).

3.1 Zur Gleichstellung behinderter Menschen

Im Land NRW gilt seit 2004 das „Behinderten-Gleichstellungs-Gesetz". Danach sollen Menschen mit Behinderung gleichberechtigt am Leben der Gesellschaft über eine umfangreiche Barrierefreiheit teilhaben. Alle von Menschen gestalteten Lebensbereiche müssen deshalb für behinderte Menschen zugänglich sein sowie von ihnen genutzt werden können, und zwar „ohne besondere Erschwernis und grundsätzlich ohne fremde Hilfe" (§ 4 BGG NRW). Es geht aber auch um den Abbau kommunikativer Schranken. Amtliche Informationen, Bescheide und Vordrucke sollen beispielsweise in Blindenschrift abgefasst werden. Barrierefreiheit gilt auch für die Planung von Baumaßnahmen. Den Behinderten-Verbänden werden Mitsprachemöglichkeiten über sog. Zielvereinbarungen eingeräumt. Ein bestellter Behinderten-Beauftragter soll die Einhaltung des BGG kontrollieren und Vorschläge zur Durchsetzung der Gleichstellung erarbeiten, Benachteiligungen abbauen oder deren Entstehen verhindern. Ein Programm der Landesregierung „Teilhabe für alle" will der Behinderten-Politik neue Impulse verleihen; es behandelt vor allem die Bereiche Arbeit, Bildung und Familie, Wohnen und Abbau von Barrieren (Ministerium 2008).

Die Beauftragte der Landesregierung für die Belange der Menschen mit Behinderung legte 2007 einen umfangreichen Bericht „NRW ohne Barrieren" vor, der die Lebenssituation der Menschen und ihre eigene Tätigkeit dokumentiert. Darin wird als Vision der Arbeit das „selbstverständliche Zusammenleben, das gemeinsame Leben und Arbeiten aller Menschen in ihrer Verschiedenheit" (Landesbehindertenbeauftragte 2007) postuliert. Im Landesbehindertenrat sind alle wesentlichen Verbände der Behinderten-Selbsthilfe vertreten; er soll mit einer Stimme die Interessen behinderter Menschen gegenüber der Politik, öffentlichen Gremien und Verbänden der Freien Wohlfahrtspflege sprechen (ebd.).

Das Kinderbildungsgesetz (KiBiz) NRW fordert, dass Kinder mit einer Behinderung oder davon bedrohte Kinder „nach Möglichkeit gemeinsam mit Kindern ohne Behinderung gefördert werden" (§ 8 KiBiz NRW). Das nordrhein-westfälische Schulgesetz sieht eine sonderpädagogische Förderung für diejenigen Schülerinnen und Schüler vor, die „wegen ihrer körperlichen, seelischen oder geistigen Behinderung oder wegen ihres erheblich beeinträchtigten Lernvermögens nicht am Unterricht einer allgemeinen Schule teilnehmen können" (§ 19 SchulG NRW). Feuser bewertet das als Absage an die Integration, denn „künftig wird es integrierbare und nichtintegrierbare Behinderte und damit sog. Restschulen für die schwer behinderten Kinder und Schulen geben" (Feuser 1995: 225).

Die gemeinsame Beschulung behinderter und nichtbehinderter Kinder ist in NRW kaum realisiert. Zwar nennt das Schulgesetz als Orte einer sonderpädagogischen Förderung insbesondere die allgemeinen Schulen. Der gemeinsame Unterricht für Schüler mit und ohne sonderpädagogischen Förderbedarf kann aber nur dann eingerichtet werden, „wenn die Schule dafür personell und sächlich ausgestattet ist" (§ 20 SchulG NRW). Die Landesbeauftragte bezeichnet jedoch den gemeinsamen Unterricht als wichtigstes Ziel der Behindertenpolitik; er unterstütze die gesellschaftliche Teilhabe von behinderten Kindern und Jugendlichen und trage dazu bei, dass Behinderte und Nichtbehinderte von klein auf „miteinander leben, voneinander lernen und Vorurteile abbauen" (Landesbehindertenbeauftragte 2007: 73). Deshalb sollten Lehrer, Eltern, Schulkonferenzen in Regelschulen oder auch Schulträger sich der Idee des gemeinsamen Unterrichts stärker öffnen. Ein Rechtsgutachten zur Vereinbarkeit des Schulrechts NRW mit der BRK ergibt, dass die Rechtslage den Vorgaben „nur bedingt entspricht"; um den Anforderungen gerecht zu werden, müssten integrative Angebote ausgebaut werden (GEW 2008: 90). Ein neues Wohn- und Teilhabegesetz für NRW gestaltet das Recht der Einrichtungen im Interesse alter, behinderter und pflegebedürftiger Menschen neu. Ziel ist ein möglichst selbstbestimmtes Wohnen in Betreuungseinrichtungen mit Teilhabe am gesellschaftlichen Leben (Beschluss NRW 2008).

3.2 Die Kommunalverbände als Träger regionaler Sozialpolitik

Obliegt dem Staat in der Sozialpolitik die Gesetzgebung gemäß Art. 74 GG, so kommt den Ländern und Gemeinden die Ausführung der gesetzlichen Vorschriften im Rahmen der Sozialverwaltung zu. Die Bundesländer haben hierzu u.a. überörtliche Sozialhilfeträger bestimmt. In NRW – dem mit rund 18 Mio. Einwohnern bevölkerungsreichsten Bundesland – bildete der Landtag „Landschaftsverbände" für die Landesteile Rheinland und Westfalen-Lippe, die er mit dieser Aufgabe betraute. In der Landschaftsverbandsordnung heißt es u.a., die Landschaftsverbände „sind überörtliche Träger der Sozialhilfe, der Kriegsopferfürsorge und nach dem Schwerbehindertengesetz; sie nehmen die Aufgaben des Landesjugendamtes wahr, können ambulante Dienste und stationäre Krankenhäuser übernehmen und sind Träger von Sonderschulen" (§ 5 Abs. 1a LVerbO).

Auf Westfalen-Lippe entfällt ein Bevölkerungsanteil von 8,5 Millionen Menschen, die in neun kreisfreien Städten und 18 Kreisen leben. Diese sind Mitgliedskörperschaften des LWL. Während die (größte) Stadt Dortmund über fast 600.000 Einwohner verfügt, zählen elf Städte zwischen 100.000 und 500.000 Einwohner und werden demnach als Großstädte bezeichnet. 23 Gemeinden haben zwischen 50.000 und 100.000 Einwohner, während in 196 Gemeinden unter 50.000 Einwohner leben. Damit wird deutlich, dass eine regionale Wahrnehmung bestimmter Sozialaufgaben sowohl im Interesse der kleinen Kommunen als auch der betroffenen Bürger liegt. Der LWL betreut in seinem Bereich 813.000 als schwerbehindert anerkannte Menschen. Im 2,4 Mrd. Euro umfassenden Jahreshaushalt des LWL nehmen die Sozialaufgaben mit 1,9 Mrd. 83 Prozent und damit den größten Anteil ein. An eigenen Einrichtungen verfügt der LWL
- im Bereich Psychiatrie über Voll- und Tages-Kliniken, Ambulanzen, Wohnverbünde Pflegezentren,
- im Maßregelvollzug über fünf Kliniken,
- im Bildungssektor über 35 Förderschulen für Körperbehinderte, Blinde und Sehbehinderte, Gehörlose und Schwerhörige, Sprachbehinderte, sowie drei Schulen für Kranke,
- ferner über Internate, Berufskollegien und Berufsbildungswerke, Jugendheime und ein
- Bildungszentrum.

Die regionale Sozialpolitik des LWL wird in den Abteilungen Behindertenhilfe, Sozialhilfe, Landesjugendamt und Schulen sowie Integrationsamt umgesetzt. Wie sich die Umsetzung des Rechtes auf Teilhabe im Einzelfall darstellt, soll beispielhaft an den großen Aufgabenbereichen des LWL zusammenfassend dokumentiert werden.

3.2.1 Gemeinsame Erziehung im Elementarbereich

Der achte Jugendbericht des Bundes forderte eine familien- und lebensweltnahe Bereitstellung von Betreuungsplätzen für alle Kinder eines Einzugsbereichs. Vorrangiges Ziel sei die Normalisierung von Lebenssituationen. Eine Integration im Regelkindergarten bedeutet demnach die Wiederherstellung gemeinsamer kindlicher Lebens- und Lernfelder, denn sie fördern einen wechselseitigen Prozess des Lernens. Integration als bloßes Zusammensein behinderter und nichtbehinderter Kinder und Jugendlicher ohne hinreichende Förderangebote führt nicht zur Chancengleichheit, sondern zur Chancenverringerung der behinderten Kinder (Bundesministerium 1990: XII). Gemeinsame Erziehung dagegen lässt die Vielfältigkeit menschlicher Existenz als selbstverständlich erleben und begründet auf diese Weise Toleranz gegenüber Andersartigkeit im späteren Leben. Dadurch wurde die Erkenntnis gefördert, dass es normal sei verschieden zu sein. Realitätsgerechte, pädagogisch begleitete Kommunikations- und Integrationsprozesse vermittelten Abwehrkräfte, sie verhinderten Ängste und schafften so Raum für eine offene und unbefangene Begegnung, die Kindern eigen sei. Es gehe hier um ein Miteinander, in dem anders sein Normalität sei: „Jedes Kind kann erfahren, dass es wichtig ist und wertgeschätzt wird" (Bildungsbericht 2008).

Seit 1988 unterstützt der LWL die Träger der Kindergärten mit Zuwendungen zu den Kosten des behinderungsbedingten Mehraufwandes über Zuschüsse für zusätzliches Personal, für die Fachberatung und die Fortbildung sowie für kleinere Investitionen um integrative Arbeit in Tageseinrichtungen zu ermöglichen. Diese Förderung wurde von Mitgliedern des Westfalenparlaments angestoßen (Gernert 1999: 281). Nach Tings kann jedes behinderte Kind im Regelkindergarten gefördert werden, wenn folgende Kriterien erfüllt sind:
- die Einrichtung über ein Konzept verfügt, das für die Praxis gemeinsame und gegenseitige Erfahrungs- und Lernprozesse ermöglicht,
- eine enge Zusammenarbeit mit den Eltern der Kinder angestrebt wird,
- das Personal durch Fachberatung und Fortbildung qualitativ gefördert wird und
- die Fachkräfte mit den Frühförderstellen zusammenarbeiten (LWL-LJA 1999: 14).

Die Akzeptanz dieses regionalen Konzepts lässt sich an der rasanten Entwicklung der beantragten Förderung ablesen. Anfangs nahmen 33 Einrichtungen mit 272 Kindern teil, zur Aufgabenbewältigung reichte damals das Fördervolumen von 100.000 DM aus. Zehn Jahre später waren schon 26 Mio. Euro erforderlich, um in 885 Einrichtungen 1.843 Kinder aufnehmen zu können (LWL-LJA a.a.O.:

246). Im Jahr 2008 wurden bereits 2.233 Einrichtungen mit 5.032 Kindern einbezogen, wofür der LWL rund 33 Mio. Euro bewilligte. Bei dieser Einzelintegration wird die Gruppenstärke unter die Regelgröße gesenkt und/oder der Personalschlüssel erhöht, um den wachsenden Anforderungen gerecht zu werden. Im Landtag NRW wurden die beiden Landschaftsverbände für den hohen Anteil integrativer Erziehung im Elementarbereich ausdrücklich gelobt (LT-Plenarprotokoll 14/121: 4060).

3.2.2 Von der Förderschule zur integrativen Regelschule

Seit der Gründung der Gehörlosenschule in Büren im Jahre 1830 schuf der Provinzialverband bzw. der LWL als sein Rechtsnachfolger ein Netz eigener Sonderschulen in Westfalen-Lippe mit dem Ziel, Kinder mit einer körperlichen, geistigen, seelischen oder sozialen Behinderungen adäquate Förderung durch Unterricht, Pflege und Therapie von professionellen Fachkräften zukommen zu lassen. Die Qualität dieser Schulen und die Förderung der Kinder ist bei Eltern und in pädagogischen Fachkreisen unbestritten. Den Förderschulen stehen somit vor allem der Wille von Eltern nach Normalität und das Recht des Kindes auf Inklusion gegenüber.

Das Verhältnis von elterlichem Erziehungsrecht und staatlicher Schulaufsicht lässt die BRK offen (GEW 2008: 34). Dennoch empfinden die Landschaftsverbände als Schulträger die sich aus der BRK ergebenden Verpflichtungen zum Umbau ihrer Förderschulen als massive Herausforderung. So nannte LWL-Direktor Dr. Kirsch am 8.6.2009 bei einer Lage-Skizze zur Arbeit des LWL die hieraus zu ziehenden Konsequenzen. Er verwies u.a. auf die Existenzbedrohung des LWL insgesamt und die Krise der WestLB. Beiden Problemfeldern und den sich daraus ergebenden Konsequenzen müsse sich die Politik des Westfalenparlaments in der Zukunft stellen. Im Frühjahr 2009 setzte die Fraktion Bündnis 90/Die Grünen mit einer Anfrage zur Umsetzung der BRK dieses Thema auf die politische Agenda (LWL-Drs. 12/1617. Antwort in der LWL-Drs.12/1711). Die scheidende Vorsitzende der Landschaftsversammlung bezeichnet die Auseinandersetzung mit der BRK ebenfalls als „vordringliche Aufgabe" ihrer Nachfolger (LWL-Bericht 2009: 35).

Anlässlich der Einweihung des Erweiterungsbaus der Regenbogenschule Münster ging der zuständige Landesrat Meyer am 27. März 2009 auf die Kritik an den Förderschulen ein, die er für die 35 Förderschulen in Westfalen-Lippe „mit aller Entschiedenheit" zurückwies. Pauschale Plädoyers zu ihrer Abschaffung entsprächen nicht der erlebten Realität: „An unseren Schulen werden durch großen Einsatz qualifizierter und hochmotivierter Menschen Kinder und Jugendliche fit für eine Integration in die Gesellschaft gemacht" (Meyer 2008: 10).

Bei den derzeitigen Rahmenbedingungen aber werde die integrative Beschulung der Schülerschaft nur in wenigen Fällen gerecht, weil es den Regelschulen zumeist an grundlegenden Fördervoraussetzungen fehle: „völlig unzulänglicher Einsatz von sonderpädagogisch ausgebildetem Lehrpersonal; fehlende Therapeuten und Pflegekräfte; unzureichende behinderungspezifische Ausstattung (Bewegungsbäder, Sehhilfen, akustische Hilfen im Bereich Hören und Kommunikation; schallisolierte Räume, Hörgeräte) sowie die viel zu großen Lerngruppen und damit die fehlenden Möglichkeiten der notwendigen Differenzierung und individuellen Förderung (...)" (ebd.).

3.2.3 Hilfen zur Teilhabe am Arbeitsleben

Immer dann, wenn es um die Teilhabe der anerkannten Schwerbehinderten geht, ist das aus der früheren Hauptfürsorgestelle hervorgegangene Integrationsamt (IntA) des LWL die kompetente Anlaufstelle. Das SGB IX weist dem IntA die Aufgabe zu, von Betrieben die Ausgleichsabgabe zu erheben und zu verwenden (§ 77 Abs. 4). Dabei handelt es sich in Westfalen-Lippe jährlich um einen Betrag von rund 50 Mio. Euro. Diese Ausgleichsabgabe haben Arbeitgeber mit 20 und mehr Beschäftigten dann zu zahlen, wenn sie weniger als 5 Prozent Schwerbehinderte auf den Arbeitsplätzen ihres Betriebes eingestellt haben. Für die unbesetzten Pflichtplätze ist die Abgabe nach festgelegten Sätzen fällig; das IntA verwendet diese Einnahmen zur Förderung schwerbehinderter Menschen.

Auch der besondere Kündigungsschutz zählt zum Kompetenzbereich des IntA; danach darf Schwerbehinderten erst dann rechtswirksam gekündigt werden, wenn das IntA nach Prüfung und Abwägung aller beteiligten Interessen von Arbeitgebern und beschäftigten schwerbehinderten Arbeitnehmern seine Zustimmung erteilt hat. Schließlich leistet das IntA auch begleitende Hilfen im Arbeitsleben in Form von Geldleistungen für
- technische Arbeitshilfen,
- Hilfen zur Gründung einer selbständigen beruflichen Existenz,
- Hilfen zur Einrichtung einer behindertengerechten Wohnung sowie
- Hilfen zur Teilnahme an beruflichen Fortbildungsmaßnahmen und in besonderen Lebenslagen.

Arbeitgeber erhalten Zuschüsse zur behindertengerechten Einrichtung von Arbeits- und Ausbildungsplätzen, zu Prüfungsgebühren bei der Berufsausbildung und für außergewöhnliche Belastungen, die aufgrund einer Beschäftigung eines Schwerbehinderten entstehen. Als „Leistungen zur Teilhabe" werden folgende Felder genannt: Mittel
- zur medizinischen Rehabilitation,
- zur Teilhabe am Arbeitsleben,
- zur Teilhabe am Leben in der Gesellschaft sowie
- für unterhaltssichernde und ergänzende Leistungen.

Darüber hinaus stehen dem IntA innerhalb des LWL verschiedene Fachdienste zur Verfügung:
- Fachdienst für psychosoziale und arbeitspädagogische Begleitung,
- Ingenieur-Fachdienst für die behindertengerechte Arbeitsgestaltung,
- Fachdienst für hörbehinderte Menschen,

- Fachdienst für sehbehinderte Menschen,
- Fachdienst für betriebliche Suchtprävention (LWL-IntA 2008: 7).

Sogenannte Integrationsfachdienste unterstützen sowohl die Agentur für Arbeit, die Rehabilitations-Träger und die Integrationsämter bei der Vermittlung und der nachgehenden Betreuung behinderter Menschen sowie zur Beratung der Arbeitgeber. Ihre Aufgabe ist es, behinderte Menschen bei der Aufnahme und Ausübung einer Beschäftigung zu unterstützen; auch beim Übergang von einer Werkstatt für Behinderte zu einer Tätigkeit auf dem allgemeinen Arbeitsmarkt werden sie tätig.

Wer infolge der Art oder Schwere seiner Behinderung nicht auf dem allgemeinen Arbeitsmarkt tätig werden kann, wird über eine Werkstatt für behinderte Menschen in das Arbeitsleben eingegliedert. Dort soll eine angemessene berufliche Ausbildung vermittelt werden. Ziel bleibt eine Beschäftigung mit angemessenem leistungsgerechtem Entgelt und Hilfe beim möglichen Übergang auf einen Platz des allgemeinen Arbeitsmarktes. In der Werkstatt ist die Mitsprache der Behinderten in allen sie berührenden Angelegenheiten gesichert, u.a. durch die Einrichtung eines Werkstatt-Rates im Rahmen einer eigenen Mitwirkungsordnung.

3.2.4 Zum selbständigen Wohnen behinderter Menschen

Das Leben in einer eigenen Wohnung zählt zu den Grundvoraussetzungen eines selbstbestimmten Lebens. Hier kann jeder tun und lassen, was er will. Von hier aus kann man Beziehungen zu anderen Menschen aufnehmen und sich am Leben der Gemeinschaft beteiligen. Dagegen ist das Leben bei den Eltern und Geschwistern ebenso wie in einem Wohnheim oft fremdbestimmt. Deshalb kommt dem Wohnen bei der Normalisierung von Lebensbedingungen Behinderter eine besondere Bedeutung zu. Bislang galt eine Zuständigkeitsverteilung wonach die örtlichen Träger der Sozialhilfe für die ambulanten Hilfen und der LWL als überörtlicher Träger für die stationären Hilfen zuständig waren. Diese Regelung führte in der Praxis oft zu ungleicher Versorgung mit flexiblen individuellen Hilfen im Alltag, u.a. bei der Vermittlung einer eigenen Wohnung. Nach Überzeugung des LWL können „weit mehr behinderte Menschen als bisher selbständig in der eigenen Wohnung oder Wohngemeinschaft leben. Sie brauchen nur eine regelmäßige ambulante Unterstützung". Ein solches betreutes Wohnen bedeute einen „Gewinn an Autonomie und Lebensqualität weil sie ihren Tagesablauf selbständig organisieren können" (LWL 2003: 110). Das Land NRW übertrug deshalb die Zuständigkeit für die Eingliederungshilfe mit bedarfsgerechten ambulanten Hilfen von 2003 bis 2010 (verlängert bis 2013) den Landschaftsverbänden als überörtlichen Sozialhilfeträgern. Ziel dieser Konzentration von Zuständigkeiten für ambulante und stationäre Hilfen ist es, Disparitäten in der Versorgung aufzuheben und die soziale Integration durch ein selbstbestimmtes Leben in der Heimatgemeinde zu ermöglichen. Die Universität Siegen begleitete das Projekt der Zuständigkeitsverlagerung mit einer wissenschaftlichen Analyse der Ergebnisse. Ein Abschlußbericht stellt fest, in jeder Gebietskörperschaft stünden mittlerweile Alternativen zum stationären Angebot zur Verfügung. Erstmalig sei für viele landesweit ein Leben in einer eigenen Wohnung möglich geworden. Positiv wird das Einbeziehen der Betroffenen durch Diskussionen und Aushandlungen gewürdigt. Dieses Verfahren der Hilfeplanung sei gelungen. Somit habe sich die Zusammenführung der Zuständigkeiten in einer Hand als richtig erwiesen (Universität Siegen 2008).

3.2.5 Ein persönliches Budget anstelle von Sachleistungen

Wenn Integration und Teilhabe bestimmende Merkmale von Hilfen für behinderte Menschen sein sollen, dann ist eine Mitwirkung der Betroffenen an allen Entscheidungen, auch über die Art und Weise der Hilfen, unabdingbar. Dieser Wandel der Sichtweise wird heute generell akzeptiert. Mit einem „persönlichen Budget" kann der behinderte Mensch selbst zum Arbeit-und Auftraggeber der ihm zustehenden Leistungen werden. Neben den Zielen der Hilfen sind auch das Wunsch- und Wahlrecht des Betroffenen in den Blick zu nehmen. Rein fiskalische Erwägungen einer Minderung von Ausgaben allein dürfen dabei nicht entscheidend sein; sie werden allerdings immer im Blickfeld des Leistungserbringers bleiben, zumal er den Prinzipien von Wirtschaftlichkeit und Sparsamkeit verpflichtet bleibt.

Seit 2008 hat jeder behinderte Mensch nach § 17 SGB IX einen Rechtsanspruch darauf, die Art und Weise der Leistungserbringung über ein „persönliches Budget" zu beeinflussen. Es ist die Alternative zu Sachleistungen z.B. in Form von Geld für Personen, die sie unterstützen, für eine Qualifizierung zur Arbeit, zur Teilnahme am Leben in der Gesellschaft z.B. durch erhöhte Mobilität, aber auch durch Förderung der Kommunikation. Der Umfang des persönlichen Budgets und dessen Höhe wird mit einem Beauftragten des Sozialhilfeträgers ausgehandelt. Ein solches Budget beläuft sich im statistischen Durchschnitt auf monatlich 965 Euro – und bewegt sich zwischen 36 Euro und 13.275 Euro. Eine kompetente Beratung und Unterstützung des behinderten Empfängers ist unerlässlich, um ein persönliches Budget erfolgreich zu verwalten.

In Westfalen-Lippe wurden am 30.4.2009 vom LWL Leistungen für insgesamt 118 Betroffene in Form eines persönlichen Budgets erbracht und zwar für 55 Männer und 63 Frauen (LWL-Drs. 12/1663: 3). Die Landesbeauftragte für NRW sieht in diesem Instrument die Möglichkeit, viel Selbständigkeit zu erreichen. Damit es mehr Betroffene nutzen, müsse ihnen die Angst genommen werden, dass das persönliche Budget zu einer Kürzung ihrer bisherigen Leistungsansprüche führe oder sie mit seiner Verwaltung überfordert seien (Bericht 2007: 39).

Die Dokumentation einer Fachtagung zum persönlichen Budget „Von der Bedarfsfeststellung bis zur Zielvereinbarung" zeigt, dass die Sozialhilfeträger dieses Instrument zwar verstärkt einsetzen und dabei auch noch Finanzen einsparen können, aber nicht alle Leistungsbezieher dies in Anspruch nehmen können, weil ihnen dazu die persönlichen Voraussetzungen fehlen. Sie brauchen deshalb einen Budget-Assistenten, der bei der Verwaltung des Geldes hilft. Für die Zukunft sehen Experten dennoch die Weiterentwicklung eines trägerübergreifenden persönlichen Budgets zu einem zentralen Steuerungs- und Bedarfsdeckungs-Instrument. Durch den forcierten Ausbau der ambulanten Angebotsstruktur bei zeitgleichem Rückbau von Institutionen wird sich die Eingliederungshilfe dadurch entscheidend verändern.

3.2.6 Westfälische Pflegefamilien

Für besonders in ihrer Entwicklung beeinträchtigte Kinder und Jugendliche, die nicht in ihrer eigenen Herkunftsfamilie leben können, hat der LWL seit den 1970er Jahren das System „Westfälische Pflegefamilien" (WPF) entwickelt und ausgebaut. Hier werden aktuell 857 Kinder bzw. Jugendliche durch 34 freie Träger gefördert. Es handelt sich um das bundesweit größte Verbundsystem mit einheitlichen Standards. Anlass für diese Sonder-Pflegeverhältnisse sind insbesondere Auffälligkeiten im sozialen Verhalten und Entwicklungsauffälligkeiten. Voraussetzung für eine Betreuung in der Pflegefamilie ist zunächst die Zustimmung der leiblichen Eltern. Als Pflegeeltern werden Personen mit einer besonderen pädagogischen, psychologischen oder medizinisch-pflegerischen Eignung gesucht, die während der Betreuung des Pflegekindes intensiv beraten und unterstützt werden.

Ziel der WPF ist es, Kindern und Jugendlichen das Leben in einer Familie auf Dauer zu ermöglichen. Im Gegensatz zur klassischen Vollzeit-Pflegefamilie kommen mehr als 90 Prozent der vermittelten Kinder und Jugendlichen schon aus familienersetzenden Hilfen anderer Art. Darin sind die hohen Ansprüche an die Pflegefamilien begründet.

Das System ist sowohl pädagogisch wie auch fiskalisch eine Alternative zu einer anderweitigen stationären Unterbringung. 118 Beraterinnen und Berater der freien Träger unterstützen die Familien bei ihrer Arbeit. Von den insgesamt 716 westfälischen Pflegefamilien verfügen 363 über eine pädagogische oder eine medizinische Qualifikation. Fast ein Fünftel der im Jahr 2008 vermittelten Kinder und Jugendlichen wies zusätzlich eine Behinderung auf, von Lernbehinderungen bis hin zu schweren Beeinträchtigungen, die notwendigerweise auch eine intensive medizinische Betreuung erfordern (LWL-Drs. 12/1667, 12/1691).

4. Ergebnis und Perspektive: auf dem Weg zur Inklusion Behinderter

Die Vielzahl nationaler Rechtsnormen zum Diskriminierungsverbot und die positiven Fördermaßnahmen zum Abbau von Nachteilen sowie zu einer Teilhabe behinderter Menschen am Leben in der Gesellschaft zeigen, dass das Ziel ihrer Integration in Kindertageseinrichtungen, in Ausbildung und Beruf wie auch in der Gesellschaft, allgemein gilt. Es wird von Sozialämtern, überörtlichen Sozialhilfeträgern, von Parlamenten aller Ebenen, Behinderten-Beauftragten und in der Praxis der anderen Behörden unterstützt. Wie wir sahen, zielt die BRK der UNO aber auf eine vollständige und wirksame Teilhabe und Inklusion in die Gesellschaft (Art. 3c BRK). Konkret bedeutet dieser Paradigmenwechsel, dass behinderte Menschen in allen Lebensbereichen dazugehören: Es geht sowohl um den gleichberechtigten Zugang zum allgemeinen Bildungssystem, zum allgemeinen Arbeitsmarkt, um die Teilnahme am kulturellen Leben wie auch um die gleichberechtigte Mitwirkung in der Politik (Bielefeldt 2008: 10).

Mit Blick auf Europa kommt eine Analyse der Bildungssysteme zu dem Schluss, die Förderung von Schülerinnen und Schülern mit sonderpädagogischem Förderbedarf zeige „einen klaren Trend zu gemeinsamer Beschulung" (Hausotter 2009: 483). Für Deutschland gilt das allerdings nur in wenigen Bundesländern; Nordrhein-Westfalen gehört zu den Schlusslichtern einer inklusiven Beschulung. Nach Pitschas kommt es in der kommunalen Sozialpolitik angesichts des demografischen Wandels und der Ökonomisierung aller Sozialleistungen zu einer partiellen Ausgrenzung junger und alter behinderter Menschen (Pitschas 2009: 260). Der LWL wird dies mit allen ihm zur Verfügung stehenden Mitteln zu verhindern suchen.

Die beiden Landschaftsverbände als überörtliche Sozialhilfeträger unternehmen vielfache Anstrengungen, damit behinderte Menschen über eine Hilfe zur Arbeit, zum selbständigen Wohnen und über ein persönliches Budget weitgehend selbständig leben können. Mit der gemeinsamen Erziehung im Elementarbereich und dem System qualifizierter Pflegefamilien für besonders entwicklungsgefährdete Kinder und Jugendliche ist der LWL auf einem guten Weg zum angestrebten Ziel der Inklusion. Allerdings bedarf die Frage nach einer integrativen Beschulung einer prinzipiellen Klärung. Hier ist beispielsweise auch an eine Öffnung der Förderschulen für nichtbehinderte Kinder gedacht. Das Land NRW hat zusammen mit den Landschaftsverbänden die Weiterentwicklung von Förderschulen zu Kompetenzzentren für sonderpädagogische Förderung auf den Weg gebracht. Dabei ist der leitende Gedanke eine Ausweitung der schulischen und außerschulischen Unterstützungsangebote. Diagnose, Prävention und Beratung durch sonderpädagogische Lehrkräfte sollen mehr Schülerinnen und Schülern als bisher ein Lernen am Lernort der „allgemeine Schule" ermöglichen. Auch Kinder und Jugendliche mit komplexen Behinderungen sollen noch mehr Möglichkeiten zur aktiven Teilnahme, vor allem am gemeinsamen Leben und Lernen, erfahren (Schulministerium NRW 25. August 2008).

Der LWL unterstützt schließlich die gemeinsame Beschulung nichtbehinderter und sinnes- sowie körperbehinderter Kinder in Regelschulen durch Bereitstellung spezifischer Geräte zur Beschulung sinnes- und körperbehinderter Schüler im gemeinsamen Unterricht (Gerätepool). Darüber hinaus werden den Trägern allgemeiner Schulen Finanzmittel zur Verfügung gestellt, wenn sie ein behindertes Kind aufnehmen, das andernfalls ein Internat besuchen müsste. Synergie-Effekte, die sich heute bei den Förderschulen im Unterricht, bei der Therapie, der Pflege und nicht zuletzt bei der Schülerbeförderung ergeben, fallen bei einer Beschulung in der allgemeinen Schule fort, zumal unter Umständen körper- und sinnes-behinderte Kinder die gleichen Klassen besuchen. Allerdings sollten fiskalische Aspekte bei dem Ziel einer umfassenden Inklusion eine untergeordnete Rolle spielen. Eine Forderung nach Auflösung aller Förderschulen – wie sie teilweise aus dem politischen Raum erhoben wird – ignoriert sowohl die Bildungsbedürfnisse der behinderten Kinder als auch deren Rechte. Letztlich muss sich die Gesellschaft die Frage stellen, wie viel ihr eine adäquate Inklusion behinderter Menschen wert ist, die diesen Namen verdient. Mit politischen Absichtserklärungen allein können weder die Träger der Behindertenhilfe, die Beauftragten oder die kommunalen und regionalen Sozialverwaltungen dieses anspruchsvolle Ziel erreichen.

5. Literatur und Quellen

Baur, F. (2008). *Die Zukunft des Systems der Eingliederungshilfen.* Vortrag beim Landschaftsverband Rheinland am 18.1.2008 (Manuskript).
Beauftragte der Bundesregierung für die Belange behinderter Menschen (Hg.). (2009). *Alle inklusive! Die neue UN-Konvention.* Bonn.
Bielefeldt, H. (2008). *Zum Innovationspotenzial der UN-Behindertenrechtskonvention.* Berlin: Deutsches Institut für Menschenrechte.
Brockhaus-Enzyklopädie, Bd. 3 (2006). Mannheim-Leipzig: Brockhaus.
Bundesminister für Jugend, Familie, Frauen und Gesundheit (Hg.). (1990). *Bericht über Bestrebungen und Leistungen der Jugendhilfe.* Bonn: BT-Drs.11/6576 vom 6.3.1990 (Achter Bundesjugendbericht).
Dahrendorf, R. (2003). *Auf der Suche nach einer neuen Ordnung.* München: Beck.
Deutscher Bildungsrat (1973). *Empfehlungen zur pädagogischen Förderung behinderter und von Behinderung bedrohter Kinder und Jugendlicher.* Bonn.
Deutscher Bundestag (2004). *Bericht der Bundesregierung über die Lage behinderter Menschen und die Entwicklung ihrer Teilhabe.* Berlin.
Feuser, G. (1992). *Integration Behinderter.* In: R. Bauer, Lexikon des Sozial- und Gesundheitswesens, Bd. 1, München, Wien: Oldenbourg, S. 1022/23.
Feuser, G. (1995). *Behinderte Kinder und Jugendliche – zwischen Integration und Aussonderung.* Darmstadt: Wissenschaftliche Buchgesellschaft.
Gernert, W. (1999). *Kommunale Jugendhilfe in Westfalen-Lippe.* In: M. Köster/Th. Küster (Hg.). Zwischen Disziplinierung und Integration. Paderborn: Schöningh.
GEW (Hg). (2008). *Gutachten zu den völkerrechtlichen und innerstaatlichen Verpflichtungen aus dem Recht auf Bildung nach Art. 24 des UN-Abkommens über die Rechte von Menschen mit Behinderungen und zur Vereinbarkeit des deutschen Schulrechts mit den Vorgaben des Übereinkommens.* Erstellt im Auftrag der Max-Traeger-Stiftung (Manuskripts).
Hausotter, A. (2009). *Entwicklungen und Trends integrativer Erziehung in Europa.* In: H. Eberwein/S. Knauer (Hg.). Handbuch Integrationspädagogik. Weinheim-Basel: Beltz, S.471–484.
Kreft, D., Mielenz, I. (2008). *Wörterbuch soziale Arbeit.* Weinheim, München: Beltz.
Landesbehindertenbeauftragte NRW (2007). *NRW ohne Barrieren.* Düsseldorf.
Landschaftsverband Westfalen-Lippe (LWL).
– Integrationsamt (2003). *Mittendrin. Wie Menschen mit Behinderungen durchs Leben gehen.* Münster: LWL.
– Landesjugendamt (LJA) (1999). *Besser gemeinsam – wohnortnahe Integration behinderter Kinder in Tageseinrichtungen.* Münster: LWL.
– Bericht (2008/09). *Unser Erfolg ist sichtbar.* Münster.
Luhmann, N. (1984). *Soziale Systeme.* Frankfurt a.M.: Suhrkamp.
Marx, R. (2008). *Das Kapital. Ein Plädoyer für den Menschen.* München: Pattloch.

Meyer, H. (2008). Rede bei der Eröffnung der Regenbogenschule Münster (Manuskript).
Ministerium für Arbeit, Gesundheit und Soziales des Landes NRW (Hg.). (2008).
– *Persönliches Budget. Von der Bedarfsfeststellung bis zur Zielvereinbarung.* Dokumentation der Fachtagung am 12. Dezember 2007. Düsseldorf.
– *Teilhabe für alle.* (2008). Programm der Landesregierung für Menschen mit Behinderung und ihre Familien in NRW 2007–2010. Düsseldorf.
Mokatef, M. (2006). *Das Menschenrecht auf Bildung und der Schutz vor Diskriminierung.* Berlin: Deutsches Institut für Menschenrechte, S. 38–50.
Münch, R. (2004). *Perspektiven der sozialen Einigung in Europa.* Gewerkschaftliche Monatshefte 5/2004, S. 285–291.
Müntefering, F. (2006). Vorwort. In: Bundesminister für Arbeit und Soziales (Hg.). SGB IX *Rehabilitation und Teilhabe behinderter Menschen. Inklusive Fragen und Antworten für die Praxis.* Bonn.
Pitschas, R. (2009). *Behinderte Menschen in der kommunalen Sozialpolitik.* In: Die Sozialgerichtsbarkeit, Heft 5/2009, S. 253–260.
Sander, A. (2003). *Über Integration zur Inklusion.* Saarbrücker Beiträge zur Integrationspädagogik, Bd. 12: St. Ingbert.
Statistisches Jahrbuch Deutschland. (2008). Wiesbaden: Statistisches Bundesamt.
Stimmer, F. (2000). *Lexikon der Sozialpädagogik und Sozialarbeit.* München, Wien: Oldenbourg.
UNESCO (1994). *Salamanca-Erklärung über Prinzipien, Politik und Praxis der Pädagogik der besonderen Bedürfnisse.*
Universität Siegen – ZPE – (2008). *Selbständiges Wohnen behinderter Menschen – Individuelle Hilfen aus erster Hand. Abschlussbericht.*
Welti, F. (2005). *Behinderung und Rehabilitation.* Tübingen: Mohr.

Quellen
Bundestags-Drucksachen (BT-Drs.) 12/8165; 14/2913.
Entscheidungen des Bundesverfassungsgerichts: BVerfGE 40, S. 133; 96, S. 302; 57, S. 153; 82, S. 80; 5, S. 198.
Europäische Sozialcharta: BGBl. II, S. 1261.
Empfehlungen der Kultusministerkonferenz, 1994.
Kinderbildungsgesetz – KiBiz vom 30.10.2007, GV. NRW. 2007, S. 462.
Schulgesetz für das Land NRW (SchulG) vom 15.2.2005, GV. NRW, S. 102.
Ministerium für Schule und Weiterbildung des Landes NRW: Schreiben der Ministerin vom 25.8.2008 an die Behindertenbeauftragte der Bundesregierung Landtag NRW: Plenarprotokoll 14/121.
Drucksachen des LWL Münster Nr. 12/0595; 12/1381; 12/1617; 12/1620; 12/1626; 12/1663; 12/1667; 12/1671;12/1691; 12/1704; 12/1711/1.

Internet:
http://www.Kindergartenpaedagogik.de/797.html vom 9.4.2009.
http://de.wikipedia.org/wiki/Integration_(Soziologie) vom 17.10.2009.

Eberhard Christ

Kommunale Eisenbahn – ein Modell von gestern?

Einleitung

Prof. Dr. Rüdiger Robert ist seit dem 18. September 1985 Mitglied des Aufsichts- und Beirats der Westfälischen Landes-Eisenbahn GmbH (WLE). Die WLE ist eine Privatbahn oder präziser formuliert, eine nichtbundeseigene Eisenbahn (NE-Bahn). Sie ist Eigentum des Landschaftsverbands Westfalen-Lippe, der Kreise Soest und Warendorf sowie der Städte und Gemeinden entlang der WLE-Strecke.

Prof. Robert wurde vom Landschaftsverband für die Gremien der WLE vorgeschlagen und von der Gesellschafterversammlung gewählt. In nunmehr 24 Jahren hat er sich um die WLE verdient gemacht. Er hat das Unternehmen in einer erfolgreichen Konsolidierungsphase, aber auch in Zeiten großer Herausforderungen, begleitet.

1. Die nichtbundeseigenen Eisenbahnen

Mit dem sperrigen Begriff „nichtbundeseigenen Bahnen" und der nicht viel schöneren Abkürzung „NE-Bahnen" werden die Eisenbahnen bezeichnet, die nicht zum bundeseigenen DB-Konzern gehören. Die meisten NE-Bahnen gehören zu einer der drei Hauptgruppen
- Regionalbahnen, die regional und oftmals innerhalb der eigenen Infrastruktur operieren,
- Hafenbahnen,
- Industriebahnen.

Das Geschäftsmodell der Regionalbahnen entstand Ende des 19./Anfang des 20. Jahrhunderts als regionale Ergänzung der „großen" Staatsbahnen, die einzelne regionale Verkehrsbedürfnisse nicht umsetzen wollten. Damit war in der Regel auch eine wirtschaftliche Zuordnung vorbestimmt: Erkennbar gute Verkehrsnachfrage bei der Staatsbahn, geringe Nachfrage bei den Regionalbahnen. Von Anfang an wurde das Geschick der Regionalbahnen durch kommunale Entscheider bestimmt. Ihre Ortsnähe hatte den Vorteil, dass flexibel auf Kunden- und Eigentümeranforderungen eingegangen werden konnte.

Wenig überraschend ist daher, dass die Regionalbahnen bereits um 1920 mit ersten wirtschaftlichen Schwierigkeiten konfrontiert waren, die sie bis heute begleiten. Besonders die zunehmende Konkurrenz durch den motorisierten Straßenverkehr seit Anfang der 1950er Jahre hatte den Bahnen derart stark zugesetzt, dass bis zur großen Bahnreform 1994 in Westdeutschland weniger als etwa 60 % der Unternehmen überlebten.

In Ostdeutschland wurden die Regionalbahnen bald nach der Staatsgründung der DDR verstaatlicht und unter dem Dach „Deutsche Reichsbahn" (DR) zusammengeschlossen. Obwohl ein Großteil des Güterverkehrs in der DDR per Bahn abgewickelt wurde, waren dennoch vereinzelte Streckenstilllegungen unumgänglich.

Mit der Bahnreform 1994 änderten sich die Spielregeln für die Staatsbahn und die NE-Bahnen nachhaltig. Die Reform verfolgte eine ganze Reihe von Zielen:
- finanzielle Lebensfähigkeit der DB AG aus eigener Kraft,
- Verminderung der Haushaltsrisiken für den Bund,
- Einführung von Marktprinzipien und Unternehmertum,
- Diskriminierungsfreier Zugang zum Schienenverkehrsmarkt,
- Unabhängigkeit von Weisungen und Vorgaben der Politik,
- Verlagerung der Verkehrszuwächse im Personen- und Güterverkehr auf der Schiene,
- Gleichstellung mit den anderen Verkehrsträgern.

Außerdem wurden, der Deutschen Einheit folgend, die DB und die DR in eine privatrechtlich organisierte DB AG zusammengeführt und das neue Unternehmen entschuldet.

Anders als die staatseigenen Bahnen wurden die NE-Bahnen nicht durch die Reform finanziell entlastet. Dennoch brachte sie für die NE-Bahnen eine positive Neuerung: Die Betreiber der Regionalbahnen erhielten freien Zugang zu allen nationalen Schienennetzen, also auch zu denen der DB. Während bis 1994 allenfalls dort neue NE-Bahnen entstanden, wo die DB – oft gegen Widerstand vor Ort – den Schienenverkehr eingestellt hatte, ermöglichte die Reform nun die Gründung regionaler Güterverkehrsdienstleistungsunternehmen, die über keine Infrastruktur verfügten.

Als klassisches Eisenbahnunternehmen galt bis 1994 ein integriertes Unternehmen mit den Hauptaufgaben Verkehrsunternehmen (EVU), Infrastrukturerhaltung und -betrieb (EIU). Dessen Betriebsabwicklung ist leicht zu beschreiben. Das Unternehmen hielt eine Infrastruktur, also Gleisanlagen, Brücken, Bahnhöfe, Stellwerke usw. betriebssicher vor und betrieb diese z.B. mit Hilfe eines Stellwerks. Das Unternehmen fuhr eigene Züge auf seiner Infrastruktur bis ggf. zu der Grenze, wo die Infrastruktur der nächsten Eisenbahn begann. Dort wurde der Zug übergeben, Lokomotive und Personal gewechselt. Die Gesamteinnahmen teilten sich die Unternehmen entsprechend ihrer Dienstleistungsanteile auf. Seit 1994 änderte sich die Sachlage. Jedem, also auch einem NE-Bahnbetreiber, ist es nun erlaubt, mit eigener Ausrüstung über fremde Infrastruktur die gesamte Verkehrsleistung zu erbringen und damit gegenüber dem Kunden alleinverantwortlich aufzutreten. Damit wird offensichtlich, dass heute nicht mehr beide Aufgaben eines Eisenbahnunternehmens aneinander gekoppelt sind. Vielmehr können nun die Infrastruktur- (EIU) und die Transportsparte (EVU) unabhängig voneinander betrieben werden.

2. Systemkomponenten der NE-Bahnen

2.1 Die Infrastruktur

Die Verantwortlichen für die Infrastruktur der nichtbundeseigenen Eisenbahnen stehen aktuell vor kaum lösbaren finanziellen Problemen. Mit den Änderungen des nationalen und des europäischen Ordnungsrahmens wurden die NE in den vergangenen Jahren den Eisenbahnen des Bundes gleichgestellt. Dabei hat der Gesetzgeber zahlreiche aufwandsrelevante Änderungen des Ordnungsrahmens beschlossen und den NE zusätzliche öffentliche Pflichten auferlegt, ohne die damit verbundenen finanziellen Lasten auch nur ansatzweise abzudecken. In einzelnen Bereichen – dies gilt gleichermaßen für die mit der Novellierung des Allgemeinen Eisenbahn-Gesetzes (AEG) im Jahr 2005 geöffneten Hafenbahnen – ist den bis dahin praktizierten Finanzierungsmechanismen für die regionale Infrastruktur die Grundlage entzogen worden, ohne dass der Gesetzgeber alternative Finanzierungsmöglichkeiten aufgezeigt hätte. Gleichzeitig sind die verfügbaren Mittel auf Grund bundespolitischer (Regionalisierungsmittel, Gemeindeverkehrsfinanzierungs- bzw. Entflechtungsgesetz) und landespolitischer Entscheidungen (Kürzungen von originären Landesmitteln zur NE-Finanzierung) bereits seit mehreren Jahren rückläufig und auf längere Sicht weiter gefährdet.

Ohne eine sachgerechte Konsolidierung der Finanzierung sind massive Rückschnitte im Bestand der NE-Infrastrukturen bis hin zur vollständigen Aufgabe zu erwarten.

Mit 4.140 km Betriebsstreckenlänge bewirtschaften die NE etwa 11 Prozent des Eisenbahnnetzes in Deutschland. Etwa 65 % der NE-Schienenwege werden ausschließlich für den Güterverkehr genutzt. Zur öffentlichen NE-Infrastruktur zählen darüber hinaus auch die Gleisanlagen der See- und Binnenhäfen mit einer Gleislänge von ca. 1.800 km. Die nichtöffentlichen Eisenbahninfrastrukturen der Werks- und Industriebahnen sind hierbei nicht berücksichtigt. Auf die NE-Infrastrukturen kann aus vielerlei Gründen nicht verzichtet werden. Sie spielen genauso wie die Infrastrukturen der Bundeseisenbahnen eine zentrale Rolle bei der Umsetzung wichtiger allgemeiner bundespolitischer Ziele. Sie sind aber auch für die Bundesländer und zahlreiche kommunale Gebietskörperschaften von hervorragender Bedeutung, wenn es um die Umsetzung landesplanerischer und regionalpolitischer Zielsetzungen geht:

- Sie sichern die räumliche Erschließung durch die Schiene in vielen Regionen Deutschlands.
- Sie garantieren den Verkehrsbetrieb auf den letzten Kilometern und sorgen damit für eine hohe Auslastung des Hauptstreckennetzes.
- Sie bieten in vielen Regionen kurzfristig Alternativrouten zu den an ihre Kapazitätsgrenzen stoßenden Bundesschienenwegen.
- Sie gewährleisten die Mobilität auch und vor allem in Ballungsräumen und in dem auf die Zentren bezogenen Verkehr.
- Sie tragen mit einer großen Anzahl von Gleisanschließern flächendeckend zur Sicherung und Weiterentwicklung von zahlreichen Wirtschaftsstandorten bei.

- Sie entlasten die bereits jetzt in vielen Regionen überlastete und weder kurz- noch langfristig erweiterbare Straßeninfrastruktur.
- Sie garantieren möglichst umweltschonenden Verkehr und leisten einen wichtigen Beitrag zu dem für nachfolgende Generationen unverzichtbaren Klimaschutz.

Zu beachten ist auch, dass nichtbundeseigene Eisenbahninfrastrukturunternehmen seit der Bahnreform 1994 zur Stilllegung anstehende Strecken der Eisenbahnen des Bundes mit einer Gesamtlänge von knapp 2.500 km übernommen haben. Nur so konnten Bestand und verkehrswirtschaftlicher Nutzen dieser Strecken für Bevölkerung und Wirtschaft der betroffenen Regionen langfristig gesichert werden. Die NE haben damit mehrfach unter Beweis gestellt, dass sie unter schwierigen wirtschaftlichen Bedingungen angemessene und effiziente Lösungen zur Sicherung regional bedeutender Eisenbahninfrastrukturen entwickeln können. Die Existenz solcher Infrastrukturunternehmen ist jedoch zwingend an den Fortbestand der NE-Infrastrukturen gebunden.

Die Finanzierungsverantwortung des Bundes für die Infrastrukturen der DB-Gruppe ist im Grundgesetz verankert und bundesgesetzlich im Bundesschienenwegegesetz geregelt. Die Finanzierung der Straßen wird je nach Kategorie von Bund, Ländern oder kommunalen Gebietskörperschaften sichergestellt. Eine in Art und Umfang mit diesen gesetzlichen Regelungen auch nur annähernd vergleichbare Finanzierungsgrundlage für Infrastrukturen der NE (unter Einschluss der von der DB gepachteten Strecken) existiert jedoch nicht. Die Finanzierungsverantwortung liegt hier direkt bei den Unternehmen. Dies ist eine massive Benachteiligung der nichtbundeseigenen Eisenbahnen, obwohl sie in dem durch die Bahnreform geschaffenen Ordnungsrahmen den Bundeseisenbahnen gleichgestellt sind.

Zwar stellen einzelne Bundesländer Mittel aus dem Entflechtungsgesetz (früher Gemeindeverkehrsfinanzierungsgesetz), aus dem Regionalisierungsgesetz (beide ausschließlich für den Schienenpersonennahverkehr) oder auch aus den Landeshaushalten (Oberbauprogramme) für die Eisenbahninfrastruktur von NE-Bahnen bereit. Eine verlässliche Finanzierungsgrundlage ist hieraus aber nicht abzuleiten. Im Gegenteil: In den vergangenen Jahren sind diese Mittel fast überall gekürzt, in einzelnen Fällen sogar vollständig gestrichen worden. Bei schwach frequentierten Strecken – das trifft fast immer auf die reinen Güterverkehrsstrecken zu – sind die Unternehmen schon bei den laufenden Kosten auf den Verlustausgleich ihrer Eigentümer (meistens Länder und kommunale Gebietskörperschaften) angewiesen, wenn nicht auf Verschleiß gefahren werden soll.

Ersatz- und Modernisierungsinvestitionen sind unternehmerisch kaum zu schultern. Sie werden deshalb häufig mit erheblicher Verzögerung realisiert. Zwangsläufig weist die Eisenbahninfrastruktur der NE daher in vielen Fällen erhebliche Investitionsrückstände auf, die sich in eingeschränkter Verfügbarkeit und/oder hohen Betriebskosten niederschlagen.

Schon in den vergangenen Jahren wurden deshalb NE-Strecken in einigen Regionen Deutschlands stillgelegt. Angesichts der unsicheren Finanzierungslage sind zahlreiche substanzielle Rückschnitte des NE-Netzes vorprogrammiert.

Angesichts dieser Entwicklung sind gesetzgeberische Aktivitäten zur finanziellen Absicherung der NE-Infrastrukturen unverzichtbar. In einem Gesetz zur Finanzierung der Bestandsnetze der nichtbundeseigenen Eisenbahnen sollte der Bund den Ländern streng an diesen Zweck gebundene Mittel zur Verfügung stellen. Die Finanzierung sollte sich eindeutig und ausschließlich – analog zur künftigen Finanzierung der Eisenbahnen des Bundes – auf die Erhaltung der Eisenbahninfrastruktur beziehen. Diese beinhaltet sowohl Ersatzinvestitionen als auch Maßnahmen zur Instandhaltung.

Bei erster grober Abschätzung ergibt sich ein jährlich bereitzustellender Betrag in einer Größenordnung von ca. 150 Mio Euro. Die Mittel sollten den Ländern nach einem Schlüssel zugewiesen werden, der auf den Anteilen der Gleislängen der NE in den Bundesländern basiert und ggf. Zu- bzw. Abschläge für aufwandsrelevante Besonderheiten (hoher Anteil an Kunstbauten, elektrifizierte Strecken o.ä.) berücksichtigt. Das Gesetz sollte außerdem Vorgaben zur Mittelvergabe an die Eisenbahninfrastrukturunternehmen enthalten. Auf diesem Weg könnte unter Bezugnahme auf die gesetzlichen Vorgaben des Bundesschienenwegegesetzes das Instrument der Leistungs- und Finanzierungsvereinbarung als verbindliche Vorgabe für die NE-Bestandsnetzfinanzierung festgeschrieben werden.

Die kommunalen Gebietskörperschaften haben keine unmittelbaren Mitwirkungsrechte im Gesetzgebungsverfahren. Sie sind aber in den meisten Fällen vom drohenden Rückbau der regionalen Eisenbahninfrastruktur unmittelbar betroffen. Zahlreiche kommunale Gebietskörperschaften tragen unter dem Druck kurzfristiger Handlungserfordernisse die Lasten der Finanzierung unaufschiebbarer Infrastrukturprojekte, ohne die strukturellen Finanzierungsdefizite längerfristig beseitigen zu können. Die „Kommunalen" verfügen deshalb über wesentliche Argumente, um die NE-Finanzierung bei der Ausgestaltung der laufenden Eisenbahnneuordnung wirkungsvoll zu thematisieren. Sie sind deshalb aufgefordert, diese Interessen gegenüber den Ländern klar und deutlich zu formulieren.

2.2 Der Güterverkehr

Die meisten „alten" NE entstanden, weil Güter durch diese Bahnen zum nächsten Staatsbahnhof, zum nächsten Hafen oder zum nächsten Industriewerk kostengünstig befördert werden sollten. Güterverkehr ist Kerngeschäft der NE. In den letzten Jahren erlebte der Schienengüterverkehr erhebliche Zuwächse. Selbst in den Gründerzeiten des 19. Jahrhunderts hat es kaum Beispiele für einen derart kräftigen und stetigen Aufschwung der Güterbahnen gegeben. Die Branche ist jedoch derzeit stark durch die Folgen der Finanzkrise Ende 2008 und der nachfolgenden Konjunkturkrise getroffen, deren mittel- und langfristigen Auswirkungen z.Z. nicht absehbar sind.

Auch gegen der öffentlichen Wahrnehmung konnten die Güterbahnen ihren Anteil am sog. „Modal-Split" kontinuierlich steigern.

Abbildung 1: Entwicklung der Verkehrsleistung im deutschen Schienengüterverkehr

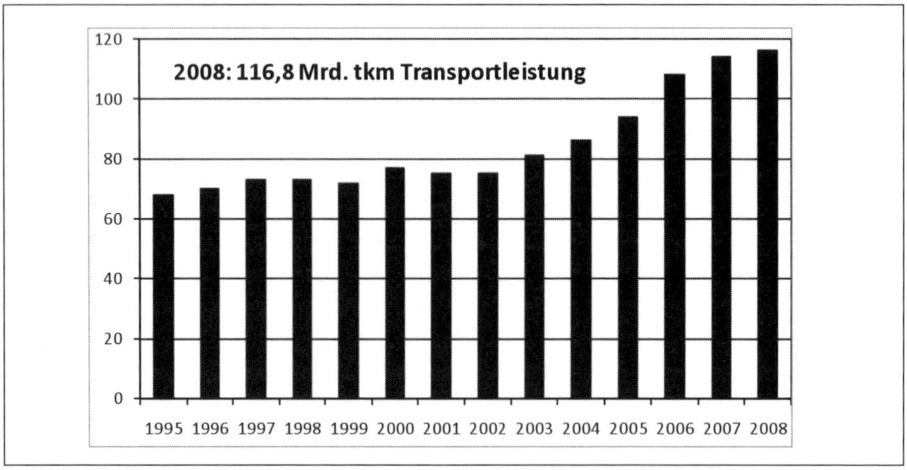

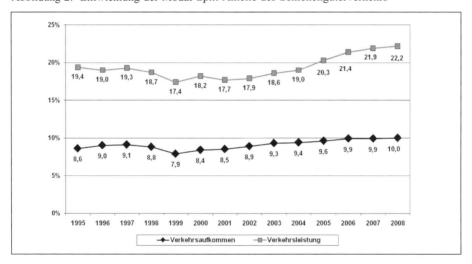

Abbildung 2: Entwicklung der Modal-Split-Anteile des Schienengüterverkehrs

Dabei stehen die deutschen Bahnen im europäischen Vergleich durchaus gut da. Die Öffnung der Netze und die damit einsetzende Neustrukturierung des Schienengüterverkehrs scheinen sehr erfolgreich zu sein.

Zahlreiche Entwicklungen stützen diese positive Entschätzung. Der Schienengüterverkehr muss sich dabei vor allem mit dem Straßengüterverkehr messen. Die Schiene holt in diesem Rennen nach langen Jahren schmerzhafter Niederlagen aus folgenden Gründen wieder auf:
- der Schienengüterverkehr ist kundenfreundlicher geworden,
- er weist erhebliche Produktivitätssteigerungen auf,
- zunehmende Qualitätsprobleme des Straßentransports werden deutlich. Z.B. wird das Prinzip „Just in Time" weniger tragfähig,
- die Verteuerung der Energie trifft Lkw härter,

Abbildung 3: Modal-Split-Anteil der Schiene im Vergleich Deutschland – EU 1995 bis 2008

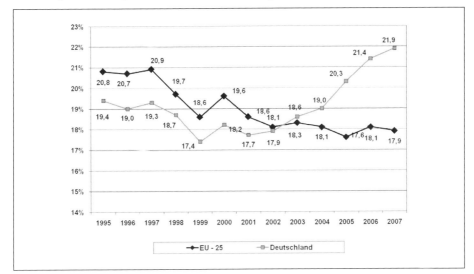

- der Trend zu Gunsten einer Wegekostenanlastung trifft nun auch die Straße – wenn auch nur bei schweren Lkw und
- die Lohnkosten steigen beim Lkw stärker (Lenk- und Ruhezeiten, elektronische Überwachung, Maßnahmen gegen Lohndumping) und treffen ihn stärker (Personalintensität).

In diese Erfolgsgeschichte der Güterbahnen reihen sich die NE-Bahnen perfekt ein.

Die Steigerung der von den NE-Bahnen erbrachten Verkehrsleistungen und damit ihres Marktanteils von bescheidenen 1,1 % im Jahr 1996 konnten auf über 20 % ausgeweitet werden; aus einer Verkehrsleistung von 0,7 Mrd. tkm wurden ca. 25 Mrd. tkm.

2.3 Der Schienenpersonennahverkehr (SPNV)

Im Gefolge der Bahnreform wurde 1996 die Verantwortung für den SPNV mit dem Regionalisierungsgesetz auf die Bundesländer übertragen, bei gleichzeitiger Neuregelung der Finanzausstattung. Die neuen Aufgabenträger bemühten sich verstärkt um neue Betreiber und wollten die DB, die traditionell auf ihrer – und ihr weiter verbleibenden – Infrastruktur auch den Betrieb verantwortete, ablösen. Sie wählten dazu die Instrumente der Direktvergabe an ihre eigene „Landesbahn" oder ein wettbewerbliches Ausschreibungsverfahren. Damit wurde der Markt nachhaltig verändert. Vor der Regionalisierung lag der Anteil der NE-Bahnen bei etwa 2,5 % der Zugkilometer. Es handelte sich um den noch verbliebenen Rest ehemals umfangreicher Personenverkehre auf der NE-Infrastruktur. Diese wurden unter wirtschaftlichen Zwängen in den 1960er und 70er Jahren in gro-

Abbildung 4: Marktanteile und Verkehrsleistungen der NE-Bahnen im öffentlichen Güterverkehr 1996 bis 2008

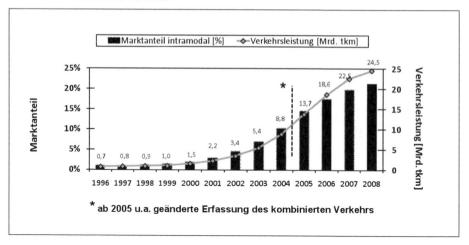

Abbildung 5: Bestellermarkt im SPNV: Entwicklung der Betriebsleistungen 1996 bis 2008

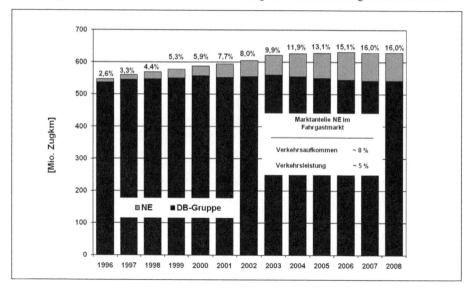

ßem Maße eingestellt. Im Verlauf der Marktöffnung stieg der Anteil der NE bei den Zugkilometern auf über 15 % und vergrößerte sich mit steigender Tendenz.

Die Infrastruktur bleibt nach wie vor in der Regel bei der DB-Gruppe, wodurch die NE-Bahnen etwa 50% ihrer Kosten einsparen. Allerdings müssen die „neuen" Betreiber die Trassennutzung entsprechend einem sog. Trassenhandbuch, in dem die Preise für die Nutzung der Infrastruktur geregelt sind, dem Netzeigentümer und -betreiber, also der DB Netz AG, vergüten.

Abbildung 6: Kostenstruktur im SPNV

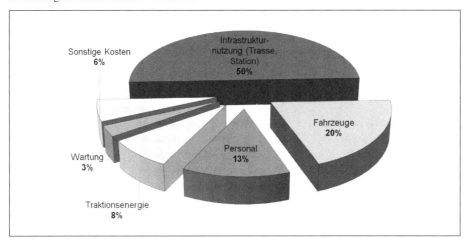

3. Die Westfälische Landes-Eisenbahn GmbH

Die (WLE) ist ein Zusammenschluss von Gebietskörperschaften oder deren Kapitalgesellschaften. Aufgabe des Unternehmens ist, die Verkehrsverhältnisse in Westfalen zu fördern und zu verbessern. Dieses geschieht insbesondere durch den Betrieb von Eisenbahn- und Güterverkehr einschließlich der Speditionstransporte auf Schienennetze. Ferner kann sich die WLE an Unternehmungen, die diese Zwecke fördern, beteiligen. Sie erfüllt damit Aufgaben der öffentlichen Daseinsvorsorge. Mit dieser Zielsetzung ist die WLE seit über 120 Jahren nicht nur fester Bestandteil der heimischen Wirtschaft, sondern durch ihre Aufgabenstellung Bindeglied zwischen Hersteller und Verbraucher. Neben dem Landschaftsverband Westfalen-Lippe, vertreten durch die Westfälisch-Lippische-Vermögensverwaltung GmbH und die Kreise Soest sowie Warendorf, sind weitere zehn Kommunen bzw. kommunale Betriebe (Stadtwerke) an der WLE beteiligt. Damit hat sie für ihre Eigentümer die Stellung einer Wirtschaftsförderungsgesellschaft, die als Infrastruktureinrichtung eine hochwertige Verknüpfung der regionalen Märkte in weltweite Transport- und Logistikketten sicherstellt.

Die Entwicklung der letzten 30 Jahre war vielfältig und tief greifend. Nachfolgend besondere Schwerpunkte:
1980 die Westfälische Landes-Eisenbahn ändert Rechtsform von AG in GmbH;
Abbau der Strecke Heidberg – Brilon;
1981 Auslauf der Liquiditätshilfe mit Beteiligung des Landes NW an der Verlustabdeckung;
1984 Vereinbarung über die Abdeckung von Verlusten der WLE;
1985 Aufnahme des Kalksteinverkehrs zur Fa. Anneliese Zementwerke AG in Ennigerloh. Im Rahmen eines 15-Jahres-Vertrages werden 4,8 Mio Tonnen Kalkstein von der Straße auf die Schiene verlagert;

Abbildung 7: Streckennetz der WLE

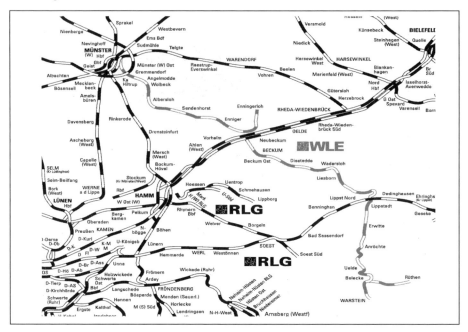

1987 Übernahme Industriestammgleis der Stadt Erwitte;
1988 Strecke Borken – Stadtlohn – Vreden Rückbau und Verkauf;
1989 Gründung der WLE-Spedition GmbH Speditionsgewinn einschl. Jahr 2006 bis heute 2,1 Mio. EUR;
1990 Rückgabe der Strecke Wiedenbrück – Delbrück durch DB und anschließende Stilllegung und Verkauf durch WLE;
Bildung des Frachtzentrums für Kleingut der WLE in Lippstadt;
1994 Eisenbahnneuordnungsgesetz, Liberalisierung des Verkehrsmarktes, Wegfall der Beförderungspflicht und der Tarifbindung, Öffnung der Infrastruktur für Wettbewerb öffentlicher Bahnen;
Stilllegung der Strecke Rüthen – Heidberg;
1995 Aufsichtsratsbeschluss zum Auslaufbetrieb auf der Strecke Neubeckum – Münster. Nach derzeitigem Streckenzustand vsl. bis Ende 2009;
1996 Im April Aufnahme der Kalksteintransporte zur Fa. Readymix;
im Rahmen eines 15-Jahres-Vertrages werden 4,5 Mio. Tonnen Kalkstein von der Straße auf die Schiene verlagert;
Aufgabe des Kleingutverkehrs durch die DB und dadurch Schließung des Frachtzentrums der WLE in Lippstadt zum 31.12.;
Umsatzverlust durchschnittlich 1,4 Mio. EUR, Mengenverlust 20.000 t, Wegfall von 30 Arbeitsplätzen;
1997 Abschluss eines Transportvertrages mit der Warsteiner Brauerei;
im Rahmen eines 15-Jahres-Vertrages werden vsl. ab 2005 3 Mio. Tonnen nach Fertigstellung des Gleisanschlusses von der Straße auf die Schiene verlagert;
Umsatz Rangierdienstleistungen für DB 240.000 EUR/Jahr;

1999	Beteiligung an SPNV-Ausschreibung Münster – Coesfeld – Gronau in Kooperation mit der WestBahn;
2000	Untersuchung zur Reaktivierung des SPNV auf der WLE zwischen Münster und Neubeckum im Auftrag des ZVM;
2001	Wegfall des Frachtverteilverfahrens mit der DB (Abkommen zur Verteilung der Frachteinnahmen nach Schlüsseln), Umstellung auf Einkaufsverträge; WLE kooperiert als Subunternehmer und Frachtagentur mit DB Cargo; Im Dezember Planfeststellungsbeschluss der Bezirksregierung Arnsberg zum Bau des Gleisanschlusses der Warsteiner Brauerei;
2002	Beteiligung an SPNV-Ausschreibung Sauerland-Netz und Westmünsterlandbahn in Kooperation mit Dortmund Märkische Eisenbahn; Das Werk Neubeckum der Fa. Dyckerhoff wird im Oktober stillgelegt. Verlust von durchschnittlich 300.000 Jahrestonnen an Kalksteinverkehren; Umsatz Dienstleistungen im Arbeitszugbereich erstmals über 1 Mio. EUR/Jahr;
2003	Baubeginn des Gleisanschlusses der Warsteiner Brauerei;
2005	Aufnahme der Transporte von und zur Warsteiner Brauerei im April 2005 mit Fernverkehren in der Relation Warstein – München-Riem Ubf;
2006	Umsatz der Dienstleistungen im Arbeitszugbereich mit 1,6 Mio. EUR auf Rekordniveau;
2007	Aufnahme des Neuverkehrs Kalksteinsand ab der Fa. Brühne, Warstein, zur Fa. ThyssenKruppStahl AG, Duisburg, mit einem Mengenvolumen von 300.000 t/Jahr im Rahmen eines 10-Jahres-Vertrages; Beginn umfangreicher Windwurf-Holztransporte nach dem Orkan „Kyrill"; Auslieferung der Neubaulokomotive Typ ER 20 der Fa. Siemens; Beginn Sanierung Strecke Belecke – Rüthen; Frontalzusammenstoß zweier Züge am 25.07. in Lippstadt;
2008	Jubiläumsfeier 125 Jahre WLE; Abschluss Sanierung Strecke Belecke – Rüthen;
2009	Auslieferung der Neubaulokomotive Typ G 1206 der Fa. Vossloh als Ersatz für Unfalllokomotive 34; Aufnahme des Fernverkehrs Warsteiner Brauerei nach Berlin-Großbeeren; Auslieferung der Neubaulokomotive Typ ER 20 der Fa. Siemens.

3.1 Die Infrastruktur der WLE

Die WLE unterhält und betreibt ein eigenes Gleisnetz von 120 km. Dazu gehören Bahnhöfe, Verladeanlagen, Brücken, Straßenkreuzungen und vieles mehr. Anfang der 1980er Jahre waren noch eine Vielzahl von Betriebsbediensteten für die Infrastruktur zuständig. Diese wurden insbesondere auch für die Bedienung von Bahnübergängen und die Besetzung von Stellwerken benötigt. Durch Stillegungen, den Einbau moderner automatischer Bahnübergangssicherungsanlagen und die Einführung elektrisch ortsbedienter Weichen, die durch Triebfahrzeugführer vom Fahrstand oder fern bedient durch den Zugleiter gestellt werden, konnten diese Arbeitsplätze mittlerweile substituiert werden. Die Gleisanlagen wurden zu jedem Zeitpunkt auf das betrieblich notwendige Maß reduziert, sei es durch Streckenstilllegungen wie bei der Nordbahn zwischen Borken – Stadtlohn (Vreden) – Ahaus und Burgsteinfurt oder durch Abbau nicht mehr benötigter Bahnhofsgleise. Eine weitere Form der Sparmaßnahmen im Bereich der Infrastruktur ist der derzeitige Auslaufbetrieb auf der Strecke Neubeckum – Münster. Beabsichtigt ist der Umbau des Bahnhofs Warstein. Die Gleisanlagen werden dort so verschlankt, dass künftig ein deutlich geringerer Rangieraufwand entsteht und die Bildung von Ganzzügen erheblich erleichtert wird. Des Weiteren ist für die Zukunft geplant, gezielt in ausgewählten Bahnhöfen die Kreuzungsgleise zu verlängern. Hiermit wird die Effizienz des Zugbetriebs gesteigert, da sich das gleiche Frachtaufkommen mit weniger Zügen dafür aber auf längere Züge verteilt.

Im April 2005 hat die WLE erstmals seit über 100 Jahren wieder ein neues Streckengleis in Betrieb genommen. Dieses schließt mit einer Länge von insgesamt 4,8 km die Warsteiner Brauerei und einen weiteren Großkunden an das Streckennetz der WLE an.

Durch die nahezu abgeschlossene Einführung der Funkfernsteuerung und der damit verbundenen Schaffung von Arbeitsplätzen für Lokrangierführer, die ihr Triebfahrzeug über eine Fernsteuerung auch von außerhalb des Fahrstandes führen können, wurden und werden zukünftig weitere Rangiererarbeitsplätzen überflüssig. Die Leistungserhöhung und die Beschaffung von 6-achsigen Lokomotiven erlaubt heute eine deutlich höhere durchschnittliche Anhängelast pro Zug als noch vor 20 Jahren. Durch diese Maßnahmen konnte die Produktivität des Betriebs deutlich gesteigert werden, da bei gleichem Transportvolumen weniger Zugfahrten notwendig werden.

Die Infrastruktur der WLE muss aus den Trassenerträgen der Eisenbahnverkehrsunternehmen finanziert werden, die diese Trasse für Zugfahrten und andere Leistungen nutzen.

Die WLE muss die Trasse jedem zugelassenen EVU öffnen und Preise veröffentlichen. Hauptnutzer war und ist bislang die Verkehrssparte der WLE. Für die Sparten Infrastruktur und Verkehr wird eine Trennungsrechnung geführt.

Die regionale Bahnstrecke wird nicht ausreichend nachgefragt, um notwendige Infrastrukturkosten zu decken. Im Gegensatz zur DB-Infrastruktur genießt die WLE keine gesetzliche Regelung zu Gunsten der Infrastrukturfinanzierung. Würde die WLE nach gleichen Kriterien wie die DB finanziert, stünden ihr entsprechend ihrer Streckenlänge jährlich ca. 9 Mio EUR an Drittmitteln zu. Tatsächlich erhält sie weniger als 100.000 Euro und wird darüber hinaus noch mit etwa 1 Mio. Euro Mineralölsteuer belastet. Die Rechnung wird durch die kommunalen Gesellschafter ausgeglichen.

3.2 Der Güterverkehr der WLE

Die Entwicklung des Güterverkehrs hängt von einer Vielzahl einzelner Marktkomponenten ab. Trotz aller zwischenzeitlichen Verluste ist jedoch eine erfreuliche Tendenz feststellbar. Ein Schwerpunkt bilden die Kalksteintransporte zwischen Warstein und den Zementwerken im Kreis Warendorf.

Wurde bis 1984 lediglich das Zementwerk Dyckerhoff in Neubeckum im Rahmen eines logistischen Gesamtangebotes durch die WLE vollständig mit Warsteiner Rohkalkstein versorgt, ist es 1985 gelungen, auch das Zementwerk Ennigerloh der Fa. Anneliese Zementwerke AG in das Logistiksystem einzubinden. Dafür wurden in Entladeanlagen und Spezialgüterwagen durch die WLE rd. 6,9 Mio. Euro investiert. Davon trug rd. 3,3 Mio. Euro das Land NRW. Im Gegenzug verpflichtete sich die Fa. Anneliese eine Rohkalksteinmenge von 4,8 Mio. Tonnen in einem Zeitraum von 15 Jahren über die WLE-Schiene zu transportieren. Dieser Vertrag wurde zwischenzeitlich erfüllt und verlängert.

Im April 1996 konnte als drittes Zementwerk auch die Fa. Readymix GmbH & Co. KG in Beckum in das Logistiksystem der Schiene integriert werden. Hierzu waren Investitionen in Be- und Entladeanlagen, einen neuen Gleisanschluss sowie Güterwagen in Höhe von rd. 10,75 Mio. Euro notwendig, von denen das Land NRW 5,36 Mio. Euro übernahm. Die Fa. Readymix hat sich im Rahmen eines 15-Jahres-Vertrages zu einer Gesamtmengenabnahme an Rohkalkstein von 4,5 Mio. Tonnen, also durchschnittlich etwa 300.000 t/Jahr, verpflichtet. Trotz schwieriger Wettbewerbslage lagen die Jahresmengen der Fa. Readymix (CEMEX) 2006 mit rd. 473.000 t demnach deutlich über dieser Durchschnittsmenge.

Die seit mehreren Jahren anhaltend schlechte konjunkturelle Lage des Bausektors, die eine erhebliche Überkapazität in der Zementproduktion zur Folge hatte, führte im Oktober 2002 zur Schließung des Werkes Neubeckum der Fa. Dyckerhoff. Bei langjährig durchschnittlicher Betrachtung bedeutete die Schließung für die WLE Mengeneinbußen von 300.000 t pro Jahr einschließlich einem darin

Abbildung 8: Entwicklung der Verkehrsleistungen

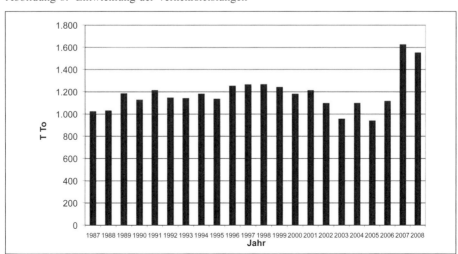

Abbildung 9: Entwicklung der Transportleistung

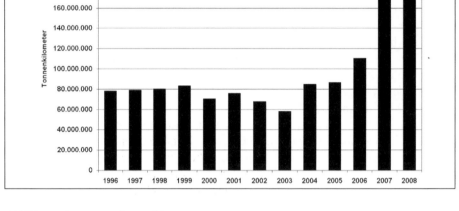

Abbildung 10: Personalkennzahlen

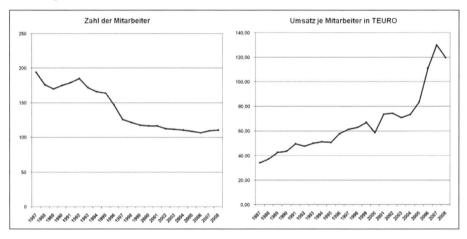

enthaltenen hohen Fixkostenanteil speziell für den Fahrweg. Die zwischenzeitlich weiter erfolgte Konzentration im Zementbereich Westfalen hat Anfang 2003 zur kompletten Übernahme der Anneliese-Gruppe durch HeidelbergCement AG geführt, während wiederum Ende 2003 das Werk Bosenberg in Ahlen durch HeidelbergCement in die Anneliese-Gruppe integriert worden ist. Durch diese Konzentration eröffnen sich wieder Chancen auf einen höheren Mengenbezug. Im Rahmen eines 10-Jahres-Vertrages ist es gelungen, beginnend ab dem 01.02.2007 jährlich rd. 300.000 t Neuverkehre an Kalksteinsand für die Schiene zu akquirieren.

Die sonstigen Verkehre, d.h. im Wesentlichen Einzelwagenladungsverkehre mit Quelle/Ziel im Bereich der DB (heute DB Schenker Rail), waren bis 1998 kontinuierlich rückläufig und haben sich seitdem auf niedrigem Niveau stabilisiert.

Zunehmende Aktivitäten im Fernverkehr außerhalb der eigenen Infrastruktur führen zu deutlichen Steigerungen der durchschnittlichen Beförderungsweite. Dies hat Auswirkungen auf die Relation Aufwand pro Tonne, Ausrüstung mit Lokomotiven, Ausbildung des Personals u.v.m.

4. Dank an das Aufsichts- und Beiratsmitglied

Die Aufgaben eines Aufsichts- und Beiratsmitglieds erfordert einen ganzen Eisenbahner. Die Wünsche und Anforderungen des kommunalen Eigentümers – viel Eisenbahn für wenig Geld – müssen zusammengebracht werden mit den Zwängen der Bahn – ein Zug braucht ein betriebssicheres Gleis, fachkundigen Betrieb und genügend bezahlte Auslastung. Dabei sieht der Eisenbahner als Aufsichtsratsmitglied oft auch den Eisenbahner im Unternehmen. Mit großer Sensibilität begleitete Prof. Robert den erfolgreichen Prozess der personellen Anpassung an neue Produktionsmethoden, die zu steigender Produktivität führten.

Prof. Robert hat das Unternehmen in einer langen Phase bedeutender Entwicklungen auf einem guten Weg begleitet und viele richtige Weichen gestellt. Die vorstehenden Ausführungen zur Eisenbahn und zur WLE mögen Erinnerung und Dank gleichermaßen sein.

Dietrich Meendermann

Interkommunale Zusammenarbeit in der Abwasserwirtschaft – ein Instrument zur Stärkung lokaler Autonomie

1. Einführung

Umweltmedien kennen keine Grenzen. Meere, Flüsse und das Grundwasser verbinden nicht nur Länder, sie tragen auch alles mit sich, was der Nachbar im Oberlauf oder an anderer Stelle einträgt. Deswegen ist Umweltpolitik in hohem Maße international. Das zeigt sich nicht erst seit den Diskussionen um den Klimawandel.

Die Europäische Union hat Wasser in den Fokus genommen und verfolgt auf diesem Gebiet eine integrierte Politik. Damit greift sie erheblich in gewachsene nationale Rechtsgebiete ein und beeinflusst die Organisationsebene der Verwaltung der Mitgliedstaaten. Innerhalb von zehn Jahren hat sich damit in Deutschland auf Bundes- und Länderebene das Wasserrecht grundlegend gewandelt. Weitgehend sind die Bundesländer nur noch diejenigen, die EU-Richtlinien umsetzen müssen, Gestaltungsspielräume werden geringer. Dieser Befund ist vor allem deshalb bemerkenswert, da nach der föderalen Struktur der Bundesrepublik die Kompetenz zur Regelung der Verhältnisse zwischen den Kommunen auch und gerade im Bereich der Abwasserwirtschaft bei den Bundesländern liegt. Nach Robert obliegt es ihnen, die Funktionalität und Attraktivität des Lokalen an der Grenze zum Regionalen zu steigern (Robert, Konegen 2006: 42).

Nicht nur rein technische Umweltfragen, die aus Brüssel über verschiedene Richtlinien reglementiert werden, berühren die kommunale Abwasserbeseitigung. Mehr und mehr greift Europa auch über Wettbewerbsregeln in die wirtschaftliche und politische Organisation der Daseinsvorsorge und damit eben auch der Abwasserbeseitigung ein. Das bedeutet, dass Einschnitte in die Tradition der kommunalen Selbstverwaltung, deren Hüter in Deutschland die Länder und deren Akteure die Kommunen sind, vorgenommen werden.

Nachfolgend soll in diesem Beitrag die Praxis interkommunaler Zusammenarbeit auf dem Gebiet der Abwasserwirtschaft am Beispiel der Stadt Telgte aufgezeigt werden. Darüber hinaus folgen Überlegungen zur Gestaltung von Rechtsformen, die eine stärker institutionalisierte interkommunale Zusammenarbeit auf diesem wichtigen Feld der Daseinsvorsorge ermöglichen.

2. Praxis der interkommunalen Zusammenarbeit in der Stadt Telgte

Die Abwasserbeseitigung erfolgt in Nordrhein-Westfalen nach den Vorschriften des Landeswassergesetzes von 1995, das in § 53 vorsieht: „Die Gemeinden haben das auf ihrem Gebiet anfallende Abwasser gemäß § 18 a des Wasserhaushaltsgesetzes zu beseitigen". Zu dieser gemeindlichen Pflichtaufgabe gehören Erschließung, Planung, Bau und Betrieb von Abwasserbehandlungsanlagen und insbesondere die Vorlage eines Abwasserbeseitigungskonzeptes. Das Abwasser ist damit eine Angelegenheit der örtlichen Gemeinschaft, der Kommunen oder der von ihnen gebildeten Zweckverbände.

Auf der Grundlage eines öffentlich-rechtlichen Vertrages aus dem Jahr 2003 kooperieren die Stadt Telgte und die Gemeinden Everswinkel und Ostbevern seit dem 1. November 2003 im Bereich der Abwasserbeseitigung. Ziel des Kooperationsvertrages war und ist der rechtssichere Betrieb der Anlagen auf der Grundlage der jeweils geltenden rechtlichen und technischen Vorschriften. Die Kommunen führen Aufgaben im Bereich des Kläranlagen- und Kanalbetriebes gemeinsam durch. Das Ziel der Kooperation ist u.a. die Erhöhung der Betriebs- und Rechtssicherheit durch die Einhaltung der gesetzlichen Überwachungsaufgaben, wie z.B. der Selbstüberwachung von Kläranlagen und Kanalisationsnetzen. Die Abwasserbetriebe der beteiligten Kommunen sind rechtlich jeweils eigenständig als eigenbetriebsähnliche Einrichtung bzw. echte Eigenbetriebe der Gemeinden organisiert und ausgestaltet. In der Ablauforganisation der Kooperation bilden die Betriebsleitungen der Kommunen zusammen mit dem von Ihnen benannten Koordinator das Abstimmungsgremium zur Einleitung von notwendigen Maßnahmen auf den Kläranlagen und in den Kanalnetzen. Dabei setzt der Koordinator die von der Betriebsleitung und ihm gemeinsam erarbeiteten Ziele und Maßnahmen für den gemeinsamen Anlagenbetrieb zusammen mit den jeweils auf den Kläranlagen der beteiligten Kommunen beschäftigten Mitarbeitern um.

Die Kooperation der Stadt Telgte mit den benachbarten Gemeinden Everswinkel und Ostbevern hat unter dem Kürzel *TEO* in den vergangenen Jahren zu einer Standardisierung der Dokumentation und zu einem regen Erfahrungsaustausch auf allen Ebenen der Betriebsleitung und Betriebsführung geführt. Aktuelle Probleme und gesetzliche Anforderungen werden untereinander diskutiert. Anschaffungen von Maschinen, Werkzeugen und Materialien werden als Sammelbestellungen mit dem Ziel einer größtmöglichen Rabattierung zusammengeführt. Ebenso wird der Bereitschaftsdienst für die drei jeweils bestehenden Kläranlagen und Sonderbauwerke zusammen organisiert. Unterhalb einer institutionellen Verbindung über mögliche Rechtsformen sind die Erfahrungen mit dem Projekt TEO in allen Gemeinden sehr positiv. Insbesondere das seit Jahren praktizierte und dokumentierte Qualitäts- und Umweltmanagement der drei Betriebe sowie das Risikomanagement ermöglichten im Jahre 2008 eine erfolgreiche Zertifizierung gemäß DIN EN ISO 9001 sowie DIN EN ISO 14001.

Natürlich liegen Überlegungen nahe, die benachbarten Abwasserbeseitigungsanlagen und deren Organisation sowie ihren Betrieb noch näher zu verbinden, mithin einen geeigneten Rechtsrahmen für die Fortsetzung der erfolgreichen interkommunalen Zusammenarbeit zwischen der Stadt Telgte und den Gemeinden Everswinkel und Ostbevern zu schaffen. Für die Kommunen gilt, dass sie auf zukünftige Herausforderungen flexibel reagieren können, die hinsichtlich der Daseinsvorsorge und damit auch im Bereich der Abwasserwirtschaft auf sie zukommen. Dabei sind nicht nur die Rechtssetzungsaktivitäten der Europäischen Union, die den Betrieb von Abwasseranlagen betreffen, zu beachten. Demografie und Klimawandel sind weitere Stichworte, die Aufmerksamkeit verlangen. Einerseits müssen Infrastruktursysteme für das Sammeln und Behandeln der Abwässer der Bevölkerungsentwicklung und den Verbrauchsgewohnheiten angepasst werden. Das erfordert flexible Lösungen unter ökologischen und ökonomischen Aspekten, die überwiegend ortsnah abzuwägen sind. Andererseits bringt der Klimawandel neue Herausforderungen mit sich. Große und konzentrierte Regenmengen sowie ausgedehnte Trockenperioden sind abwasserwirtschaftlich zu beherrschen. Auch diese Befunde erfordern Flexibilität sowie Ortsnähe und zwingen in Zeiten immer knapper werdender finanzieller Ressourcen zur interkommunalen Zusammenarbeit.

3. Rechtsformmodelle

Für Gemeinden stehen als Rechtsformen in der wirtschaftlichen oder nicht wirtschaftlichen Betätigung Regiebetriebe, Eigenbetriebe, Eigengesellschaften als Aktiengesellschaft oder GmbH sowie in Nordrhein-Westfalen seit 1999 die Anstalt des öffentlichen Rechts (AöR), zur Verfügung.[1]

3.1 Regie- und Eigenbetrieb

Der Regiebetrieb ist eine Organisationseinheit innerhalb der Kommunalverwaltung. Als unselbständige Betriebsform ist sie hinsichtlich haushaltsrechtlicher, personeller und sachlicher Zuständigkeit in die Verwaltung eingegliedert (Waldmann 2008: 284). Regiebetriebe, wie z.B. Bauhöfe, stellen somit lediglich kommunale Hilfsbetriebe dar, die für die Deckung des gemeindlichen Eigenbedarfs zuständig sind (Menzel, Hornig 2000: 178).

Der Eigenbetrieb gemäß § 114 GO NW in Verbindung mit den Vorschriften der Eigenbetriebsverordnung NW stellt rechtlich einen unselbstständigen Vermögens- und Verwaltungsteil der Gemeinde dar. Gemäß § 97 Abs.1 Nr. 3 GO NW gilt sein Vermögen als Sondervermögen der Gemeinde.[2] Durch die Eigenbetriebsverordnung hat der Eigenbetrieb eine ausgeprägte verfassungs- und vermögensrechtliche Sonderstellung erhalten, die ihm in vielen Fällen ein flexibleres und stärker wirtschaftlich ausgerichtetes Handeln ermöglicht. Organisatorisch ist der Eigenbetrieb von der Struktur der Kommunalverwaltung abgesetzt. Er erhält eine Sonderstellung durch die Betriebsleitung und die Einrichtung ei-

---

1 In Nordrhein-Westfalen: Anstalt des öffentlichen Rechts (AöR), § 114 a GO NW.
2 Vgl. § 9 EigenbetriebsVO.

nes Betriebsausschusses, der entsprechend den politischen Mehrheiten wie ein Ausschuss des Rates konzipiert ist.[3] In dieser speziellen Organisationsform obliegt es der Betriebsleitung, die interne Organisation und Aufgabenerledigung sicherzustellen Menzel, Hornig a.a.O.: 178). Da der Eigenbetrieb gemäß § 114 GO NW nicht rechtsfähig ist, kann er keine institutionelle Zusammenarbeit mit Privaten eingehen und sich auch nicht an anderen Rechtsträgern beteiligen (Lindt, Schmitz-Rödl & Partner 2004: 46). Der gemeindliche Eigenbetrieb bleibt in seinen wesentlichen Entscheidungen von der Willensbildung im Rat abhängig. Arbeitsrechtlich sind die Mitarbeiter von Eigenbetrieben Beschäftigte der jeweiligen Kommune, die wiederum regelmäßig kommunalen Arbeitgeberverbänden angehören. Von daher unterliegt der Eigenbetrieb ebenso wie die kommunale Gebietskörperschaft der Tarifgebundenheit aus dem TVöD (Lindt, Schmitz-Rödl & Partner a.a.O.: 46f.).

Fazit dieser Rechtsformüberlegung ist, dass der Regiebetrieb aufgrund seiner noch stark ausgeprägten Eingliederung in die gemeindliche Verwaltungsstruktur keine Organisationsform ist, die der Gemeinde Spielraum hinsichtlich ihrer interkommunalen Aktivitäten eröffnet. Der Eigenbetrieb ist demgegenüber zwar begrenzt selbstständiger als der Regiebetrieb, jedoch aufgrund der noch engen Bindung von Betriebsleitung und Betriebsausschuss an die Vorgaben des Rates kaum die geeignete Rechtsform für eine institutionelle interkommunale Zusammenarbeit.

3.2 Eigengesellschaften

Als Eigengesellschaften der Kommunen in Nordrhein-Westfalen kommen die GmbH und die AG in Betracht. Nach § 108 Abs. 1 Nr. 3 GO NW kann die Gemeinde nur solche Unternehmen gründen oder sich an ihnen beteiligen, welche die Haftung der Gemeinde auf einen bestimmten Geldbetrag begrenzen (Menzel, Hornig a.a.O.: 178f.). Diese Möglichkeit der Haftungsbegrenzung besteht bei der GmbH und der Aktiengesellschaft, da diese gegenüber den Gläubigern nur mit dem Gesellschaftsvermögen haften. Hingegen gibt es diese Option nicht bei Personengesellschaften. Die Gründung oder Beteiligung der Gemeinde an einer OHG, KG oder BGB-Gesellschaft wäre daher unzulässig, da hier eine Haftungsbegrenzung der Gemeinde auf einen bestimmten Geldbetrag grundsätzlich nicht möglich ist (Rehn u.a. 10/2008: § 108 IV 1). Bei der GmbH und der AG handelt es sich um selbstständige juristische Personen des Privatrechts mit eigenem Gesellschaftsvermögen. Die Organe der Eigengesellschaften handeln selbstständig und in erster Linie unternehmensbezogen. Diese sind nicht unmittelbar an die gemeindlichen Gremien gebunden. Der Einfluss der Gemeinde erfolgt indirekt über die Kontrollgremien der Eigengesellschaft. Bei der GmbH wird die Geschäftsführung durch die Gesellschafterversammlung und ggf. durch den Aufsichtsrat überwacht. Die Einzelheiten der inneren Organisation von Eigengesellschaften werden bei der GmbH und der AG in einem Gesellschaftsvertrag geregelt, der bei der AG auch als Satzung bezeichnet wird. Insbesondere von der Ausgestal-

---

3 Vgl. § 2 EigenbetriebsVO.

tung dieses Vertrages – aber auch von den örtlichen Strukturen – hängt es ab, inwieweit die Gemeinde den Einfluss auf die Eigengesellschaft sichergestellt hat. In der Praxis ist zu beobachten, dass Eigengesellschaften insbesondere bei größeren wirtschaftlichen Einheiten dominieren. So werden die meisten Stadtwerke in den Kommunen als Eigengesellschaften geführt. Sie sind zwar in der Regel selbstständiger verfasst als die Regie- oder Eigenbetriebe, jedoch haben sie den Nachteil, dass sie von den Vorteilen einer öffentlich-rechtlichen Rechtsform abgeschnitten sind, da sie nicht über hoheitliche Befugnisse verfügen (Menzel, Hornig a.a.O.: 178f.). Dieses Manko der Normsetzungsbefugnis lässt daher die Eigengesellschaften als Rechtsformen aus dem Bereich der hoheitlichen Tätigkeiten der Gemeinde, wie z.B. der Abwasserbeseitigung und der Abfallentsorgung, ausscheiden.

Ein weiterer Aspekt, der gegen den Rückgriff auf juristische Personen des Privatrechts – wie die Aktiengesellschaft und die GmbH – in der kommunalpolitischen Diskussion eingewandt wird, ist die vermeintlich mangelnde Einbindung der kommunalen Träger und der damit einhergehenden unzureichenden Einhaltung des Demokratieprinzips. Auch wenn gemäß § 113 Abs. 5 GO NW die Vertreter der Gemeinde in den Gesellschafterorganen zur frühzeitigen Information des Rates über besonders bedeutsame Angelegenheiten der Gesellschaft zu berichten, verpflichtet sind, ist diese Unterrichtungspflicht jedoch durch den Vorrang des Gesellschaftsrechts begrenzt. Dieses kann die Weitergabe von Informationen aus den Gesellschaftsorganen nach § 116 i.V. mit § 93 Abs. 1 Satz 1 Aktiengesetz und § 52 GmbH Gesetz einschränken (Articus, Schneider § 114 GO NW, 3). Im Ergebnis erfüllen auch die Eigengesellschaften im eigentlichen Sinne nur den Auftrag als Erfüllungsgehilfe für die Gemeinde, da keine Aufgabenübertragung zur selbstständigen Erledigung stattfindet (Lindt, Schmitz-Rödl a.a.O.: 46, 48). Vielmehr tritt auch eine Eigengesellschaft nicht mit allen Rechten und Pflichten an die Stelle der Gemeinde. Sie hat keine, wie auch immer abgeleiteten hoheitlichen Befugnisse und kann damit gegenüber den Bürgerinnen und Bürgern kein mittels Verwaltungsakt durchzusetzendes Ortsrecht erlassen.

3.3 Rechtsfähige Anstalten des öffentlichen Rechts

In Nordrhein-Westfalen ist mit dem Gesetz zur Modernisierung von Regierung und Verwaltung in Nordrhein-Westfalen vom 15.September 1999 die Rechtsform einer rechtsfähigen Anstalt des öffentlichen Rechts (§ 114 a GO NW) in die Gemeindeordnung eingefügt worden. Die Gemeinde hat über die Anwendung des § 114 Abs. a GO NW die Möglichkeit erhalten, Aufgaben auf die Anstalt des öffentlichen Rechts (AöR) zu übertragen (Menzel, Hornig a.a.O.: 178f.). Mit der AöR sollten die Kommunen die Möglichkeit erhalten, die sich bis dahin ausschließenden Vorzüge der öffentlich-rechtlichen Organisation (Vermeidung von Steuerungsdefiziten) mit denjenigen der selbstständigen Eigengesellschaft (größtmögliche unternehmerische Flexibilität durch rechtliche Verselbstständigung) in eine Organisationsform zusammen zu führen (Lindt, Schmitz-Rödl & Partner a.a.O.: 41). So ist die Anstalt mit ihrer rechtlichen Selbstständigkeit selbst Träger von Rechten und Pflichten, kann Eigentum erwerben, hat selbst die Stellung des Vertragspartners inne und ist im Prozess selbst parteifähig.

3.3.1 Die Gründungsvoraussetzungen

Nach § 114 a Abs. 1 GO NW kann die Gemeinde entweder Unternehmen oder Einrichtungen in der Rechtsform der Anstalt des öffentlichen Rechts neu gründen oder bestehende Regie-, Eigenbetriebe- oder Einrichtungen in eine solche umwandeln. Unter dem Begriff „Einrichtung" ist die hoheitliche Aufgabe der Abwasserbeseitigung gemäß Landeswassergesetz NW in der Erledigung durch eine eigenbetriebsähnliche Einrichtung ebenso erfasst. Die Entscheidung über die Errichtung oder Umwandlung in eine Anstalt des öffentlichen Rechts ist eine nicht übertragbare Angelegenheit des Rates gemäß § 41 Abs. 1 Buchstabe l und m GO NW. Träger einer Anstalt kann nur die Gemeinde selbst, nicht aber eine juristische Person des Privatrechts sein.

Durch Verweis des § 114 a Abs. 1 Satz 2 GO NW auf die allgemeinen Regeln des § 108 Abs. 1 Nr. 1 und im Zusammenhang mit der Abwasserbeseitigung des Abs. 2 GO NW wird deutlich, dass für die Gründung oder Beteiligung an einer Anstalt auch die allgemeinen Voraussetzungen für eine gemeindliche Betätigung nach § 107 GO NW erfüllt sein müssen. Durch diese Bezugnahme wird deutlich, dass die wirtschaftliche Betätigung in Anstaltsform grundsätzlich nur als Ausnahmetatbestand der Gemeindeordnung zulässig ist, der einen öffentlichen Zweck erfordert. Unzulässig wäre eine Betätigung nur zu dem Zweck, gemeindliche Einrichtungen besser auszulasten. Bei einer nichtwirtschaftlichen Betätigung der Gemeinde, zu der gemäß § 107 Abs. 2 Satz 1 Ziffer 4 GO NW u.a. die Abwasserbeseitigung gehört, darf die Gemeinde die Rechtsform der Anstalt des öffentlichen Rechts nur wählen, wenn die Gemeinde zur wirtschaftlichen, sozialen oder kulturellen Betreuung ihrer Einwohner innerhalb der Grenzen ihrer Leistungsfähigkeit handelt und ein wichtiges Interesse gegeben ist. Diese Voraussetzungen in der Gemeindeordnung sind gerade im Zusammenhang mit der hoheitlichen Aufgabe der Abwasserbeseitigung und mit der beabsichtigten Gründung einer AöR als gegeben anzusehen.

Die Umwandlung bestehender Betriebe und Einrichtungen in eine AöR erfolgt im Wege der Gesamtrechtsnachfolge nach den Vorschriften des Umwandlungsgesetzes. Nach § 1 Abs. 2 Umwandlungsgesetz ist eine Umwandlung auch dann möglich, wenn ein Landesgesetz dies ausdrücklich vorsieht. Von dieser Möglichkeit macht § 114 a Abs. 1 GO NW Gebrauch. Sofern die Gemeinde eine Umwandlung beschließt, muss dem Beschluss bei Eigenbetrieben ein Jahresabschluss oder Zwischenabschluss, bei Regiebetrieben eine Eröffnungsbilanz gemäß § 242 HGB vorausgehen. Dieses gilt der Klarstellung der Tatsache, welches Vermögen umgewandelt wird (Menzel, Hornig a.a.O.: 178, 180). Hinsichtlich der Besteuerung ist die Steuerbefreiung nach § 1 Abs. 1 Nr. 6 KFtG, § 2 Abs. 2 Satz 1 UStG i.V. mit § 4 Abs. 5 KFtG, § 3 GewStG, § 3 Abs. 1 GrStG für die Körperschaftsteuer, Umsatzsteuer, Gewerbesteuer und Grundsteuer zu beachten. Im Übrigen ist die Besteuerung parallel zu der des Eigenbetriebs ausgestaltet. Ebenfalls ist die AöR Auftraggeber im Sinne des § 98 Abs. 2 GWB (Waldmann 2008: 284).

3.3.2 Organstruktur und Haftung

Organe der AöR sind der Verwaltungsrat und der Vorstand (§§ 114 a Abs. 6 und 7 GO NW, 114 a Abs. 8 GO NW). Der Vorstand wird durch den Verwaltungsrat bestellt, seine Amtszeit ist auf 5 Jahre begrenzt, eine Wiederwahl ist möglich. Die Zahl der Vorstandsmitglieder wird durch die Satzung bestimmt. Die Mitglieder des Verwaltungsrates werden vom Gemeinderat bzw. dem Legislativorgan des jeweiligen Trägers auf 5 Jahre gewählt.

Der Vorstand hat die Funktion der geschäftsführenden Leitung der Anstalt, die er in eigener Verantwortung ausübt. Die eigenverantwortliche Leitung kann jedoch durch die gemeindliche Anstaltssatzung begrenzt werden. Darüber hinaus beschränkt auch die Gemeindeordnung die eigenverantwortliche Leitung des Vorstandes, in dem das Gesetz in § 114 a Abs. 7 GO NW bestimmte Entscheidungen dem Verwaltungsrat vorbehält. Dazu zählen Entscheidungen über den Erlass von Satzungen, die Beteiligung der Anstalt an anderen Unternehmen, die Feststellung des Wirtschaftsplanes und des Jahresabschlusses und die Festsetzung allgemeiner Tarif- und Entgelte, die Bestellung des Abschlussprüfers sowie die Entscheidung über die Ergebnisverwendung. Der Verwaltungsrat ist bei Entscheidungen über den Erlass von Satzungen nach § 114 a Abs. 3 Satz 2 GO NW und über die Beteiligung der Anstalt an anderen Unternehmen einem Weisungsrecht der Gemeinde unterworfen, § 114 a Abs. 7 Satz 3 GO NW (Waldmann a.a.O.: 284f., Menzel, Hornig a.a.O.: 180). Gemäß § 114 a Abs. 8 Satz 2 GO NW ist Vorsitzender des Verwaltungsrates grundsätzlich der Bürgermeister. Da er den Vorsitz im Verwaltungsrat führt, ist ihm eine Mitwirkung im Vorstand der AöR versagt. Dies ist eine konsequente Regelung, da der Bürgermeister wohl kaum sowohl bei der Geschäftsleitung der Anstalt als auch im zuständigen Kontrollorgan mitwirken dürfte. Ebenso ist im Gesetz statuiert, dass Bedienstete der AöR nicht Mitglied im Verwaltungsrat sein können, § 114 a Abs. 8 Satz 5 GO NW. Die gesetzliche Regelung über die Zusammensetzung des Verwaltungsrates macht deutlich, dass über die Entsendung von Ratsmitgliedern in den Verwaltungsrat eine unmittelbare Anbindung der AöR an den Rat gewollt ist. Mit Blick auf die mögliche Übertragung von hoheitlichen Befugnissen auf die AöR ist eine derartige Vorgehensweise des Gesetzgebers nach diesseitiger Auffassung konsequent und richtig.

Auch unter dem Gesichtspunkt der Haftung für die AöR erscheint die o.a. gesetzliche Ausgestaltung des Kontrollorgans richtig, da Träger des Unternehmens grundsätzlich die politische Gemeinde ist. Unter dem Blickwinkel europarechtlicher Vorgaben hinsichtlich der Haftung bei Sparkassen und Landesbanken, bei denen die Anstaltslast und Gewährträgerhaftung abgeschafft werden musste, ergab sich Handlungsbedarf des Landesgesetzgebers auch hinsichtlich des Regelungsgehaltes des § 114 a Abs. 5 Satz 1GO NW. Die Europäische Kommission sah nämlich in dieser Form der Gewährträgerhaftung eine unerlaubte Dauerbeihilfe, die gemäß Artikel 87 EG als unwirksam angesehen wird. Diese Vorschrift gilt auch für Kommunalunternehmen, so dass sie auch auf die AöR in Nordrhein-Westfalen anzuwenden ist (Waldmann a.a.O.: 284f.). Der Landesgesetzgeber hat durch das GO-Reformgesetz vom 9. Oktober 2007 hinsichtlich der Gewährträgerhaftung der Trägergemeinde eine AöR eine Relativierung des § 114 a Abs. 5 vorgenommen, indem er in Satz 2 vorschreibt, dass Rechtsgeschäfte im Sinne des § 87 GO NW von der Anstalt nicht getätigt werden dürfen (Rehn u.a. a.a.O.: 114a, S. 10). Gemäß § 87 GONW kann die Gemeinde an und für sich Bürgschaften und Verpflichtungen aus Gewährverträgen oder andere Rechtsgeschäfte, die den Vorgenannten wirtschaftlich gleich kommen, im Rahmen der Erfüllung ihrer Aufgaben übernehmen, falls sie dies der Aufsichtsbehörde unverzüglich anzeigt. Ob der neue Satz 2 des § 114 a Abs. 5 diesen europarechtlichen Anforderungen entspricht, erscheint durchaus zweifelhaft (Articus, Schneider a.a.O.: §114a, Ziff. 3). Da die Gemeinde der Anstalt auch Pflichtaufgaben übertragen kann, ist allerdings die Gewährträgerhaftung folgerichtig. Die Gemeinde sichert subsidiär als Garant oder Ausfallbürge die finanzielle Lage der Anstalt ab. Allerdings verschafft diese Gewährträgerhaftung der Kommune der Anstalt bei der Beschaffung von Fremdkapital gegenüber der GmbH einen Vorteil, da die GmbH durch die Haftungsbegrenzung ein größeres Kreditrisiko aufweist. Es bleibt daher abzuwarten, wann die EU die AöR und damit die Regelungen über die Gewährträgerhaftung und die Anstaltslast in ihren Fokus nehmen wird. In den vergangenen Jahren haben in Nordrhein-Westfalen über 40 Städte und Gemeinden auf den verschiedensten kommunalen Feldern Anstalten des öffentlichen Rechts gegründet (Queitsch 2009: 26).

3.3.3 Öffentlich-rechtliche Befugnisse der AöR

Durch die gesetzliche Ausgestaltung des Kommunalunternehmens als AöR und damit als öffentlich-rechtliche Einrichtung stehen dieser verschiedene Instrumentarien zur Verfügung, die einer Eigengesellschaft nicht zustehen. So wird der AöR die Befugnis eingeräumt, Verwaltungsakte zu erlassen. Die Übertragung von Hoheitsbefugnissen stellt eine Möglichkeit für die Kommunen dar, hoheitliche Aufgaben, z.B. die Abwasserbeseitigung, durch Externalisierung in Teilbereichen vollständig auf die AöR zu übertragen. Dies umfasst bei einer gänzlichen Übertragung hoheitlicher Befugnisse natürlich auch das Recht der AöR, anstelle der Gemeinde Satzungen zu erlassen, § 114 a Abs. 3 GO NW (Waldmann a.a.O.: 284f.). Ferner stellt die der AöR einzuräumende Möglichkeit der Erhebung von Abgaben ein wichtiges Instrumentarium zur vollständigen Abdeckung des zugewiesenen Aufgabenbereichs dar. Gleiches gilt für einen Anschluss- und Benutzungszwang. Hier ist seit dem Inkrafttreten des GO-Reformgesetzes vom 17. Oktober 2007 in § 1 Abs. 1 Satz 2 KAG NW klargestellt worden, dass eine von der Gemeinde nach § 114 a GO NW gegründete Anstalt des öffentlichen Rechts Beiträge nach § 8 KAG NW und Benutzungsgebühren nach § 6 KAG NW erheben kann (Queitsch, a.a.O.: 26). Damit ist durch den Landesgesetzgeber klargestellt worden, dass eine Gemeinde, bezüglich der von ihr betriebenen Abwasserentsorgungseinrichtung, nunmehr die Organisationshoheit als Kernbestandteil der kommunalen Selbstverwaltungsgarantie dahingehend ausüben kann, dass sie die Abwasserentsorgung alternativ als Regiebetrieb, als eigenbetriebsähnliche Einrichtung oder als AöR ausgestalten kann.

Die AöR wird dann im Umfang der ihr übertragenen Aufgaben abwasserbeseitigungspflichtig. Der § 53 b LWG NW verpflichtet dabei die Gemeinde nicht zu einer Übertragung der Abwasserbeseitigungspflicht auf eine AöR, sondern regelt lediglich, welche Rechtsfolge eintritt, sobald eine Gemeinde a) eine AöR gründet und b) die Aufgabe der Abwasserbeseitigung auf diese von ihr gegründete AöR übertragen möchte bzw. überträgt. Die Regelung im Landeswassergesetz ist damit eine Regelung, die flankierend den Regelungsgehalt der Vorschriften über die AöR in der Gemeindeordnung definiert (Waldmann, a.a.O.: 26, Queitsch a.a.O.: 26).

4. Die interkommunale AöR

Die Kooperation von Kommunen ist gängige Praxis. Schon immer haben sich Kommunen zusammengetan, um sich gegenseitig durch Erfahrungs- und Informationsaustausch sowie durch gemeinsames Handeln intern zu verstärken und gegenüber Dritten die eigene Position zu behaupten. Auf vielen Feldern der kommunalen Politik und insbesondere der lokalen Daseinsvorsorge gibt es interkommunale Zusammenarbeit. Volkshochschulzweckverbände im Bereich der Weiterbildung sind anzutreffen. Im Bereich der Energie- und Wasserversorgung gibt es interkommunal tätige Stadtwerke in der gesellschaftsrechtlichen Rechtsform von Aktiengesellschaften und GmbHs. So werden z.B. die Strom- und Gasversorgung der Gemeinden Ennigerloh, Telgte und Ostbevern seit dem Jahr 2007 durch das Gemeinschaftsstadtwerk ETO mit Sitz in Telgte sichergestellt. Weitere Tätigkeitsfelder von Zweckverbänden sind zudem das Sparkassenwesen und der Bereich des öffentlichen Personennahverkehrs. Ziel der interkommunalen Zusammenarbeit und ggf. Zusammenschlüsse, in der Regel in Rechtsformen des zivilen Gesellschaftsrechts, ist die Stärkung jeder einzelnen Kommune durch gemeinsames Handeln. Dies sowohl im Außen- als auch im Innenbereich der Kooperation. Gegenseitig werden Erfahrungen und Informationen ausgetauscht und oftmals können dadurch Synergieeffekte im Innenbereich hinsichtlich der Qualität der Aufgabenerledigung aber auch im Bereich der Wirtschaftlichkeit und der Kosteneffizienz gehoben werden. Größenvorteile können genutzt werden, und der Service gegenüber dem Bürger kann eine Verbesserung erfahren (Schäfer 2008: 3).

Das Thema der interkommunalen Kooperation hat aber auch eine regionale und damit politische Dimension. In einem zusammen wachsenden Europa spielt die Region als Handlungs- und Entscheidungsebene eine immer wichtigere Rolle. Das zeigen seit Jahren die Euregios, die sich staatenübergreifend in kulturell aber auch wirtschaftlich bedeutsamen Regionen etabliert haben. So haben sich in den letzten Jahren Regionen und Regionalverbünde, z.B. die Stadtregion Hannover oder die Stadtregion Stuttgart, sowie jüngst der Regionalverband Aachen gegründet (Frick, Hokkeler 11/2008: 27; Robert, Konegen 2006: 42). Allen Formen und Rechtsgebilden interkommunaler Zusammenarbeit ist gemein, dass sie in den allermeisten Fällen auf den sog. freiwilligen Feldern kommunaler Politik bzw. im Rahmen der wirtschaftlichen Tätigkeit von Kommunen vereinbart werden.

Im Bereich der hoheitlichen Aufgabenerfüllung fehlte bis dato eine vom Landesgesetzgeber bereitgestellte Rechtsform für interkommunale Kooperationen.

Mit dem Inkrafttreten des GO-Reformengesetzes am 15. Oktober 2007 besteht nunmehr auch in Nordrhein-Westfalen die Möglichkeit, eine interkommunale Anstalt des öffentlichen Rechts (AöR) zu gründen. Das Gesetz über die kommunale Gemeinschaftsarbeit (GKG NW) ist in Artikel 5 des GO-Reformengesetzes dahingehend geändert worden (GO-Reformgesetz). In den §§ 27, 28 GKG ist nunmehr geregelt, dass Gemeinden eine gemeinsame Anstalt des öffentlichen Rechts gründen können oder eine Gemeinde einer bereits bestehenden Anstalt des öffentlichen Rechts einer anderen Gemeinde beitritt (§ 27 Abs. 1 und 2 GKG NW). Bislang ist in NRW noch keine interkommunale AöR gegründet worden, wenngleich ein Interesse bei einigen Städten und Gemeinden durchaus festgestellt werden kann. So könnte z.B. auch die TEO-Kooperation der Gemeinde Telgte, Everswinkel, Ostbevern im Bereich der Abwasserbeseitigung durchaus zu einer interkommunalen AöR weiterentwickelt werden. Die neue Rechtslage hat in den Verwaltungen schon den Anstoß für erste Überlegungen in diese Richtung gegeben.

Nach § 27 Abs. 1 Satz 1 GKG NW können mehrere Gemeinden zur gemeinsamen Aufgabenerfüllung eine AöR in gemeinsamer Trägerschaft führen. Für das gemeinsame Kommunalunternehmen gelten nach § 27 Abs. 1 Satz 2 GKG NW grundsätzlich die Regelungen des § 114 a GO NW zur AöR entsprechend. Außerdem gelten die Regelungen der Verordnung über kommunale Unternehmen und Einrichtungen (Kommunale Unternehmensverordnung – KUV 2001: 773). Entschließen sich mehrere Gemeinden, eine interkommunale AöR zu gründen, so müssen die Gemeinden gemäß § 27 Abs. 2 Satz 1 GKG NW in einer Unternehmenssatzung die Rechtsverhältnisse des gemeinsamen Kommunalunternehmens regeln. Dabei besteht auch die Möglichkeit, dass Gemeinden einer bereits bestehenden AöR einer Gemeinde oder einem bereits bestehenden Kommunalunternehmen von mehreren Gemeinden beitreten. Die Beteiligten können bestehende Regie- und Eigenbetriebe sowie eigenbetriebsähnliche Einrichtungen, z.B. Abwasserbetriebe, nach § 27 Abs. 2 Satz 3 GKG NW auf das gemeinsame Kommunalunternehmen im Wege der Gesamtrechtsnachfolge ausgliedern (Queitsch 2009: 21, 27; Articus, Schneider a.a.O.: § 114a, Ziff. 7). Sonderregelungen ergeben sich aus der Tatsache, dass ein gemeinsames Kommunalunternehmen mehrere Träger hat. So müssen gemäß § 27 Abs. 4 GKG NW übereinstimmende Beschlüsse der Vertretungen der Träger, mithin der Räte, vorliegen, die von der Aufsichtsbehörde im Rahmen ihrer Rechtsaufsicht zu genehmigen sind. (§ 119 Abs. 1 GO NW).

Die Genehmigung sowie die Unternehmenssatzung sind sowohl von der Aufsichtsbehörde als auch von den beteiligten Gemeinden in der für ihre Bekanntmachung vorgeschriebenen Form zu veröffentlichen (§ 27 Abs. 5 GKG NW).[4] Zweckmäßig und orientiert an den Betriebssatzungen von bestehenden Eigenbetrieben oder eigenbetriebsähnlichen Einrichtungen im Fall der Übertragung der

---

4 Articus, Schneider GO NW, §114a, Ziffer 7.

Abwasserbeseitigung auf einer gemeindeübergreifende AöR ist der Erlass einer Unternehmenssatzung des gemeinsamen Unternehmens. Diese muss gemäß § 28 Abs. 1 GKG NW bestimmte Angaben enthalten, die im Gesetz vorgeschrieben sind. So müssen der Gegenstand der Sacheinlage und der Betrag der Stammanteile, auf die sich die Sacheinlage bezieht, in der Unternehmenssatzung festgesetzt werden. Daneben sollten die Zuständigkeiten der AöR genau beschrieben und die Befugnisse der AöR – auch und insbesondere soweit sie hoheitlicher Natur sein sollen – definiert werden. Ebenso ist die Zuständigkeitsverteilung zwischen dem Vorstand und dem Verwaltungsrat als Kontrollorgan zu regeln. Überdies unterliegt der Verwaltungsrat nach den Vorschriften der Gemeindeordnung beim Erlass von Satzungen und Entscheidungen über die Beteiligung der Anstalt an anderen Unternehmen Weisungen des kommunalen Kollegialorgans. Hierbei und z.B. im Zusammenhang mit Informations- und Unterrichtungspflichten der Mitglieder des Verwaltungsrates gegenüber dem Rat kann dieser weitere Weisungsbefugnisse gegenüber dem Verwaltungsrat in die Unternehmenssatzungen aufnehmen.

Da nach § 28 Abs. 2 Satz 1 GKG NW dem Verwaltungsrat des gemeinsamen Kommunalunternehmens die Hauptverwaltungsbeamten der sie tragenden Gemeinden als geborene Mitglieder angehören (§ 113 Abs. 2 Satz 2 GO NW), ist zum einen die Anbindung an die jeweiligen Verwaltungen der Träger gewährleistet. Zum anderen erscheint es sinnvoll und notwendig, dass weitere sachkundige Ratsmitglieder aus den jeweiligen Trägergemeinden in den Verwaltungsrat entsandt werden. Nur so ist sichergestellt, dass dem fachspezifischen Sachverstand des Vorstandes ein qualitatives Äquivalent an Kompetenz im Verwaltungsrat an die Seite gestellt wird.

Die Träger der interkommunalen AöR haften nach § 28 Abs. 3 GKG NW als Gesamtschuldner, wobei sich der Ausgleich im Innenverhältnis entweder nach den Regelungen der Unternehmenssatzung, hilfsweise nach dem Verhältnis der von jedem Träger des Unternehmens auf das Stammkapital zu leistenden Einlage richtet. Alle wesentlichen Entscheidungen zur geschäftlichen Orientierung und zur Zukunft der interkommunalen AöR bedürften nach § 28 Abs. 4 GKG NW der Zustimmung der Vertretungen aller Trägergemeinden (Queitsch a.a.O.: 21, 28). Auch soweit der Erlass von Satzungen zum Geschäftsfeld der interkommunalen AöR gehören soll, unterliegen die Verwaltungsratsmitglieder der Weisung der Vertretung des jeweiligen Trägers (a.a.O.: 28). § 114 a Abs. 3 Satz 2 eröffnet nämlich der Gemeinde die Möglichkeit, der AÖR Satzungsbefugnisse einzuräumen. Eine Pflicht besteht nicht, so dass die AöR auch nur als technischer Erfüllungsgehilfe für mehrere Gemeinden tätig sein kann.

Interessant erscheint es jedoch durchaus, der gemeinsamen AöR z.B. im Bereich der Abwasserbeseitigung eine Normsetzungsbefugnis hinsichtlich des einmaligen Kanalanschlussbeitrages als auch hinsichtlich der Kanalbenutzungsgebühren zu eröffnen. Aufgrund der in den meisten Fällen unterschiedlich hohen Kanalanschlussbeitrags- und Kanalbenutzungsgebührensätze in den beteiligten Gemeinden wird es unter der Ägide einer interkommunalen AöR vermutlich auf Dauer zwingend sein, eine auf die Verhältnisse in den jeweiligen Trägergemeinden der interkommunalen AöR bezogene örtliche Spartenrechnung durchzuführen. Die AöR wäre dadurch in der Lage, auf die Trägergemeinden individualisierte Beitrags- und Gebührenkalkulationen zu erstellen und diese dann auch zu erheben.

Die insoweit maßgebliche abwasserrechtliche Vorschrift des § 53 b lässt nämlich den Regelungsgehalt des § 114 a GO NW unberührt, § 53 b Satz 4 LWG NW. Hier obliegt es also den Trägergemeinden der interkommunalen AöR, inwieweit diese in ihrer gemeinsamen AöR den gesetzgeberisch eröffneten Gestaltungsspielraum von der Reichweite her ausnutzen (Queitsch a.a.O.: 28). Sobald Gemeinden die Gründung einer interkommunalen AöR zur Erledigung freiwilliger oder gesetzlich auferlegter Aufgaben in Betracht ziehen, sind zudem vergaberechtliche Gesichtspunkte bei der Anwendung des europäischen Vergaberechts bei sog. Tochtergesellschaften (sog. Inhouse-Geschäfte) sowie die Thematik der interkommunalen AöR als Dienstherr für Beamte oder Beschäftigte auf der Basis der Vorschriften des Beamtenrechts sowie in Anwendung des § 613 a BGB näher zu beleuchten.

Aus den Erfahrungen der erfolgten Fusion dreier Stadtwerke durch Verschmelzung auf die ETO Stadtwerke GmbH, lässt sich jedoch die berechtigte Erwartung herleiten, dass bereits die aus einer gemeinsamen Organisation, Rechnungsführung, Rechnungslegung und der Jahresabschlussarbeiten für eine interkommunale AöR zu erwartenden Synergieeffekte und damit einhergehende Kosteneinsparungen realistische Annahmen sein dürften.

5. Resümee

Die vorstehenden Überlegungen zur Reorganisation und damit organisatorischen Fortentwicklung der kommunalen Abwasserbeseitigung, ausgehend von der Situation in Telgte, erlauben im Ergebnis die Feststellung, dass die rechtliche Selbstständigkeit und schlanke Organisationsstruktur die Anstalt bereits gegenüber dem Eigenbetrieb herausheben. Allerdings sind die Vorteile der Anstalt nicht hierauf begrenzt. Vielmehr weist die Anstalt weitere Spezifika auf, wie die Möglichkeit, auf diese hoheitliche Befugnisse seitens der Kommunen zu übertragen, die sie zur überzeugenden Alternative nicht nur zum Eigenbetrieb, sondern auch zur GmbH machen. Die vom nordrhein-westfälischen Gesetzgeber im Wege des GO-Reformengesetzes 2007 eröffnete Option für interkommunale Anstalten des öffentlichen Rechts erschließt Kommunen einen neuen Weg, pflichtige und/oder freiwillige Verwaltungsaufgaben gemeindeübergreifend anzugehen und damit die Effizienz in der Aufgabenerledigung zu erhöhen.

Wettbewerb der Ideen und Konkurrenz auf verschiedenen Feldern des Kommunalen, wie z.B. in der Wirtschaftsförderung unter benachbarten Kommunen, ist normal und belebt den Markt. Die sich mittel- und langfristig aus den demografischen Veränderungen ergebenden Herausforderungen in den Bereichen der Daseinsvorsorge werden kleine und mittlere Kommunen auf lange Sicht nicht allein bewältigen können. Die Globalisierung hat in ihren Auswirkungen in der Privatwirtschaft den Hang zur Konzentration und zur fortschreitenden Internationalisierung bei den wirtschaftlichen Akteuren verstärkt. Dabei ist der Grundsatz der Solidarität immer mehr aus dem Blickfeld geraten. Wenn und soweit nunmehr die Kommunen durch die absehbaren Auswirkungen des demografischen Wandels, steigenden Anforderungen durch die stärker werdende Europäisierung des Umweltrechts sowie die immer stringenter werdenden Anforderungen des europäischen Wettbewerbsrechts, gezwungen werden, ihre Handlungs- und Organisationsstrukturen auf den kommunalpolitischen Feldern einem stetigen Anpassungsprozess zu unterziehen, könnte der Grundsatz einer neuen interkommunalen Solidarität an Boden gewinnen.

Ein Grundsatz, den auch der zu Ehrende im Hinblick auf die Herausforderungen für die lokale Politik für unverzichtbar hält (Robert, Konegen a.a.O.: 35). Interkommunale Zusammenarbeit, die über die Rechtsform der AöR ermöglicht wird, ist ein Weg für gelebte interkommunale Solidarität.

Literatur

Articus, S., Schneider, B. (Hrsg). (2009). *Gemeindeordnung Nordrhein-Westfalen*, Köln/Düsseldorf. 3. Auflage.

Frick, H., Hokkeler, M. (11/2008). *Interkommunale Zusammenarbeit – Handreichung für Kommunalpolitik*.; Friedrich Ebert Stiftung/Kommunale Akademie: Texte der Kommunal-Akademie Band 4. Braunschweig; www.library.fes.de/pdf-files/akademie/kommunl/05825.pdf; zitiert: Frick, Hokkeler – KommAk.Bd.4 S.

Go-Reformgesetz, GV NRW (2007).

KUV v. 24.10.2001 (GVBL. 21.11.2001).

Lindt, P., Schmitz, J.V. (2004). *Die AöR-Überzeugende Alternativen zu Eigenbetrieb und GmbH*, in: Rödl & Partner: Die AöR, das Kommunalunternehmen: Ein Praxishandbuch. Nürnberg; zitiert: Lindt, Schmitz-Rödl & Partner.

Menzel, M., Hornig, M. (2000). *Die Anstalt des öffentlichen Rechts – Eine neue Rechtsform für gemeinschaftliche Betriebe in Nordrhein-Westfalen,* in: ZKF 2000, 178; zitiert: Menzel/Hornig – ZKF 2009.

Queitsch, P. (2009). *Benutzungsgebühren und interkommunale Zusammenarbeit*", in: KStZ 2009, 21; zitiert: Queitsch – KStZ 2009.

Rehn, E., Cronauge, U., von Lennep, H.G. (10/2008). *Gemeindeordnung für das Land Nordrhein-Westfalen, Band II*; 31. Ergänzungslieferung, Siegburg; zitiert: Rehn/Cronauge – GO NW.

Robert, R., Konegen, N. (Hrsg.). (2006). *Globalisierung und Lokalisierung*. Münster.

Schäfer, R. (2008). *Interkommunale Zusammenarbeit in Nordrhein-Westfalen: Bestandsaufnahme und Bewertung aus Sicht des Städte- und Gemeindebundes*. Vortrag auf der Fachtagung „Das gemeindliche Kommunalunternehmen – Perspektiven und Potenziale am 28.02.2008 in Köln"; www.roland-schaefer.de/kommunal-kooperation-26-02-08.pdf.

Städte- und Gemeindebund Nordrhein-Westfalen (11/2001). Anstalt des öffentlichen Rechts-Leitfaden, erstellt in Zusammenarbeit mit der Abwasserberatung NRW e.V. und dem Kommunalen Arbeitgeberverband NW. www.abwasserberatung nrw.de/download/AoeR.pdf; zitiert: StGB NW – AöR, Leitfaden.

Waldmann, K. (2008). *Das Kommunalunternehmen als Rechtsform alternativ für die wirtschaftliche Betätigung von Gemeinden*. NVwZ 2008, 284; zitiert: Waldmann – NVwZ 2008.

Annette Zimmer und Friedrich Paulsen[1]

Kommune als Raum bürgerschaftlichen Engagements – Zivilgesellschaft in Münster

1. Einleitung

Münster ist engagiert! Der folgende Beitrag legt den Fokus auf die Orte des bürgerschaftlichen Engagements und zeigt die zivilgesellschaftlichen Aktivitäten in der Westfalenmetropole Münster. Bei diesem Rundgang durch verschiedene Stadtteile, zeitgeschichtliche Wegmarken und Milieus soll ein Eindruck der Stadt als engagiertes und ziviles Gemeinwesen aufgezeigt werden. Dabei soll auch die Definition der Begrifflichkeiten von bürgerschaftlichem Engagement und Zivilgesellschaft deutlich werden, denn das Ziel dieses Beitrags ist, die Dynamik zwischen Zivilgesellschaft und Staat, zwischen Bürgerschaft und politischem Gemeinwesen anschaulich zu machen.

Natürlich übernimmt die lokale Zivilgesellschaft als Partner von Politik und Verwaltung auf das Gemeinwohl ausgerichtete Aufgaben, zum Beispiel im Spektrum der Daseinsvorsorge (Bogumil 1997: 23; Duda & Hausmann 2002). Zwar betrachtet die derzeit boomende Governance-Forschung die lokale Zivilgesellschaft aus steuerungstheoretischer Perspektive (Benz 2004), jedoch ist die lokale Zivilgesellschaft als Akteur lokaler Politikgestaltung in Bezug auf die sozialwissenschaftliche Urfrage *„Wer hat die Macht?"* bis heute nur unzureichend erforscht. Das Thema der Macht ist schließlich ein zentrales, geht es doch um Ressourcenverteilung und -zuweisung, die kulturelle Hegemonie einzelner Milieus, die Verteilung des städtischen Geldes und um die Zuweisung von Privilegien. Wir gehen ihm nach, indem wir jenseits der münsterschen Stereotypen katholisch-traditioneller Kirchgänger und alternativ-spontaner Grünenwählern fragen: Wie sieht die Struktur des politischen Einflusses im heutigen Münster aus? Wie ist es möglich, auf zivilgesellschaftlicher Ebene Einfluss zu gewinnen, und wie kommt bürgerschaftliches Engagement am schnellsten in den öffentlichen Raum? Mit diesen Fragestellungen bezogen auf die Stadt Münster wird sich der Beitrag im Folgenden beschäftigen.

2. Bürgerschaftliches Engagement konkret: Zeitzeugnisse aus Münster

Bürgerschaftliches Engagement gibt es in Münster nicht erst seit gestern: Im Norden der Stadt findet man dafür ein sehr frühes Beispiel. Ein reicher Einwohner der Stadt stiftete im Jahr 1333 als Heimstätte und zum Unterhalt Leprakran-

---

[1] Die Autoren danken Frau Janina Evers (M.A.) für umfangreiche Recherchetätigkeit und wichtige Anregungen, ohne die dieser Beitrag in der vorliegenden Form nicht möglich gewesen wäre.

ker beachtliche Besitztümer. Der heutige Name des entsprechenden Stadtteils – „Kinderhaus" – war damals Programm: „Arme Kinder Gottes" war im Mittelalter die Bezeichnung für Leprakranke. Das Haus wurde inzwischen in ein Museum umgewandelt, in dem für den Besucher die damalige Zeit lebendig gehalten werden soll.

Ein Zeugnis von der Macht der katholischen Kirche in Münster gibt die Lambertikirche am Prinzipalmarkt im Zentrum der Altstadt. Dem geübten Auge werden die Käfige am Turm der Kirche auffallen, die dort genauso fremd wirken wie eine aus Surfbrettern gezimmerte, sprechende Blume. Dieses moderne Kunstwerk wurde von Marko Lehanka im Rahmen der Skulpturprojekte 2007 in unmittelbarer Nähe der Lambertikirche installiert. Bei den Käfigen am Kirchturm handelt es sich allerdings nicht um ein aktuelles Kunstwerk, sondern um eine Manifestation Münsteraner Stadtgeschichte. Die Käfige erinnern uns in gewisser Hinsicht auch an bürgerschaftliches Engagement: Über Jahrhunderte waren in ihnen die körperlichen Überreste der Wiedertäufer, die in den Jahren 1534 und 1535 in Münster das Königreich der Täufer ausgerufen hatten, ausgestellt. Mit der blutigen – also nicht gerade zivilen – Niederschlagung der Wiedertäufer gingen die bischöflichen Truppen siegreich aus dem Macht- und Einflusskonflikt zwischen den alten (römisch-katholischer Klerus) und neuen (Wiedertäufer, deren wichtigste Akteure Handwerker waren) Eliten hervor. Der Aktivismus der Wiedertäufer ist ein Beispiel für zivilgesellschaftliches und politisches Engagement, das allerdings im Zuge der Auseinandersetzungen mit dem Bischof eine Radikalisierung erfuhr.

Etwas weniger schaurig ist die Gründung des Landesmuseums verlaufen, das ebenfalls als Beispiel bürgerschaftlichen Engagements gelten kann. Dieses ist, um es modern auszudrücken, das Ergebnis einer Public Private Partnership. Es bedurfte beinahe ein Jahrhundert des Engagements, um die Vision eines städtischen Museums in Münster zu realisieren, wodurch deutlich wird, dass man beim bürgerschaftlichen Engagement einen langen Atem braucht. Hinter dem Einsatz für das Stadtmuseum standen, wie auch in vielen anderen Kommunen, Damen und Herren des Adels, der Verwaltung und einige wenige Kaufleute, kurzum, die städtische Elite des beginnenden 19. Jahrhunderts. Diese aufgeklärte, moderne, liberale, distinguierte und anspruchsvolle Elite bezog ihre Motivation aus dem Wunsch, etwas für sich und ihre Stadt zu tun. In diesem Rahmen wurden – damals wie heute – Vereine gegründet. Diese Vereine waren:
- der „Verein für vaterländische Geschichte und Altertumskunde Westfalens, Abteilung Münster" (1825)
- der „Historische Verein" (1831/32)
- der „Westfälische Kunstverein" (1831/32)
- der „Florentinusverein" (1868)
- der „Provinzialverein für Wissenschaft und Kunst" (1872) (Jeismann 1994: 502).

Gerade der Provinzialverein ist in diesem Rahmen von Bedeutung, war er doch der Dachverein sämtlicher Vereine, die sich der Förderung von Kunst und Wissenschaft verschrieben hatten. Mit vereinten Kräften all dieser Vereine war es dann nach fast einem Jahrhundert so weit: 1908 wurde das Landesmuseum am

Abbildung 1: Landesmuseum/Skulpturenprojekt 2007

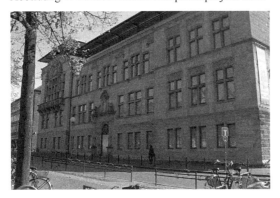

Während das Westfälische Landesmuseum seit 100 Jahren am Domplatz steht, ist Marko Lehankas „Blume für Münster" nach einigen Monaten der Skulpturprojekte 2007 wieder vom Prinzipalmarkt verschwunden. Wer in Münsters guten Stuben sesshaft werden will, braucht halt einen langen Atem…

Domplatz eingeweiht. 850 000 Mark hat das damalige Gebäude gekostet, davon hat die Stadt Münster das Grundstück und noch 50 000 Mark beigesteuert.

Auch auf anderer Ebene gibt es Zeugnisse zivilgesellschaftlichen Engagements. Bestes Beispiel ist der Bereich des Sports. Der Verein Wacker Mecklenbeck ist in diesem Kontext etwas ganz Besonders: Er ist mitgliederstark, gut geführt, schön gelegen und verfügt über eine Tennishalle und ein italienisches Restaurant. Als katholischer Verein und Mitglied des Verbandes DJK ist er eingebunden in Dachverbände und Münsters katholisches Milieu. Die Abkürzung DJK steht für Deutsche Jugendkraft und ist der katholische Bundesverband für Breiten- und Leistungssport. Mehr als eine Millionen Bundesbürgerinnen und Bundesbürger halten sich in katholischen Sportvereinen fit. Was es mit den katholischen Vereinen auf sich hat, wird in einem späteren Abschnitt noch erläutert, zunächst geht es mit weiteren Zeugnissen bürgerschaftlichen Engagements in Münster voran: den Kleingärten.

Kleingärten mit ihren Gartenzwergen, Parzellen und Lauben faszinierten auch den amerikanischen Künstler Jeremy Deller im Rahmen der Skulpturprojekte 2007. Der Kleingarten ist eine Parzellenlandschaft ganz besonderer Art: Geselligkeit wird mit Ordnung, Rückzug mit Gemeinschaft kombiniert. Lange Zeit wurden sie belächelt, aber heute sind die Kleingärten wieder stark im Kommen. Gar nicht so lächerlich erscheint das Phänomen, wenn man die Herkunft der Idee und insbesondere des Freizeitvergnügens betrachtet. Früher war es nämlich nur dem Adel vorbehalten, im Grünen lustzuwandeln. Kleingärten sind daher Ausdruck der Moderne, der Industriegesellschaft, des bürgerschaftlichen Engagements und einer ganz spezifischen Form der Partizipation.

Ein letztes Beispiel für bürgerschaftliches Engagement in Münster ist aus der Aktualität herausgegriffen: die Kindertagesstätten. Es gibt sie sowohl im Grünen – wie die Kita Bergmannshof – als auch in der gesamten Innenstadt verteilt. Diese Kitas sind zumeist als Vereine organisiert, also als Selbstorganisationen, ganz ähnlich wie im Sport oder bei den Kleingärten. Dabei kommen sie jedoch ohne öffentliche Gelder nicht aus. Auch auf diesen Aspekt wird im Laufe des Beitrags noch näher eingegangen.

3. Definitionen und Begriffe

Nun wird betrachtet, wie die Wissenschaft die Themen des bürgerschaftlichen Engagements und der Zivilgesellschaft untersucht: Was versteht man darunter und welche Bedeutung wird bürgerschaftlichem Engagement und zivilgesellschaftlicher Aktivität beigemessen? Eingeführt wurde der Begriff des bürgerschaftlichen Engagements von der Enquete-Kommission des Deutschen Bundestages mit dem Titel „Zur Zukunft des Bürgerschaftlichen Engagements". Gemäß der Definition der Kommission umfasst dieser gleichermaßen politisches, soziales und auch geselliges Engagement (Enquete-Kommission 2002). Sowohl mit den Engagierten selbst als auch hinsichtlich ihrer Tätigkeitsbereiche wird ein umfangreiches Spektrum von Akteuren und Aktivitäten außerhalb der Erwerbsarbeit und jenseits gewalttätiger Aktionsformen in den Blick genommen. Nach Maßgabe der Enquete-Kommission ist bürgerschaftliches Engagement im weitesten Sinne das „Spenden von Ressourcen: Zeit, Geld, Know-how" und zwar im Dienst des Gemeinwohls sowie der Vertiefung und Weiterentwicklung von Demokratie und aktiver staatsbürgerlicher Beteiligung". Im Bericht der Enquete-Kommission „Zur Zukunft des Bürgerschaftlichen Engagements" sind die Aktivitätsbereiche im Einzelnen aufgeführt und in ihren jeweiligen Tätigkeitsprofilen charakterisiert (ebd.). Dieser Bericht unterscheidet zwischen politischem und sozialem Engagement, dem Engagement in Vereinen, Verbänden und Kirchen sowie in öffentlichen Funktionen. Weiterhin werden die verschiedenen Formen der Gegenseitigkeit genannt, wie etwa Nachbarschaftshilfen oder sog. Tauschringe. Und nicht zuletzt wird auf die Selbsthilfe eingegangen und auf das Engagement von Unternehmen, auf Spenden- und Sponsoringleistungen sowie auf Corporate Social Responsibility. Die Aufzählung der Bereiche macht mehr als deutlich: Beim Bürgerschaftlichen Engagement handelt es sich um einen facettenreichen und multifunktionalen Gegenstand, der in alle Bereiche der Lebenswelt hineinreicht.

Ebenso komplex und umfassend ist das Konzept der Zivilgesellschaft. Hier unterscheidet man inzwischen drei unterschiedliche Zugänge, und zwar Zivilgesellschaft als normative Kategorie, als Form sozialen Handelns sowie als empirisch-analytischen Zugang (Kocka 2003: 32):

- Zivilgesellschaft als normative Kategorie ist vor allem Gegenstand der politischen Theorie. Als solche steht Zivilgesellschaft für eine positiv in die Zukunft gerichtete Utopie und ist die Ziellinie für ein gerechtes Gemeinwesen und eine umfassende Demokratie (auch Klein 2001; Kneer 1997: 235f.).
- Zivilgesellschaft als Form sozialen Handelns bezieht sich in einem ganz wörtlichen Sinne auf den zivilen Umgang miteinander. Hier werden Konflikte gelöst und Meinungsverschiedenheiten ohne Anwendung von Gewalt aus-

getragen. Es ist die Idee einer toleranten Gesellschaft, welche Zivilgesellschaft als Form der Konfliktlösung ohne Gewalt ansieht.
- Zivilgesellschaft als empirisch-analytisches Konzept bezieht sich schließlich auf das weite Spektrum der Vereine, Initiativen, Stiftungen und Verbände – also auf den organisatorischen Rahmen des bürgerschaftlichen Engagements. Zivilgesellschaft bezieht sich hier auf die Formen der Selbstorganisation jenseits von Staat und Markt.

Sowohl das Zivilgesellschaftskonzept wie auch der Ansatz des bürgerschaftlichen Engagements gehen von individuell handelnden Akteuren und Akteurinnen aus. Beide Ansätze gehen allerdings nicht auf die Motive des Engagements ein. Aus der Engagementforschung ist bekannt, dass es den Befragten Spaß macht und dieser Spaßfaktor das Hauptmotiv für ein Engagement in Vereinen und Initiativen ist. Gleichzeitig – und dieses Motiv kommt nun aus den Wirtschaftswissenschaften – möchte man jedoch seinen eigenen Nutzen maximieren und das Engagement muss auch sinnvoll sein und einen persönlichen, individuellen Nutzen stiften. Unter diesen Prämissen werden nun die Fallbeispiele für Engagement in der Stadt Münster nochmals aufgegriffen: Warum engagierte man sich für die Errichtung eines Leprosenhauses, warum wurde man Mitglied der Wiedertäuferbewegung und warum setzte man sich für einen Museumsbau ein?

4. Bürgerschaftliches Engagement und Zivilgesellschaft in Münster

In der Vormoderne des Mittelalters gab es einen handfesten Nutzen im bürgerschaftlichen und sozialen Engagement: „Wenn der Taler im Beutel klingt, die Seele in den Himmel springt!" – so lässt sich die Motivstruktur gut auf einen Begriff bringen. Damals bestand ein Verbundsystem von Caritas und Memoria. Man gab Almosen für die Armen oder Hilfe für die Leprakranken, was allgemein als tätiges Werk des Mitleids aufgefasst wurde. Im Gegenzug wurde eine Messe pro Woche für das Seelenheil des edlen Stifters oder Spenders gelesen. Der individuelle Prestigegewinn und die Aussicht auf Seelenheil ist hier gekoppelt mit einem positiven externen Effekt: dem Aufbau und Betrieb von Sozialeinrichtungen, angefangen bei Waisen- und Krankenhäusern bis hin zur Betreuung von Armen und Obdachlosen: All diese Einrichtungen wurden durch „Caritas" finanziert. Das Ganze vollzog sich damals als Public Private Partnership mit der Kirche, welche zu jener Zeit noch politische und zentrale Verwaltungsmacht war. Die Rahmenbedingungen setzten Spendern und Stiftern klare Anreize, und das Leprosenhaus in Münsters Norden zeigt den Erfolg dieses Konzeptes. Doch was ist das funktionale Äquivalent, das moderne Anreizsystem für Spender und Stifter heute? Ohne Frage besteht dies in den steuerlichen Anreizen, den Steuervorteilen und Abschreibungsmöglichkeiten. Diese sind weit weniger wirksam als der Verbund von Caritas und Memoria, doch bemüht sich die öffentliche Hand inzwischen wieder verstärkt um die Ehrung von Spendern und Stiftern. So gibt es Preise für bürgerschaftliches Engagement, Tafeln mit den Namen der edlen

Spender und so manche honorige Person oder Firma vor Ort hört sich gern in einem Atemzug genannt mit dem einen oder anderen sozialen Projekt: Das „Schulterklopfen" hat – neben steuerlichen Vorteilen – wieder zugenommen. Doch das Prinzip ist das gleiche geblieben. Durch Kontextbedingungen wird in einem gewissen Rahmen individuelles Verhalten gesteuert. Erst diese Rahmenbedingungen machen das soziale und bürgerschaftliche Engagement interessant.

In diesem Kontext nun zu den Münsteraner Fallbeispielen: Die Käfige an der Lambertikirche können als Zeugnisse eines massiven politischen Engagements und gleichzeitig herben Konflikts gewertet werden. Bei den Wiedertäufern handelte es sich um eine umfassende Bewegung, die nicht nur in Münster, sondern in vielen Regionen Europas anzutreffen war. Es war ein Aufstand gegen Kirche und Adel, ein Konflikt zwischen alten und neuen Eliten, der hoch aufgeladen war und somit sehr emotional geführt wurde. Es ging im Kern um das Recht auf Selbstbestimmung, um die Wahlmöglichkeit, selbst entscheiden zu können, welcher Religion man angehört, ob man getauft wird oder nicht. Eingefordert wurde dieses Recht von dem sich konstituierenden Bürgertum, den Kaufleuten, Händlern und Gewerbetreibenden gegen die alten Eliten. Zu diesen gehörten die Kirchenfürsten und der Adel, wobei die Kirchenleute in Leitungsfunktion mehrheitlich auch Adelige waren. Für das aufkommende Bürgertum war der Zwang zur Mitgliedschaft nicht akzeptabel, wie es damals und auch heute noch bei den Kirchen der Fall ist. Damals war die Kirche aber gleichzeitig staatliche Macht, die als solche auch das Gewaltmonopol einforderte. Die Konfliktlösung erfolgte damals in Münster nicht zivilgesellschaftlich, sondern durch Gewalt. Das bürgerschaftliche Engagement wurde ausgemerzt, die Kirche bzw. der Bischof gingen als Sieger hervor und mit den Käfigen wurde ein Exempel statuiert.

Doch was sagen dieser Konflikt und die Käfige an der Lambertikirche zur aktuellen Situation? Münster ist nach wie vor Bischofssitz. Nur 20 Prozent der Münsteraner Bevölkerung sind evangelisch, aber 57 Prozent katholisch (Jahresstatistik 2004: 35). Die langjährige und tiefe Verankerung der Stadt im katholischen Milieu zeigt sich nicht zuletzt in den Mehrheitsverhältnissen im Rat. Bis auf eine Legislaturperiode regierte und regiert hier eine mitgliederstarke CDU in der Regel mit absoluter Mehrheit. Kurzum: Die Westfalenmetropole ist ein tiefschwarzes konservatives Pflaster. Dies ist jedoch nur die eine Seite der Stadt Münster.

Unser Rundgang zeigt: In vielen Bereichen und Politikfeldern finden sich heute sowohl „neue" als auch „alte" Initiativen engagierter lokaler Zivilgesellschaft. Auch was das zivilgesellschaftliche Trägerspektrum der Daseinsvorsorge angeht, haben sich neben den Kirchen nahe stehenden Traditionsvereinen ebenso Initiativen etabliert, die im Zuge neuer sozialer Bewegungen verstärkt seit Mitte der 1970er Jahre entstanden sind (Zimmer 2007: 97). Inzwischen ist ein Grundkonsens erreicht worden: Interessengegensätze und politische Konflikte werden in der Regel im Schlagabtausch von Mehrheitsfraktion und Opposition ausgetragen. Der Protest zählt heute zu den legitimen Aktionen bürgerschaftlichen Engagements. Dabei handelt es sich heute nicht mehr um einen Fundamentalprotest, der politische Herrschaft, wie einst in Münster, generell in Frage stellt. Anhänger von Attac und Gegner von Atomkraft sind beispielsweise in ihrer Argumentation sehr normativ, aber nicht dogmatisch. Das unterscheidet sie von den religiösen

Tabelle: Kommunalwahlergebnisse in Münster 1946 bis 2004 (in Prozent)

Jahr	Wahl-beteiligung	Von den gültigen Stimmen entfielen auf:							
		CDU	SPD	GRÜNE	FDP	PDS	UWG	Zentrum	Sonstige
1946	71,0	43,3	24,7	-	5,4	-	-	22,3	4,3
1948	60,2	31,6	28,8	-	7,5	-	-	27,1	5,0
1952	72,0	38,2	24,8	-	10,4	-	-	12,4	14,2
1956	75,3	44,7	31,9	-	8,5	-	-	7,7	7,2
1961	76,9	51,6	26,7	-	15,0	-	-	2,8	3,9
1964	72,9	53,6	36,4	-	10,0	-	-	-	-
1969	72,1	54,1	38,6	-	6,0	-	-	-	1,3
1975	87,6	54,3	34,9	-	9,2	-	-	0,5	1,6
1979	67,4	52,2	34,4	6,0	6,8	-	-	-	0,6
1984	66,6	46,1	31,4	15,5	6,6	-	-	-	0,4
1989	69,0	43,4	35,1	12,2	8,3	-	-	-	1,0
1994	84,8	44,1	32,7	16,7	4,2	-	1,5	-	0,8
1999	65,2	54,0	26,2	11,2	5,0	1,4	1,7	-	0,4
2004	59,4	42,7	25,3	19,4	7,9	1,5	1,3	-	0,9

Quelle: Wahlamt der Stadt Münster, Statistische Jahresberichte der Stadt Münster.

Fundamentalisten gleich welcher Provenienz. Mit Argumenten kommt man diesen religiösen Aktivisten nicht bei, da der Grundkonsens fehlt: Die liberale Ordnung, Menschenrechte, Demokratie, Interessenausgleich, Toleranz und Anerkennung des Gegenübers werden oftmals schlichtweg abgelehnt.

Am Fallbeispiel der Wiedertäufer lässt sich ein gleichbleibendes Prinzip erkennen: Selbstbestimmung, das Eintreten für selbst benannte Ziele und Zwecke, ist ein zeitloser Anreiz zum politischen Engagement. Doch wie die Ziele dann erreicht werden können, ob sie überhaupt umsetzbar sind, hängt stark von Rahmenbedingungen, den sogenannten Kontextstrukturen ab. Im Fall der Wiedertäufer hat der damalige Staat erbarmungslos zugeschlagen, auch wenn man einräumen muss, dass die Kommune der Wiedertäufer unter der Herrschaft von Jan von Leiden und Bernd Knipperdolling sich radikalisiert hatte. Eine Verhandlungslösung wurde gar nicht erst in Betracht gezogen, vielleicht auch aufgrund der massiven Gegensätze und des beidseitigen absoluten Machtanspruchs über weltliche Herrschaft und die religiöse Deutungshoheit. Heute eröffnen sich den progressiven sozialen Bewegungen neue Opportunitäten durch die Zusammensetzung der Entscheidungsgremien, die Bündnismöglichkeiten, *policy trends* und *policy shifts* sowie durch die Aufmerksamkeit und die Bewertungen der Medien (Rucht 1989: 15).

Im folgenden Abschnitt wird nun eingegangen auf die Welt der Vereine in ihrem Facettenreichtum und ihrer bunten Vielfalt, mit ihren vielen Mitgliedern und langen Traditionen. Was war der Anreiz für Damen und Herren des Bürgertums, sich zu engagieren und für die Kunst und die Wissenschaft einzutreten und welcher war ihr individueller Nutzen?

Abbildung 2: Gartenzwerge/Lambertikirche

Während es sich die Gartenzwerge der engagierten Kleingärtner gut gehen lassen, hatten die Wiedertäufer in den Käfigen an der Lambertikirche nichts zu lachen. Sie erinnern uns daran, dass Münsters katholisches Milieu politisches Engagement nicht immer mit offenen Armen empfangen hat.

Der französische Soziologe Pierre Bourdieu würde hierzu bemerken, dass es die Lust an der Distinktion, an den feinen Unterschieden sei. Man grenze sich ab, man sei unter sich und damit unter uns. Weitere Einzelheiten führt er in seinem Klassiker mit dem Titel „Die feinen Unterschiede: Kritik der gesellschaftlichen Urteilskraft" (Bourdieu 2007: 405) aus.

Es waren die Münsteraner Beamten, Rechtsanwälte, distinguierte Kirchenmänner, Ärzte sowie selbstverständlich ihre Gattinnen, die sich für die allgemeine Bildung und den Genuss der schönen Künste einsetzen. Das Interessante am Engagement für die Kunst und Kultur besteht darin, dass man Privates – ein ganz privates Vergnügen – öffentlich machen und damit popularisieren möchte. Indem Kunst und Kultur öffentlich gemacht werden, werden sie aber gleichzeitig entprivilegiert. Solche Formen der Vereine als Patriotische Gesellschaften, Geheimbünde, Logen, Studentenkorporationen und Lesegesellschaften sind typisch für die vorindustrielle Periode der Vereinsgründungen (Raschke 1988). So gipfelte das damalige Bemühen der honorigen BürgerInnen – Beispiel Landesmuseum – darin, dass seit den 1980er Jahren der Kulturbereich in der Konkurrenz der Städte zu einem bestimmenden Standortfaktor geworden ist. Trotzdem ist kommunale Kulturpolitik immer freiwillige Aufgabe geblieben – Kulturförderung muss, so bestimmt es der Landesgesetzgeber, „in den Grenzen der Leistungsfähigkeit" (Gemeindeordnung NRW) der Gemeinde bleiben. Mit dem demokratischen Argument des Zugangs für alle zum Kultur- und Kunstgenuss wird jedoch damals wie heute die öffentliche Hand um eine Mitfinanzierung gebeten, wenn Einrichtungen etabliert werden sollen. Gleichzeitig setzen sich Kunst und Kultur nie allgemein durch, sie bleiben ein Genuss für das Bürgertum, die Besserverdienenden und die Gut-Ausgebildeten. Gerade um diese Klientel aber werben die Städte heute, da diese die begehrte Kauf- und Steuerkraft in die Städte bringen.

Ob es bei der Vereinsaktivität bleibt oder aber das Engagement sich in einem Museums- Theater- oder Konzerthallenbau konkretisiert, ist wiederum abhängig von den jeweiligen Rahmenbedingungen. Hier ist eine interessante Differenz festzustellen zwischen der deutschen, der angelsächsischen und der französischen Tradition. Der Louvre gehört dem Staat, wie im Übrigen alle Museen in Frankreich, die nahezu komplett aus dem Depot des Louvre heraus entstanden sind. Das Moma in New York, das Metropolitan Museum, ist dagegen privat, wie die meisten Museen in den USA. Sie wurden privat gegründet, betrieben und finanziert. Nicht so in Deutschland: Hier ist der Staat bei Kunst und Kultur in der Regel immer mit dabei, so hat die Bundesrepublik wesentlich mehr Museen als die USA, zumindest bezogen auf die Bevölkerungszahl. Und es gibt eine große Vielfalt von Museen, und zwar im ganzen Land und nicht nur in Berlin und den anderen großen Städten. Gleichzeitig wird damit die Sache aber auch politisch interessant: 850 000 Mark hat das damalige Gebäude des Landesmuseums 1908 gekostet, 50 000 kamen von der Stadt Münster, zusätzlich das Grundstück (Jeismann 1994: 498f.), das Land Preußen hat ebenfalls dazu beigetragen, d.h. die damalige Provinzialregierung. Annähernd 100 Jahre hat es gedauert, bis diese Vereinbarung zustande kam. Man braucht offensichtlich einen langen Atem im kulturellen Engagementgeschäft.

Ein aktuelles Beispiel für bürgerschaftliches Engagement in Münster ist die Stiftung Musikhalle. Unermüdlich wurde hier von einigen BürgerInnen für die Errichtung eines Konzerthauses geworben. Die Stiftung sammelt Geld und steckt auch immer wieder massive Rückschläge ein, wenn sich Sponsoren von der ihr und dem Verein „Musikhalle Münster" wieder zurückziehen und das Land nicht mehr an Zusagen festhält usw. Der letzte schwere Rückschlag, nach dem fraglich bleibt, ob die honorigen Freunde der Musikhalle erneut motiviert werden können, war ein erfolgreicher Bürgerentscheid gegen einen städtischen Beitrag

Abbildung 3: Musikhalle

Während vor rund hundert Jahren die damaligen Honoratioren Vater Staat die Einrichtung des Westfälischen Landesmuseums noch aufschwatzen konnten, machte heute die direkte Demokratie einen Strich durch die Rechnung: Die Rede ist von der Musikhalle.

zur Finanzierung. Trotz allem bleiben die Spendensammler für die Musikhalle im wahrsten Sinne des Wortes Engagement-Unternehmer, Entrepreneure in Sachen Kultur. Das Projekt „Musikhalle" wurde Ende der 1980er Jahre gestartet – was noch gar nicht so lange her ist, wenn man dies mit dem Prozess der Gründung des Landesmuseums in Münster vergleicht. Der geplante Musiktempel wird aber – wie auch das Landesmuseum – nur von einer bestimmten Klientel besucht werden. Nur die Argumente für die öffentliche Förderung haben sich inzwischen geändert. Damals war im Gedanken der breiten Teilhabe aller Bürger das Stichwort „Bildung" die Eintrittskarte für die öffentliche Förderung, heute gründen die Argumente beim Einwerben öffentlicher Gelder in neoliberalen Wettbewerbsparadigmen wie „Standortsicherung", „Attraktivität für Führungskräfte" oder „Trumpf im Städtemarketing".

Worin aber liegt nun die Gemeinsamkeit des Sportvereins „Wacker Mecklenbeck" und des „Vereins zur Förderung von Kunst und Kultur"? Es ist vor allem der Anreiz zur Gründung und zum Mitmachen: Es ist der Hinweis auf die feinen Unterschiede, die Lust des Abgrenzens von anderen. Während es bei Kultur und Kunst um „die Grenze der Distinktion oder des guten Geschmacks" geht – (Bourdieu 2007: 405), geht es bei „Wacker Mecklenbeck" um die religiöse Bindung. Auf die Frage, was den Verein von den anderen Sportvereinen in Münster unterscheide, berief sich der ehemalige Vorsitzende des Vereins auf die besondere Gemeinschaft. Er führte aus, dass Konkurrenz bei Wacker Mecklenbeck nicht alles sei. Es zähle die christliche Orientierung des Miteinander- und Füreinander-Eintretens. „Wacker Mecklenbeck" sei immer noch ein katholischer Verein, dessen Gründung in den 1950er Jahren erst das Ende des Kulturkampfes ermöglicht habe. Immerhin war die junge Bundesrepublik immer noch durch fest geschlossene soziale Milieus geprägt: Ein „Sozi" als Schwiegersohn war nicht gerade in einer streng katholischen Familie erwünscht, wie es sie damals sehr häufig in Münster gab. Das hat sich bis heute verändert, die Milieus haben ihre Bindungskraft zum größten Teil eingebüßt. Selbst in Münster ist das katholische Milieu nicht mehr ganz so geschlossen wie einst. Dass „Wacker Mecklenbeck" immer noch gedeiht und floriert, hängt wiederum von den Rahmenbedingungen ab: Das Gelände gehört der Stadt und die Tennishalle ist als Public Private Partnership mit der Stadt entstanden. Es gibt einen exzellenten Draht des Vereins zur Mehrheitsfraktion im Rat, der CDU. Die Sportvereine als „modernen Honoratioren" (Lehmbruch 1979: 324) und haben also einflussreiche Gutsbesitzer und Gewerbetreibende als die lokal Mächtigen verdrängt: „Wacker Mecklenbeck" ist, auch wenn auf den ersten Blick nur Sportler aufeinandertreffen, ein politischer Power-Player in Münster, der in bestimmten Sachfragen durchaus ein Veto einlegen kann (Siewer 1977: 486f.). Nun sind es die Lokalvereine, welche außerhalb und vor der Diskussion eines politischen *issues* im Gremium der Gemeinde beachtlichen Einfluss ausüben. Hier wird – wie auch beim Landesmuseum – ein vergleichbares Muster deutlich: Es ist der individuelle Anreiz zur Gründung und zum Mitmachen und dann die Etablierung auf Dauer infolge der Kooperation mit dem Staat – der Stadt Münster.

Ein weiteres Beispiel sind die Kleingärten. Auch hier finden sich entsprechende Muster: Man genießt den individuellen Nutzen eines Aufenthaltes in der Natur und hält Kontakt über den Parzellenzaun mit der Gemeinschaft der Nachbarn. Doch ermöglicht wird das Ganze durch die Kooperation mit der Stadt, die das Gelände zur Verfügung stellt. Kommen wir zum letzten und aktuellsten Beispiel des „Hand in Hand" von Stadt und Zivilgesellschaft: Die Kindertagesstätten sind seit etwa Mitte der 1980er Jahre weit vorne unter den Vereinsgründungen. Der Incentive, der Anreiz, sich hier zu engagieren, unterscheidet sich erheblich von den vorherigen Beispielen. Es ist eine Mischung aus Bedarfs- und Qualitätsorientierung. Diesmal aber geht es eher in Richtung der Wiedertäufer. Bekanntlich entspricht die arbeitende Frau und Mutter nicht dem bislang propagierten traditionellen Frauenbild. Danach heißt es auch mit gutem Studium und hervorragenden Qualifikationen: „Ab in die Küche"!

Ein Weg, hier Abhilfe zu schaffen, ist Selbstorganisation. Das bedeutete, dass Frauen inhaltlich und organisatorisch unabhängig von Männern zu agieren begonnen haben. „Autonom arbeiten reduziert sich so definiert darauf, jeden Vertretungsanspruch sowohl von Männern als auch von Frauen abzulehnen. Probleme und Schwierigkeiten von Frauen sollten nicht länger Privatsachen einzelner Frauen sein, sondern gehen alle Frauen an" (Hanetseder 1992: 46). Die Frauenbewegung hat den Weg frei gemacht für ein Modell der Kinderbetreuung, das anderswo längst ganz normal ist. Inzwischen hat sich der Wind auch in Münster gedreht. Dabei ist dies eine unmittelbare Folge von bürgerschaftlichem Engagement selbst – mutige Frauen etablierten auch in Münster Beratungsstellen und Frauenhäuser – und eine Folge wandelnder Kontextbedingungen, die zum Beispiel durch den Bundesgesetzgeber geprägt werden. So sind Kitas inzwischen akzeptiert und politisch gewollt, wenn es auch nach wie vor an Plätzen fehlt. Aber: Neue Einrichtungen werden von engagierten Eltern gegründet. Der Kontext zählt ohne Zweifel. Neben dem individuellen Nutzen, der durchaus festzustellen ist, realisiert sich bürgerschaftliches Engagement im öffentlichen Raum überwiegend in enger Kooperation mit dem Staat – als eine Spielart von öffentlich-privater Zusammenarbeit. Damit sind jedoch Verteilungsfragen, Fragen der Verausgabung von Fördergeldern, der Zuweisung von Ressourcen, angesprochen. Bürgerschaft-

Abbildung 4: Wacker Mecklenbeck

Wacker Mecklenbeck ist nach wie vor ein katholischer Verein – doch nach der Schule an den Herd schicken lassen sich die inzwischen selbstbewussten Sportlerinnen nicht mehr.

liches Engagement findet in Milieugrenzen statt. Die Engagementziele sind öffentlich, aber nicht verallgemeinerbar. Sie sind an einzelne Gruppen und insbesondere an Werturteile gebunden.

Es bleibt die Frage: Wie geht die Kommune damit um? Wie werden in Münster ressourcenrelevante Entscheidungen des „guten Geschmacks", der Förderung des Sports und der Unterstützung von Familien bzw. arbeitenden Frauen gefällt? Oder anders ausgedrückt: Wie wird der Rahmen auf Dauer gesteckt, in dem sich das Engagement weiter entfalten kann und – wie im Fall des Museums, der Musikhalle, der Kleingärten – auch auf Dauer gestellt wird? Vor dem Hintergrund unterschiedlicher Kontextbedingungen ergeben sich ganz unterschiedliche strategische Anknüpfungspunkte. Auf diese Fragen wird im kommenden fünften Abschnitt eingegangen werden.

5. Wege zum Erfolg

In diesem Abschnitt, in welchem es um die Erfolgsaussichten von bürgerschaftlichem Engagement geht, wird es auch darum gehen, wie ein bestimmtes Anliegen in den öffentlichen Raum gelangt, wie Mitstreiter und Mitstreiterinnen gewonnen werden können und wie die Stadt selber einbezogen werden kann. Bei diesem Ansatz helfen die Sozialwissenschaften mit dem „Stakeholder-Ansatz" weiter. Stakeholder sind Personen oder Organisationen, die sich für ein Anliegen, eine Initiative interessieren und auch in Zukunft mitarbeiten möchten.

Um mit einem Anliegen erfolgreich zu sein, braucht man in erster Linie Geld. Dieses kann über Sponsoren oder Spender beschafft werden. In einem nächsten Schritt müssen – wenn möglich fraktionsübergreifend – die Politik und die Medien gewonnen werden sowie einflussreiche Persönlichkeiten als sog. „Türöffner", die Verwaltung sowie eigene MitstreiterInnen, MitarbeiterInnen und Vereinsmitglieder. Vor allem diese drei Dinge, Geld, Politik und Medien, hängen eng zusammen und ergänzen sich gegenseitig. Der öffentliche Raum ist in Münster klein. Es gibt kaum Industrie, überwiegend halb-öffentliche Dienstleister, wie etwa die Sparkasse oder die Provinzialversicherung. Es gibt auch über die Grenze von Münster hinaus tätige Behörden, wie etwa den Landschaftsverband oder die Bezirksregierung. Es gibt zwei Zeitungen, einige lokale Verlage sowie einen Lokalsender des WDR. Man hat es somit mit einer recht überschaubaren Gruppe von möglichen Stakeholdern und solchen Personen und Institutionen zu tun, die man für seine Sache gewinnen muss.

Münster als tiefschwarzes und konservativ-katholisches Pflaster haben wir schon kennengelernt. Doch gleichzeitig befindet sich in der Westfalenmetropole die drittgrößte Universität Deutschlands. Unter den mehr als 40000 Studierenden der Westfälischen Wilhelms-Universität Münster sind zahlreiche Sozial- und Geisteswissenschafler/-innen sowie ein breites Spektrum von Lehramtskandidaten und -innen. Die Innenstadt zeichnet sich aufgrund der vielen Studierenden durch quirlige Aktivität aus. Szenekneipen, Buchläden und Bistros prägen das Bild der Altstadt. Wie in vielen Universitätsstädten sind die Studierenden auch in Münster verpflichtet, bei überwiegendem Aufenthalt in der Stadt ihren Erstwohnsitz anzumelden. Dadurch entstehen keinerlei finanzielle Konsequenzen, jedoch ergibt sich das Recht zur Teilnahme an den in Münster stattfindenden Wahlen, darunter auch den Kommunalwahlen. Die starke Präsenz des studentischen Elements in der Kommune blieb nicht folgenlos für die kommunale Politik, wie anhand der Wahlergebnisse zum Rat deutlich wird. Vor allem Bündnis 90/Die Grünen sind in Münster stark vertreten. Wenn sich auch die Mitgliederzahlen der Wahlalternativen im Vergleich zur mitgliederstarken Münsteraner CDU (2820 Mitglieder) deutlich im Rahmen halten – SPD (1900 Mitglieder), FDP (325 Mitglieder), Bündnis 90/Die Grünen (390 Mitglieder), zeigen die Wahlergebnisse zum Rat doch eine nachhaltige Veränderung des Wahlverhaltens beziehungsweise ein „Bunterwerden" des Parteienspektrums in Münster. Vor allem die universitätsgeprägten Innenstadtbereiche weisen mit Ergebnissen von mehr als 20 Prozent einen klaren Trend in Richtung einer Wählerpräferenz für Bündnis 90/Die Grünen auf. Rückblickend kann man daher von einer nachhaltigen Veränderung der Kontextstrukturen für die RatsvertreterInnen sprechen. Wir können also festhalten: Die Politik ist in Münster milieugeteilt. Es gibt einerseits ein dominantes konservativ-liberales Milieu neben einem kleineren aber stabil wachsenden studentischen Milieu von rot-grün. Damit sind die Verhältnisse in Münster nicht mehr so klar konservativ dominiert, wie es bis in die 1980er Jahre der Fall war. Während damals die Wiedertäufer Münster belagerten, haben sich innerhalb des Cityrings heute rund 40000 Studentinnen und Studenten angesiedelt und Münsters politische Kultur erfolgreich verändert.

Welche Wege zum Erfolg einer Etablierung lassen sich festhalten? Wie sehen die Strategien der Akteure aus? Kann gerade in dem Vorhandensein konkurrierender

Abbildung 5: Wiedertäufer/Cityring

Während damals die Wiedertäufer Münster belagerten, haben sich innerhalb des Cityrings heute rund 40000 Studenten angesiedelt und Münsters politische Kultur erfolgreich verändert.

Milieus ein Schlüssel liegen? Denn wenn zwei sich streiten, freut sich bekanntlich der Dritte. Es wurde nachgefragt und recherchiert und die folgenden drei Wege zum Erfolg stehen fest:
- Skandalisierung: Die Engagierten trommeln und rödeln auf der Straße und weisen mit konventionellen und unkonventionellen Methoden (Greenpeace) sowie verdächtigen Aktionen auf Missstände hin, um so öffentlichen Druck zu erzeugen. Wenn die etablierte Mehrheitsfraktion dann Einsicht zeigt, war die Sache erfolgreich.
- Hinter den Kulissen: Wer einen guten Zugang zur kleinen Gruppe der Münsteraner Honoratioren hat – was zusammenhängt mit einer gleichen Wertebasis und einem ordentlich organisierten Interesse – braucht „keine Sau durchs Dorf zu treiben". Im Kämmerlein wird die Sache dingfest gemacht.
- Ein guter Mix aus beidem: Wer es versteht, öffentlichwirksame Kampagnenarbeit auf der einen Seite mit geschicktem Antichambrieren zu verbinden, kann sich auch aus ausweglosen Situationen retten. Voraussetzung dafür ist aber, dass ein wertebasierter *issue* Interessen auch milieuübergreifend zusammenschließt.

Zu dieser letzten Strategie ein kurzes Beispiel aus der Stadt Münster: Lange Geschichte, knapp erzählt: Die Stadt Münster war nicht bereit, für die Beratung von Gewalt betroffener Frauen Mittel bereitzustellen. Die Ratsentscheidung war schon getroffen: Keine Mittel im Stadtsäckel für die öffentliche Förderung um ein Beratungsangebot weiterzufinanzieren, das von zwei lokalen Frauenvereinen, einem Zusammenschluss der autonomen Frauenbewegung im Gedanken der Selbsthilfe und einer im katholischen Milieu verankerten Organisation des tätigen Mitleids, bereitgestellt wurde. Der Erfolg lag hier im Brückenschlag infolge einer milieuübergreifenden Wertekoalition. Frauenorganisationen, eine aus dem konservativen Milieu und eine aus dem rot-grünen Milieu, taten sich im entscheidenden Moment zusammen, suchten sich Verbündete, darunter die Polizeigewerkschaft und inszenierten sich durch spektakuläre Medienaktionen. Während die eine in ihrem gut angeschlossenen Milieu hinter den verschlossenen Türen stille Überzeugungsarbeit leistete, führte die andere wütend-entschlossene Frauen aus verschiedenen Milieus zum Protest. Im Ergebnis knickte die Ratsmehrheit, CDU und FDP, ein. Das Beratungsangebot wurde doch finanziert. Der Hebel zum Erfolg war die Skandalisierung auf der einen und die Hintergrundgespräche auf Vertrauensbasis auf der anderen Seite. So konnte ein milieuübergreifendes Protestrelais aktiviert werden (Ohlemacher 1993). Denn die Medien berichteten unisono, dass von Gewalt bedrohte Frauen in Münster mit ihrem Problem alleingelassen würden.

Eine ganz andere Strategiewahl findet man bei der Public Private Partnership des Graphikmuseums Pablo Picasso in Münster. Zur Finanzierung des Museums – die Sammlung wurde auf Basis bürgerschaftlichen Engagements bereit gestellt – kamen die Honoratioren ohne jeden Medienrummel zusammen, um die Sache unter Dach und Fach zu bringen. Erst als die Angelegenheit schon „in trockenen Tüchern" war, wie man in Münster sagt, wurde die breite Öffentlichkeit informiert und der Erfolg medienwirksam vermarktet. Dies ist zweifelsohne die effizienteste und schnellste Strategie. Allerdings muss man zu dem Kreis der „Wichtigen in der Stadt Münster" zählen, sonst hat man gar keine Chance. Eine Option, die also nicht allen Interessen offen steht. Man kann sich gut vorstellen, wie dieser Kreis in Münster, wie in jeder anderen Stadt auch, zusammengesetzt ist. „Management of Diversity" ist hier immer noch ein Fremdwort. Wie es mit der Realisierung des Vorhabens der Neuerrichtung einer Musikhalle in Münster weiter geht, ist zurzeit unklar. Es wurden alle möglichen Stakeholder bespielt: Die Stadt, das Land, die Universität, engagierte Bürger/-innen von Münster und die lokalen halb-öffentlichen Unternehmen, die hier vor Ort als Hauptsponsoren in Frage kommen. Letztendlich war es aber dann doch ein Bürgerentscheid – also die direkte Demokratie – die dem Vorhaben zunächst ein jähes Ende setzte.

Wie es „hinter den Kulissen" mit den Repräsentanten der Stiftung Musikhalle weitergeht, was mit der Verwendung der Sponsoringgelder nun passiert und ob nach dem Bürgerentscheid und der Skandalisierung eines solchen Themas erst einmal der Wind aus den Segeln genommen wurde, ist nicht ersichtlich. Das insgesamt positive Klima in der Stadt für eine Musikhalle wurde im Zuge des Konfliktes – Bürgerentscheid – zunächst einmal gebrochen. Die Universität als zunehmend wichtiger Akteur in der Stadt konnte wohl für das Vorhaben gewonnen werden, jedoch fehlte aus Sicht vieler die Leidenschaft im Einsatz. Es mag verwundern, dass das Projekt noch nicht realisiert ist und die öffentliche-private Partnerschaft als Kooperation von Kommune und bürgerschaftlichem Engagement noch nicht zum Tragen gekommen ist. Doch wenn man bedenkt, dass es bis zum Bau des Museums auch rund 100 Jahre gedauert hat, sollte dem Förderverein und der Stiftung bewusst sein: Die Hoffnung stirbt zuletzt! Schließlich sind erst seit rund 20 Jahren bürgerschaftliches Engagement in den Bau der Konzerthalle investiert worden.

6. Literatur

Benz, A. (2004). *Governance – Regieren in komplexen Zusammenhängen. Eine Einführung.* Wiesbaden: VS-Verlag.

Bogumil, J. (1997). Modernisierung des Staates durch Public Management, Stand der aktuellen Diskussion. In E. Grande & R. Prätorius (Hrsg.), *Modernisierung des Staates* (S. 21–44). Baden-Baden: Nomos.

Bourdieu, P. (2007). *Die feinen Unterschiede: Kritik der gesellschaftlichen Urteilskraft.* Frankfurt/Main: Suhrkamp.

Duda, A. & Hausmann, A. (2002). Public Private Partnership zur Ressourcenbündelung im Kulturbereich. *Zeitschrift für öffentliche und gemeinwirtschaftliche Unternehmen*, 25/3, 340–349.

Enquete-Kommission (2002). Zukunft des Bürgerschaftlichen Engagements. In Deutscher Bundestag (Hrsg.), *Bericht. Bürgerschaftliches Engagement: auf dem Weg in eine zukunftsfähige Bürgergesellschaft*. Opladen: Westdeutscher Verlag.

Hanetseder, C. (1992). Frauenhaus: *Sprungbrett zur Freiheit? Eine Analyse der Erwartungen und Erfahrungen von Benützerinnen.* Zürich: Haupt.

Jeismann, M. (1994). „Bürgerliche Kultur" und Kultur des Bürgertums – Theater und Museen im 19. Jahrhundert. In F.-J. Jakobi (Hrsg.), *Geschichte der Stadt Münster* (S. 489–508). Münster: Aschendorff.

Klein, A. (2001). *Der Diskurs der Zivilgesellschaft. Politische Hintergründe und demokratietheoretische Forderungen*. Opladen: Westdeutscher Verlag.
Kneer, G. (1997). Zivilgesellschaft. In G. Kneer & A. Nassehi & M. Schroer (Hrsg.), *Soziologische Gesellschaftsbegriffe*. München: Fink.
Kocka, J. (2003). Zivilgesellschaft in historischer Perspektive, *Forschungsjournal Neue Soziale Bewegungen. Konturen der Zivilgesellschaft. Zur Profilierung eines Begriffs*, 16/2, 29–37.
Lehmbruch, G. (1979). Der Januskopf der Ortsparteien, *Der Bürger im Staat (BiS)*, 25, 3–8.
Ohlemacher, T. (1993). *Brücken der Mobilisierung. Soziale Relais und persönliche Netzwerke in Bürgerinitiativen gegen militärischen Tiefflug*. Wiesbaden: Deutscher Universitätsverlag.
Raschke, J. (1988): *Soziale Bewegungen. Ein historisch-systematischer Grundriß*. Frankfurt/Main: Campus.
Rucht, D. (1989). Vorschläge zur Konzeptualisierung von Kontextstrukturen sozialer Bewegungen, *Beitrag zum Workshop „Vergleichende Analysen sozialer Bewegungen"*, Berlin: WZ Berlin.
Siewer, H.J. (1977). Verein und Kommunalpolitik. *Kölner Zeitschrift für Soziologie und Sozialpsychologie* 29, S. 486–510.
Zimmer, A. (2007). *Vereine – Zivilgesellschaft konkret*. Wiesbaden: VS-Verlag.

Generell zum bürgerschaftlichen Engagement in Münster:
Jeismann, M. (1994). „Bürgerliche Kultur" und Kultur des Bürgertums – Theater und Museen im 19. Jahrhundert. In F.-J. Jakobi (Hrsg.), *Geschichte der Stadt Münster* (489–508), Münster: Aschendorff.
Römling, M. (2006). *Münster. Geschichte einer Stadt*. Soest: Tertulla.

Informationen zu den Zeugnissen des bürgerschaftlichen Engagements in Münster:
Leprosenhaus in Kinderhaus:
    http://www.uni-muenster.de/Rektorat/museum/d2muslm2.htm
Lambertikirche und Wiedertäufer:
    http://kunden.w-plus.de/st-lamberti/page/index.php?s=kirche
Sportbetrieb:
    www.wacker-djk.de/index-verein.htm
    und:
    http://www.djk.de/
Blume für Münster:
    http://www.lwl.org/LWL/Kultur/skulptur-projekte/kuenstler/lehanka/
Westfälisches Landesmuseum:
    http://www.lwl.org/LWL/Kultur/WLMKuK/
Kita Bergmannshof:
    http://www.kita-bergmannshof.de/ueber_die_kita/index_ger.html
Diskussion um die Musikhalle – pro:
    http://www.kultur-und-kongresshalle.de/
Diskussion um die Musikhalle – contra:
    http://www.muenster-minus-musikhalle.de/

Martin Junkernheinrich

Kommunalverschuldung: zur Transparenz und Rückführung kommunaler Schulden

1. Einführung

Derzeit vergeht kaum ein Tag ohne eine Meldung über Wünsche nach neuen öffentlichen Leistungen, Steuererleichterungen oder den Abbau staatlicher Aufgaben, über Finanzierungslücken und Schuldenbremsen oder andere Aspekte öffentlicher Finanzen. Die Fülle der Meldungen und Meinungsäußerungen, aber auch die Komplexität des Finanzsystems selbst produzieren ein diffuses Bild von den Staatsfinanzen und deren Zustand. Dies betrifft auch die Finanzen der Städte, Gemeinden und Landkreise.

Zwar ist die Verbindung zwischen Bürgern, Politik und Verwaltung auf kommunaler Ebene besonders eng. Dennoch mangelt es auch hier an transparenten Informationen über die Haushaltslage und über die Wirkungsketten von Aufgaben, Ausgaben und Einnahmen. Eine Antwort auf die Fragen, welche Gefahren sich derzeit aus der Kommunalverschuldung für die finanzielle Leistungsfähigkeit der Kommunen ergeben, wie sich dies auf heutige und kommende Generationen auswirkt und wie eine nachhaltige Haushaltssteuerung erreicht werden kann, erfordert präzise Informationen über den Status quo der Finanzen.

Mit dem hier vorgelegten Ländervergleich wird erstmals für alle deutschen Flächenländer eine vollständige Darstellung der kommunalen Verschuldung in den „Kernhaushalten" und den kommunalen Auslagerungen in Eigenbetrieben, Eigen- und Beteiligungsgesellschaften sowie der Zweckverbände erstellt.[1] Einige explorative Überlegungen zu den potentiellen Verschuldungsursachen und den ordnungspolitischen Möglichkeiten der Schuldenbegrenzung (Junkernheinrich 2008: 134ff.) und der Schuldenrückführung schließen den Beitrag ab.

Die Ausweitung der kommunalen Schuldenanalyse auf alle Flächenbundesländer (also unter Ausschluss der Stadtstaaten) ist ein methodisch und empirisch bislang einzigartiger Versuch (Braun 2008: 171f.). Grundlage sind Daten aus der Finanzstatistik des Statistischen Bundesamtes, die fallweise um Daten der Statistischen Landesämter ergänzt werden. Einzelgemeindliche Daten aus den Bundesländern werden nicht verwendet. In zeitlicher Hinsicht werden die Jahre 2000 bis 2007 analysiert. Dieser Zeitraum umschließt den ungewöhnlich massiven Steuereinbruch der Jahre 2001 bis 2003, aber auch die konjunkturelle Erholungsphase in den Jahren 2004 bis 2007 (Junkernheinrich, Micosatt 2008: 14f.). Die länder-

---

1 Der vorliegende Beitrag basiert auf Forschungsergebnissen des in Kooperation mit der Bertelsmann Stiftung, Gütersloh, erstellten kommunalen Finanz- und Schuldenreports. Für zahlreiche Anregungen sei Florian Boettcher (TU Kaiserslautern), Marc Gnädinger (Bertelsmann Stiftung) und Gerhard Micosatt (FORA Forschungsgesellschaft für Raumfinanzpolitik) gedankt. Siehe zum Schuldenreport der Bertelsmann Stiftung online unter <http://www.wegweiser-kommune.de/> (Stand: 24.10.2009).

spezifischen Unterschiede der Finanzkraft und der Aufgabenkommunalisierung sowie andere strukturelle Besonderheiten (Gemeindegrößenstrukturen, Raumstrukturen etc.) werden an anderer Stelle behandelt (Junkernheinrich, Micosatt 2009).

2. Kommunalverschuldung im gesamtstaatlichen Kontext

Trotz deutlicher kommunaler Einnahmenverbesserungen und Überschüsse in den Jahren 2006 und 2007 verharren immer noch viele Gemeinden im Haushaltsdefizit. Die Überschüsse sind räumlich hoch konzentriert (Deutsche Kommunen 4/2008; Junkernheinrich, Micosatt u. Boettcher 2007: 5ff.) und speisen sich in nicht unerheblichem Umfang aus dem Verkauf von „Tafelsilber". Der Breakeven-Point wurde deshalb vielfach nicht erreicht, so dass die sich abschwächende Konjunktur und die Risiken der globalen Finanzkrise die kommunalen Haushalte einnahmen- und ausgabenseitig hart treffen werden.

Bereits zu Beginn des Jahrtausends haben die Kommunen in der Bundesrepublik Deutschland eine schwere Finanzkrise durchstehen müssen. Die hohen Haushaltsdefizite der Jahre 2001 bis 2005 haben den Schuldenstand, der schon während der Finanzkrise der 1990er Jahre stark angestiegen war, weiter erhöht (+21 Prozent). Erst für die Jahre 2006 und 2008 ist eine Besserung zu erkennen *(Abb. 1)*. Das Gesamtverschuldungsniveau einschließlich der Kreditverbindlichkeiten der Auslagerungen lag Ende 2008 dennoch bei knapp 3 146 Euro je Einwohner.[2]

Zur Bewertung dieses „Krisen- und Verschuldungsbildes" gehört aber auch die Einordnung der kommunalen Lage in den gesamtstaatlichen Kontext. Hier zeigen sich ein im Vergleich zu Bund und Ländern niedriger Schuldenstand und eine geringere Dynamik. Einschließlich der Auslagerungen waren Bund und Länder Ende 2008 je Einwohner mit rd. 17 213 bzw. 6 400 Euro verschuldet.

Der Vergleich zu Bund und Ländern darf allerdings nicht zu der Schlussfolgerung führen, auf kommunaler Ebene sei alles in Ordnung. Im Gegenteil: Die restriktiven Bedingungen der Schuldenaufnahme auf kommunaler Ebene haben die Städte, Gemeinden und Gemeindeverbände vielleicht vor noch höheren Schulden bewahrt (Junkernheinrich 2007a: 8f.). Dies ging jedoch zu Lasten des kommunalen Leistungsangebots und dürfte in nicht unerheblichem Maße den schon bestehenden Investitionsstau vergrößert haben (Reidenbach u.a. 2008). Zudem zeigt die Berücksichtigung der Auslagerungen, dass mit Organisationsveränderungen auch eine Verlagerung der Verschuldung stattgefunden hat. Die in den Auslagerungen bestehenden Schulden verändern das Bild der Kommunen in Bezug auf Niveau und Entwicklung der Verschuldung deutlich.

---

2 Nur bezogen auf die Einwohner in den Flächenländern, d.h. ohne Stadtstaaten.

Abbildung 1: Verschuldung[a] der öffentlichen Haushalte mit und ohne öffentlich bestimmte Fonds, Einrichtungen und Unternehmen 1950 bis 2008[a] in Mrd. € (jew. 31.12; bis 1959 jew. 31.03.)

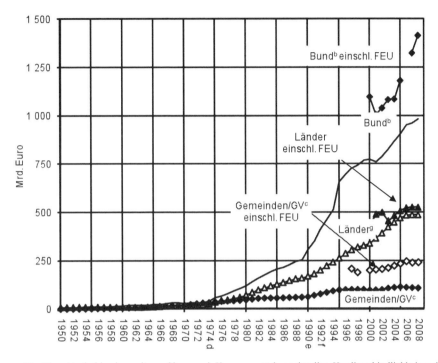

a   Kreditmarktschulden im weiteren Sinne zzgl. Kassenverstärkungskredite. Kreditverbindlichkeiten der FEUs von Ländern und Gemeinden vom 31.12.2006 zum 31.12.2007 fortgeschrieben.
b   Einschl. des Lastenausgleichsfonds, der Sondervermögen und der Extrahaushalte des Bundes.
c   Ab 1974 einschl. Zweckverbände. In 1974 ohne die Schulden der Zweckverbände in NRW.
d   Ab 1974 ohne Schulden der kommunalen Eigenbetriebe.
e   Ab 1991 Deutschland.
f   Gemeinden: bis 1992 einschließlich Krankenhäuser mit kaufmännischem Rechnungswesen (0,83 Mrd. € im Jahr 1992).
g   Einschl. der Extrahaushalte der Länder.
Quelle: Statistisches Bundesamt, eigene Berechnungen.

Die zentrale Problematik der kommunalen Verschuldung liegt in den regionalen bzw. lokalen Unterschieden und damit in der Gefahr einer Abwärtsspirale für fiskalische Problemkommunen. So zeigte der Schuldenreport für Nordrhein-Westfalen, dass einzelnen Gemeinden ohne oder mit nur geringen Schulden solche mit einer Pro-Kopf-Verschuldung von 6500 bis knapp 6900 Euro (2005) gegenüberstehen (Junkernheinrich/Micosatt 2007: 93, 97, 107).[3] In gleicher Weise war die Entwicklungsdynamik des Schuldenstandes höchst unterschiedlich: Von 396 Gemeinden konnten immerhin im Zeitraum des höchsten Schuldenzuwachses (2000 bis 2005) 159 ihre Schulden verringern (ebd.: 53). Der Schuldenzuwachs erfolgte vornehmlich in den größeren Städten, die die Gesamtentwicklung quantitativ dominieren.

---

3   Gesamtschulden ohne mittelbare Haftungsverpflichtungen bei Umlageverbänden.

3. Kommunalverschuldung nach Bundesländern

3.1 Gesamtschulden

Nachfolgend werden Verschuldungsniveau und -entwicklung der Kommunen in den einzelnen Bundesländern untersucht. Ausgangspunkt der Schuldenanalyse ist die Summe aller unmittelbaren Schulden der Gemeinden und Gemeindeverbände und ihrer mittelbaren Schulden, die sich aus den Kreditverbindlichkeiten der Zweckverbände und der öffentlich bestimmten kommunalen Fonds, Einrichtungen und Unternehmen ergeben. Allein die Bürgschaften werden nicht mit eingeschlossen, da sie erst bei Eintritt des Bürgschaftsfalls zu tatsächlichen Verbindlichkeiten werden.

Die so definierte Gesamtverschuldung wies zwischen den Bundesländern Ende 2007 im Extrem ein Spannungsverhältnis von 1 zu 2,4 auf. Die geringste Pro-Kopf-Verschuldung haben die Gemeinden in Schleswig-Holstein (1 957 Euro/Ew.), die höchste ist in Mecklenburg-Vorpommern (4 619 Euro/Ew.) zu beobachten *(Abb. 2)*.

In großräumiger Sicht ist auffällig, dass die Gemeinden der ostdeutschen Bundesländer im Jahr 2000, d.h. 10 Jahre nach der deutschen Einheit, ein um 58,9 Prozent höheres Verschuldungsniveau aufwiesen als die westdeutschen Länder. Mecklenburg-Vorpommern (4 180 Euro/Ew.) stand dabei mit Abstand an der Spitze der verschuldeten Länder. Thüringen (3 469 Euro/Ew.) wies als ostdeutsches Land mit der niedrigsten Verschuldung ein um 710 Euro geringeres Niveau auf. Innerhalb Westdeutschlands waren die hessischen Gemeinden (3 296 Euro/Ew.) am höchsten verschuldet, blieben aber noch unter dem Niveau von Thüringen. Ihr Schuldenstand lag um 1 579 Euro über dem Niveau der Gemeinden in Schleswig-Holstein (1 717 Euro/Ew.) und war damit fast doppelt so hoch ausgeprägt.

In den darauf folgenden Jahren bis 2007 haben sich die Verhältnisse zwischen den Bundesländern erheblich gewandelt:
- In Ostdeutschland erhöhte sich das Verschuldungsniveau im Jahr 2001 noch einmal leicht um 2,9 Prozent, blieb dann bis 2003 annähernd konstant, um schließlich bis 2007 um –5,0 Prozent unter den Ausgangswert zu sinken. Nach Ländern differiert aber die Entwicklung erheblich. In Sachsen hat der Verkauf der kommunaleigenen Dresdener Wohnungsgesellschaft im Jahr 2006 mit dazu beigetragen, dass das Pro-Kopf-Niveau um 19,4 Prozent gesunken ist (Rechnungshof 2007: 321ff.).[4] Die Kommunalverschuldung in Thüringen und Brandenburg war leicht rückläufig. In Mecklenburg-Vorpommern und in Sachsen-Anhalt stieg die Verschuldung jedoch jeweils um 10,5 bzw. 8,2 Prozent an. Die negative Einwohnerentwicklung in den ostdeut-

---
4 Mit dem Erlös konnte die Stadt Dresden Schulden in Höhe von insgesamt rd. 713 Mio. Euro abbauen und sich damit nahezu entschulden. Da die WOBA Dresden GmbH damit auch aus dem Berichtskreis der FEU ausschied, reduzierte sich die bei den Auslagerungen verbuchte Verschuldung ebenfalls. Die Aussonderung hatte ein Volumen von 789 Mio. Euro.

Abbildung 2: Schulden der Gemeinden und Gemeindeverbände einschließlich der Zweckverbände und der öffentlich bestimmten kommunalen Fonds, Einrichtungen und Unternehmen 2000 bis 2007* (jew. 31.12) – € je Einwohner –

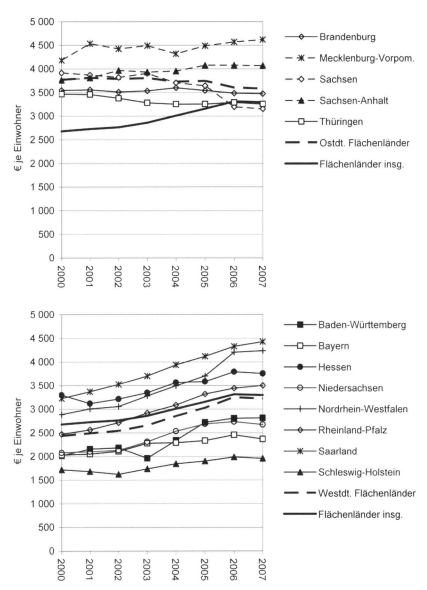

* Einschließlich der internen Verschuldung (z.B. Unternehmen bei ihren Trägergemeinden). Kreditverbindlichkeiten der FEUs zum 31.12.2006 (einschl. der Anteile privater Mitgesellschafter).

Quelle: Statistisches Bundesamt, eigene Berechnungen.

schen Bundesländern verzerrt dabei die Ergebnisse leicht, denn die absoluten Beträge der Verschuldung entwickelten sich günstiger, konnten aber nicht mit den Bevölkerungsverlusten mithalten. Hier kommt ein Demographieeffekt[5] von bis zu –7,7 Prozentpunkten (Sachsen-Anhalt) zum Tragen (Junkernheinrich 2007b: 61ff.).

- In Westdeutschland stieg die kommunale Pro-Kopf-Verschuldung zwischen 2000 und 2007 im Durchschnitt um 32,3 Prozent an, nahm also einen Ostdeutschland entgegen gesetzten Verlauf. Nordrhein-Westfalen stand dabei an der Spitze (+46,6 Prozent), gefolgt von Rheinland-Pfalz (+41,6 Prozent), dem Saarland (+37,1 Prozent) und Baden-Württemberg (+36,8 Prozent). In Hessen und Schleswig-Holstein kam es lediglich zu einem Zuwachs um rd. 14 Prozent. Der massive Zuwachs in Baden-Württemberg überrascht, erfolgte aber von einem niedrigeren Niveau aus. Je Einwohner waren es „nur" 740 Euro, im Saarland, bei einem um 0,3 Prozentpunkte geringfügig höheren relativen Zuwachs, hingegen 1 197 Euro. Im Jahr 2007 hat sich erstmals auch in westdeutschen Kommunen wieder ein leichter Rückgang der Verschuldung um -0,9 Prozent eingestellt. Aber selbst in den Bundesländern mit sehr hohen Überschüssen – Bayern, Baden-Württemberg und Hessen – sank das Verschuldungsniveau nur leicht unter das Vorjahresniveau. Insgesamt zeigt sich ein differenziertes Bild.
- Die Kommunen in Bayern und Baden-Württemberg weisen nur marginale Kassenkredite auf. Der Verschuldungsanstieg der letzten Jahre geht vielmehr auf eine Zunahme der Schulden in den Auslagerungen zurück. In Bayern stiegen aber auch die fundierten Schulden in den kommunalen Kernhaushalten an. Verschuldung ist hier also allein im Zusammenhang mit der kommunalen Investitionstätigkeit zu sehen, die vor dem Hintergrund steigender Einnahmen deutlich erhöht wurde. Die in diesem Zusammenhang erfolgende Kreditaufnahme ist – insbesondere vor dem Hintergrund der Leistungsfähigkeit – als „normales" Finanzierungsinstrument zu bewerten, dem überdies langfristig nutzbares Anlagevermögen gegenübersteht (vgl. Zimmermann 1999: 199f.). Eine krisenhafte Verschuldungssituation ist für diese Bundesländer somit nicht festzustellen.
- Auf der anderen Seite stehen diejenigen Länder, die neben hohen fundierten Schulden auch hohe Kassenverstärkungskredite und insgesamt hohe Zinsbelastungen aufweisen. Ihre Überschüsse fallen geringer aus, bzw. die Kommunen in Rheinland-Pfalz und im Saarland schlossen die Haushalte 2007 weiter mit Fehlbeträgen ab, so dass für einen Schuldenabbau kaum ein finanzielles Potenzial zur Verfügung stand.

Insofern kommt es aktuell zu einer Verschärfung der regionalen Disparitäten.

Die Darstellung der kommunalen Pro-Kopf-Verschuldung hat auf Länderebene eine maximale Disparität im Verhältnis von 1 zu 2,4 gezeigt. Eine Bewertung der Verschuldung ist aber sachlich korrekter an der Leistungskraft, d.h. an der Fähigkeit zur Tilgung, auszurichten (Junkernheinrich, Micosatt 2007: 21f.).

---

5 Differenz der Veränderungsrate von absoluten Schulden und Pro-Kopf-Verschuldung in %-Punkten, z.B. Sachsen-Anhalt: 0,5 Prozent zu 8,2 Prozent.

Das BIP ist Gradmesser der wirtschaftlichen Leistungsfähigkeit in einem Bundesland. Einkommen und daraus folgend Steuern, die dem Staat und damit auch den Kommunen zufließen, hängen im hohen Maße von der Wirtschaftskraft ab.

Gemessen am Bruttoinlandsprodukt verstärkt sich das Spannungsverhältnis der kommunalen Verschuldung auf Länderebene auf 1 zu 3,3 um rd. 38 Prozent *(Abb. 3)*. Die hoch verschuldeten Kommunen weisen eine eher unterdurchschnittliche Leistungskraft auf, weshalb ihre Fähigkeit zur Tilgung auch unterdurchschnittlich einzustufen ist. Für die Kommunen in Schleswig-Holstein, Bayern und Baden-Württemberg ergeben sich die günstigsten Relationen (kleiner 9 Prozent). Die ostdeutschen Bundesländer Mecklenburg-Vorpommern und Sachsen-Anhalt liegen weiterhin auf den hinteren Plätzen (22,7 bzw. 19,4 Prozent).

Insbesondere für die ostdeutschen Kommunen stellt die weiterhin im Vergleich zu Westdeutschland geringe wirtschaftliche Leistungskraft ein großes Problem dar. Wenn mit Auslaufen der Solidarpaktfinanzierung West-Ost-Transferleistungen verloren gehen, dürften die Haushaltsspielräume der Kommunen enger und damit die Entschuldungsprobleme größer werden. Insofern ist es positiv zu werten, dass seit der Jahrtausendwende die Verschuldung in Ostdeutschland nur unterproportional gewachsen ist bzw. sogar rückläufig war.

Abbildung 3: Anteil der kommunalen Gesamtschulden am Bruttoinlandsprodukt im Jahr 2007 in %

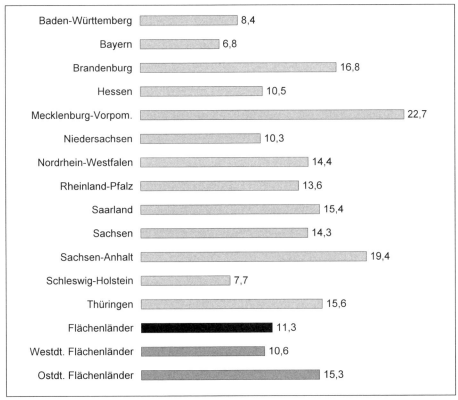

Quelle: Statistisches Bundesamt, eigene Berechnungen.

3.2 Schuldenarten

3.2.1 Überblick

Die Schulden der Gemeinden setzen sich aus unterschiedlichen Schuldenarten bei unterschiedlichen Trägern zusammen *(Abb. 4)*. Erst der Blick über die Kernhaushalte hinaus zeigt, wie fragmentiert das kommunale Handeln und folglich auch die kommunale Verschuldung ist und damit für den Bürger intransparent wird:

- Der Blick in die kommunalen Haushaltspläne (einschließlich Zweckverbände) offenbart zunächst diejenigen Schulden, die im Rahmen der kreditfinanzierten Investitionstätigkeit im Kernhaushalt entstanden sind. Dies sind überwiegend die Schulden am Kreditmarkt. Sie haben an der Gesamtverschuldung (ohne Bürgschaften) aber nur einen Anteil von 32,6 Prozent. In den westdeutschen Flächenländern ist der Anteil mit 33,6 Prozent deutlich höher als in den ostdeutschen Bundesländern mit 28,2 Prozent. Die absoluten Niveaus unterscheiden sich mit 1 083 zu 1 009 Euro je Einwohner aber nicht wesentlich.

  Quantitativ am gewichtigsten sind die Schulden der Gemeinden, die von den öffentlich bestimmten Fonds, Einrichtungen und Unternehmen getragen werden. Einschließlich der FEUs, die von den Zweckverbänden getragen werden und mittelbar in das Ergebnis einfließen, erreichen sie einen Anteil von 53,1 Prozent. In den westdeutschen Flächenländern ist der Anteil mit 50,6 Prozent deutlich geringer als in den ostdeutschen Bundesländern mit 64,1 Prozent. Das absolute Niveau der FEUs ist in Ostdeutschland mit 2 292 Euro je Einwohner um rd. 40 Prozent höher als in Westdeutschland mit 1 630 Euro. Vor allem hierin ist der bei der Gesamtverschuldung festgestellte Niveauunterschied zwischen beiden Teilen Deutschlands begründet.

- Die dritte, aber nicht in allen Bundesländern gewichtige Größe sind die kommunalen Kassenverstärkungskredite. Ihr Anteil betrug Ende 2007 im Durchschnitt 11,5 Prozent. Er ist in Westdeutschland mit 12,9 % mehr als doppelt so groß wie in Ostdeutschland (5,3 Prozent); der absolute Unterschied betrug 415 zu 190 Euro je Einwohner.[6] Die Mittelwerte sind hier aber nicht aussagekräftig. Die Kommunen in Bayern, Baden-Württemberg und Sachsen weisen lediglich Kredithöhen von bis zu 26 Euro je Einwohner auf. Am anderen Ende der Rangliste stehen Nordrhein-Westfalen (763 Euro/Ew.), Rheinland-Pfalz (811 Euro/Ew.) und das Saarland (1 115 Euro/Ew.). In Hessen und Niedersachsen lagen die Werte im Durchschnitt auch noch über 500 Euro je Einwohner. Da die Kassenverstärkungskredite der Liquiditätssicherung dienen, d.h. nur temporär die Zeit zwischen den Ausgaben und dem Eingang der Einnahmen überbrücken sollen, ist die Höhe dieser Kredite ein Indiz für die kommunale Haushaltskrise schlechthin.

- Die sonstigen Schulden, dazu zählen die Schulden bei öffentlichen Haushalten, kreditähnlichen Rechtsgeschäften und inneren Darlehen, spielen keine quantitativ gewichtige Rolle.

---

6 Ohne die Kernhaushalte der Zweckverbände betrug die Differenz 410 zu 189 € je Einwohner.

Abbildung 4: Struktur der Schulden der Gemeinden und Gemeindeverbände einschließlich der Zweckverbände und der öffentlich bestimmten kommunalen Fonds, Einrichtungen und Unternehmen am 31.12.2007*, sortiert nach der Höhe der Kreditmarktschulden – Euro je Einwohner und Anteile an der Gesamtverschuldung** –

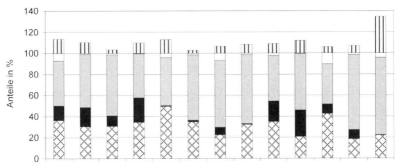
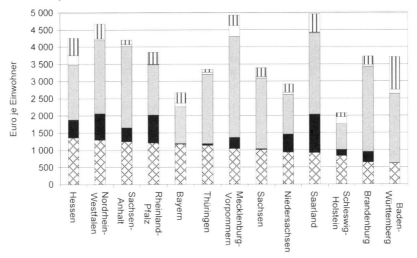

◇ Kreditmarktschulden im weiteren Sinne   ■ Kassenverstärkungskredite
▩ öff. Fonds, Einrichtungen und Unternehmen   □ sonstige Schulden
Ⅲ Bürgschaften, Garantien u. Ä.

* Einschließlich der internen Verschuldung (z.B. Unternehmen bei ihren Trägergemeinden). Kreditverbindlichkeiten der FEUs zum 31.12.2006 (einschl. der Anteile privater Mitgesellschafter).
** Die Verpflichtungen aus Bürgschaften u. Ä. wurden der Gesamtverschuldung nicht zugerechnet. Ihr Anteil in der Abbildung bezeichnet die Relation zur Gesamtverschuldung, also den Teil, der noch im „Schadensfall" hinzukommt.

Quelle: Statistisches Bundesamt, eigene Berechnungen.

- Neben den Schulden tragen die Kommunen (einschl. Zweckverbänden) aber auch noch finanzielle Verantwortung in Form von Bürgschaften, Garantien und sonstigen Gewährleistungen. Hier bestehen potenzielle Gefahren. Im Durchschnitt haben sie ein Volumen von 12,7 Prozent der Gesamtschulden; in Westdeutschland sind es 14,3 Prozent, in Ostdeutschland 5,9 Prozent. Diese Relation entspricht auch in etwa den absoluten Unterschieden von 462 zu

210 Euro je Einwohner.[7] Die Bürgschaften etc. werden nachfolgend nicht zur Gesamtverschuldung hinzuaddiert, wohl aber nachrichtlich als Risikofaktor erwähnt.[8]

Wie schnell sich finanzielle Risiken zur realen Belastung entwickeln können, zeigt die derzeitige Krise der Finanzmärkte. Da auch einzelne Landesbanken massive Abschreibungen tätigen müssen, sind die Gemeinden über sinkende Gewerbesteuereinnahmen und Zuführungen zum Kapital der Sparkassen betroffen. Dies soll hier nur der Hinweis darauf sein, dass finanzielle Risiken auch über das in dieser Untersuchung erstmals zusammengestellte Volumen hinaus bestehen.

3.2.2 Verschuldung der kommunalen Kernhaushalte

Die Schulden der kommunalen Kernhaushalte unterteilen sich in die Investitionen mitfinanzierenden fundierten Schulden und die der Liquiditätssicherung des laufenden Geschäfts dienenden Kassenverstärkungskredite. Erste sind ein „normales" Instrument der Investitionsfinanzierung. Sie unterliegen einer intensiven Haushaltsaufsicht des Landes und dürfen nur aufgenommen werden, wenn es die langfristige Leistungsfähigkeit der Kommune gestattet. Ihnen steht das damit finanzierte kommunale Anlagevermögen gegenüber, das in der Regel langfristig nutzbar ist und vielfach über Gebühren refinanziert wird. Kassenkredite sichern hingegen die Auszahlung *unabweislicher* laufender Ausgaben wie gesetzlich garantierter Sozialleistungen oder Personalaufwendungen. Eingriffsmöglichkeiten der Landesregierungen bestehen hier in dem Maße, dass bei unausgeglichenen Haushalten ihre Genehmigung nur unter der Auflage von Haushaltskonsolidierungsmaßnahmen erfolgt. Diesen Schulden stehen keine Vermögenswerte oder Refinanzierungsmöglichkeiten gegenüber. Sie können nur durch Überschüsse der Haushalte in der Zukunft wieder getilgt werden.

Die *fundierten Schulden* bestehen im Wesentlichen gegenüber dem Kreditmarkt.[9] Im Durchschnitt der fundierten Kreditmarktschulden waren die deutschen Kommunen im Jahr 2007 mit 1 037 Euro je Einwohner verschuldet. Das Niveau variierte zwischen den Bundesländern im Verhältnis von 1 zu 2,3 – Baden-Württemberg mit 562 Euro je Einwohner zu Nordrhein-Westfalen mit 1 289 Euro je Einwohner *(vgl. Abb. 5)*. Der Niveauunterschied zwischen den west- und den ostdeutschen Gemeinden und Gemeindeverbänden betrug nur 6,5 Prozent. Die Relation der Bezugspunkte hat sich zwischen 2000 und 2007 leicht erhöht, ebenso der Variationskoeffizient[10] (rd. 21,0 auf 22,5 Prozent).

---

7 Ohne die Kernhaushalte der Zweckverbände betrug die Differenz 450 zu 203 Euro je Einwohner.

8 Zum Teil werden auch Bürgschaften für Kredite der eigenen kommunalen Unternehmen übernommen. In diesen Fällen ergäbe sich eine Doppelerfassung (Kredit + Bürgschaft), die zu vermeiden ist.

9 Andere Kreditgeber sind u. a. der öffentliche Bereich selbst, z.B. Kommunen mit Haushaltsüberschüssen oder die Sozialversicherung.

10 Der Variationskoeffizient drückt die Streuung der Einzelwerte um das arithmetische Mittel in Prozent aus.

Das Niveau der die Investitionen (mit-)finanzierenden Schulden im kommunalen Kernhaushalt blieb im Durchschnitt der Gemeinden zwischen 2000 und 2005 annähernd konstant, seit 2006 ist es leicht rückläufig (2000/07: –4,4 Prozent je Einwohner). Eine Verschuldungskrise ist aus dieser Perspektive nicht zu erkennen. Angesichts der konsolidierungsbedingt stagnierenden Investitionstätigkeit und vor dem Hintergrund der Auslagerung vor allem kapitalintensiver Dienstleistungsbereiche der Kommunen in andere Organisationsformen ist dies aber kein überraschendes Ergebnis. Zwischen den Bundesländern sind jedoch deutliche Unterschiede feststellbar:

- Im Freistaat Sachsen haben die Kommunen die fundierten Schulden um ein Viertel senken können. Dies ist insbesondere Resultat des Verkaufs der kommunaleigenen Dresdener Wohnungsgesellschaft im Jahr 2006, mit deren Erlös die Stadt Dresden Schulden in Höhe von insgesamt rd. 713 Mio. Euro abbauen konnte (Rechungshof 2007: 321).
- Mit Ausnahme von Sachsen-Anhalt konnte in allen anderen ostdeutschen Bundesländern ein Schuldenabbau um 7 bis 12 Prozent erreicht werden. Um –14,9 Prozent sanken die Schulden in Baden-Württemberg, gefolgt von Niedersachsen (–9,5 Prozent) und Nordrhein-Westfalen (–6,2 Prozent). Selbst im strukturschwachen Saarland lag das Schuldenniveau Ende 2007 um –4,4 Prozent unter dem Wert von 2000, allerdings ist es 2006 wieder angestiegen und blieb 2007 auf diesem höheren Niveau.
- Deutlich mehr fundierte Schulden je Einwohner wiesen die Gemeinden und Gemeindeverbände hingegen in Bayern (+10,6 Prozent) und Rheinland-Pfalz (+13,0 Prozent) auf. Die bayerische Schuldenentwicklung, die erst 2007 mit einem leichten Abbau verbunden war, kann allerdings nicht mit einer Krise in Verbindung gebracht werden. Vielmehr erfolgte hier in den Jahren 2006 und 2007 wieder eine stärkere Zunahme der Investitionstätigkeit (+3,1 bzw. +13,2 Prozent gegenüber dem Vorjahr), die sich auch der Kreditaufnahme bediente, wobei die finanzielle Leistungsfähigkeit der Kommunen im Freistaat Bayern dieses auch zuließ.

Die Bevölkerungsentwicklung der Jahre 2000 bis 2007 hat das Schuldenniveau mit beeinflusst. Zwischen der angesprochenen Entwicklung je Einwohner und der absoluten Entwicklung klaffen Differenzen von +2,5 bis zu –7,2 Prozentpunkten. Sachsen-Anhalt schneidet dabei am ungünstigsten ab. Hier bauten die Kommunen die fundierten Schulden absolut um –5,8 Prozent ab, bezogen auf die Einwohner stiegen sie aber um 1,4 Prozent an. Für einen solch kurzen Zeitraum ist das ein massiver demographischer Effekt, der im Vergleich zu Bayern sogar einen Rückstand um fast 10 Prozentpunkten bedeutet.

Den eher stagnierenden bis sinkenden fundierten Schulden standen in den Kommunen überwiegend deutlich steigende Kassenverstärkungskredite gegenüber *(vgl. Abb. 5)*. Sie bilden den eigentlichen Kern der kommunalen Verschuldungskrise. Da sie die Liquidität für unabweisliche laufende konsumtive Ausgaben in den Krisenjahren sichern – und von der Kommunalaufsicht kaum unterbunden werden können –, stehen ihnen weder materiell geschaffene Werte in Form von Infrastrukturen noch Zahlungsansprüche in Form von künftigen Nut-

Abbildung 5: Fundierte Schulden und Kassenverstärkungskredite der Gemeinden und Gemeindeverbände in den Kernhaushalten 2000 bis 2007 (jew. 31.12) – € je Einwohner –

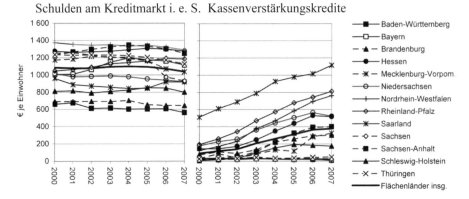

Quelle: Statistisches Bundesamt, eigene Berechnungen.

zungsgebühren gegenüber. Die aufgenommenen Kredite sind verausgabt und das Geld ist damit „weg".

Mit Ausnahme der Kommunen in den Ländern Baden-Württemberg, Bayern, Sachsen und Thüringen, die kaum Kassenverstärkungskredite aufweisen (maximal 48 Euro/Ew.), und derjenigen in Schleswig-Holstein (175 Euro/Ew.) weisen die Kommunen in den anderen Ländern z. T. massive Kassenkreditbestände auf. Der bundesdeutsche Durchschnitt (2007: 376 Euro/Ew.) ist hier nicht aussagefähig (Statistisches Bundesamt, 2008).[11] Darunter lag nur noch Brandenburg (301 Euro/Ew.). Im Übrigen steigt das Niveau auf bis zu 1 115 Euro je Einwohner im Saarland. Hier haben die Kassenverstärkungskredite das Volumen der Investitionskredite in den Kernhaushalten übertroffen (+21,5 Prozent).

Die *Abbildung 5* bringt das dramatische Wachstum der Kassenverstärkungskredite im Zeitraum 2000 bis 2007 deutlich zum Vorschein. Berücksichtigt man nicht die Länder, in denen diese Kreditform unbedeutend bzw. unterdurchschnittlich ist, so liegt die Zunahme des Kreditvolumens bezogen auf Pro-Kopf-Werte zwischen 118,4 Prozent im Saarland und 1282,6 Prozent in Sachsen-Anhalt. Wegen der sehr unterschiedlichen Ausgangsniveaus können diese Steigerungsraten aber nicht sinnvoll verglichen werden. Die Betrachtung der absoluten Änderung der Pro-Kopf-Werte variiert zwischen 168 Euro (Schleswig-Holstein) und 640 Euro (Nordrhein-Westfalen). Das Saarland mit seiner vergleichsweise geringen prozentualen Zuwachsrate legte je Einwohner um 605 Euro zu. Die Kommunen in diesem Land lagen im Niveau mit 1 115 Euro je Einwohner deutlich vor dem nachfolgenden Bundesland Rheinland-Pfalz mit 811 Euro je Einwohner.

In den Jahren 2006 und insbesondere 2007, in denen die kommunalen Haushalte wieder die „Gewinnzone" erreicht haben, wurde das Wachstum der Kas-

---

11 Kassenkredite finden sich in weit überdurchschnittlichem Umfang in den kreisfreien Städten und den großen kreisangehörigen Gemeinden. Sie signalisieren die besonders schwierige Finanzsituation in einigen wirtschaftlichen Zentren. Im Rahmen der vorliegenden Arbeit kann dieses nicht weiter vertieft werden.

senverstärkungskredite nur teilweise gebremst. Bundesländer mit kommunalen Überschüssen waren zunächst (2006) diejenigen, in denen kaum Kassenverstärkungskredite vorhanden waren (z.B. Bayern, Baden-Württemberg, Sachsen und Thüringen). In den übrigen Ländern mussten die zwar reduzierten, aber dennoch weiter vorhandenen Verluste erneut über Kassenkredite „zwischenfinanziert" werden. Im Jahr 2007 verringerte sich zumindest der Zuwachs der Kassenkredite auf breiter Front; bundesdurchschnittlich betrug er nur noch 3,4 Prozent. Jedoch blieb die Zuwachsrate gegenüber dem Vorjahr in Mecklenburg-Vorpommern mit 15,1 Prozent immer noch hoch und in Nordrhein-Westfalen und dem Saarland bzw. in Rheinland-Pfalz waren es auch noch rd. +10 bzw. +9 Prozent. Lediglich in Hessen, Niedersachsen und Schleswig-Holstein wurden die z.T. hohen Kassenkreditbestände leicht abgebaut.

Bei der Erklärung des Wachstums der Kassenverstärkungskredite ist zu berücksichtigen, dass dieses nicht nur durch nicht gedeckte laufende Ausgaben verursacht wird. In gleicher Weise reichen die Einnahmen nicht aus, um die laufende Tilgung der fundierten Schulden sicherzustellen. Wenngleich die Tilgung der fundierten Schulden formal immer durch die Zuführung vom Verwaltungs- zum Vermögenshaushalt gewährleistet sein muss (Dresbach 2007), so bleibt es nicht aus, dass auch diese Zuführung vielfach nur durch Kassenkredite sichergestellt werden kann. Insofern erfolgt faktisch auch ein Tausch der Kreditformen.

3.2.3 Verschuldung der kommunalen Auslagerungen

Das stabile bis leicht rückläufige Niveau der fundierten Schulden in den kommunalen Kernhaushalten wird bisweilen als Konsolidierungserfolg gesehen. Dies ist angesichts der explodierten Kassenkredite keine zutreffende Sichtweise, zumal ja gleichzeitig ein Investitionsdefizit der Kommunen beklagt wird (Reidenbach u.a. 2008). Darüber hinaus wird aber vielfach nicht gesehen, dass die Investitionen mittlerweile (Emmerich 2005; Dietz 1998: 600ff.).[12] überwiegend außerhalb der Kernhaushalte in ausgelagerten Einrichtungen erfolgen (Bogumil u.a. 2006: 148ff.).[13] Somit erfolgt auch die investitionsbedingte Kreditaufnahme nicht mehr zentral in den Kernhaushalten. Entsprechend fällt die Verschuldung in den Auslagerungen in allen Bundesländern – ausgenommen Bayern und Schleswig-Holstein – höher aus als in den kommunalen Kernhaushalten.[14]

---

12 Weil Daten über die FEUs für 2007 frühestens im August 2008 vorliegen, wurde hier das Jahr 2006 ausgewertet.
13 In diesem Zusammenhang wird auch von einer Strategie der „Flucht aus dem Budget" gesprochen.
14 Inwieweit die Schulden der privatrechtlich geführten Auslagerungen für die Eignerkommunen tatsächlich ein volles Haftungsrisiko beinhalten, wäre – mit Ausnahme des Falles, dass die Eigner selber Kreditgeber wären – näher zu prüfen. Privatrechtlich geführte Gesellschaften haften in der Regel nur mit ihrem Eigenkapital. Allerdings dürfte der Druck auf den Staat im Falle des Konkurses einer Auslagerung groß sein, da hier die Glaubwürdigkeit des Staatswesens auf dem Spiel steht und Rückwirkungen auf andere Bereiche wahrscheinlich sind.

Abbildung 6: Schulden der öffentlich bestimmten Fonds, Einrichtungen und Unternehmen der Gemeinden und Gemeindeverbände sowie der Zweckverbände 2000 bis 2006 (jew. 31.12) – Euro je Einwohner –

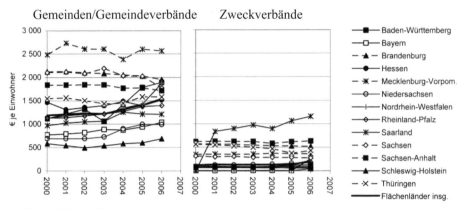

Quelle: Statistisches Bundesamt, eigene Berechnungen.

Im Gegensatz zur stabilen bis leicht sinkenden Tendenz der investitionsbedingten fundierten Schulden in den kommunalen Kernhaushalten sind die langfristigen Schulden der Auslagerungen zwischen 2000 und 2006 im Bundesdurchschnitt deutlich angestiegen. Dies gilt sowohl für die direkten Auslagerungen der Kernhaushalte (+29,6 Prozent) als auch für die mittelbaren Auslagerungen über die Zweckverbände (+70,3 Prozent). Allerdings sind die Entwicklungsverläufe wie auch die Schuldenniveaus der öffentlich-rechtlich bestimmten Fonds, Einrichtungen und Unternehmen sehr unterschiedlich. Zu unterscheiden sind die Auslagerungen der kommunalen Kernhaushalte und die der Zweckverbände *(Abb. 6)*. Zweckverbände stellen zwar selbst eine Auslagerung dar, sollen hier aber dennoch separat behandelt werden.[15]

Da die Gruppe der Auslagerungen keine feste Größe ist, resultieren Veränderungen in der Verschuldung auch aus Zu- und Abgängen. So führte der Verkauf der kommunaleigenen Dresdener Wohnungsbaugesellschaft im Jahr 2006 dazu, dass sich mit dem Ausscheiden der WOBA Dresden GmbH aus dem Berichtskreis der FEU auch die dort verbuchte Verschuldung um 789 Mio. Euro verringert hat (Rechnungshof 2007: 321, 327; Pressemitteilung 2005). Ein weiteres Beispiel für strukturelle Effekte ist die organisatorische Veränderung bei den saarländischen Zweckverbänden im Jahr 2001. Hier kam es zu einer fast vollständigen Umschichtung zwischen den Kernhaushalten der Zweckverbände und deren FEU, die im Jahr 2000 noch ein Schuldenniveau von Null aufwiesen, im Jahr 2001 aber auf 836 Euro je Einwohner förmlich hochschossen, während die Verschuldung der Kernhaushalte von 776 auf nur noch 4 Euro je Einwohner zurückging *(Abb. 6)* (Entsorgungsverband 2006).[16]

---

15 Die Aufgaben der Zweckverbände liegen insbesondere im Verkehrs-, Wasser- und Abwasserbereich. Daneben bestehen Zweckverbände für die Zusammenarbeit bei Schulen, Volkshochschulen oder in der Wirtschaftsförderung.
16 Die Verschuldung der FEU im Saarland entspricht weitgehend den Verbindlichkeiten des Entsorgungsverbandes Saar.

Das Verschuldungsniveau der öffentlich bestimmten Fonds, Einrichtungen und Unternehmen der kommunalen Kernhaushalte betrug im Jahr 2006 im bundesdeutschen Durchschnitt 1 540 Euro je Einwohner, die Spannweite von 687 zu 2 565 Euro je Einwohner (Schleswig-Holstein zu Mecklenburg-Vorpommern) ist mit 1 zu 3,7) deutlich größer als bei den fundierten Schulden der Kernhaushalte selbst. Dies ist vor allem eine Folge der hohen Schulden der Auslagerungen in Ostdeutschland, die um 26,7 Prozent (394 Euro/Ew.) höher ausfielen. Der Niveauunterschied ist in der Vergangenheit noch größer gewesen, konnte aber durch einen nur geringen Schuldenzuwachs bzw. sogar sinkende Verbindlichkeiten der ostdeutschen Kommunen zwischen 2000 und 2006 (–7,1 Prozent) und stark ansteigende Schulden in Westdeutschland (+46,2 Prozent) verringert werden.

Als zentrale Ursache für die höheren Schulden der ostdeutschen Kommunen in Auslagerungen kann eine branchenspezifische Besonderheit genannt werden: das Grundstücks- und Wohnungswesen. Dies ist Ergebnis der Neuorganisation der staatlichen Wohnungswirtschaft der DDR nach der deutschen Einheit, die deren Verbindlichkeiten zu einem kommunalen Problem gemacht hat.

Im Jahr 2005 betrug das Volumen der Verbindlichkeiten der öffentlichen Fonds, Einrichtungen und Unternehmen im Bundesdurchschnitt 2 223 Euro je Einwohner. Zwischen den westdeutschen Kommunen (2 082 Euro/Ew.) und den ostdeutschen Kommunen (2 884 Euro/Ew.) klaffte die große Lücke von 802 Euro je Einwohner. Der Unterschied im Sektor Grundstücks- und Wohnungswesen betrug 1 017 Euro je Einwohner. Die Verbindlichkeiten der kommunalen FEUs des Grundstücks- und Wohnungswesens hatten in Ostdeutschland einen Anteil an allen Verbindlichkeiten von 51,0 Prozent, in Westdeutschland waren es nur 21,8 Prozent; pro Einwohner waren die Verbindlichkeiten in Ostdeutschland mit 1 471 Euro knapp 3,3-mal so groß.

4 Wege aus der kommunalen Verschuldung: Elemente eines schuldenpolitischen Ordnungsrahmens

4.1 Grundsätzliches

Die Kommunalverschuldung ist hoch und sie konzentriert sich in einigen Bundesländern und Gemeindetypen. Der kommunale Finanzierungssaldo deutet im mittelfristigen Vergleich in Rheinland-Pfalz, im Saarland, in Nordrhein-Westfalen, aber auch in Sachsen-Anhalt, Niedersachsen und Hessen auf ungelöste Haushaltsprobleme mit hohem Verschuldungsbedarf hin *(Abb. 7)*. Aus der Sicht einer nachhaltigen Haushaltspolitik ist daher politisches Handeln dringend geboten. Nur so kann der kommunale Handlungsspielraum für zukünftige Generationen erhalten bleiben und erhöht werden.

Die Ursachen kommunaler Verschuldung sind dabei höchst komplex und treten in den Städten und Gemeinden in sehr spezifischen Kombinationen auf. Verschuldungsförderliche Faktoren können sowohl in der lokalen sozioökonomischen Positionierung einer Gemeinde (ungünstige Wirtschafts- und Siedlungsstruktur), in den rechtlichen Rahmenbedingungen (mangelndes Konnexitätsprinzip) und der

Abbildung 7: Finanzierungssaldo in € je Einwohner im Mehrjahresdurchschnitt für die Zeiträume 1991/2000 und 2001/2007

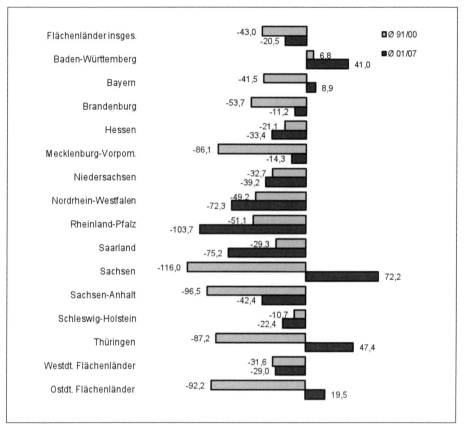

Quelle: Statistisches Bundesamt, eigene Berechnungen.

Finanzausgleichspolitik des Landes (finanzielle Unterausstattung), aber auch in gemeindeendogenen Faktoren liegen *(vgl. Abb. 8)*. Angesichts der Höhe der Verschuldung befinden sich gerade strukturschwache Kommunen in einer „Vergeblichkeitsfalle" (kommunale Erblastthese).

Ungeachtet der lokalen Verschuldungsbesonderheiten lassen sich – mit Blick auf die besonders hoch verschuldeten Kommunen – einige Anhaltspunkte für einen schuldenpolitischen Ordnungsrahmen benennen (Wege 2008).[17] Leitlinie sollte es sein, das System der Schuldenbegrenzung und der Kommunalaufsicht nach den Prinzipien einer nachhaltigen kommunalen Finanzwirtschaft und Haushaltspolitik weiterzuentwickeln (Prävention). Zugleich müssen die hoch verschuldeten Kommunen einmalig in die Lage versetzt werden, nachhaltig zu haushalten (Rehabilitation). Die nachfolgend skizzierten Überlegungen zum Umgang mit

---

17 Diese Vorschläge wurden in enger Zusammenarbeit mit kommunalen Praktikern in struktur- und finanzschwachen Städten entwickelt und diskutiert.

Abbildung 8: Ursachen kommunaler Verschuldung

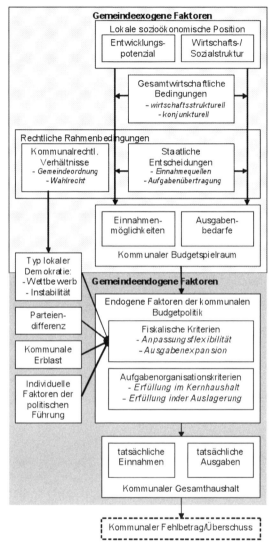

Quelle: Zusammenstellung von F. Boettcher und M. Junkernheinrich.

übermäßigen kommunalen Schulden sind auf zwei eng miteinander korrespondierende Ziele zu richten,
- dem Primärsaldoausgleich einerseits sowie der
- Sicherung einer ausreichenden Eigenkapitaldecke bzw. Verbesserung des Finanzierungsergebnisses andererseits.

Ein ausgeglichener Primärsaldo ist ein Indikator für die Nachhaltigkeit der aktuellen Haushaltspolitik. Die Gemeinden müssen wieder in die Lage versetzt werden, ihre laufenden Aufgaben innerhalb des eigenen Budgets ohne neue Schulden zu finanzieren. Die Beseitigung der strukturellen Defizite ist damit zugleich die Grundvoraussetzung für die Vermeidung künftiger Schulden. Mit dem Ausgleich des Primärsaldos allein ist es in den hochverschuldeten Gemeinden jedoch nicht getan. Ohne materielle Hilfe bei der Sicherung der Eigenkapitalbasis bzw. der Verbesserung des Finanzierungsergebnisses ist keine nachhaltige Lösung des Schuldenproblems möglich.

Die Weiterentwicklung des Sicherungssystems für eine nachhaltige Finanzwirtschaft soll – aufbauend auf einer aufgabenangemessenen Finanzausstattung – vier miteinander verflochtene Aspekte aufgreifen *(Abb. 9)*.
- die Verbesserung des Regelwerkes zum Umgang mit Haushaltsdefiziten, übermäßiger Verschuldung und Eigenkapitalverzehr;
- die Neuausrichtung der Kommunalaufsicht als unabhängige Institution zum Schutz der kommunalen Selbstverwaltung;
- die Schaffung einer Eigenkapitalsicherung, um besonders hoch verschuldete Kommunen überhaupt in die Lage zu versetzen, den neuen Regeln folgen zu können;
- die Einführung eines Schuldenbeitrages für die Nutzer kommunaler Leistungen als präventiv wirkendes Sanktionsinstrument.

Abbildung 9: Kommunales Haushaltssicherungsviereck

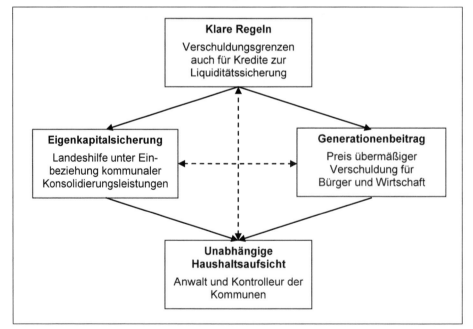

Quelle: eigene Darstellung.

4.2 Elemente eines Haushaltssicherungsvierecks

4.2.1 Verschuldungsregeln

Auf kommunaler Ebene besteht seit Jahrzehnten eine Schuldenbremse für Investitionskredite, die sich an der lokalen Tilgungsfähigkeit orientiert. Der Vergleich mit der Schuldenentwicklung auf Bundes- und Länderebene zeigt, dass sich diese kommunale Schuldenbremse bewährt hat. Alle Maßnahmen zur Lösung des Schuldenproblems knüpfen daher an den bestehenden Regeln an. Ziel ist somit kein vollkommen neues Regelwerk. Vielmehr sollen die verbliebenen Lücken, die insbesondere beim Einsatz von Krediten zur Liquiditätssicherung bestehen, geschlossen werden, um einen erneuten Dammbruch bei der kommunalen Schuldenentwicklung zu verhindern (Buchanan u.a. 1977: 176).[18]

Das schuldenpolitische Regelwerk sollte an der lokalen Tilgungsfähigkeit anknüpfen und angesichts der Bevölkerungsentwicklung eine Nachhaltigkeitskomponente enthalten. Der Schuldenrahmen muss schrumpfen, wenn die Zahl der Einwohner und damit der tilgenden Steuerzahler deutlich abnimmt. Sofern in konjunkturell schlechten Jahren eine hohe Schuldaufnahme notwendig ist, muss diese durch eine Rücklagenbildung in konjunkturell guten Jahren gegenfinanziert werden. Hier bedarf es einer streng bindenden Regel, die die Bildung einer Rücklage sichert.

Mit strikteren Regeln für das kommunale Haushaltsverhalten allein wird sich das Kassenkreditproblem jedoch nicht lösen lassen. Die eigentlich zur Überbrückung vorübergehender Liquiditätsengpässe – als kommunaler Dispo – gedachten Kassenkredite wurden in der Vergangenheit von vielen Städten und Gemeinden zur Finanzierung laufender Aufgaben genutzt und insofern zweckentfremdet. Diese Fehlentwicklung allein den Kommunen anzulasten, ist vor dem Hintergrund ihrer finanzwirtschaftlichen Situation – ihrer haushaltspolitischen Möglichkeiten und Erfordernisse – allerdings nicht gerechtfertigt. Eine Einschränkung des Kassenkreditvolumens ist leichter gefordert als umgesetzt: Sie setzt voraus, dass die Kommunen über eine auskömmliche Finanzausstattung verfügen. Andernfalls wäre sie nur durch Einsparungen möglich, die gerade in strukturell besonders belasteten Gemeinden schon aufgrund ihrer gesetzlichen Aufgabenanforderungen nicht zu leisten sind. Hier ist folglich der Gesetzgeber in der Pflicht, die Frage nach der Bedarfsgerechtigkeit der gemeindlichen Finanzausstattung endlich in adäquater Weise zu beantworten. Mittel- und langfristig kommt darüber hinaus der Reform der Haushaltsaufsicht eine zentrale Rolle zu. Diese muss landes- und bundesseitig verursachte Aufgaben- und Ausgabenverpflichtungen, die nicht durch entsprechende Mittelzuweisungen gedeckt sind, im Sinne des Konnexitätsprinzips an den Staat zurückverweisen. Dass z.B. die den Kommunen zugesagte Entlastung von 2,5 Mrd. Euro bei der Reform von Arbeitslosen- und Sozialhilfe sogleich wieder mit dem Ausbau der Kinderbetreuung verbunden wurde, hätte bei einer unabhängigen Aufsicht zu erheblichen Widerständen führen müs-

---

18 Nach Auffassung von J. M. Buchanan und R. E. Wagner hängt die Begrenzungskraft rechtlicher Kreditobergrenzen ganz wesentlich von drei Grundvoraussetzungen ab: von ihrer Verständlichkeit, ihrer Eindeutigkeit und ihrer Akzeptanz.

sen – so aber blickt die jetzige Kommunalaufsicht ohne Ursachenbezug nur auf die finanziellen Folgen bundes- und landespolitischer Entscheidungen.

4.2.2 Unabhängige Haushaltsaufsicht

Dringend erforderlich ist eine institutionelle Neuansiedlung der jetzigen Kommunalaufsicht, verbunden mit einer sachlich begrenzten, materiellen Unabhängigkeit vor politischer Einflussnahme seitens des Landes und der Kommunen (Weizsäcker 1992: 51ff.; Kerber 1997; Bredt 2006; Boettcher u.a. 2005).[19] Nur unter diesen Voraussetzungen hätte sie die Möglichkeit, die Einhaltung der Haushaltsgrundsätze, der Schuldengrenzen und der Entschuldungsverfahren konsequent zu überwachen und gegebenenfalls Sanktionsmaßnahmen zu ergreifen. Zugleich würde sie damit aber auch in die Lage versetzt, gegenüber der Landesregierung als energischer Anwalt der Kommunen aufzutreten, d.h. zu prüfen, ob das Land seiner Pflicht zur Gewährleistung einer aufgabengerechten Mittelausstattung in hinreichendem Maße nachkommt. Die dauerhafte Sicherung der kommunalen Selbstverwaltung setzt voraus, dass die Aufsicht nicht nur in eine Richtung schaut, sondern auch die Einhaltung des Konnexitätsprinzips durch das Land und den Bund im Blick hat.

Die jetzige Kommunalaufsicht stellt schon im bestehenden System ein zentrales Element der kommunalen Schuldenbegrenzung dar. Die Erfahrungen mit ihr sind jedoch ambivalent. Einerseits ist ihr Beitrag zur Begrenzung der kommunalen Verschuldung unbestritten. Andererseits weist sie in ihrer bestehenden Form erhebliche Defizite auf. Obwohl die Kommunalaufsichtsbehörden formell unabhängig sind, haben sie es in der Praxis mit politischem Druck sowohl von gemeindlicher als auch von staatlicher Seite zu tun. Dieser ist umso höher, je heikler die Situation und je größer dementsprechend die Notwendigkeit einer auf der Grundlage von sachlichen Erwägungen entscheidenden Aufsicht ist. So wurde das Haushaltsverhalten zahlreicher Städte in der Vergangenheit nicht immer mit der rechtlich gebotenen Konsequenz kontrolliert bzw. sanktioniert. Da die politikexterne, einzig an rechtlichen Grundsätzen orientierte Kommunalaufsicht im bestehenden schuldenrechtlichen Institutionengefüge den wichtigsten „Damm" gegen die ausgabensteigernde Anspruchsinflation von Bürgerinnen und Bürgern, Interessengruppen und Politik darstellt, ergibt sich aus der unzureichenden Konsequenz bei der Haushaltskontrolle für die Aufsicht eine Mitverantwortung an der finanziellen Lage.

Im kreisangehörigen Raum befindet sich die für die Gemeinden beim Kreis angesiedelte Kommunalaufsicht in einer zwiespältigen Situation. Einerseits muss sie die Gemeinden kontrollieren und gegebenenfalls sanktionieren, andererseits greift der Kreis selbst über die Kreisumlage auf die Finanzen der Gemeinden zu und bestimmt deren Haushaltssituation. Diese Dilemmasituation ist aufzulösen.

---

19 Die Idee einer politisch unabhängigen Institution, die die Einhaltung der haushaltsrechtlichen Vorgaben überwacht, ist so alt wie die Geschichte finanzpolitischer Verfehlungen selbst.

Die Kommunalaufsicht wird in der gegenwärtigen Situation eher als verlängerter Arm der Landesregierung wahrgenommen, denn als Anwalt und Hüter der kommunalen Selbstverwaltung. Ihr Auftrag sollte daher über die Vermeidung kommunalen Fehlverhaltens hinaus auch auf den Schutz vor übermäßigen staatlichen Eingriffen in die gemeindliche Finanzausstattung ausgeweitet werden. Bisher mussten die Städte und Gemeinden solche Angriffe mehr oder weniger stillschweigend akzeptieren. Mit der unabhängigen Aufsicht hätten sie endlich einen ernst zu nehmenden und engagierten Anwalt ihrer grundgesetzlich garantierten Rechte.

4.2.3 Nothilfe im Gegenzug für vorausschauende Haushaltsführung

Die Einhaltung der Regeln einer nachhaltigen Finanzwirtschaft setzt voraus, dass die Kommunen eine reale Chance haben, dieses Ziel zu erreichen. Angesichts der in den vergangenen Jahren und Jahrzehnten aufgelaufenen Schulden und des eingetretenen Eigenkapitalverzehrs ist diese Voraussetzung für viele Kommunen nicht erfüllt. In extremen Haushaltsnotlagen müssen deshalb Hilfen bereitgestellt werden, die die betroffenen Kommunen entlasten. Diese Hilfen sind jedoch an Bedingungen und Eigenanstrengungen zu knüpfen. Werden diese nicht erfüllt, sind die Hilfsleistungen umgehend zu streichen.

In einigen strukturschwachen Gemeinden ist der Haushaltsausgleich auf absehbare Zeit nicht möglich. Hier ist der bestehende Schuldenberg selbst zum größten strukturellen Problem geworden. Die Ausgaben für Zins und Tilgung nehmen den Gemeinden die Luft zum Atmen, die Verschuldung „nährt sich aus sich selbst heraus" und schmälert immer weiter die Eigenkapitalbasis, weil selbst bei ausgeglichenen laufenden Haushalten die Zinslasten zu hohen Haushaltsdefiziten führen. Es erscheint illusorisch, anzunehmen, dass die betroffenen Städte und Gemeinden mit eigener Kraft aus dieser Vergeblichkeitsfalle aus altschuldenbedingten Defiziten und neuer Kreditaufnahme ausbrechen können. Sie sind daher auf eine finanzielle Entlastung durch Land und Bund angewiesen. Für die Erfolgschancen eines kommunalen Schuldenbegrenzungskonzepts ist die Lösung des Altschuldenproblems und der Eigenkapitalsicherung von zentraler Bedeutung. An die Eigenkapitalhilfe sind jedoch Bedingungen zu knüpfen. Sie darf eben nicht voraussetzungsfrei gewährt werden. Dazu gehört, dass
- die Hilfeleistung an strikte Bedingungen der Haushaltsführung gekoppelt ist,
- überdurchschnittliche Einsparungen realisiert werden,
- kein dauerhafter Hilfebedarf besteht (zeitliche Befristung),
- eine Kontrollinstanz konsequent auf die Einhaltung der Bedingungen achtet und
- die Option einer Rückzahlung der Hilfen offen gehalten wird.

Die Eigenkapitalhilfen sind in Form von Tilgungs- sowie Zinsausgabenhilfen zu leisten und richten sich grundsätzlich an alle Gemeinden, deren Eigenkapitalverzehr noch zu bestimmende Grenzwerte überschreitet bzw. für die ein vollständiger Eigenkapitalverzehr anhand der Finanzplanung absehbar ist bzw. die eine überdurchschnittliche Verschuldungssituation aufweisen. Das Land, das in der Vergangenheit durch seine inkonsequente Haltung bei der Überschreitung der Konsolidierungszeiträume sowie durch die nicht aufgabenangemessene Finanzausstattung in den betroffenen Kommunen eine Mitverantwortung trägt, sollte Träger der Eigenkapitalhilfe sein und damit seinen Beitrag zur Lösung leisten.

4.2.4 Generationenbeitrag als Preis übermäßiger Schulden

Mit Hilfe der Verschuldung lassen sich finanzielle Lasten in die Zukunft verschieben. Die Möglichkeit ist auf kurze Sicht ausgesprochen verlockend, bietet sie doch die Chance, scheinbar kostenlose Wohltaten zu verteilen. Entsprechend groß ist das Risiko einer regelwidrigen Verschuldung. Diese Gefahr lässt sich nur bannen, wenn Bürgerinnen und Bürger sowie Wirtschaft und Politik bei einer Verletzung der neuen Haushaltsregeln die wahren Kosten der Verschuldung schon im Moment der Kreditaufnahme wahrnehmen. Damit wird verhindert, dass die ohnehin anfallende Zahllast für Bürgerinnen und Bürger sowie Wirtschaft nicht auf nachfolgende Generationen übertragen wird. Aus diesem Grund sollte in einem zukünftigen System der Haushaltssicherung die bisher übliche überdurchschnittliche Anspannung der Grund- und Gewerbesteuerhebesätze in einen eigenständigen, deutlich sichtbaren, aber zeitlich auf die Konsolidierungsphase befristeten Generationen- oder Nachhaltigkeitsbeitrag überführt werden (Sachverständigenrat 2007). Der Preis übermäßiger Verschuldung und des Eigenkapitalverzehrs soll als präventiv wirkender Anreiz sowohl den Bürgerinnen und Bürgern sowie der Wirtschaft als Nutzer kommunaler Leistungen als auch der Politik als verantwortlichem Gestalter der Stadtentwicklung ein eindeutiges Signal für den Ernst der Lage geben und frühzeitiges Handeln veranlassen.

Die mangelnde Spürbarkeit finanzpolitischer Entscheidungen stellt ein Kardinalproblem der kommunalen Haushaltspolitik dar und ist eine zentrale Ursache für die hohe Verschuldung. Solange die Politik mit der Kreditaufnahme über die Möglichkeit verfügt, öffentliche Leistungen scheinbar zum Nulltarif anbieten zu können, wird das Risiko fortdauernder Defizite bestehen bleiben. Eine wirksame Schuldenbegrenzung muss folgerichtig auch am Preis der Verschuldung ansetzen. Bürgerinnen und Bürger, Wirtschaft und Politik, die Nachfrager und Anbieter kommunaler Leistungen, müssen die Kosten ihres Handelns spätestens dann zu spüren bekommen, wenn die Verschuldung eine im Rahmen der neuen Verschuldungs- und Haushaltssicherungsregelungen bestimmte Grenze erreicht hat. Das Überschreiten dieser Kreditobergrenze sollte regelgebunden einen eigenständigen finanziellen Beitrag zur Haushaltssicherung aktivieren. Damit kann der Inflation von Ausgabenwünschen entgegengewirkt werden, die von nachfolgenden Generationen bezahlt werden müssen.

- Dem Generationenbeitrag kommt im neuen System der Haushaltssicherung eine präventiv wirkende Signalfunktion zu, die bei allen Akteuren einen Vermeidungsanreiz auslösen soll.
- Im Falle der Notwendigkeit seiner Erhebung soll die direkte Spürbarkeit eine Verstärkung der Haushaltskonsolidierung bewirken. Die Höhe sollte dabei so gewählt werden, dass er für Bürgerinnen und Bürger sowie für Wirtschaft

und Politiker der betroffenen Gemeinden merklich ist (z.B. als Zuschlag zur Grundsteuer B oder zur Einkommensteuer).
- Das Aufkommen des Beitrags sollte in voller Höhe zusätzlich in die Schuldentilgung fließen und damit die nachfolgenden Generationen vor Belastungen durch einen übermäßigen Ressourcenverbrauch in der Vergangenheit schützen.
- Der Generationenbeitrag weist eine eindeutige Zielorientierung auf eine rasche Haushaltskonsolidierung auf. Er entfällt beim Erreichen des Ziels automatisch, so dass auch der haushaltspolitische Erfolg sofort spürbar wird.

Der Generationenbeitrag rundet das Viereck der neuen Haushaltssicherung ab.

5. Literatur

Boettcher, F., Tremmel, J. (2005). *Generationengerechtigkeit in der Finanzverfassung*. Oberursel.
Bogumil J., Holtkamp, L. (2006). *Kommunalpolitik und Kommunalverwaltung. Eine policyorientierte Einführung.* Wiesbaden.
Braun, M. (2008): *Möglichkeiten und Grenzen einer Verbesserung der Vergleichbarkeit in der Haushaltsdarstellung.* In: Baus, R. T./Eppler, A./Wintermann, O. (Hrsg.): Zur Reform der föderalen Finanzverfassung in Deutschland.
Bredt, S. (2006): *Die demokratische Legitimation unabhängiger Institutionen.* Tübingen.
Buchanan, J. M., Wagner, R. E. (1977). *Democracy in deficit – The political legacy of Lord Keynes.* New York.
Dietz, O. (1998). *Schulden der öffentlich bestimmten Fonds, Einrichtungen und wirtschaftlichen Unternehmen. Methodik und Ergebnisse.* In: Wirtschaft und Statistik. H. 7.
Dresbach, H. (2007). *Kommunale Finanzwirtschaft Nordrhein-Westfalen.* 34. Aufl. Bergisch-Gladbach.
Emmerich, H.-P. (2005). *Ein Sachgebietsübergreifendes Berichtskreismanagement bei den Fonds, Einrichtungen und wirtschaftlichen Unternehmen in den Finanz- und Personalstatistiken.* Düsseldorf. Statistische Analysen und Studien Nordrhein-Westfalen, Bd. 23.
Entsorgungsverband SAAR (o. J.): *Jahresbericht 2006.* Saarbrücken. Abruf unter <http://www.entsorgungsverband.de/uploads/media/2006.pdf> (Stand: 22.04.2008).
Junkernheinrich, M. (2007a). *Stellungnahme zur Öffentlichen Anhörung der Kommission von Bundestag und Bundesrat zur Modernisierung der Bund-Länder-Finanzbeziehungen am 22. Juni 2007.* Münster. Abruf unter <http://www.bundestag.de/parlament/gremien/foederalis mus2/drucksachen/kdrs034.pdf> (Stand: 18.06.2008).
Junkernheinrich, M. (2007b). *Fiskalische Effekte des demografischen Wandels. Zum Umgang mit der kommunalen Kostenremanenz,* in: Dietrich, H./Löhr, D./Tomerius, S. (Hrsg.): Jahrbuch für Bodenpolitik 2006/2007. Flächeninanspruchnahme, demographische Entwicklung und kommunale Finanzen. Auswege aus der Leerkostenfalle? Berlin.

Junkernheinrich, M. (2008). *Staatliche Schuldenbegrenzung. Elemente eines mehrdimensionalen Problemlösungsansatzes,* in: Baus, R. T./Eppler, A./Wintermann, O. (Hrsg.): Zur Reform der föderalen Finanzverfassung in Deutschland. Perspektiven für die Föderalismusreform II im Spiegel internationaler Erfahrungen. Baden-Baden. Schriftenreihe des Europäischen Zentrums für Föderalismus-Forschung, Bd. 31.

Junkernheinrich, M., Micosatt, G. (2008). *Kommunalfinanzbericht Metropole Ruhr 2007. Finanzwirtschaftliche Abkopplung trotz ökonomischer Revitalisierung.* Essen.

Junkernheinrich, M., Micosatt, G. (2009): *Kommunalstrukturen in Deutschland. Eine Analyse zur länderübergreifenden Vergleichbarkeit kommunaler Finanzkennzahlen.* Münster. Abruf unter <http://wegweiser-kommune.de/themenkonzepte/finanzen/download/pdf/Kommunalstrukturen_in_Deutschland.pdf> (Stand: 24.10.2009).

Junkernheinrich, M., Micosatt, G. unter Mitarbeit v. F. Boettcher (2007). *Kommunaler Schuldenreport Nordrhein-Westfalen.* Hrsg. v. d. Bertelsmann Stiftung. Gütersloh.

Karrenberg, H., Münstermann, E. (2007). *Gemeindefinanzbericht 2007.* In: Der Städtetag. Jg. 61, H. 5.

Kerber, M. C. (1997). *Wachstum und Konsolidierung.* Berlin.

Pressemitteilung des Statistischen Landesamtes Baden-Württemberg vom 08.09.2005, zitiert nach REIDenbach, M. (2006). *Die Sachinvestitionen der Kommunen und ihrer Unternehmen. Eine Bestandsaufnahme,* in: DIFU Aktuelle Information. Februar 2006.

Rechnungshof des Freistaates Sachsen (2007). *Jahresbericht 2007.* Leipzig.

Reidenbach, M., Bracher, T., Grabow, B., Schneider, St., Seidel-Schulze, A. (2008). *Der kommunale Investitionsbedarf 2006 bis 2020.* Berlin. Difu.

Sachverständigenrat zur Begutachtung der gesamtwirtschaftlichen Entwicklung (2007). *Staatsverschuldung wirksam begrenzen.* Wiesbaden. Abruf unter <http://www.sachverstaendigenrat-wirtschaft.de/download/publikationen/fipo07.pdf> (Stand: 20.05.2009).

Statistisches Bundesamt (Hrsg.). (2008). *Schulden der öffentlichen Haushalte 2007.* Wiesbaden, xls-Arb. 5.2.1 u. 6.1. Fachserie 14: Finanzen und Steuern, Reihe 5.

Wege aus der Schuldenfalle. Forderungen der Städte des Ruhrgebiets und des Bergischen Landes zur Gemeindefinanzpolitik (2008). Hrsg. v. d. Stadt Mülheim a. d. Ruhr (Dezernat II/Finanzen). Mülheim a. d. Ruhr.

Wehmeier, A. (4/2008). *Deutsche Kommunen: ein Sektor mit vielen Facetten.* Moody's Special Comment v. April 2008. Bericht-Nr. 108098.

Weizsäcker, R. K. v. (1992): *Staatsverschuldung und Demokratie.* In: Kyklos, 45 (1).

Zimmermann, H. (1999): *Kommunalfinanzen. Eine Einführung in die finanzwissenschaftliche Analyse der kommunalen Finanzwissenschaft.* Baden-Baden.

Florian Boettcher

Wege aus der Schuldenfalle: ein Vorschlag zur Lösung des kommunalen Schuldenproblems in Nordrhein-Westfalen

1. Kommunen in der Schuldenfalle

1.1 Zur gemeindefinanzpolitischen Ausgangslage im Jahr 2009: von Rekordüberschüssen zu Rekorddefiziten

Die deutschen Städte und Gemeinden blicken auf eine beispiellose Phase fiskalischer Entspannung zurück. Im Zuge der positiven gesamtwirtschaftlichen Entwicklung der Jahre 2005 bis 2008 und einer starken Zunahme der kommunalen Steuereinnahmen (vor allem der Gewerbesteuer) konnten zahlreiche Kommunen ihre Haushalte ausgleichen. Mit Budgetüberschüssen von 8,6 bzw. 7,6 Milliarden Euro stellen die Jahre 2007 und 2008 zwei gemeindefinanzpolitische Rekordjahre dar. Nie zuvor in der Geschichte der Bundesrepublik haben die deutschen Gemeinden und Gemeindeverbände derart hohe Überschüsse erzielt.

Mit dem konjunkturellen Einbruch im Jahr 2009 ist diese Phase sehr abrupt zu Ende gegangen. Seitdem kennt die kommunale Finanzentwicklung nur noch eine Richtung: abwärts. Das erste Halbjahr 2009 haben die deutschen Gemeinden und Gemeindeverbände mit einem Defizit von 4,1 Milliarden Euro abgeschlossen. Im gleichen Zeitraum des Vorjahres erzielten sie noch einen Überschuss von 2,9 Milliarden Euro (Bundesvereinigung 2009).[1] Rechnet man die Haushaltsergebnisse des ersten Halbjahres auf das gesamte Jahr 2009 hoch, dann ergäbe sich hieraus ein kommunales Finanzierungsdefizit in Höhe von 7,976 Milliarden Euro; gegenüber dem Jahr 2008 entspräche dies einer Verschlechterung des Budgetsaldos der deutschen Kommunen um 15,4 Milliarden Euro (Abb. 1).

---

1 Gestützt auf die Zahlen der ersten drei Quartale des Jahres 2008, die Ergebnisse der Steuerschätzung November 2008 und eine (auf Umfragedaten beruhende) Prognose für das vierte Quartal, wurde noch im Januar 2009 von einem kommunalen Finanzierungsüberschuss in Höhe von 9,5 Milliarden Euro im Jahr 2008 ausgegangen. Für das Jahr 2009 wurde immerhin noch mit einem Plus von 3,5 Milliarden Euro gerechnet. Angesichts einer noch nie da gewesenen konjunkturellen Abwärtsdynamik stand hinter dieser Zahl jedoch von vornherein ein großes Fragezeichen. Die tatsächliche Entwicklung im Jahr 2008 blieb mit 7,6 Milliarden Euro – immer noch das zweitbeste Ergebnis in der bundesdeutschen Geschichte – deutlich hinter diesen Zahlen zurück.

Abbildung 1: Entwicklung des kommunalen Finanzierungssaldos Deutschland
Finanzierungssaldo in Mrd. Euro, Modellrechnung für 2009 und 2010[2]

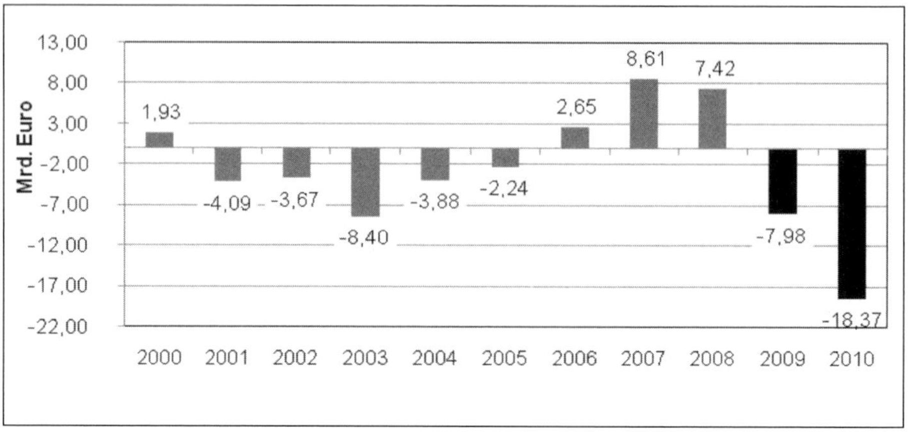

Quelle: Forschungsgesellschaft für Raumfinanzpolitik, Statistisches Bundesamt,
eigene Berechnungen.

Dabei steht zu befürchten, dass die Talsohle noch längst nicht erreicht ist. Denn bislang schlägt sich die Krise im Wesentlichen nur einnahmeseitig – in Form deutlich gesunkener Gewerbesteuereinnahmen – auf die kommunalen Haushalte nieder. Im Vergleich mit dem Vorjahreszeitraum sind diese deutschlandweit um etwa 15 Prozent eingebrochen (Schwarting 2007; Junkernheinrich 1991).[3] Die staatlichen Finanzzuweisungen an die Kommunen bewegen sich demgegenüber bislang weitgehend auf dem Niveau des Vorjahreszeitraums (minus 0,3 Prozent gegenüber dem ersten Halbjahr 2008)[4]. Angesichts der erkennbaren bzw. zu er-

---

2   Der Berechnung des Finanzierungssaldos im Jahr 2010 liegen dabei sogar vergleichsweise vorsichtige Annahmen zugrunde: ein weiterer, allerdings eher moderater Rückgang der Gewerbesteuer um sieben Prozent, ein deutlicher Rückgang der Finanzausgleichsmasse um zehn Prozent, ein Rückgang der übrigen Einnahmen um zwei Prozent, eine Zunahme der Sozialausgaben um fünf Prozent sowie ein Wachstum der übrigen Ausgaben um zwei Prozent.
3   Dieser Rückgang bei den Einnahmen stellt gewissermaßen die – keineswegs überraschende – Kehrseite ihrer starken Zunahme in den Wachstumsjahren 2005 bis 2008 dar. Bis in die 1970er Jahre fußte die Gewerbesteuer auf drei Säulen: Besteuert wurde die Lohnsumme (die Erhebung dieser Steuer stand allerdings im Ermessen der Kommunen), das Gewerbekapital sowie der Gewerbeertrag. Nachdem die ersten beiden Säulen – Lohnsummen- und Gewerbekapitalsteuer – in den Jahren 1978 bzw. 1997 abgeschafft wurden, ist nur die Besteuerung des Ertrags (sowie einzelner ertragsunabhängiger Wertschöpfungskomponenten, z.B. Dauerschuldzinsen) übrig geblieben. Da die Höhe der besteuerbaren Unternehmensgewinne stark von der gesamtwirtschaftlichen Entwicklung abhängt, ist auch das Aufkommen der Gewerbesteuer ausgesprochen konjunkturreagibel.
4   Sowohl bei der Entwicklung der Zuweisungen als auch bei den Gewerbesteuereinnahmen bestehen dabei erhebliche Unterschiede zwischen den Bundesländern. Während die Finanzausgleichsmasse vom ersten Halbjahr 2008 auf 2009 in Nordrhein-Westfalen um 8,4 Prozent gesunken ist, hat sie in Niedersachsen im gleichen Zeitraum um 18,9 Prozent zugelegt.

wartenden Steuerausfälle auf Länderebene ist jedoch davon auszugehen, dass das Volumen der Zuweisungen in den nächsten Jahren spürbar reduziert wird.

Auch auf der Ausgabenseite muss eine Verschlechterung befürchtet werden. Der Arbeitsmarkt ist von der Rezession bislang weitgehend verschont geblieben; dies kann u.a. auf den massiven Einsatz der Kurzarbeit zurückgeführt werden (Crimman, Wießner 2009) und lässt sich auch an der Entwicklung der kommunalen Sozialausgaben ablesen. Diese sind im ersten Halbjahr 2009 nur um 2,4 Prozent gegenüber dem Vorjahreszeitraum gewachsen. Von einer Weltwirtschaftskrise historischen Ausmaßes ist hier also noch keine Spur. Sollte die Arbeitslosigkeit krisenbedingt deutlich steigen, wird sich dies auch in einer erheblichen Zunahme der kommunalen Sozialausgaben niederschlagen. Angesichts des großen Anteils, den soziale Leistungen am kommunalen Budget haben – im Bundesdurchschnitt machen diese beinahe ein Viertel der bereinigten Gesamtausgaben aus (24,1 Prozent im ersten Halbjahr 2009) – dürften die kommunalen Haushalte damit weiter unter Druck geraten.

Dies gilt umso mehr, als die Höhe der sozialen Lasten keineswegs gleichmäßig zwischen den deutschen Gemeinden verteilt ist, wie sich bereits im Bundesländervergleich zeigt. So haben die sozialen Leistungen in Mecklenburg-Vorpommern mit 32,2 Prozent einen doppelt so hohen Anteil an den kommunalen Gesamtausgaben wie in Baden-Württemberg (16 Prozent). Diese länderspezifischen Unterschiede lassen sich sowohl auf wirtschafts- und sozialstrukturelle (vor allem Arbeitslosigkeit und Anteil der SGB II-Empfänger an der Bevölkerung) (Zimmermann u.a. 1987) als auch auf aufgabenorganisatorische Faktoren (v.a. rechtliche Zuordnung der Trägerschaft für soziale Aufgaben)[5] zurückführen. Noch größer als die Unterschiede zwischen den Ländern sind jedoch die Differenzen innerhalb derselben. So lag der Ausgabenanteil der sozialen Leistungen in Dortmund, der Stadt mit der höchsten Sozialausgabenquote aller nordrhein-westfälischen kreisfreien Städte und Kreise, im Jahr 2007 beinahe viermal höher als im Kreis Coesfeld, dem Kreis mit der geringsten Sozialausgabenbelastung.[6] Vor diesem Hintergrund besteht die Gefahr, dass die finanzwirtschaftlichen Folgen der gegenwärtigen Krise vor allem dort durchschlagen werden, wo die Haushalte aufgrund des schwierigen sozioökonomischen Umfelds ohnehin stark unter Druck stehen.

---

5 Zur Aufgabenverteilung innerhalb der Bundesländer, d.h. zwischen einem Land und seinen Gemeinden, vgl. Junkernheinrich, Micosatt 2008: 87ff.; zur Aufgabenzuständigkeit auf kommunaler Ebene vgl. Junkernheinrich, Micosatt 2009; Vogelgesang, Lübking, Ulbrich 2005.

6 Da die Trägerschaft für das Gros der sozialen Leistungen in NRW bei der Kreisverwaltung bzw. bei den kreisfreien Städten (sowie den höheren Gemeindeverbänden) liegt, können Vergleiche hier sinnvollerweise nur auf Kreisebene erfolgen.

1.2 Hinter den Überschüssen der vergangenen Jahre: Die Schere zwischen armen und reichen Kommunen geht weiter auseinander

Nicht überall waren die Jahre 2005 bis 2008 gemeindefinanzpolitische Rekordjahre. Hohe Überschüsse haben vor allem die Städte und Gemeinden in Süd- und Ostdeutschland erzielt. In Baden-Württemberg, Bayern und Hessen lag das Plus in 2007 im Mittel bei 200 Euro je Einwohner. Demgegenüber haben es die rheinland-pfälzischen und saarländischen Kommunen sogar im Boomjahr 2007 nicht aus der Verlustzone geschafft. Hier lag der negative Finanzierungssaldo im Mittel bei 43 bzw. 34 Euro je Einwohner. Mit plus 39 Euro je Einwohner haben auch die nordrhein-westfälischen Kommunen ein weit unterdurchschnittliches Ergebnis erzielt (Durchschnitt der Flächenländer insgesamt: 112 Euro/Einwohner). Dies gilt insbesondere für die kreisfreien Städte, die das Jahr 2007 mit einem Defizit von zwölf Euro abgeschlossen haben. Vor dem Hintergrund der Wirtschaftskrise droht diesen Städten und Gemeinden nun ein Sturz ins Bodenlose.

Das schlechte Abschneiden der nordrhein-westfälischen Kommunen im Jahr 2007 stellt dabei keineswegs die Ausnahme dar. Es setzt vielmehr einen Trend fort, der bereits seit den 1990er Jahren erkennbar ist, wie Abbildung 2 deutlich macht. Während sich die kommunalen Jahresergebnisse in den meisten Bundesländern gegenüber den 1990ern deutlich verbessert haben, hat sich die Finanzsituation der nordrhein-westfälischen Gemeinden seit 2001 noch einmal sichtbar verschlechtert. Gegen den Trend ist das Defizit hier von durchschnittlich 49 Euro zwischen 1991 und 2000 auf 59 Euro je Einwohner im Zeitraum 2001 bis 2008 gestiegen. Im Schnitt der Flächenländer haben sich die kommunalen Jahresergebnisse im gleichen Zeitraum hingegen von minus 43 Euro auf minus 5,5 Euro je Einwohner deutlich verbessert. Die Zahlen spiegeln eine Verfestigung der kommunalen Finanzkrise in Nordrhein-Westfalen wider.

Von dieser sind jedoch längst nicht alle Städte und Gemeinden des Landes betroffen. Während 62 Kommunen mit Defiziten von unter 100 Euro im Jahr 2007 tiefrote Zahlen schrieben, erzielte eine Gruppe von 43 Städten und Gemeinden hohe Überschüsse von mehr als 250 Euro je Einwohner.[7] Die Schere zwischen armen und reichen Kommunen geht weiter auseinander – sowohl zwischen den Ländern als auch innerhalb derselben. In Nordrhein-Westfalen sind die Disparitäten besonders groß. Hier liegen arm und reich zum Teil unmittelbar nebeneinander. Diese Situation ist für die Verlierer umso bedrohlicher, als ihren Bürgern und Unternehmen mit den wirtschafts- und finanzstarken Nachbarkommunen attraktive Standortalternativen geboten werden.

Wie groß die Disparitäten sind, macht der finanzwirtschaftliche Vergleich der Gemeinden mit und ohne Kassenkreditschulden deutlich. Erstere haben im Jahr 2007 nicht nur deutlich schlechtere Haushaltsergebnisse erzielt als die liquiditätsschuldenfreien Kommunen. Abgesehen vom Vermögensergebnis haben sie überdies in allen Ergebniskomponenten rote Zahlen geschrieben. In der Gegenüberstellung beider Gruppen wird die finanzwirtschaftliche Entkopplung ganzer Re-

---

7 Insgesamt haben 147 der 396 nordrhein-westfälischen Städte und Gemeinden ihren Haushalt auch im Jahr 2007 nicht ausgleichen können.

Abbildung 2: Jahresergebnis der kommunalen Kernhaushalte im Durchschnitt der Jahre 1991 bis 2000 und 2001 bis 2008 nach Bundesländern in Euro je Einwohner

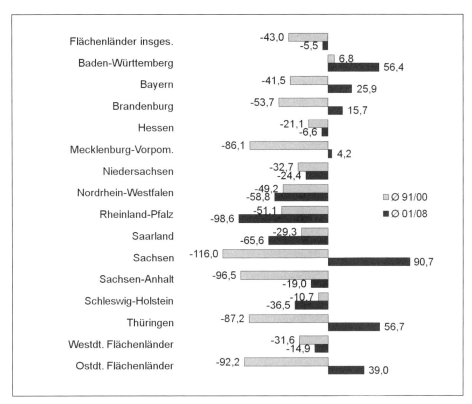

Quelle: eigene Berechnungen nach Angaben des Statistischen Bundesamtes.

gionen offensichtlich. Hohe Überschüsse sind in 2007 vor allem dort angefallen, wo der Konsolidierungs- bzw. Entschuldungsbedarf ohnehin relativ gering war. Hier konnten die Gemeinden kräftig investieren oder Rücklagen für schlechtere Zeiten bilden. Die „Krisen-Kommunen" haben hingegen auch im Jahr 2007 keine durchgreifende fiskalische Entlastung erfahren. Hier ist die fiskalische Abwärtsspirale mit Händen zu greifen: Die zunächst primärdefizitbedingten Kassenkreditschulden schlagen sich negativ auf das Finanzergebnis nieder und erhöhen auf diese Weise den Konsolidierungsdruck im laufenden Geschäft weiter. Denn zusätzlich zu den regulären Aufgaben müssen nun auch die gestiegenen Schuldendienstkosten im Primärhaushalt finanziert werden. Die Kassenkreditschulden werden zum Motor ihrer eigenen Entwicklung und tragen so zur Verfestigung der haushaltswirtschaftlichen Disparitäten bei (Abb. 3).

Abbildung 3: Haushaltsergebnisse sortiert nach Kassenkreditbelastung am 31.12.2007 kreisfreie Städte u. kreisangehörige Gemeinden in NRW, in Euro je Einwohner

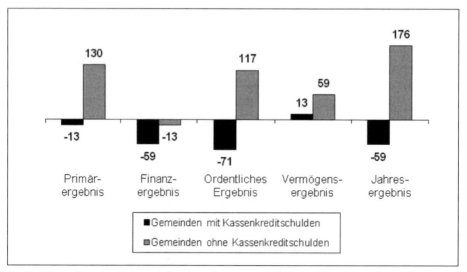

Quelle: eigene Berechnungen nach Angaben des IT Nordrhein-Westfalen.

Diese Abwärtsspirale spiegelt sich auch im Investitionsverhalten von Defizit- und Überschuss-Gemeinden wider: Mit durchschnittlich 544 Euro je Einwohner lagen die Investitionen der Kommunen mit hohen Jahresüberschüssen im Jahr 2006[8] mehr als 44 Prozent über dem Investitionsausgabenniveau der Defizit-Gemeinden (377 Euro/Einwohner). Angesichts eines mit zunehmender Intensität geführten kommunalen Standortwettbewerbs und der großen Bedeutung wachstumsfördernder bzw. Zukunftsrisiken vermeidender Investitionen für die gemeindlichen Erfolgsaussichten in dieser Konkurrenzsituation, bilden die skizzierten Disparitäten die Grundlage für weitere Auseinanderentwicklungen (Abb. 4).

---

8 Der Großteil der kommunalen Aufgabenerfüllung – und mithin auch der Investitionstätigkeit – findet außerhalb der Kernverwaltung, in kommunalen Unternehmen, statt. Entsprechend werden an dieser Stelle die gesamten Investitionen im „Konzern Kommune" (d.h. Investitionen von Kernverwaltung und ausgelagerten Bereichen) betrachtet. Da die Daten der Auslagerungen mit erheblicher zeitlicher Verzögerung zur Verfügung stehen, muss sich die Untersuchung an dieser Stelle auf das Jahr 2006 beschränken. Zu Wandel und Struktur der kommunalen Aufgabenorganisation vgl. Junkernheinrich, Micosatt unter Mitarbeit v. Boettcher 2007; Reichard 2007. Raschke, Schubert 2004: 219–235.

Abbildung 4: Kommunale Einnahmen, Investitionen und Schulden sortiert nach Jahresergebnis 2006 kreisfreie Städte u. kreisangehörige Gemeinden in NRW, in Euro je Einwohner

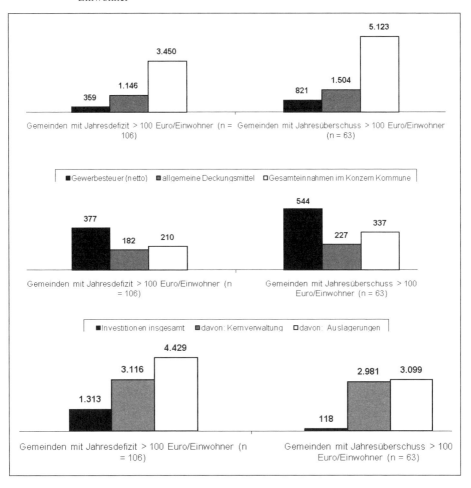

Quelle: eigene Berechnungen nach Angaben des IT Nordrhein-Westfalen.

1.3 Auf dem Weg in die Schuldenfalle?
Die Zunahme der Kassenkreditschulden hält an

Die Zunahme der finanzwirtschaftlichen Disparitäten lässt sich auch an der Entwicklung der kommunalen Kassenkreditschulden in Nordrhein-Westfalen ablesen. Deren Volumen ist zwischen 1992 und 2009 allein in Nordrhein-Westfalen von 212 Millionen Euro auf beinahe 16 Milliarden Euro[9] – d.h. um das 75-fache – gewachsen. Ende 2008 machten die Kassenkredite rund ein Viertel der kommunalen Gesamtschulden in Nordrhein-Westfalen aus. Damit haben sie ihren haus-

---

9   Stand: 30.6.2009.

haltsrechtlich intendierten kurzfristigen Charakter – als unterjährig wieder zu tilgende Kredite zur Überbrückung vorübergehender Liquiditätsengpässe – in zahlreichen Gemeinden längst verloren.

Im Gegensatz zu den investiven Schulden steht die mangelnde finanzwirtschaftliche Tragfähigkeit dieser Schuldenart außer Frage.[10] Kassenkredite dienen nicht der Finanzierung kommunaler Investitionsvorhaben, sondern der laufenden Aufgabenerfüllung. Sie kommen zum Einsatz, wenn die ordentlichen Einnahmen nicht ausreichen, um die Ausgaben des laufenden Geschäfts zu decken. Den Verbindlichkeiten stehen damit keine Vermögenswerte gegenüber; sind die Kredite einmal vereinnahmt, dann verbleibt ausschließlich der fiskalische Belastungseffekt künftig anfallender Schuldendienstzahlungen.[11]

Selbst in den Boomjahren 2006 und 2007 ist ihr Volumen von 12,5 Milliarden auf 14,6 Milliarden Euro gestiegen, d.h. um beinahe 17 Prozent. Besonders alarmierend ist die Kassenkreditsituation dabei in den kreisfreien Städten. Hier lag die durchschnittliche Schuldenlast Ende 2007 sogar bei 1.339 Euro je Einwohner. Aufgrund ihrer starken räumlichen Konzentration ist die Aussagekraft der Durchschnittswerte allerdings gering. Kassenkredite stellen kein flächendeckendes Problem dar. Die Mehrzahl der nordrhein-westfälischen Kommunen ist von diesem Krisenphänomen nicht betroffen. Ende 2008 waren 230 der 396 nordrhein-westfälischen Gemeinden (d.h. 58 Prozent) kassenkreditfrei. Auf der anderen Seite ging beinahe die Hälfte (42,4 Prozent bzw. 6,2 Mrd. Euro) aller Kassenkreditschulden in Nordrhein-Westfalen auf das Konto von nur fünf Städten (Essen, Duisburg, Oberhausen, Wuppertal und Dortmund). Hier ist die finanzwirtschaftliche Belastung durch die hohen und stark wachsenden Verbindlichkeiten längst zu einer Gefahr für die dauerhafte Funktionsfähigkeit der betroffenen Kommunen geworden.

Die skizzierten Erfahrungen mit den Kassenkrediten lassen für die Zukunft wenig Gutes erwarten. Sollte deren Entwicklung in den nächsten Jahren auch nur annähernd dynamisch verlaufen wie in den vergangenen zehn Jahren, dann wird sich die „Kassenkreditexplosion" der vergangenen Jahre daneben geradezu unbedeutend ausmachen, wie Simulationsrechnungen zur Kassenkreditentwicklung zeigen. Die in Abbildung 5 dargestellten Szenarien beruhen auf durchaus realistischen Annahmen. Konkret liegen ihnen die im Zeitraum von 2000 bis 2008 gesehenen Wachstumsraten der kommunalen Kassenkredite zugrunde.

- *Szenario 1* geht von einer jährlichen Zunahme der Kassenkreditschulden um 6,7 Prozent aus. Dies entspricht der geringsten Wachstumsrate im gesamten Zeitraum von 2000 bis 2008, der Entwicklung zwischen 2007 und 2008.

---

10 Allerdings ist auch bei den investiven Schulden in Einzelfällen zweifelhaft, ob ihr Einsatz grundsätzlich gerechtfertigt (schließlich könnte die Leistung auch durch ordentliche Einnahmen bzw. über Rücklagen finanziert werden) und ihre Höhe mit dem haushaltspolitischen Ziel der Aufrechterhaltung der finanziellen Leistungsfähigkeit vereinbar ist. Zur ökonomischen und politischen Bewertung öffentlicher Schulden insgesamt Stalder 1997.

11 Zur kommunalen Schuldenart des Kassenverstärkungskredits u.a. Heinemann u.a. (Hrsg.) 2009. Zu haushaltsrechtlichen und ökonomischen Aspekten kommunaler Schulden siehe Rehm, Tholen 2008.

Abbildung 5: Szenarien zur Kassenkreditentwicklung in Nordrhein-Westfalen bis 2015

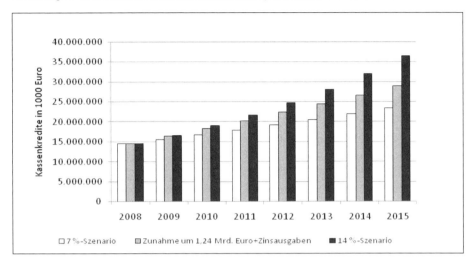

Quelle: eigene Berechnungen nach Angaben des IT Nordrhein-Westfalen.

Hierbei sei noch einmal betont: Es handelt sich um die Jahre mit der besten kommunalen Kassenentwicklung in der Geschichte der Bundesrepublik.
- *Szenario 2* liegt die Annahme zugrunde, dass sich das Wachstum der Kassenkredite nicht entlang konstanter Wachstumsraten vollzieht, sondern von einem strukturellen Primärdefizit und den für die aufgelaufenen Verbindlichkeiten anfallenden Zinsausgaben angetrieben wird. Rein rechnerisch hat dieses strukturelle Primärdefizit im Zeitraum 2000 bis 2008 pro Jahr etwa 1,24 Milliarden Euro betragen. Dem Szenario liegt darüber hinaus ein Zinsniveau von vier Prozent zugrunde.
- In *Szenario 3* wird die Kassenkreditentwicklung für den Zeitraum 2008 bis 2015 bei einer jährlichen Wachstumsrate von 14 Prozent simuliert. Dies entspricht der jährlichen Zunahme zwischen 2004 und 2008, d.h. in einer ausgeprägten wirtschaftlichen Aufschwungphase.[12]

Tatsächlich übertrifft die Kassenkreditentwicklung in den ersten sechs Monaten des Jahres 2009 sogar das pessimistischste dritte Szenario. Wenn sich die Entwicklung der ersten beiden Quartale im zweiten Halbjahr unverändert fortsetzt, muss für den 31.12.2009 mit einem Kassenkreditvolumen in Höhe von 16,8 Milliarden Euro oder mehr gerechnet werden. Zum Vergleich: Im 14-Prozent-Szenario haben die nordrhein-westfälischen Kommunen Ende 2009 Kassenkredite von 16,65 Milliarden Euro.

---

12 Über den gesamten Zeitraum 2000 bis 2008 hat das Kassenkreditwachstum in Nordrhein-Westfalen durchschnittlich 25 Prozent pro Jahr betragen. Eine Fortsetzung dieser Wachstumsrate hätte eine Zunahme der Kassenkredite in NRW auf 70 Milliarden Euro im Jahr 2015 zur Folge. Am ungünstigsten ist die Schuldenentwicklung im Krisenzeitraum 2000 bis 2004 ausgefallen. In dieser Periode sind die Kassenkredite der nordrhein-westfälischen Kommunen im Mittel um 36 Prozent pro Jahr gewachsen.

Alle Szenarien machen den enormen Handlungsdruck und die Brisanz der kommunalen Schuldenkrise in Nordrhein-Westfalen deutlich.

2. Wege aus der Schuldenfalle

2.1 Grundsätzliches zu einer Altschuldenhilfe

2.1.1 Ziele einer kommunalen Altschuldenhilfe: Altschuldenabbau und Primärsaldoausgleich

Angesichts unkontrolliert wachsender Verbindlichkeiten ist ein finanzwirtschaftlicher Neustart erforderlich, der ohne das Eingreifen des Landes jedoch nicht mehr möglich ist. Allein das Land verfügt über die rechtliche und finanzpolitische Regelungskompetenz sowie die erforderlichen finanziellen Ressourcen, die für eine Lösung der aufgelaufen Probleme erforderlich sind. Zu einem schnellen Einschreiten gibt es dabei keinerlei Alternative: Die Frage lautet mittlerweile nicht mehr, ob gehandelt werden muss, sondern wie teuer für den Steuerzahler die Hilfe letztlich wird.

Alle Maßnahmen müssen dabei auf ein einziges Ziel gerichtet werden: Die Wiederherstellung und dauerhafte Sicherung der kommunalen Handlungsfähigkeit. In den besonders hoch verschuldeten Städten und Gemeinden scheitert dieses Ziel bereits an den hohen Schuldendienstausgaben. Da sich Zinslasten in Höhe von mehreren hundert Euro je Einwohner in der Regel nicht im laufenden Haushalt einsparen lassen, ist eine Rückkehr zur geordneten Haushaltswirtschaft mit dauerhaft ausgeglichenen Haushalten mancherorts nicht mehr möglich. Hier ist eine materielle Entlastung von den Altschulden als *erste Voraussetzung* für die Vermeidung künftiger Defizite unabdingbar.

Mit dem Altschuldenabbau allein ist es jedoch nicht getan. Die dauerhafte Sicherung der kommunalen Handlungsfähigkeit setzt voraus, dass auch das *zweite Einfallstor* für finanzwirtschaftliche Risiken geschlossen wird: Die mangelnde Tragfähigkeit der aktuellen Haushaltsführung. Mit anderen Worten: Es ist unbedingt notwendig, den Primärsaldoausgleich herbeizuführen, um die weitere Aufzehrung des Eigenkapitals zu stoppen (Abb. 6).

2.1.2 Risiken und Chancen einer Bail-out-Regel

Aus ordnungspolitischer Perspektive ist eine Altschuldenhilfe gewissermaßen qua definitionem mit erheblichen Schwierigkeiten verbunden. Dies gilt speziell dann, wenn die Adressaten der Hilfe eine Mitschuld an ihrem finanziellen Dilemma tragen bzw. wenn die Frage der Schuldenverursachung nicht eindeutig geklärt ist. In einer solchen Situation besteht die Gefahr, dass vergangenes Fehlverhalten nun auch noch mit monetären Hilfen „belohnt" wird. Insbesondere denjenigen Kommunen, die in der Vergangenheit den schmerzhaften Weg der Haushaltskonsoli-

Abbildung 6: Ziele der Altschuldenhilfe

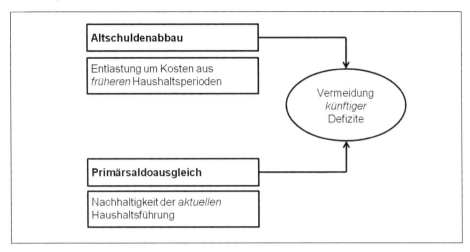

Quelle: eigene Darstellung.

dierung gegangen sind und daher nicht in den „Genuss" der Hilfe kommen, ist eine solche Maßnahme kaum vermittelbar. Darüber hinaus beinhaltet jede Bail-out-Regel stets die Gefahr schädlicher haushaltspolitischer Anreize. Sie vermittelt den Eindruck, dass finanzielle Lasten im Zweifel auf die Solidargemeinschaft abgewälzt werden können; eine vorausschauende, Risiken vermeidende Haushaltsführung ist unter diesen Umständen alles andere als wahrscheinlich. Wenn verhindert werden soll, dass dem „schlechten Geld" nun noch „gutes Geld" hinterher geworfen wird, gilt es dieses Risiko von Mitnahmeeffekten ohne eigene Haushaltsstrukturreformen um jeden Preis auszuschließen.

Eine Altschuldenhilfe kann und darf es daher nicht zum Nulltarif geben. Im Interesse aller Beteiligten muss dafür gesorgt werden, dass die Hilfeempfänger die entstehenden finanziellen Freiräume auch zur Konsolidierung ihrer finanziellen Basis einsetzen. Die Inanspruchnahme der Altschuldenhilfe muss daher an ebenso strenge wie eindeutige Bedingungen zur Haushaltsführung gekoppelt werden.

Die Altschuldenhilfe sollte jedoch nicht nur unter dem Aspekt der mit ihr verbundenen steuerungspolitischen Risiken betrachtet werden. Ein solches Instrument bietet auch Chancen und kann zur Verbesserung der kommunalen Haushaltsdisziplin beitragen, wenn sie entsprechende Anreize für eine vorausschauende Finanzpolitik setzt. Die Erfahrungen mit dem bestehenden Haushaltsrecht zeigen, dass Regelgefüge, die primär auf Ge- und Verbote (ordnungsrechtliche Instrumente) setzen, in ihrem Bemühen um eine Steuerung bzw. Begrenzung des Verhaltens Dritter relativ schnell auf Grenzen stoßen. Dies gilt im besonderen Maße für Mehrebenen- und Mischfinanzierungssysteme mit geteilten und verwischten Verantwortlichkeiten. Hier sind die Anreize zu einer Umgehung der rechtlichen Grenzen besonders groß. Deutlich besser sind die Erfahrungen mit Instrumenten, die das Verhalten über positive bzw. negative Anreize zu beeinflussen suchen. Insbesondere *finanzielle* Belohnungen bzw. Bestrafungen haben sich in diesem Zusammenhang als ausgesprochen effektiv erwiesen.[13] Aus diesem Grunde bietet jedes Instrument, das die (Um-)Verteilung umfangreicher Finanzmittel beinhaltet, immer auch die Chance einer wirksamen Verhaltenssteuerung, sofern die Leistungsvergabe (vor allem Höhe und Dauer des Transferempfangs bzw. der eigenen Mittelabgabe) an eindeutige und überprüfbare Voraussetzungen des (haushalts-)politischen Verhaltens gebunden wird.

2.2 Ein Vorschlag für einen kommunalen Entschuldungsfonds

2.2.1 Grundsätzliches zur Systematik: temporäre Umschuldung

Für eine Dauer von zehn Jahren werden sämtliche bis zu einem in der Vergangenheit liegenden Stichtag X[14] aufgenommenen Kassenkredite in einen vom Land eingerichteten Fonds, den kommunalen Entschuldungsfonds, überführt. In diesem Fonds werden die Anstrengungen und Mittel aller Beteiligten gebündelt, die zur Lösung der Schuldenproblematik erforderlich sind.

Für die Fondslösung sprechen insbesondere vier Argumente:
- Von einer Umschuldung der Kassenkredite geht eine wichtige *politische Signalwirkung* aus: Einerseits macht sie den hohen politischen Stellenwert einer Lösung des Altschuldenproblems deutlich. Daneben signalisiert sie den beteiligten Kommunen, dass sie nichts Geringeres bekommen, als die Chance zu einem finanzpolitischen Neustart und damit dem Schritt aus der Vergeblichkeitsfalle.
- Die Herausnahme der Kassenkredite aus den Schuldnerkommunen garantiert ein hohes Maß an *finanzwirtschaftlicher Transparenz*. Alle mit der Altschuldenhilfe zusammen hängenden Finanztransaktionen erfolgen im Entschuldungsfonds, d.h. außerhalb des kommunalen Haushalts. Mit einem übersichtlichen Berichtswesen werden die Eigenbeiträge der Kommunen sichtbar, die Hilfeleistungen der Solidargemeinschaft aus Land, Kommunen und Bürgern deutlich, und der Entschuldungsfortschritt lässt sich für jedermann für alle Kommunen vergleichend ablesen.
- Die Umschuldung bietet u. U. die Chance auf *Zinsersparnisse*, da sich das Land als Träger aufgrund seiner hohen Bonität in der Regel zu günstigeren Konditionen verschulden kann,
- Darüber hinaus lassen sich auf diese Weise möglicherweise Synergien im Schuldenmanagement erzielen.

---

13 Eine Übersicht und Diskussion unterschiedlicher Verfahren zur Gewährleistung fiskalischer Disziplin findet sich bei Schwarting 2004: 131–169.
14 Mit der Stichtagregelung lässt sich die Gefahr schuldenpolitischen Trittbrettfahrerverhaltens in der Übergangsphase zwischen Ankündigung und Schaffung der Altschuldenhilfe ausschalten.

2.2.2 Instrumente der Altschuldenhilfe

a. Zinshilfe zur Vermeidung einer altschuldenbedingten Neuverschuldung

Trotz der vorübergehenden Umschuldung verbleiben die „Eigentumsrechte" an den Verbindlichkeiten bei den betroffenen Kommunen. Dies gilt auch für die aus den Kassenkreditschulden resultierenden Zinsverpflichtungen, für die weiterhin die Schuldnergemeinden selbst verantwortlich sind. Diese müssen einen Beitrag in entsprechender Höhe an den Fonds leisten. Dessen Höhe wird allerdings nach oben begrenzt. Auf diese Weise werden besonders hoch verschuldete Gemeinden ganz unmittelbar und spürbar von der am meisten drückenden Schuldenlast befreit, die hier zu immer neuen – und nur mit Hilfe weiterer Kredite finanzierbaren – Defiziten führt. Alle oberhalb einer Belastungsschwelle liegenden Zinsausgaben (z.B. 150 Prozent des nordrhein-westfälischen Durchschnittswerts der Zinsausgaben für die erfassten Kassenkredite)[15] werden aus dem Entschuldungsfonds finanziert. Ohne diese Zinsausgabenhilfe für überdurchschnittlich hoch verschuldete Gemeinden lässt sich der Haushaltsausgleich mancherorts nicht mehr erreichen. Die aus den hohen Altschulden resultierenden Zinsausgaben reißen hier tiefe Löcher in den Haushalt, die sich im laufenden Geschäft schlichtweg nicht konsolidieren lassen. In der Folge werden immer neue Schulden aufgenommen, die kurzfristig Abhilfe schaffen und auf lange Sicht wieder neue Löcher in den Haushalt reißen. Diese Schuldenspirale wird mit Hilfe der Zinsausgabenhilfe gestoppt. Unvermeidbare altschuldenbedingte Defizite sind nun nicht mehr zu befürchten.

b. Ordentliche Tilgung: langfristige Entlastung

Die Zinshilfe stellt eine Sofortmaßnahme für Kommunen dar, die sich bereits in der Schuldenfalle befinden. Gleichwohl entfaltet sie keine dauerhafte Entlastungswirkung. Mit ihrer Hilfe werden lediglich die Folgekosten der aufgelaufenen Verbindlichkeiten in ihrer Höhe begrenzt; behandelt wird also lediglich das Symptom, nicht aber die Krankheit selbst. Sobald das „Schmerzmittel" der Zinshilfe abgesetzt wird, schlagen die Belastung – und mit ihr der Druck zur Neuverschuldung – wieder voll durch. Ein dauerhafter, nachhaltiger Ausbruch aus dieser Spirale setzt dementsprechend eine durchgreifende Verringerung der Altschulden voraus. Erst wenn die hohen Kassenkredite zu einem erheblichen Teil abgebaut sind, ist das Risiko altschuldenbedingter Defizite dauerhaft gebannt.

An dieser Erkenntnis setzt das zweite Instrument der Altschuldenhilfe an, die jährlich vorgenommene *ordentliche Tilgung* von Kassenkrediten in Höhe von 480 Millionen Euro. Diese Summe entspricht einer Tilgung von etwa drei Prozent des gegenwärtigen Kassenkreditniveaus.[16]. Schon die *ordentliche Tilgung* bewirkt ei-

---

15 Entweder gemessen an den Pro-Kopf-Zinsausgaben oder an der Relation von Zinsausgaben und kommunaler Finanzkraft. Letztere ist insofern besser geeignet als sie die finanzwirtschaftliche Schuldendienstfähigkeit abbildet.

16 Die Festlegung einer konstanten Tilgungsrate hätte bei sinkenden Schuldenständen einen Rückgang der jährlichen Tilgungsleistung zur Folge. Um die Effektivität des Instruments nicht zu beeinträchtigen, sollte daher eine fixe Tilgungssumme festgelegt werden.

nen erheblichen Abbau der Kassenkreditschulden. Innerhalb von 10 Jahren können auf diese Weise 30 Prozent der Verbindlichkeiten zurückgeführt werden. Das Kreditvolumen des Entschuldungsfonds sinkt dementsprechend von 16 Milliarden auf 11,2 Milliarden Euro.

c. Zusatztilgung: Hilfe für einen weiteren Schuldenabbau
Neben dieser vollständig aus Fondsmitteln finanzierten *ordentlichen Tilgung* wird den Kommunen das Angebot einer *Zusatztilgung* gemacht. Jeder in die Nettotilgung von Kassenkrediten gelenkte kommunale Euro wird hierbei um einen weiteren Euro aus dem Entschuldungsfonds ergänzt. Dieses Instrument steht allen Kommunen offen, die den erforderlichen Eigenbeitrag zur Tilgung leisten. Die Zusatztilgung erhöht den (haushalts-)politischen Anreiz zur Rückzahlung der Kassenkredite erheblich, da der finanzwirtschaftliche Entlastungseffekt auf einen Schlag verdoppelt wird. Sie trägt auf diese Weise dazu bei, das Abrutschen weiterer Kommunen in die Schuldenfalle bereits frühzeitig zu verhindern, indem sowohl Anreize für als auch die Möglichkeit zu einem vollständigen Abbau der Kassenkreditschulden gegeben werden.

Im Gegensatz zur ordentlichen Tilgung, deren jährliches Volumen festgelegt ist, hängt der Effekt der Zusatztilgung ganz erheblich von dem tatsächlichen Tilgungsverhalten der Kommunen ab – von ihrem haushaltspolitischen Willen und ihren fiskalischen Möglichkeiten zur Nettotilgung. Aus diesem Grund lässt sich die Entschuldungswirkung des kommunalen Entschuldungsfonds im Voraus nicht abschließend quantifizieren. Wenn die Kommunen die für die Zusatztilgung bereitgestellten Mittel vollständig ausschöpfen (wollen bzw. können), dann können die Kassenkreditschulden innerhalb von zehn Jahren insgesamt um bis zu 75 Prozent bis 90 Prozent gegenüber dem Schuldenstand im Ausgangsjahr gesenkt werden.[17]

2.2.3 Voraussetzungen der Leistungs-Inanspruchnahme: Hilfe im Gegenzug für eine vorausschauende Haushaltsführung

Mit der *Zinshilfe* und der *ordentlichen Tilgung* bietet der kommunale Entschuldungsfonds gleich zwei Anknüpfungspunkte für eine anreizbasierte Beeinflussung der gemeindlichen Haushaltsführung. Für beide Instrumente gilt: Die Höhe der Hilfsleistung richtet sich nur zum Zeitpunkt der Regeleinführung ausschließlich nach dem Umfang der Kassenkreditbelastung. Die Entwicklung der Hilfe wird in den Folgejahren an die Erfüllung strikter Haushaltsvorgaben gebunden. In deren Zentrum steht die Tragfähigkeit der laufenden Aufgabenerfüllung. Der Primärhaushalt – d.h. der Saldo aus sämtlichen Einnahmen und Ausgaben, die mit der aktuellen Verwaltungstätigkeit zusammenhängen – ist auszugleichen. Ausnahmen von dieser Regel sind allenfalls vorübergehend zulässig, wenn eine Analy-

---

17 Die tatsächliche Entwicklung hängt neben dem haushaltspolitischen Verhalten der Kommunen auch von der Entwicklung des Zinsniveaus sowie von den Entscheidungen über den Entlastungsgrad bei den Zinsausgaben ab. Der maximale Tilgungseffekt schwankt demnach von Variante zu Variante.

Abbildung 7: Die Altschuldenhilfe im Überblick

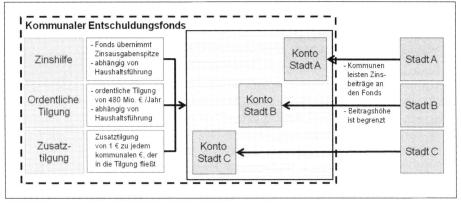

Quelle: eigene Darstellung.

se der Haushaltssituation ergeben hat, dass der Ausgleich der laufenden Einnahmen und Ausgaben noch nicht möglich ist. In diesem Fall werden den betroffenen Kommunen strenge und rechtsfähige Konsolidierungsauflagen auferlegt. Die betroffenen Kommunen müssen sich dabei zu überdurchschnittlichen Einsparungen bereit erklären.

Werden diese haushaltsrechtlichen Vorgaben nicht erfüllt, dann ist eine spürbare Reduzierung der Hilfsleistungen (ordentliche Tilgung und Zinshilfe, falls die betroffene Kommune diese überhaupt erhält) um 25 Prozent gegenüber dem Vorjahr die Folge. Je nach Schuldenbelastung können die hiermit verbundenen finanziellen Einbußen beachtlich sein. Dies gilt zum einen für die ganz unmittelbar spürbaren, kurzfristigen Einbußen infolge geringerer Zinshilfen. Da die Eigentumsrechte an den umgeschuldeten Kassenkrediten bei den Schuldnergemeinden verbleiben und die restlichen Verbindlichkeiten nach Ablauf der zehnjährigen Laufzeit des Fonds wieder an ihre Eigentümer rückübertragen werden, hat die Missachtung der Haushaltsvorgaben auch einen spürbaren negativen Langfristeffekt.

Neben ihrer wichtigen haushaltspolitischen Anreizfunktion (Vermeidung von Mitnahmeeffekten zulasten der Solidargemeinschaft) haben die strikten Voraussetzungen noch eine nicht zu unterschätzende symbolische Bedeutung: Finanzhilfen bergen stets die große Gefahr der Frustration. Kommunen, die es nur aufgrund erheblicher Eigenanstrengungen geschafft haben, ihre Verschuldung wirksam zu begrenzen, dürfen nicht als „Verlierer" dastehen, die nun auch noch für das maßlose Finanzgebaren der Mittelempfänger einzustehen haben (Abb. 7).

2.2.4 Finanzierung des Entschuldungsfonds

Angesichts eines Kassenkreditvolumens von mittlerweile beinahe 16 Milliarden Euro ist eine Altschuldenhilfe zwangsläufig mit enormen Kosten verbunden. Dies gilt auch für den Fall, dass keine vollständige Rückführung der Kassenkredite, sondern „lediglich" die Vermeidung weiterer Zuwächse und die Rückführung der

Belastungsspitze angestrebt werden. Zum gegenwärtigen Zeitpunkt dürften sich die Gesamtkosten[18] für eine effektive und dauerhafte Lösung des Schuldenproblems auf eine Summe von unter einer Milliarde Euro pro Jahr für die Dauer von zehn Jahren[19] begrenzen lassen; unter Umständen mit degressiver Ausgestaltung.

Kosten in dieser Höhe kann das Land schon vor dem Hintergrund seiner ebenfalls angespannten Haushaltslage nicht allein stemmen. Die Finanzierungslast für den kommunalen Entschuldungsfonds sollte daher auf mehrere Schultern verteilt werden. Konkret erscheint ein Finanzierungsmodell sinnvoll, das auf drei Säulen beruht: *Land*, *Kommunen* und *Bürger*.

1. Säule: Das Land Nordrhein-Westfalen
Als Träger der Kommunalaufsicht steht das Land in einer besonderen Verantwortung gegenüber seinen Kommunen. Dies gilt auch in finanziellen Krisensituationen. Es sollte daher die Hauptlast – d.h. mindestens 50 Prozent – der mit einer Altschuldenhilfe verbundenen Kosten tragen. Angesichts der hohen Entwicklungsdynamik der Kassenkredite – allein in den ersten sechs Monaten des Jahres 2009 sind die Liquiditätsschulden der nordrhein-westfälischen Kommunen um 1,5 Milliarden Euro gewachsen – und der Alternativlosigkeit einer solchen Maßnahme, gilt jedoch: Günstiger wird eine Lösung der Kassenkreditproblematik nie wieder zu haben sein.

2. Säule: Die nordrhein-westfälischen Kommunen
Die Lösung des kommunalen Schuldenproblems ist eine finanzielle Herkules-Aufgabe, die sich nur im Rahmen einer großen Solidargemeinschaft bewältigen lässt. Hierbei müssen auch die nordrhein-westfälischen Städte und Gemeinden einen Beitrag leisten. In diesem Zusammenhang sind verschiedene Anknüpfungspunkte denkbar, von einer Vorwegentnahme aus der Finanzausgleichsmasse[20] und einem Entschuldungsbeitrag der abundanten Kommunen[21] bis hin zu einer temporären Erhöhung der Gewerbesteuerumlage.

3. Säule: Die Bürger der überschuldeten Städte
In Städten mit besonders prekärer Haushalts- und Verschuldungslage – beispielsweise in bilanziell überschuldeten Kommunen – sollte darüber hinaus auch über

---

18 Kosten für die *ordentliche Tilgung*, die *Zusatztilgung* und die *Zinshilfe*, für ein handlungsfähiges Begleitregime (Haushaltsüberwachung und -analyse) sowie für die Verwaltung des Fonds.
19 Denkbar wäre auch eine degressive Ausgestaltung der Finanzierung, d.h. eine schrittweise Absenkung des Betrags z.B. nach fünf Jahren.
20 Bei einem Zuweisungsvolumen von etwa 7,3 Milliarden Euro hätte eine drei prozentige Vorwegentnahme im Jahr 2008 einen Finanzierungsbeitrag in Höhe von beinahe 150 Millionen. Euro erbracht.
21 Städte und Gemeinden, die aufgrund ihrer guten Finanzlage keine Zuweisungen aus dem Finanzausgleich erhalten sind von einer Kürzung der Schlüsselmasse nicht betroffen. Sie könnten über eine ebenfalls drei prozentige Entschuldungsabgabe auf ihren Steuerkraftüberschuss an den Kosten der Altschuldenhilfe beteiligt werden. Die abundanten Kommunen hätten im Jahr 2008 auf diese Weise etwa 25 Millionen Euro zur Finanzierung des Kassenkreditabbaus beigetragen.

Abbildung 8: Finanzierung des kommunalen Entschuldungsfonds

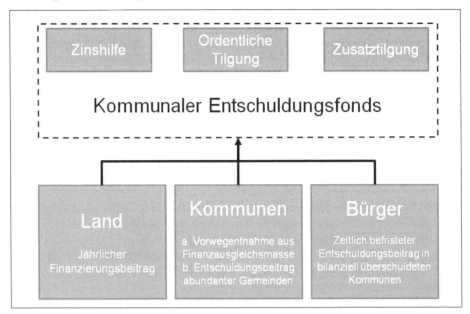

Quelle: eigene Darstellung.

die Einführung einer Entschuldungsabgabe nachgedacht werden. Diese könnte in Form eines zeitlich befristeten zehn prozentigen Aufschlags auf den Hebesatz der Grundsteuer B[22] erfolgen, durch den Bürger und Wirtschaft ganz direkt und für jedermann sichtbar an den Kosten der Altschuldenhilfe beteiligt würden. Das Aufkommen der Entschuldungsabgabe sollte in voller Höhe in die Finanzierung der Altschuldenhilfe fließen (Abb. 8).

2.3 Ein neues kommunales Haushaltsrecht

Mit der Altschuldenhilfe wird den hoch verschuldeten Kommunen nicht weniger als die Chance zu einem finanzpolitischen Neustart geboten. Aus diesem Grunde sollte sie durch die Einführung eines neuen kommunalen Haushaltsrechts ergänzt werden. Bevor ein „Schutzschirm" für hochverschuldete Städte und Gemeinden aufgespannt wird, muss jedoch sichergestellt werden, dass es unter dem Schirm nicht genauso weitergeht wie zuvor. Insbesondere das bisherige Regelwerk zum Umgang mit gemeindlichen Haushaltsdefiziten hat sich in der Vergangenheit nicht bewährt, wie die Entwicklung der Kassenkreditschulden und der Mehrjahresvergleich des kommunalen Finanzierungssaldos deutlich machen.

---

22 Das Kriterium der „Fühlbarkeit" der Abgabe spricht hingegen eher für eine Anknüpfung an den gemeindlichen Einkommensteueranteil (für den das Grundgesetz dem Gesetzgeber in Art. 106 V 3 GG explizit die Möglichkeit eines kommunalen Hebesatzrechtes eröffnet).

Die Ursachen für diese Entwicklung sind vielfältig (Boettcher, Junkernheinrich 2009b). Einerseits hat die Kommunalaufsicht in der Vergangenheit oftmals keine Handhabe gegen Rechtsverstöße von kommunaler Seite gefunden und daher zu häufig weggeschaut, wenn gegen das Gebot des Haushaltsausgleichs verstoßen wurde. Auf der anderen Seite hat das Land seine Kommunen durch die Übertragung immer neue Aufgaben und Leistungsstandards überlastet. Dies gilt insbesondere für Aufgaben des sozialen Bereichs, deren Kosten in den vergangenen Jahrzehnten speziell in den strukturell belasteten Kommunen des Ruhrgebietes sowie des Bergischen Landes regelrecht explodiert sind, ohne dass das Land die Finanzausstattung der betroffenen Kommunen entsprechend angepasst hätte (Boettcher, Junkernheinrich 2009a; Robert, Schäfer 2004: 179–195). Wenn kommunale Schulden- und Finanzkrisen dauerhaft vermieden werden sollen, wird man (zumindest auf lange Sicht) nicht um eine materielle Weiterentwicklung des haushaltsrechtlichen und finanzwirtschaftlichen Regelwerks herum kommen. Dieses sollte vor allem folgende Aspekte beinhalten (vgl. Mülheim a.d. Ruhr (Hrsg). 2008; Junkernheinrich 2003: 423–443):

- Erforderlich ist zum einen die Schaffung einer eindeutigen und aufsichtsrechtlich durchsetzbaren Begrenzungsregel für Kredite zur Liquiditätssicherung.
- Sinnvoll erscheint darüber hinaus eine Neuausrichtung der Kommunalaufsicht als unabhängige Institution zum Schutz der kommunalen Selbstverwaltung. Bislang ist sie dieser Aufgabe nur unzureichend nachgekommen. Dies gilt zum einen für die Überwachung des kommunalen Haushaltsverhaltens, darüber hinaus jedoch auch für die Beachtung des Konnexitätsprinzips, für den Schutz vor übermäßigen Eingriffen von staatlicher Seite – etwa in Gestalt von Aufgabenübertragungen ohne entsprechende Finanzausstattung oder von Eingriffen in die kommunale Finanzierungsbasis.
- Im Falle kritischer Haushaltslagen mit überdurchschnittlicher Verschuldung sollte als zuletzt einzusetzende Option die Möglichkeit bestehen, Bürgerinnen und Bürger sowie die Wirtschaft über einen sichtbaren finanziellen Beitrag an der Haushaltskonsolidierung zu beteiligen, um ein Verschieben der Belastungen auf nachfolgende Generationen zu verhindern (Generationenbeitrag). Dieser Beitrag ist nicht als zusätzliche Belastung gedacht, sondern soll die bisher übliche, für die Bürgerinnen und Bürger wenig transparente Heraufsetzung der Grund- und Gewerbesteuerhebesätze ablösen. Die deutliche Sichtbarkeit ist als präventiv wirkendes Sanktionsinstrument gegen den Missbrauch von Kreditaufnahmen zu bewerten und für alle Akteure als Anreiz zu frühzeitigem Eingreifen bei finanziellen Problemen gedacht.
- Ohne die Sicherstellung einer aufgabenangemessenen Finanzausstattung ist ein dauerhafter Haushaltsausgleich nicht möglich. Insbesondere im Sozialbereich kann hiervon jedoch nicht die Rede sein. Die Zuwachsraten der Schlüsselmasse haben in der Vergangenheit nicht einmal ansatzweise mit dem Wachstum der Kosten für staatlich festgelegte soziale Leistungen Schritt gehalten. Während die Zuschussbedarfe im Sozialbereich zwischen 1980 und 2006 um 300 Prozent gestiegen sind, haben die Schlüsselzuweisungen vom Land im gleichen Zeitraum nur um 62 Prozent zugenommen. Diese Kosten

belasten speziell die Haushalte der noch immer vom Strukturwandel geprägten Städte und Gemeinden.

Auch innerhalb des bestehenden Haushaltsrechts gilt jedoch: Wenn die Inanspruchnahme der Leistungen an die Erfüllung strenger Vorgaben zur Haushaltsführung gekoppelt wird, deren Missachtung eine unmittelbare und spürbare Reduzierung der Hilfsleistungen zur Folge hat, dann bietet das Instrument ein beachtliches steuerungspolitisches Potenzial, das seine hohen Kosten und ordnungspolitischen Probleme zumindest teilweise kompensiert.

Literatur

Boettcher, F., Junkernheinrich, M. (2009a). Stellungnahme für die öffentliche Anhörung des Haushalts- und Finanzausschusses des Landtags Nordrhein-Westfalen zum Thema *„Schuldenbremse für eine nachhaltige Konsolidierung der öffentlichen Haushalte* umsetzen" am 17. September 2009. Kaiserslautern. Online unter: http://www.landtag.nrw.de/portal/WWW/dokumentenarchiv/Dokument/MMST14-2826.pdf (Abruf am 15.10.2009 um 19 Uhr).

Boettcher, F., Junkernheinrich, M. (2009b). *Kommunaler Finanz- und Schuldenreport Nordrhein-Westfalen 2008.* Hrsg. Bertelsmann Stiftung. Gütersloh (Im Erscheinen).

Bundesvereinigung der kommunalen Spitzenverbände (2009). Pressemitteilung *„Kommunalfinanzen 2007 bis 2009 – Prognose der kommunalen Spitzenverbände".* Berlin. Online unter: http://www.dstgb.de/homepage/artikel/schwerpunkte/gemeindefinanzen/haushaltslage_und_steueraufkommen/haushaltslage_der_kommunen_fuer_die_jahre_2008_und_2009/bv_prognose_2007_2009_pressepapier.pdf (Abruf am 15.10.2009 um 19 Uhr).

Crimmann, A., Wießner, F. (2009). *Wirtschafts- und Finanzkrise: Verschnaufpause dank Kurzarbeit.* IAB-Kurzbericht 14/2009. Nürnberg. Online unter: http://doku.iab.de/kurzber/2009/kb1409.pdf (Abruf am 25.10.2009 um 9 Uhr).

Heinemann, F. u.a. (Hrsg.). (2009). *Der kommunale Kassenkredit zwischen Liquiditätssicherung und Missbrauchsgefahr.* Baden-Baden.

Junkernheinrich, M. (1991). *Gemeindefinanzen.* Berlin.

Junkernheinrich, M. (2003). *Reform des Gemeindefinanzsystems. Mission Impossible?* In: Vierteljahreshefte zur Wirtschaftsforschung. Jg. 72, H. 3, S. 423–443.

Junkernheinrich, M., Micosatt, G. (2009). *Kommunalstrukturen in Deutschland – Eine Analyse zur länderübergreifenden Vergleichbarkeit kommunaler Finanzkennzahlen.* Hrsg. Bertelsmann Stiftung. Gütersloh.

Junkernheinrich, M., Micosatt, G. (2008). *Kommunaler Finanz- und Schuldenreport Deutschland 2008. Ein Ländervergleich.* Hrsg. Bertelsmann Stiftung. Gütersloh.

Junkernheinrich, M., Micosatt, G. unter Mitarbeit v. Boettcher, F. (2007). *Kommunaler Schuldenreport Nordrhein-Westfalen.* Hrsg. Bertelsmann Stiftung. Gütersloh.

Mülheim a. d. Ruhr (Hrsg.). (2008). Wege aus der Schuldenfalle. Forderungen der Städte des Ruhrgebiets und des Bergischen Landes zur Gemeindefinanzpolitik. Mülheim. Online unter: http://www.essen.de/deutsch/rathaus/Aemter/Aktionen/

Haushalt/2011_Wege_aus_der_Schuldenfalle_Stand23_12_2008.pdf (Abruf am 15.10.2009 um 19 Uhr).

Raschke, M., Schubert, K. (2004). *Quo vadis „Konzern Stadt"? Das Beispiel Münster*. In: Robert, Rüdiger, Paul Kevenhörster (Hrsg.): Kommunen in Not. Aufgaben- und Finanzverantwortung in Deutschland. Münster. S. 219–235.

Rehm, H., Tholen, M. (2008). *Kommunalverschuldung. Befund, Probleme, Perspektiven*. Berlin.

Reichard, C. (2007). *Die Stadt als Konzern. Corporatization als Fortführung des NSM?* In: Bogumil, Jörg u.a. (Hrsg.): Perspektiven kommunaler Verwaltungsmodernisierung. Berlin.

Robert, R., Schäfer, W. (2004). *Eingliederungshilfe. Aufgabenwahrnehmung unter dem Vorzeichen kommunaler Finanznot*. In: Robert, Rüdiger, Paul Kevenhörster (Hrsg.). 2004. Kommunen in Not. Aufgaben- und Finanzverantwortung in Deutschland. Münster. S. 179–195.

Schwarting, G. (2004). *Einige Gedanken zur fiskalischen Disziplin kommunaler Gebietskörperschaften in Deutschland*. In: Genser, Bernd (Hrsg.): Haushaltspolitik und öffentliche Verschuldung. Berlin. S. 131–169.

Schwarting, G. (2007). *Kommunale Steuern. Grundlagen, Verfahren, Entwicklungstendenzen*. 2., neu bearb. u. erw. Aufl. Berlin.

Stalder, I. (1997). *Staatsverschuldung in der Demokratie. Eine polit-ökonomische Analyse*. Frankfurt am Main u.a.

Vogelgesang, K., Lübking, U., Ulbrich, I. (2005). *Kommunale Selbstverwaltung. Rechtsgrundlagen, Organisation, Aufgaben, Neue Steuerungsmodelle*. Berlin.

Zimmermann, H., Hardt, U., Postlep, R. (1987). *Bestimmungsgründe der kommunalen Finanzsituation. Unter besonderer Berücksichtigung der Gemeinden in Ballungsgebieten*. Bonn.

Norbert Konegen

Cross-Border-Leasing-Transaktionen – ein kommunales Finanzierungsinstrument mit programmiertem Absturz

Die finanzielle Lage nahezu aller Städte, Gemeinden und Gemeindeverbände in Deutschland kann – je nach Perspektive – als nachhaltig angespannt oder als dramatisch bezeichnet werden. Dieser Befund gilt spätestens nach dem konjunkturellen Einbruch zu Beginn des Jahres 2009.[1] Ein Blick auf Finanzierungssalden, Verschuldungsstände bzw. Schuldendienstbelastungen verdeutlicht die Situation. Was lag daher näher, als nach Finanzierungsinstrumenten zu suchen, die es ermöglichen, über Steuersparmodelle US-amerikanischer Investoren bis zu zwei- bzw. dreistellige Millionenbeträge in die kommunalen Haushaltskassen zu spülen. Solche Transaktionen sind die Konsequenzen von Globalisierungsprozessen mit ihren denationalisierenden Wirkungen. Bezogen auf unsere Thematik handelt es sich um Ursachen und Folgen einer zunehmenden weltweiten Vernetzung der klassischen Unternehmensbereiche Produktion, Absatz, Beschaffung, Forschung und Entwicklung sowie der Güter-, Dienstleistungs-, Finanz- und Arbeitsmärkte.

Modelle dieser Art waren und bleiben umstritten. Nach dem „American Jobs Creation Act of 2004" (Städte- und Gemeindebund 2005: 37) sind Steuersparmodelle dieser Art nach dem 12. März 2004 nicht mehr möglich, da die amerikanische Regierung Verträge dieser Art als Scheingeschäfte und Betrug am Steuerzahler einstufte. 2008 urteilte ein Bezirksgericht in Ohio in einem Musterprozess, dass die von den Investoren erlangten Steuervorteile rechtswidrig seien, weil der Eigentümerwechsel der Objekte nur vorgetäuscht sei. Im gleichen Jahr forderte die oberste amerikanische Steuerbehörde International Revenue Service (IRS) die rund hundert amerikanischen Investoren auf, ihre Verträge mit den deutschen Partnern bis spätestens zum 31.12.2008 zu beenden. Damit stellen sich zunehmend Fragen etwa nach dem Bestandsschutz abgeschlossener Verträge oder gar Rückzahlungsforderungen an die Kommunen, z.B. wegen lückenhaft abgeschlossener Verträge (Werkstattgespräche 2004; Thomas 2005: 37; Städte- und Gemeindebund NRW 2/2005: 37) sowie vertraglichen Konsequenzen im Zusammenhang mit der globalen Finanzkrise. Aktuell deuten viele Befunde darauf hin, dass diese kommunalen Finanzierungsinstrumente keine nachhaltige Qualität aufweisen. Im Gegenteil, sie werden wahrscheinlich erhebliche finanzielle Folgebelastungen für die entsprechenden Haushalte bringen. Im folgenden Beitrag sollen daher die aufbau- und ablauforganisatorischen Strukturen solcher Transaktionen, ihre rechtlichen Rahmenbedingungen sowie mögliche Risiken und Folgen für die Vertragsparteien dargestellt und erläutert werden.

---

1 Vgl. den Beitrag von Florian Boettcher in dieser Schrift.

1. Die Grundidee

Unter Leasing wird die Überlassung des Gebrauchs eines Wirtschaftsgutes auf Zeit und gegen Entgelt verstanden. Diese Finanzierungsform ist im US-amerikanischen Rechtsraum entwickelt worden und wird seit den 1960er Jahren auch in Deutschland praktiziert. Werden Mietverträge dieser Art grenzüberschreitend abgeschlossen, um beispielsweise Unterschiede im Steuerrecht zweier Staaten zur Erzielung von Steuervorteilen zu nutzen, so handelt es sich um Cross-Border-Leasing (CBL). Seit 1995 wurden etwa 250 CBL-Transaktionen von deutschen Städten und Gemeinden (Umfang rd. 100 Mrd. US-$) – aber auch von Kommunen in anderen europäischen Ländern – durchgeführt (Abbildung 1 und 2). Verträge dieser Art basieren auf folgender Grundlage: Neue oder gebrauchte hochwertige und langlebige Wirtschaftsgüter – Mobilien, Immobilien –, die

Abbildung 1: Die Leasing-Republik. Städte mit Cross-Border-Leasing-Verträgen

Quelle: DIE ZEIT Nr. 30 v. 16. Juli 2009, S. 13.

Abbildung 2: Cross-Border-Leasing-Verträge und Transaktionsvolumen 1995–2003

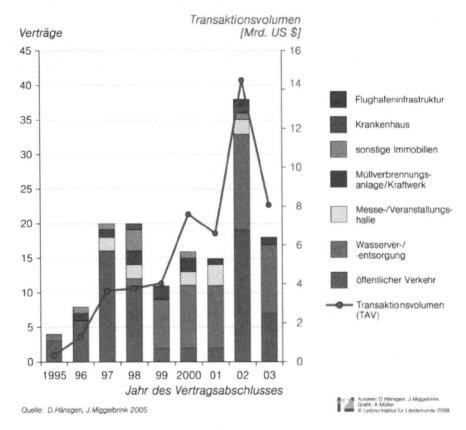

Quelle: IfL Nationalatlas: aktuell << Cross-Border-Leasing
http://aktuell.nationalatlas.de/Aktuell.O.html, abgerufen am 24.9.2009.

fertig gestellt sind und genutzt werden, werden von einer Gemeinde langfristig an eine US-amerikanische Treuhandgesellschaft vermietet. Zeitgleich vermietet der US-Investor sodann das Wirtschaftsgut an die Gemeinde zurück. Der US-Investor wird nach amerikanischem Recht wirtschaftlicher Eigentümer am Objekt und erzielt damit durch Abschreibungsmöglichkeiten erhebliche Steuervorteile, die er zum kleinen Teil an die entsprechende Kommune weitergibt. Bei diesem sog. Nettobarwertvorteil handelt es sich nach Abzug der Transaktionskosten nicht selten um dreistellige Millionenbeträge, sofern die Transaktionsvolumina 1 Mrd. USD überschreiten.

2. Formaler Transaktionsaufbau

Gegenstand von CBL-Transaktionen ist die Vermietung langlebiger kommunaler Wirtschaftsgüter an einen von einem ausländischen Investor – Banken, Versicherungen, Industrieunternehmen – gegründeten US-Trust über einen Zeitraum, je nach Art des Wirtschaftsgutes, von 30 bis zu 99 Jahren. Es kann sich dabei um Gebäude wie Flughäfen, Messe, Rathaus oder Netze wie Strom, Wasser, Fernwärme, aber auch um langlebige Investitionsgüter wie Schienenfahrzeuge mit langen Abschreibungszeiten handeln. Umgehend erfolgt sodann die Rückanmietung durch die betreffende Kommune für einen Zeitraum von 15 bis 30 Jahren. Nach Ablauf der Rückanmietung kann die Kommune eine Kaufoption realisieren, durch die sie an Stelle des US-Trusts in den Hauptmietvertrag eintritt. Sie wird damit gleichzeitig Vermieterin und Mieterin. Durch diese Konfusion erlischt der Hauptmietvertrag und die Transaktion ist beendet.

Geschäfte dieser Art umfassen mehrere Dutzend Einzelverträge in englischer Sprache. Sie erreichen nicht selten einen Umfang von mehr als tausend Seiten. Grundlegend für eine CBL-Transaktion ist der Rahmenvertrag, das sog. „Participation Agreement" mit seinen allgemeinen Bestimmungen, also den Zusicherungen, Gewährleistungen und Freistellungsverpflichtungen, die für alle abzuschließenden Verträge gelten. Neben den verschiedenen Mietverträgen und einem Betreibervertrag vereinbaren die Vertragsparteien in den sog. Transaktionsverträgen als Teile des Rahmenvertrags explizit den Abschluss weiterer Verträge. Zu den Transaktionsverträgen zählen steuer-, finanz-, zivil- und schuldrechtliche Verträge. Eine CBL-Transaktion weist in der Regel etwa 20 Vertragswerke auf (Gemeinsame Verwaltungsvorschrift 2003: 17). Es gilt stets US-amerikanisches Recht, z.B. das des Staates New York. Gerichtsstand ist immer ein US-Bundesstaat.

Mit dem sog. „Lease In Lease Out"-Erlass (LILO) vom 11. März 1999 und 04. November 2002 hat die oberste Steuerbehörde der USA, der International Revenue Service (IRS), die steuerliche Anerkennung von CBL-Verträgen mit ausländischen Städten aus Mangel an wirtschaftlicher Substanz verboten.[2] Daraufhin wurden die CBL-Verträge an die neue Erlasslage angepasst und entsprechen nun inhaltlich der geltenden „Service Contract"-Struktur mit Folgen für die beteiligten Kommunen. So müssen beispielsweise in den Rückmietverträgen mit der Kommune die im internationalen Exportleasing geltenden Sicherheiten, Anerkenntnisse, Freistellungsverpflichtungen und Vertragsstrafen vereinbart werden, auf die im Verlauf dieses Beitrags noch eingegangen wird.

Übt die Kommune ihre Kaufoption aus, so hat sie einen Optionspreis an den US-Trust zu zahlen. Sie muss demnach die Zahlungssicherheit dieses Preises und die laufenden Mietraten garantieren. Zu diesem Zweck leitet die Kommune die Vorauszahlung an Banken oder Versicherungsunternehmen weiter, die dann die Zahlungen übernehmen, oder es erfolgt eine Anlage der Gelder in festverzinslichen Anleihen. Diese sog. Deckungsgeschäfte sind stets mit einem Anlagerisiko verbunden.

---

2 Beide Erlasse sind abrufbar unter: http://www.irs.gov/pub/irs-utI/rev_rul_1999-14.pdf und http://www.irs.gov/pub/irs-irbs/irb02-44.pdf.

Sollte die Kommune die Kaufoption nicht ausüben, so wird ein Betreibervertrag mit der Folge wirksam, dass die jeweilige Kommune mit ihren verbundenen Unternehmen als Anlagebetreiber ausscheidet. Sie ist dann zu jährlichen Zuzahlungen an den US-Trust verpflichtet, die dieser neben den von den Endnutzern der betreffenden Anlage eingenommenen Entgelte und den sonstigen Einnahmen erhält.

Die Motive für den Abschluss von CBL-Geschäften liegen für beide Parteien in den erheblichen steuerlichen und damit finanziellen Vorteilen. So sind Transaktionsvolumina von weit mehr als 1 Mrd. US-Dollar durchaus üblich. Die zu erzielenden Steuervorteile[3] für den US-Investor liegen zwischen 15 und 20 Prozent des Transaktionsvolumens, während der sog. Nettobarwert der Transaktion für die Kommune bei etwa vier bis fünf Prozent des Volumens liegt (Brune 2003: 9, 33).

Diese neuartige Form der Nutzung kommunalen Vermögens dient der Aufgabenerfüllung nur mittelbar, da CBL-Transaktionen sowohl Aspekte der Nutzung von Anlagevermögen als auch von Finanzvermögen beinhalten. Dennoch gelten auch für diesen Fall kumulativ die Grundsätze für eine ordnungsgemäße Verwaltung sowohl des Anlage- als auch des Finanzvermögens. Dazu zählen insbesondere eine ordnungsgemäße Instandhaltung und Betreuung sowie eine mögliche Versicherung, eine angemessene Einnahmeerzielung, die Sicherung der Verfügbarkeit des Vermögensgegenstandes und der Grundsatz „Sicherung geht vor Ertrag".

3. Vertragsinhalte

3.1 Mietverträge

Der kommunale Eigentümer des Anlagevermögens schließt mit einem vom ausländischen Investor gegründeten US-Trust den sog. Hauptmietvertrag, den „Head Lease." Dieser ist grundsätzlich unkündbar. Der Wert des Anlagevermögens wird von einem amerikanischen Gutachter ermittelt und liegt in der Regel erheblich über dem linear abgeschriebenen Restbuchwert der Anlagen. Insofern wird die ermittelte Restnutzungsdauer regelmäßig um 25 Prozent überschritten.[4]

---

3   Dabei handelt es sich nicht um eine Steuerersparnis, sondern um eine Steuerstundung. Dem Investor wird der US-Trust steuerrechtlich zugerechnet. Zu Beginn der Laufzeit eines CBL-Geschäfts erwirtschaftet der Trust Verluste. Diese mindern die positiven Einkünfte des Investors. Wegen der Mieteinnahmen aus dem Rückmietvertrag erzielt der Trust in späteren Jahren positive Einkünfte, die die Steuerschuld des Investors vergrößern. Da jedoch ein Teil seiner Einkünfte erst Jahre später steuerlich wirksam wird, kommt dieses einer Steuerstundung gleich. Durch sie erzielt er so erhebliche Vorteile, dass die gesamte Transaktion für ihn ein attraktives Geschäft ist.

4   Für die steuerliche Anerkennung muss das Nutzungsrecht für mehr als 125 Prozent der Restnutzungsdauer der Anlage gewährt werden. Dadurch erlangt der Trust aus steuerlicher Sicht den Status des wirtschaftlichen Eigentümers und bilanziert die Anlage. Die Rückvermietung an die Kommune ermöglicht dann hohe Abschreibungen zur Förderung dieser „Auslandsinvestition".

Als Treuhänder für den US-Investor fungiert ein US-Trust. Bei diesem handelt es sich um ein Treuhandvermögen nach US-Recht – „Single Purpose Vehicle" (SPV) – als unmittelbarem Vertragspartner der deutschen Kommune. Ist eine kommunale Gesellschaft, eine GmbH oder eine AG Eigentümerin der Immobilien, so könnte auch diese als Vertragspartnerin auftreten. Dennoch sehen die Verträge an ihrer Stelle stets eine Kommune vor, da diese im Gegensatz zu einer kommunalen Gesellschaft insolvenzunfähig ist. In dem ebenfalls abzuschließenden Rückmietvertrag – „Sublease" – erhält die Kommune oder ihr kommunales Unternehmen das Recht auf ungestörte Nutzung des Anlagevermögens über den vereinbarten Zeitraum, also über die Grundmietzeit.

Mit der sog. Kaufoption sichert sich die Kommune die rechtliche Möglichkeit, nach Ablauf der Grundmietzeit an Stelle des US-Trusts in den Hauptmietvertrag einzutreten. Sie erwirbt dann dessen Rechte gegen Zahlung eines Optionspreises. In diesem Fall erlischt der Hauptmietvertrag durch Konfusion.

Für den Fall, dass die Kaufoption nicht ausgeübt wird, ist zwingend der Abschluss eines Betreibervertrages – „Service Contract" – als Bestandteil des Rahmenvertrages vorgesehen. Für dessen Ausgestaltung gibt es noch keinen Standard (Gemeinsame Verwaltungsvorschrift 2003: 17). Hier hat die Kommune verbindlich zu erklären, dass keine rechtlich oder wirtschaftlich zwingenden Gründe bestehen, die Kaufoption auch tatsächlich auszuüben.[5]

Vor allem aus der Sicht des deutschen Vertragspartners müssen noch weitere mietvertragliche Verpflichtungen angesprochen werden. Beendigt die Kommune vorzeitig die Transaktion, so hat sie in jedem Fall den Marktwert oder falls dieser höher ist, den Kündigungswert der Anlage zu zahlen. Bei Untergang, Zerstörung oder Beschlagnahme ist mindestens letzterer fällig. Entsprechende Zahlungsverpflichtungen können leicht einen Betrag in Höhe von mehr als 100 Millionen USD erreichen.

Wird die Kaufoption am Ende der Laufzeit des Rückmietvertrages nicht ausgeübt oder das Vertragsverhältnis vorzeitig beendet, wird der US-Trust zum Besitzer der Anlagen. Grundlage dafür ist eine Betreiber- oder eine Zugangs- und Betriebsunterstützungsvereinbarung – „Access & Support Agreement" –, wonach der Trust die Anlage selbst oder durch einen Dritten betreiben kann. Zur Absicherung dieser Rechte bestellt der US-Trust zu seinen Gunsten dingliche Sicherheiten etwa in Form von persönlichen Dienstbarkeiten am Anlagegut bzw. am Grundstück. Wird das aufgezinste Kapital, der Optionspreis, nicht zurückgeführt, so erhält der US-Trust neben den von den Endnutzern erzielten Einnahmen jährliche Zuzahlungen von der Kommune. Diese sichern ihm in Abhängigkeit von den Einnahmen der Endnutzer eine bestimmte Anlagerendite als Kapazitätspauschale. Sie ist über einen Zeitraum von mehr als 20 Jahren zu entrichten, und kann beispielsweise bei einem Transaktionsvolumen von 700 Millionen USD leicht einen Betrag von jährlich 100 Millionen USD überschreiten (Gemeinsame Verwaltungsvorschrift 2003: 18).

---

5 Sollten unzutreffende oder nicht eingehaltene Zusicherungen zu einer Vertragsverletzung führen, trägt die Kommune das Risiko einer US-steuerlichen Anerkennung der Transaktion.

3.2 Finanzierungsstrukturen

Die Finanzströme[6] einer CBL-Transaktion können mit Hilfe der Abbildung 3 nachvollzogen werden:

Abbildung 3: Aufbau- und Ablauforganisation einer CBL-Transaktion

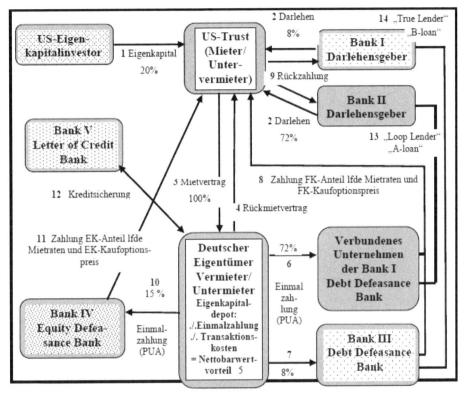

Erläuterungen: FK = Fremdkapital; EK = Eigenkapital.
Quelle: Kroll 2003: 108; eigene Ergänzungen.

- Ziffern 1 und 2: Für die Durchführung einer speziellen Transaktion gründet der US-Investor einen Trust, den er mit ca. 20 Prozent des Transaktionsvolumens als Eigenkapital und mit 80 Prozent aus Darlehensmitteln ausstattet.
- Ziffer 3: Der deutsche Eigentümer schließt mit dem Trust einen Mietvertrag über das Wirtschaftsgut. Dieser wird wirtschaftlicher Eigentümer an dem Anlagegut und zahlt im Gegenzug an die Kommune sämtliche Mietraten als Vorauszahlung.[7]
- Ziffer 4: Durch den zeitgleich mit dem Trust abgeschlossenen Rückmietvertrag wird der deutsche Eigentümer sowohl Vermieter als auch Untermieter.

---

6 Bei den hier angegebenen Prozentwerten handelt es sich um Erfahrungswerte.
7 Nach deutschem Recht bleibt der Hauptvermieter rechtlich und wirtschaftlich Eigentümer des Objekts. Durch seine zeitgleiche Rückmiete verbleibt es auch in der Verfügungsgewalt des Hauptvermieters.

- Ziffer 5: Die Mittel für die laufenden Mietraten der gesamten Laufzeit des Rückmietvertrages, für die Ausübung der Option und den Barwertvorteil bestreitet dieser aus der Vorauszahlung. Während der Barwertvorteil von etwa 5 Prozent bei dem Eigentümer zur Deckung der Transaktionskosten und als Überschuss verbleibt, werden die restlichen Vorauszahlungen an Bankinstitute – „Defeasance Banken" – oder Versicherungsunternehmen weitergeleitet (Bank I, III bzw. IV).
- Ziffern 6 und 7: Im Gegenzug verpflichten sich diese Institute im „Payment Undertaking Agreement" (PUA), alle Zahlungsverpflichtungen während der Laufzeit des Rückmietvertrages sukzessive zu leisten und ggf. den Optionspreis zu zahlen. Die Leistungen entsprechen dem Barwert der von den Banken I und III zu leistenden laufenden Zahlungen und ergeben etwa 84 Prozent des Mietzinses des Rückmietvertrages.
- Ziffern 8 und 9: Die Zahlungen aus dem PUA stimmen in Höhe und Fälligkeitsdatum mit den Darlehensverpflichtungen des US-Trusts überein und dienen diesem zur Bedienung seiner Verpflichtungen. Die Einmalzahlung aus 6 und 7 enthält einen Anteil, der nach Ablauf der Laufzeit des Rückmietvertrages den „Fremdkapitalanteil"[8] in Höhe von ca. 84 Prozent des Optionspreises bei Ausübung der Kaufoption finanziert. Wird die Option nicht ausgeübt, so erhält der deutsche Eigentümer den dem Optionspreis entsprechenden Betrag zurück.
- Ziffern 10 und 11: Eine weitere Einmalzahlung von ca. 15 Prozent des Mietzinses gegen Erfüllungsübernahme (PUA) erfolgt an eine „Equity Defeasance Bank". Diese Leistung enthält den „Eigenkapitalanteil" des Optionspreises in Höhe von ca. 15 Prozent. Diesem sog. Eigenkapitaldepot kommt eine besondere Bedeutung zu. Es sichert zum einen die Zahlung des Optionspreises am Ende der 30-jährigen Laufzeit und gilt zum anderen als Risikovorsorge bei einem Ausfall der Banken I und III.
- Ziffer 12: Der Grundsatz „Sicherheit geht vor Ertrag" findet sich in allen Gemeindeordnungen. Aus diesem Grund ist die Kommune verpflichtet, zur Kreditsicherung mit einem Bankinstitut ein Akkreditiv in Höhe des „Maximum Credit Support Payment Amount" zu stellen. Grund für diese Maßnahme könnte eine Herabsetzung der Kreditwürdigkeit[9] (Ratingverfall) der Bundesrepublik Deutschland oder des betreffenden Bundeslandes sein. Die dabei anfallenden Kosten, die sog. Avalprovision, sowie die Kosten des möglichen Austauschs der Akkreditiv-Bank durch Herabstufung ihres Ratings, trägt die Kommune.[10]
- Ziffern 13 und 14: Die US-Steuerbehörden verlangen, dass die Finanzströme des Fremdfinanzierungsanteils von etwa 85 Prozent des Transaktionsvolumens aus Risikogründen doppelgleisig anzulegen sind. So legt der deut-

---

8 Obwohl der Mietzins aus der Einmalzahlung des Trusts stammt, wird der Betrag in einen Fremd- und einen Eigenkapitalanteil aufgeteilt.
9 Es handelt sich dabei um die standardisierte Beurteilung des Ausfallrisikos bzw. die Wahrscheinlichkeit einer pünktlichen und vollständigen Begleichung von Schulden.
10 Ein Akkreditivbetrag von 400 Millionen USD verursacht bei einer Avalprovision von 0,20 Prozent jährliche Mehrkosten von 0,8 Millionen USD.

sche Partner das Geld für die komplette Rückführung der Kredite in zwei voneinander getrennten Kapitaldepots an: Das sog. A-Darlehen – „A-loan" – sichert ca. 72 Prozent des Transaktionsvolumens und erlaubt wirtschaftliche Verflechtungen zwischen Erfüllungsübernehmer und Darlehensgeber. Die Akteure sind zwei verschiedene Banken innerhalb eines Konzerns, sog. „Loop Lender". Das B-Darlehen, „B-loan", deckt die verbleibenden acht Prozent des Transaktionsvolumens ab. In diesem Fall sind Darlehensgeber und Erfüllungsübernehmer zwei voneinander getrennte Banken, sog. „True Lender". Dadurch verringert sich das Ausfallrisiko des Erfüllungsübernehmers für die Kommune. Andererseits sind die am Tag der Transaktion eingebrachten Fremdfinanzierungsbeträge deshalb gering, weil auf Bankenseite das Ausfallrisiko eines Kredits an eine Gebietskörperschaft unbedeutend ist.

4. Beurteilungskriterien für die Durchführung einer Transaktion aus kommunaler Sicht

4.1 Externe und interne Beratungskompetenz

Angesichts der Durchführungskosten einer CBL-Transaktion sind nur Wirtschaftsgüter interessant, deren Transaktionskostenvolumen die 100 Millionen USD-Grenze deutlich überschreitet. Nicht nur der beachtliche finanzielle Umfang, sondern auch die unterschiedlichen rechtlichen bzw. steuerrechtlichen Sichtweisen beider Vertragsseiten, die Auswahl der in Frage kommenden Investitionsgüter sowie die langen Vertragslaufzeiten machen eine sorgfältige und kompetente inhaltliche Beratung vor, während und nach der Transaktion unerlässlich (Ester/Knappe, a.a.O.).

Zunächst gilt es, die verschiedenen Komponenten eines solchen Geschäfts aufzulisten, zu bewerten und in ein schlüssiges Konzept zu bringen. Dabei handelt es sich unter anderem um:
- Bewertungsfragen des Objekts, etwa die Erlössituation,
- Verhandlungen mit dem US-Investor über Fremdfinanzierung und Zahlungsströme,
- rechtliche Aspekte wie die Eigentumssituation und die Anlagenauswahl,
- Vermeidung von Steuerrisiken sowie eventuell anfallende Umstrukturierungskosten während der Vertragslaufzeit.

Diese Aufgabe übernimmt ein sog. Arrangeur, von denen „in Deutschland nur ein halbes Dutzend am Markt sind" (Brune 2003: 18).

In einem weiteren Schritt gilt es, das vom Arrangeur vorgelegte Angebot situationsbezogen zu prüfen und über seine Annahme zu entscheiden. Zu klären sind z.B. Fragen, die die Übernahme von Aufgaben durch die einzelnen Vertragspartner, das Transaktionsvolumen, den Nettobarwert und Honorarangelegenheiten betreffen. Wie schon die Auswahl des Arrangeurs, sollte auch die Überprüfung durch ein Gremium erfolgen, das sich aus Ratsmitgliedern und Angehörigen der städtischen Verwaltung, der kommunalen Unternehmen, aber auch der örtlichen

Sparkasse zusammensetzen kann. Als vorteilhaft gilt die Einschaltung eines Beraterbüros mit der Aufgabe, den Auswahlprozess zu steuern und den Vollzug der Transaktion unterstützend zu begleiten. Als Kontrollinstanz gegenüber einem möglichen Interessendreieck von Arrangeur, Anwälten und finanzdienstleistenden Banken, das sich zum Schaden der Kommune auswirken könnte, ist die Inanspruchnahme einer gesonderten deutschen Anwaltskanzlei empfehlenswert. Diese hat die Verträge vorzubereiten, zu begleiten und mit den deutschen Behörden abzustimmen. Da die Verträge nach New Yorker Recht abgeschlossen werden, ist die Beschäftigung eines US-Anwalts unabdingbar, zumal abschließende Vertragsverhandlungen sowohl mit den Anwälten der US-Investoren als auch mit den entsprechenden Banken zu führen sind. Letztendlich sind Gutachter einzuschalten, die z.B. den Marktwert der Anlagen schätzen und sich mit weiteren Bewertungsfragen – etwa im Zusammenhang mit Umweltproblemen – befassen. Angesichts der Komplexität der Materie ist es nicht erstaunlich, dass z.B. bei einem Transaktionsvolumen von 250 Millionen Euro mit Beraterkosten in Höhe von etwa 7,5 Millionen Euro – also drei Prozent – zu rechnen ist (Brune 2003: 21).

4.2 Eigenkapitaldepot und Nettobarwertvorteil

Wie aufgezeigt, werden ca. 15 Prozent der vom US-Trust voraus gezahlten Mietraten auf einem Eigenkapitaldepot der Kommune hinterlegt. Darin enthalten sind die Rückzahlungsraten an den Trust über den bei Bank IV eingelegten und über die vereinbarte Laufzeit – z.B. 30 Jahre – verzinsten Teilbetrag. Abzüglich der entstehenden Transaktionskosten verbleibt der sog. Nettobarwertvorteil in Höhe von drei bis sechs Prozent des Transaktionsvolumens. Die mit der Bank IV ausgehandelten Anlagebedingungen und damit die Verzinsung bestimmen demnach sowohl den zu Beginn einzulegenden Betrag als auch den zu erreichenden Nettobarwertvorteil in erheblichem Maße.[11] Allerdings haftet die Kommune bei Ausfall der Bank und damit für die weitere Bedienung des Darlehens. Gemessen an der Laufzeit kann sich das Ausfallrisiko erheblich erhöhen, weshalb Maßnahmen zur Risikominimierung seitens der Gemeinde selbstverständlich sein sollten. Dazu zählen die Einschätzung der Bonität der in Frage kommenden Banken durch Ratingagenturen, eine Absicherung bei Ratingverschlechterungen sowie eine Anlage im Euro- und nicht im USD-Raum, um die Überwachung der Bank- und der Versicherungspartner zu erleichtern.

---

11 Anfangsvolumina des Eigenkapitaldepots schwanken – je nach Transaktion – zwischen 20 und mehr als 100 Millionen USD. Am Ende der Laufzeit ergeben sich Beträge von 100 bis über 600 Millionen USD (Brune 2003: 25).

5. Rahmenbedingungen nach deutschem Recht

5.1 Kommunales Aufsichtsrecht

Bei CBL-Transaktionen sind nach deutschem Verwaltungsrecht verschiedene Anforderungen zu erfüllen (Ester/Knappe a.a.O.). Diese gelten für einzelne Transaktionsbestandteile und nicht etwa für die gesamte Transaktion als kreditähnliches Rechtsgeschäft. Am Beispiel der Gemeindeordnung des Landes Nordrhein-Westfalen (GO NRW) soll aufgezeigt werden, welche Teile der Transaktion gegenüber der zuständigen Aufsichtsbehörde anzeige- bzw. genehmigungspflichtig sind.

- Gem. § 85 Abs. 4 GO NRW besteht eine Anzeigepflicht im Falle des Rückmietvertrages, da es sich hierbei um eine Zahlungsverpflichtung handelt, die wirtschaftlich eine Kreditverpflichtung darstellt und deshalb als ein kreditähnliches Rechtsgeschäft anzusehen ist. Diese Rechtsauffassung ist allerdings umstritten.
- Das Quellen- und Umsatzsteuerrisiko des Trusts und der übrigen Vertragsbeteiligten tragen die Kommunen. Falls Wertverbesserungen an den Anlagen zu steuerpflichtigen Einnahmen des Trusts führen, haben sie darüber hinaus die Steuern zu erstatten. Diese Freistellungs- und Schadensersatzverpflichtungen gelten als Verpflichtungen aus Gewährsvertrag und sind nach § 86 Abs. 2 GO NRW anzeigepflichtig.
- Die Verpflichtung, bei Eintritt bestimmter Ereignisse Sicherheiten zu gewähren, z.B. über ein Akkreditiv, gilt als Sicherheitenbestellung gem. § 85 Abs. 5 GO NRW und ist genehmigungspflichtig.
- Gem. § 86 Abs. 1 GO NRW gilt die Abtretung des Zahlungsanspruchs aus dem Schuldbeitritts- bzw. Erfüllungsübernahmevertrag zwischen der Kommune und der „Debt Defeasance-Bank" an die Darlehensgeber-Bank des US-Trusts (Grafik Ziffern 13 und 14) als Bestellung von Sicherheiten zugunsten Dritter und ist genehmigungspflichtig.
- Bei CBL-Geschäften handelt es sich um eine Vermietung von Anlagen, für deren Benutzung Gebühren zu entrichten sind. Daraus ergibt sich die Frage, ob der Nettobarwertvorteil in den allgemeinen kommunalen Haushalt oder in den Gebührenhaushalt einzustellen ist. Bisher liegt dazu keine höchstrichterliche Entscheidung vor, obwohl Klagen betroffener Bürger gegen die an sie gerichteten Gebührenbescheide anhängig sind (Deutscher Städte- und Gemeindebund 2003: 12ff.). Im Bundesland Sachsen gilt vorbehaltlich einer endgültigen Entscheidung die folgende Regelung:

„Der Barwertvorteil ist mindestens zur Hälfte zweckgebunden in eine Rücklage einzustellen oder alternativ zur außerplanmäßigen Schuldentilgung zu verwenden. Der verbleibende Teil des Barwertvorteils darf nur für Investitionen i.S.v. Nr. 15 der Anlage zur Kommunalen Haushaltsverordnung verwendet werden. Die Zinsersparnis im Fall einer Schuldentilgung ist über den gesamten Zeitraum der Transaktion zweckgebunden einer Rücklage zuzuführen" (Gemeinsame Verwaltungsvorschrift 2003: 13).

Diese harten Verwendungsauflagen machen Sinn, zumal im Regelfall davon auszugehen ist, dass der Nettobarwertvorteil im Jahr der Einnahme ausgegeben wird und die möglicherweise aus der Transaktion noch zu erwartenden Risiken ohne Rückstellung in die Zukunft verschoben werden.

5.2 Vergaberecht

Spätestens in der Phase der konkreten Anbahnung eines CBL-Geschäfts muss entschieden werden, ob oder welche Teile der Transaktion gemäß den Regelungen des Vergaberechts für öffentliche Aufträge EU-weit auszuschreiben sind. Auch in diesem Fall liegt eine höchstrichterliche Entscheidung bisher nicht vor. In der Literatur wird der Sachverhalt unterschiedlich beurteilt (Deutscher Städte- und Gemeindebund 2003: 10). Angesichts der Rechtsunsicherheit müssen die folgenden Empfehlungen genügen.

Im Rahmenvertrag der Transaktion verpflichtet sich die Kommune zur Einhaltung aller einschlägigen deutschen Rechtsnormen sowie zur Sicherstellung der Wirksamkeit der Verträge. Aus diesem Grund ist bei der Ausschreibung der Investorleistung – Abschluss beider Mietverträge bzw. Bereitstellung des Trusts und des Eigenkapitals – die Durchführung eines europaweiten Verhandlungsverfahrens mit vorgeschalteter öffentlicher Vergabebekanntmachung angezeigt. Dieses Verfahren stellt eine Begrenzung des Wettbewerbs dar, weshalb der Grund für diese Entscheidung ausdrücklich vom Auftraggeber in einem Vergabevermerk benannt werden muss.

Für die Ausschreibung der Leistungen der „Defeasance-Banken" und der Arrangeurleistung empfiehlt sich aus den oben angeführten Gründen ebenfalls ein europaweites Verfahren.

5.3 Fördermittelrecht

Großprojekte der Kommunen werden häufig staatlich gefördert. In diesem Fall erhalten die Gemeinden von den Ländern einen Zuwendungsbescheid mit einer zeitlich befristeten Zweckbindungsklausel. Soweit für das in eine CBL-Transaktion einzubeziehende Anlagevermögen Fördermittel beansprucht worden sind oder geplant ist, diese in Anspruch zu nehmen, stellt sich die Frage, ob die Fördermittelgeber – gegebenenfalls anteilig – ihre Zuwendungen aus dem Nettobarwertvorteil der Kommune zurückfordern können. Erfolgt die Einnahme des Nettobarwertvorteils nach Ablauf der Zweckbindungsfrist, so ist diese unwirksam. Allerdings könnten Rückforderungen von Seiten des Landes geltend gemacht werden, sollten die Mittel vor Ablauf dieser Frist fließen. In diesem Fall könnte ihre Höhe allerdings erst nach dem Ende des Rückmietvertrages festgestellt werden, da Schadensersatzansprüche von amerikanischer Seite erst ab diesem Zeitpunkt nicht mehr zu erwarten sind (Pschera u.a. 2002: 210f.). Obwohl eine Rechtsentscheidung noch aussteht (Deutscher Städte- und Gemeindebund 2003: 12), sollten sich die Kommunen in jedem Fall vom Fördermittelgeber die Fördermittelun-

schädlichkeit der beabsichtigten Transaktion schriftlich bestätigen lassen, um die
Gefahr von Zuwendungsrückforderungen auszuschalten.

6. Risikoanalyse

CLB-Geschäfte schienen bis 2004 für deutsche Kommunen durchaus attraktiv zu
sein. Allein seit 1999 wurden rund 150 Transaktionen von deutschen Kommunen, Stadtwerken und Zweckverbänden abgeschlossen (Thomas 2005: 37). Die
Deutsche Bank AG hat laut Referenzliste seit 1996 deutsche Anlagen im Wert
von über 9,7 Milliarden USD vermittelt (Aghte 2003). Andere Schätzungen ergeben, dass deutsche Städte zwischen 1995 und 2004 insgesamt einen Barwertvorteil von ca. 1 Milliarde Euro erzielt haben.[12] Größe, Internationalität sowie
Laufzeiten solcher Finanztransaktionen und auftretende globale Finanzkrisen sind
naturgemäß ohne Risiken nicht denkbar. Sie können sich etwa aus der Vertragsgestaltung selbst[13] aus nachträglich eintretenden Änderungen der Rechtslage oder
aus den vermieteten Anlagen ergeben. Nachfolgend soll auf fünf Risikobereiche
eingegangen werden, die als repräsentativ für die gegenwärtige Diskussion in der
Literatur und in den Medien gelten können.

6.1 Transaktionskostenrisiko

Ist eine Transaktion angebahnt und scheitert vor Vertragsabschluss, so können
durch die Tätigkeit von Gutachtern und Beratern bereits erhebliche Kosten entstanden sein. Üblicherweise ist eine Kostenübernahme durch den Arrangeur vertraglich geregelt oder für die Kommune kostenfrei versichert. Dennoch kann der
vertraglich geregelte Umfang der Absicherung von entscheidender Bedeutung
sein. So sollte sich z.B. die Kommune ein Ausstiegsrecht aus dem Arrangeursvertrag vorbehalten, wenn der Nettobarwertvorteil einen vertraglich festgesetzten
Mindestwert unterschreitet, sich Änderungen maßgeblicher Gesetze abzeichnen
oder technische Probleme in der zu vermietenden Anlage auftreten. Weiterhin ist
nicht auszuschließen, dass sich wegen der Länge der Verhandlungen Wechselkurs- oder Zinsentwicklungen ergeben können, die aus der Sicht der Kommune
die angestrebte Rentabilität des Barwertvorteils so schmälern, dass eine Transaktion nicht mehr verantwortet werden kann. Auch für diesen Fall ist mit dem Arrangeur eine Risikovorsorge zu treffen. Auch wenn dem jeweiligen kommunalen Hauptorgan – Gemeinderat, Kreistag bzw. Verbandsversammlung – als Entscheider alle bekannten, erkennbaren und prognostizierbaren Auswirkungen einer
CLB-Transaktion dargelegt worden sind, sollte die grundsätzliche kommunalpolitische Durchsetzbarkeit des CLB-Geschäfts im Gemeinderat bis zum Vertragsabschluss stets gesichert sein. Das Risiko einer nicht erreichbaren Mehrheit im Vor-

---

12 http://de.wikipedia.org/wiki/Cross-Border-Leasing, abgerufen am 13.8.2005.
13 Die Verträge enthielten i.d.R. eine strafbewehrte Geheimhaltungsklausel gegen eine
   Weitergabe von Vertragsinhalten an Dritte, also z.B. auch an Mitglieder der politischen
   Gremien der betreffenden Kommune.

feld ist in der Regel mit erheblichen Kosten verbunden. Auch diese Risikokosten können – wenn auch um den Preis einer höheren Prämie – von dem Arrangeur übernommen werden.

6.2 Allgemeines Steuerrechtsänderungsrisiko

Das allgemeine Steuerrechtsänderungsrisiko ist bei Verträgen, die vor dem 12. März 2004 abgeschlossen worden sind, bisher wie folgt verteilt: Treten angestrebte steuerliche Vorteile nach US-Steuerrecht nicht oder nicht in dem erwarteten Umfang ein, so trägt der US-Trust dafür das Risiko. Dieses gilt auch für den Fall, dass zukünftige Änderungen im US-Steuerrecht für ihn nachteilig sind. Steuerrechtsänderungen in Deutschland könnten sich hauptsächlich auf die langfristig angelegten Rückzahlungsströme auswirken. Insofern trägt die deutsche Kommune ein Steuerrisiko nach Vertragsabschluss. Für den Fall einer zu hohen Belastung durch eine nicht zu umgehende und damit nicht abzuwendende Besteuerung hat sie ein vertraglich gesichertes Ausstiegsrecht. Sie kann demnach die Transaktion beenden. Dennoch trägt sie letztlich ein unvermindertes Steuerrisiko, da sie in diesem Fall dem US-Trust Schadensersatz in Höhe seiner entgangenen Steuervorteile zu leisten hat.

Wie dargelegt, entfiel mit dem „American Jobs Creation Act of 2004" die steuerliche Begünstigung von CBL ab dem 12. März 2004 und damit die Attraktivität dieses Steuersparmodells sowohl für die US-Investoren als auch für deutsche Kommunen. Es stellt sich nun die Frage, ob die vor dem 12. März 2004 abgeschlossenen Leasing-Verträge noch nach US-Steuerrecht anerkannt werden und Bestandsschutz genießen oder durch die US-Steuerbehörde überprüft werden und möglicherweise deutsche Kommunen haftbar gemacht werden können. Immerhin hat die oberste Steuerbehörde der USA – „Internal Revenue Service" (IRS) – festgelegt, dass die bisherigen Leasingtransaktionen grundsätzlich als missbräuchliche Steuerumgehung anzusehen sind, weil die Sonderabschreibungen nur für echte Auslandsinvestitionen und nicht für reine Finanztransaktionen wie bei CBL gedacht waren. Dieses würde, anders als in der Gesetzgebung von 2004, für alle Altverträge gelten.[14] Offen ist, wie die US-Investoren diesen Tatbestand werten und welche Folgen die neue Rechtslage möglicherweise für die deutschen Kommunen haben wird.

6.3 Quellensteuerrisiko

Im Gegensatz etwa zur Einkommensteuer erfolgt bei der Quellensteuer der Abzug bei der Einkunftsquelle. Nach bestehender Rechtslage wird bei CBL-Transaktionen während ihrer Dauer eine Quellenbesteuerung vermieden. Zum einen enthalten die einzelnen Zahlungen keinen Zinsanteil, zum anderen verhindert ein Doppelbesteuerungsabkommen, dass die Darlehensrückzahlung des US-Trusts an

---

14 http://www.irs.gov/businesses/article/0,,id=140247,00.html, abgerufen am 13.09.2005.

seine Gläubigerbanken (Bank I und II) durch diese Steuer belastet wird. Dennoch verpflichten sich bei Vertragsabschluss die Kommunen regelmäßig, für das Quellensteuerrisiko des US-Trusts und der übrigen Vertragsbeteiligten, für Mieten aus dem Hauptmietvertrag sowie für Zahlungen an die darlehensgebende Bank, zu haften. Sollten darüber hinaus Wertverbesserungen an den Anlagen zu steuerpflichtigen Einnahmen des Trusts führen, so haben sie auch dafür die Steuern zu erstatten (Güpner 2004: 8).

Bestrebungen der USA, das Doppelbesteuerungsabkommen in dieser Hinsicht zu ändern, sind nicht erkennbar. Allerdings können sie wegen der langen Transaktionsdauer auch nicht völlig ausgeschlossen werden. Weiterhin ist die Möglichkeit einer nachträglichen Einführung einer Quellensteuer für Mietzinsraten des Rückmietvertrages durch den deutschen Gesetzgeber nicht auszuschließen. Nach den in der Literatur vertretenen Positionen (Kroll 2003: 111; Deutscher Städte- und Gemeindebund 2003: 6 sowie dort angegebene Literatur; Gemeinsame Verwaltungsvorschrift 2003: 12f.) hängt die Frage, ob das Doppelbesteuerungsabkommen dem entgegenstehen könnte, von zwei unterschiedlichen Sichtweisen ab: Werden formal nur der Rückmietvertrag und die Mieteinkünfte betrachtet, so könnte eine Besteuerung durch den deutschen Gesetzgeber durchaus möglich sein. Erfolgt dagegen eine Gesamtbetrachtung der Transaktion nach Sinn und Zweck, so ließe sich diese als Finanzierungsleasing bezeichnen. Die USA als Ansässigkeitsstaat des Trusts hätten danach die alleinige Besteuerungskompetenz. Damit ist das Quellensteuerrisiko nicht auszuschließen.

6.4 Finanzierungsrisiken

Risiken dieser Art beziehen sich z.B. auf mögliche Bonitätsprobleme bzw. Insolvenzen der beteiligten Akteure, Herabstufungen des Ratings sowie Währungs- und Zinsänderungsrisiken.

Negative Auswirkungen bei einer Insolvenz des US-Eigenkapitalinvestors auf die deutsche Kommune können durch die Zwischenschaltung eines unwiderruflichen Trusts – „Bankrupticy Remote" – vermieden werden. Nach amerikanischem Recht hat ein Insolvenzverwalter keinen Zugriff auf den Trust oder sein Vermögen.

Die Geschäftstätigkeit des US-Trusts ist auf die Durchführung einer bestimmten Transaktion beschränkt („single-purpose-trust"). Damit werden weitere verlustreiche Rechtsgeschäfte unmöglich. Ist allerdings die Transaktion fehlerhaft angelegt oder treffen ihn zusätzliche steuerliche Belastungen etwa aus US-Steuerrechtsänderungen, so kann eine Insolvenz nicht ausgeschlossen werden. Sollte in diesem Fall der Insolvenzverwalter den Hauptmietvertrag vorzeitig beenden, würde die Kommune alleinige Besitzerin der Anlage werden. Sollte lediglich der Rückmietvertrag beendet werden, ist die Kommune nach US-amerikanischem Recht so lange Besitzerin, wie sie ihre Verpflichtungen aus dem Mietvertrag erfüllt (Sester 2003: 9). Wird dem deutschen Eigentümer ein Pfandrecht auf sämtliche Ansprüche des US-Trusts aus dem Hauptmietvertrag eingeräumt, so wird er im Falle einer Insolvenz des Trusts dennoch bevorzugt behandelt. Zwar ist der Bank, die das Darlehen zugunsten des US-Trusts finanziert, ein vorrangiges Pfandrecht eingeräumt worden, doch sind die Ansprüche der Bank durch die „Defeasance"-Struktur gesichert. Damit ist eine Ausübung dieses Rechts ausgeschlossen (Link 2004: 16).

Nach heutigem Marktstandard der Transaktionsverträge verpflichten sich die Kommunen gegenüber den erfüllungsübernehmenden Banken (Grafik: Bank I, III, IV) zur Kostentragung, falls sich die Vorschriften für die Eigenkapitalunterlegung nachteilig ändern oder sich ihr Status entsprechend verändert, z.B. bei Insolvenz. Die Erfüllungsübernahmeverträge zwischen den „Defeasance-Banken" und der Kommune sind also für letztere nicht schuldbefreiend, d.h. die Gemeinde müsste bei Ausfall einer Bank deren noch ausstehende Zahlungen erbringen. Dieses ist kein unerhebliches Risiko, es kann aber durch die Auswahl von Finanzinstituten mit erstklassigem Rating begrenzt werden. Zudem kann die Kommune die betroffene Bank wechseln, wenn nach Vertragsabschluss eine vertraglich vereinbarte Ratinglinie unterschritten wird. Sollte diese Linie erneut unterschritten werden, ist die Kommune zum Wechsel verpflichtet, wobei die Kommune die entstehenden Kosten zu tragen hat. Dabei können ein verändertes Zinsniveau oder ungünstige Wechselkurse die Kosten nicht unerheblich erhöhen.

Für den Fall einer Ratingabstufung der Bundesrepublik Deutschland[15] unter einen bestimmten Wert ist eine Abtretung der Rechte aus dem Eigenkapitaldepot der Kommune an den Trust vertraglich vereinbart. Sollte das Depot zum Abtretungszeitpunkt ungünstig bewertet werden, hat die Kommune den Wertverlust auszugleichen. Zusätzlich wird eine beschränkte persönliche Dienstbarkeit, die die weitere Nutzung der Anlage entsprechend den Mietverträgen regelt, zugunsten des Trusts in das Grundbuch eingetragen. Die notwendige Bewilligungserklärung des Eigentümers, z.B. der Kommune, ist bereits bei Vertragsabschluss unwiderruflich zu erteilen und einem Treuhänder zu übergeben. In diesem Zusammenhang können auch die schon erwähnten Bankakkreditive eine Sicherungsfunktion übernehmen.

Zudem verpflichtet die US-amerikanische Seite die Kommune vertraglich für den Fall des Eintritts weiterer Ereignisse – z.B. Insolvenzfähigkeit der Gemeinden durch Rechtsänderung oder Betriebsführung der Anlage durch Dritte – dem dann erhöhten Sicherungsbedarf durch die Stellung zusätzlicher Sicherheiten zu genügen. Diese können ein Bank-Akkreditiv, eine Dienstbarkeitsbestellung oder der Erwerb US-amerikanischer Staatsschuldpapiere sein (Deutscher Städte- und Gemeindebund 2003: 7).

Mögliche Währungs- und Zinsänderungsrisiken für die Kommune bestehen im Grunde nur während der mehrmonatigen Vertragsanbahnungsphase. Eine Aufgabe des Arrangeurs besteht in der Optimierung der Transaktionsstruktur, indem er die zu zahlenden Beträge an sich ergebende Änderungen anpasst, da diese die Höhe des erzielbaren Nettobarwertvorteils beeinflussen. Nach Vertragsabschluss

---

15 Die Wahrscheinlichkeit ist grundsätzlich als gering anzusehen, sollte aber angesichts der langen Vertragslaufzeiten nicht unberücksichtigt bleiben. So sind z.B. 2003 durch die Rating-Agentur Standard & Poor's das Land Hessen auf die zweitbeste und das Land NRW auf die drittbeste Kreditwürdigkeitsnote herabgestuft worden (Deutscher Städte- und Gemeindebund 2003: 7).

eintretende Wechselkursänderungen bzw. Zinsschwankungen liegen, wie erläutert, im Risikobereich der „Defeasance-Banken" und des US-Trusts.

6.5 Leistungsstörungsrisiko

Das US-amerikanische Recht kennt keine ergänzende Vertragsauslegung unter Rückgriff auf allgemein geltendes Recht. Deshalb sollten in CBL-Verträgen die Möglichkeiten von Vertragsstörungen und ihre Konsequenzen detailliert erfasst werden. Im Fall von erheblichen Leistungsstörungen hat der US-Trust nach Sester (2003: 5) zwei Wahlmöglichkeiten: Durch die Kündigung des Rückmietvertrages endet auch das Nutzungsrecht der Kommune. Damit könnte er sein Nutzungsrecht aus dem Hauptmietvertrag in Anspruch nehmen und zusätzlich zum Ausgleich seiner Verluste Schadensersatz von der Kommune fordern. Allerdings erscheint die Realisierung dieser Variante unwahrscheinlich, denn die Interessen des Trusts bestehen primär nicht an der Anlage selbst sondern an der Erzielung von Steuervorteilen. Deshalb wird der Trust eher die Kommune auffordern, ihm seine Rechte aus dem Hauptmietvertrag gegen Zahlung des sog. „Termination Value" abzukaufen. Dabei handelt es sich um einen pauschalierten Schadensersatzanspruch, der sich aus den noch zu zahlenden Mietraten plus Zinsen und einem die Rendite der Eigenkapitalgeber nach Steuern umfassenden Betrag zusammensetzt. Je nach bisher abgelaufener störungsfreier Vertragslaufzeit des Untermietvertrages kann dieser Betrag als Maximalwert ca. 20 Prozent des Transaktionsvolumens ausmachen. Nach zwei Dritteln der Laufzeit entspricht er immerhin in seiner Höhe noch ungefähr dem Barwertvorteil (Smeets u.a. 2003: 1061).

Nach Sester (2003: 5) können drei Arten von Leistungsstörungen Reaktionen des US-Trusts auslösen: Pflichtverletzungen der Gemeinde („Events of Default"), Beschädigung oder Untergang der vermieteten Anlage („Events of Loss") und eine Inanspruchnahme des Ausstiegsrecht der Kommune wegen zu hoher wirtschaftlicher Belastung („Burdensome Buyout").

Zur ersten Gruppe zählt vor allem ein Leistungsverzug. Dieser ist allerdings unwahrscheinlich, da die Zahlungsvorgänge mit den Verträgen den „Defeasance-Banken" übertragen worden sind. Eine Bankinsolvenz verbleibt jedoch als erhebliches Restrisiko. Weiterhin sind der sorgsame Umgang mit der Anlage sowie ihr zugesicherter Zustand Vertragsgegenstände. Auch in diesen Bereichen sind Pflichtverletzungen der Gemeinde nicht auszuschließen.

Fälle der Beschädigung oder Zerstörung[16] der vermieteten Anlage fallen in die zweite Gruppe. Hier muss die Kommune in jedem Fall garantieren, dass die

---

16 Wird die Anlage repariert oder wiedererrichtet, so sollte schon bei Vertragsabschluss die Möglichkeit eines Wiederaufbaus in „angepasster" Größenordnung – Bevölkerungsrückgang, veränderte Wirtschaftsstrukturen – vorgesehen werden, da bei CBL-Verträgen der Grundsatz gilt, dass die neu errichtete Anlage die gleiche Dimensionierung wie vor ihrer Zerstörung hat. Erfolgt keine Wiederherstellung, wird der Vertrag mit einer Zahlung des „Termination Value" beendet.

Anlage aus US-Sicht als abschreibungsfähiges Wirtschaftsgut weiterhin existiert, d.h.

> „... die Anlage muss in räumlicher bzw. quantitativer Hinsicht zum Vertragsende aus den gleichen Elementen bestehen wie zu Vertragsbeginn" (Deutscher Städte- und Gemeindebund 2003: 8).

Diese Verpflichtung erfordert von Seiten der Kommune eine umsichtige Vertragsgestaltung hinsichtlich aller denkbaren Problemfälle und absehbaren Zukunftsgestaltungen der Anlage. Dazu zählen u.a. der Wiederaufbau- und ein Ersetzungsrecht der Kommune, ein Rückbau, Betriebsunterbrechungen, Stilllegungen oder ein Standortwechsel. Sollte eine Werterhöhung der Anlage etwa durch behördliche Auflagen oder betriebswirtschaftliche Entscheidungen zu steuerpflichtigen Mehreinnahmen und damit zu steuerlichen Nachteilen des US-Trusts führen, ist eine Ausgleichspflicht der Kommune nicht auszuschließen.

Sollten z.B. durch nachträgliche Besteuerung schwerwiegende wirtschaftliche Nachteile auftreten, die die Rentabilität der Transaktion gefährden, so kann die Kommune den Vertrag gegen Zahlung des „Termination Value" beenden – dies wird dann als „Burdensome Buyout" bezeichnet.

Letztendlich ist noch auf sog. kumulierte Risiken hinzuweisen. Beim Abschluss mehrerer Transaktionen können sich bei einer Risikorealisierung Gefahren für die dauerhafte Leistungsfähigkeit der betreffenden Kommune ergeben. Dieses gilt insbesondere bei Steuer- bzw. Rechtsänderungen oder für einen Ratingverfall. Betroffen wären dann alle Verträge, die vergleichbare Regelungen enthalten.

7. Die Finanzmarktkrise und die Brüchigkeit der Verträge

„Wenn wir aus diesem Geschäft wieder aussteigen, wird's richtig teuer."
Damaliger Mannheimer Oberbürgermeister Gerhard Widder im Jahr 2003 über ein Leasinggeschäft mit den Abwasserkanälen (Stuttgarter Zeitung v. 25.10.2008).

Im Verlauf der Finanzkrise gerieten etliche Investoren, Banken, Versicherungen und Trusts ins Straucheln so z.B. Lehmann Brothers, Washington Mutual und der US-Versicherungskonzern AIG. Nicht nur Letztgenannter hatte viele CBL-Geschäfte versichert. Er meldete im September 2008 knapp 100 Milliarden US-$ Verlust. Über Nacht sanken die AIG-Ratings und das hochkomplexe Räderwerk der Verträge entfaltete seine inhärente Eigendynamik zu Lasten der deutschen Vertragspartner, die die Verträge nicht oder nur auszugsweise gelesen geschweige denn verstanden hatten. Viele Kommunen sehen sich nun Zahlungsverpflichtungen gegenüber, deren Höhe häufig den seinerzeit kassierten Barwertvorteil um ein Mehrfaches übersteigt (Kirbach, a.a.O). Wie konnte es dazu kommen?
- Wie oben ausgeführt, wurde spätestens 2008 klar, dass die von den US-Investoren erlangten Steuervorteile rechtswidrig waren, da der Eigentümerwechsel

der Objekte nur vorgetäuscht wurde und somit die normalen unternehmerischen Risiken nicht mit übertragen werden konnten.
- Kenner der Verträge (Roberts 2009, Rügemer 2009) kommen zu dem Ergebnis, dass das wahre Interesse der Investoren nicht am klassischen Leasinggeschäft lag. Vielmehr sei es ihnen um den Handel mit Kreditrisiken gegangen, zumal auch die Absicherung solcher Geschäfte stets den Kommunen oblag.
- Vertraglich verpflichteten sich die Kommunen ausnahmslos alle mit dem Geschäft verbundenen Zahlungsströme zu garantieren bzw. abzusichern (Mietzahlungen, Rückkaufpreis, angebliche Steuervorteile der Investoren, Anwälte, Berater, Arrangeure usw.). Die Fälligkeit tritt ein, wenn die regulären Zahlungen erheblich gestört werden.
- „Das Risiko der Kommune wird bereits beim Abschluss minutiös festgelegt. Im Vertrag stehen für jeden Monat während der gesamten Laufzeit Tabellen mit Aufhebungsverträgen, sogenannten ‚Termination Values'" (Roberts, a.a.O.).
- Abgesehen vom Barwertvorteil übernehmen die Kommunen gleichzeitig ein hohes Risiko. „Denn von dem Kaufpreis bleibt ihnen fast nichts mehr übrig. Das Geld fließt als angebliche Gebühr an diverse Banken. Es bedeutet nicht, dass die Bank treuhänderisch dieses Geld für die Kommune auf einem Konto verwaltet. Das Geld ist weg" (Roberts).
- Danach hat die Kommune lediglich den vertraglichen Anspruch, dass die Zahlungsflüsse (Mietzahlungen, Rückkaufpreis) durch die Bank getätigt werden. Jedoch ist sie gegenüber den Investoren verpflichtet, die gesamten Zahlungen zu leisten.
- Nach den Verträgen werden die Banken, die die Zahlungen durchführen, von der Kommune besichert. Der Fall der AIG (Ratingabsenkung!) zwingt die Kommune demnach zu einer weiteren Absicherung der Zahlungsströme.
- Jede Absicherung hat auf den Finanzmärkten einen Wert. „…was ich abgesichert habe, kann ich in einem Hedgeportfolio als Sicherheit für eigene anderweitige Geschäfte verwenden. Außerdem verdiene ich an den Credit Events (Störungen des geregelten Zahlungsverkehrs im CBL, der Verf.) – also Abstufungen der Kreditwürdigkeit bei den Referenzunternehmen – weil ich dann die ‚Versicherungsleistung' der Kommune kassiere" (Roberts).
- Der Eintritt von Credit Events liegt demnach im Interesse des Investors, weil er so erhoffte Gewinne Jahre vor Fälligkeit erhält. Um diese „Gewinne" zu maximieren, schließt er wiederholt (Rückkaufpflicht der Kommune i.d.R. 25 Jahre) negative Wetten auf das gesamte CBL-Geschäft ab. Die Wirkungsweise dieser Geschäfte ist durchaus mit der der berüchtigten Credit Default Swaps (CDS) zu vergleichen. Sie ermöglichen eine Trennung des Kreditrisikos (dieses trägt bei CBL-Verträgen bekanntlich die Kommune) von der zu Grunde liegenden Kreditbeziehung und damit den separaten Handel dieses Risikos.[17] Grundsätzlich sind Geschäfte dieser Art nicht verwerflich. Aller-

---

17 Anschauliche Beispiele für die tatsächlichen und noch zu erwartenden Kosten aus den CBL-Verpflichtungen für die Kommunen finden sich in: Stuttgarter Zeitung, DIE ZEIT, a.a.O. sowie im Internet unter dem entsprechenden Suchbegriff.

dings haben Städte und Gemeinden Geschäfte mit hohen Finanzrisiken abgeschlossen, deren Komplexität sie nicht kannten oder nicht verstanden haben.
- Sollte sich erweisen, dass die getätigten Geschäfte auf Täuschung beruhen (ein Produkt wurde als etwas verkauft, was es gar nicht ist), so könnten die Verträge angefochten werden. Sie wären dann unwirksam. Die Kommunen sollten dann erwägen, die Vertragpartner in Haftung zu nehmen. Da die Verträge vor längerer Zeit abgeschlossen worden sind, stellt sich allerdings die Frage nach ihrer Verjährung (Roberts, a.a.O.).

Es gibt durchaus Kommunen, die der Verlockung des schnellen Geldes widerstanden. „Trost" für die Verantwortlichen der Wasserverbände in Baden-Württemberg, die umfangreiche CBL-Transaktionen mit erheblichen Folgekosten für den Steuerzahler abgeschlossen haben, spendete eine Stuttgarter Staatsanwältin. Bürger hatten die Verantwortlichen für diese Transaktionen bei der Staatsanwaltschaft Stuttgart auf Verdacht der Untreue angezeigt. Die Staatsanwältin sah kein pflichtwidriges Verhalten der Verantwortlichen. Sie argumentierte in ihrer Einstellungsverfügung, dass bei CBL-Verträgen es „weniger um ein offen erkennbares und bewusst eingegangenes Risiko als vielmehr im Vertragswerk versteckte, bei bestimmten Eventualitäten sich realisierende Risiken" gehe. Der Vorwurf, pflichtwidrig gehandelt zu haben, so die Staatsanwältin, sei „angesichts der Außergewöhnlichkeit der aktuellen Finanzkrise (…) nicht haltbar" (Kirbach, a.a.O.). Die Frage sei erlaubt: Seit wann schützen Leichtfertigkeit bzw. Inkompetenz vor Strafe? Darüber hinaus gilt die Feststellung: Intergeneratives, also nachhaltiges Denken und Handeln, ist nicht die Stärke politischer Akteure, aber leider auch nicht die des Wahlvolkes! Für die Folgen der CBL-Geschäfte sind weder das System, die Gier, die Märkte oder die „Außergewöhnlichkeit der aktuellen Finanzkrise" verantwortlich. Primär sind es die entsprechenden Akteure, die die möglichen Folgen ihres Handelns in der jeweiligen Entscheidungssituation ausblenden. Sie versagen verantwortungsethisch.

Literatur

Aghte, T. (2003). *Millionenträchtige Grenzgänger*, in: Kölner Stadtanzeiger vom 1. September.
Brune, R. (2003). *US Cross-Border Lease: Ein modernes Finanzierungsinstrument mit Risiken,* SGK-Argumente Nr. 17, Düsseldorf.
Deutscher Städte- und Gemeindebund (2003). *Cross-Border-Leasing. Ein Weg mit Risiken*. Dokumentation Nr. 43, Berlin.
Ester, T., Knappe, J. (2009). *Cross Border Leasing: Die Haftung der Berater*, Sonderdruck aus der Gemeindehaushalt 6.
Gemeinsame Verwaltungsvorschrift (2003) des Sächsischen Staatsministeriums des Innern und des Sächsischen Staatsministeriums der Finanzen zur kommunalwirtschaftlichen und rechtsaufsichtlichen Beurteilung von Cross-Border-Leasing-Transaktionen (VwV CBL) vom 26. August, Az. 23b-2252.60/17.

Güpner, R. (2004). *Cross Border Leasing-Transaktionen – Chancen und Probleme aus der Sicht des Deutschen Städte- und Gemeindebundes,* in: Werkstattgespräch der SPD-Fraktion.

Kirbach, R. (2009). *Die Rathauszocker*, in: DIE ZEIT Nr. 30, v. 16.7., Seite 13f.

Ders. (2009). *Für dumm verkauft*, in: DIE ZEIT Nr. 12, v. 12.3., S. 17f.

Kroll, M. (2003). *Leasing-Handbuch für die öffentliche Hand*, Lichtenfels.

Link, T. (2004). *US-Cross Border Lease Transaktionen – Eine Einführung*, in: Werkstattgespräch der SPD-Fraktion 2004: Cross Border Leasing – Risiken und Chancen einer transnationalen Finanzierungsform für Kommunen, in: Fraktion der SPD des Deutschen Bundestages (Hrsg.): Dokumente Nr. 03/04, Berlin.

Messner, W. (2008). *Wasserversorger drohen hohe Verluste*, in: Stuttgarter Zeitung v. 16.10., S. 6.

Ders. (2008). *Verluste aus Cross-Border-Leasing*, in: Stuttgarter Zeitung v. 12.11., S. 7.

Ders. (2008). *Trinkwasser ist zu wichtig, um es Risiken zu unterziehen*, in: Stuttgarter Zeitung v. 14.12., S. 6.

Ders. (2008). *Cross-Border-Leasing: Kommunen drohen neue Verluste*, in: Stuttgarter Zeitung v. 23.12., S. 6.

Pschera, T. & Hödl-Adick, M. (2002). *Rückforderung staatlicher Zuwendungen als Folge von US-Cross-Border-leasing-Transaktionen?*, in: Kommunale Steuer-Zeitschrift, H. 2, 210, 213.

Redaktion Stuttgarter Zeitung (2008). *Nur wenige Kommunen gestehen die Risiken ein*, 25.10., S. 6.

Roberts, J. (2009). *Das Wasserwerk als Sicherheit für Spekulanten*, in: Stuttgarter Zeitung v. 3.1., S. 7.

Rügemer, W. (2005). *Cross Border Leasing. Ein Lehrstück zur globalen Enteignung der Städte,* Münster, 2.A. vergriffen.

Ders. (2009). *Cross Border Leasing oder wie die Gemeinden ihre Infrastruktur in den Sand setzten.* Vortrag am 21.7. in Linz.

Sester, P. (2003). *Tatbestand und rechtliche Struktur des Cross-Border-Leasings*, in: Zeitschrift für Bankrecht und Bankwirtschaft, Sonderdruck vom 15. April.

Smeets, P. & Schwarz, H. & Sander, D. (2003). *Ausgewählte Risiken und Probleme bei US-Leasingfinanzierungen,* in: Neue Zeitschrift für Verwaltungsrecht, H. 9, 1061.

Städte- und Gemeindebund Nordrhein-Westfalen (2005). *Cross-Border-Leasing entfällt*, in: Mitteilungen, 58. Jg., Nr. 2, Düsseldorf.

Städte- und Gemeindebund Nordrhein-Westfalen (2005). *Cross-Border-Leasing*, in: Mitteilungen, 58. Jg., Nr. 9, Düsseldorf.

Thomas, E. (2005). *Finanzartisten ohne Netz*, in: DIE ZEIT vom 24. Februar, 37.

Walther Keim
Keiner lebt für sich allein.
Körpersprache und Kommunikation in der Gemeinde

> *Es gibt nichts so Feines, Einfaches, kaum Fassbares
> in unserem Wesen, was sich nicht
> in unserem Verhalten verriete.
> Ein Tor tritt anders zur Tür herein, geht anders hinaus,
> setzt sich anders nieder, steht anders auf,
> schweigt anders und steht anders auf seinen Beinen
> als ein Mensch von Geist.*
>
> *La Bruyère, 1865*

Schneller als das Wort

Im Gedränge eines Aufzugs erstarren die Mienen. Wer die Hände eng an den Körper legt, wirkt unsicher und befangen, wer den Unterkiefer vorschiebt, erweckt den Eindruck von Brutalität. Hände sprechen Bände und vor der Brust gekreuzte Arme signalisieren Abstand und Zurückhaltung. Ein niedergeschlagener Blick verrät Nervosität und Flucht aus der Konfrontation. Geweitete Pupillen sind ein Zeichen für eifriges Interesse und besondere Aufmerksamkeit. Wer Dialoge positiv beeinflussen will, setzt sich an einen runden Tisch, und wer sich auf die Lippen beißt, zeigt ein schlechtes Gewissen. Auch die Augen sind Spiegelbilder unserer Emotionen. Gesprächspartner, die man mag, schaut man länger, offener und häufiger an. Personen, die man ablehnt oder die man fürchtet, werden gar nicht oder nur kurz und sporadisch angesehen.

Das Fazit: Signale und Botschaften des Körpers, vom Blick bis zur Mimik, vom Gang bis zur Geste, von der Frisur bis zur Kleidersprache, erzählen, schneller als das Wort, was der Gesprächspartner denkt, fühlt oder beabsichtigt. Wer diese Botschaften zu entschlüsseln, zu definieren lernt, gewinnt und eröffnet sich neue soziale und kommunikative Dialoge, Erkenntnisse über Sympathien und Antipathien, Vertrauen oder Misstrauen. Dabei gilt: „Vieles, das wir Intuition nennen, ist nichts weiter als die unterschwellige und unterbewusste Wahrnehmung körpersprachlicher Signale" (Schwertfeger u.a. 1990: 12). Die kommunikative Relevanz der nonverbalen Kommunikation, vom Bewegungs- bis zum Deeskalationsverhalten, von den Rezeptoren der Haut bis zum Lesen im Gesicht, entschlüsselt menschliche Emotionen und Motivationen in jeder Stunde unseres Lebens. Sie entlarvt den Kämpfer ebenso wie den Feigling, den Verkäufer ebenso wie den Käufer, und zwar „ursprünglicher und unmittelbarer" (Argyle 2002: 19) als die mit ihr verflochtene verbale Sprache.

Verlernte Muttersprache

Das Defizit: Noch immer achten wir in unserem Alltag nur sehr selten auf diese Botschaften und Signale. Noch immer ist in unserer Gesellschaft, selbst in europäischen Dimensionen, ein erstaunlicher nonverbaler „Analphabetismus" festzustellen. Obwohl Körpersprache, wissenschaftlich „Kinesik" genannt, ein emotionaler und sozialer Mehrwert ist, der etwa 55 Prozent unserer Kommunikation trägt und vermittelt, bleibt die nonverbale Verständigungsebene, auch im modernen Bildungs- und Ausbildungsbereich, ein ebenso unbekannter wie relativer und offenbar unbeachteter Begriff, eine Muttersprache, die verlernt wurde. Dabei hat sie eine längere Tradition und Geschichte als die verbale Kommunikation. Der Anthropologe Albert Mehrabian konnte nachweisen, dass nur ganze sieben Prozent aller beim Gespräch übermittelten Informationen aus dem verbalen Bereich stammen. Weitere 38 Prozent werden dem Klang der Stimme entnommen (Sylvester Wöhler, Bonner Rundschau, 03. Mai 1992).

„Die Fähigkeit, die Sprache des Körpers zu deuten, entwickelte sich allerdings nicht im gleichen Maße weiter wie die Fähigkeit, mit dem gesprochenen Wort umzugehen. Das liegt vermutlich daran, dass unsere Ausbildung und Weltanschauung mehr logisch-analytisch orientiert ist und ganzheitliches Wahrnehmen und Verstehen vernachlässigt" (Rückle 1991: 6).

Nonverbale Kommunikation, ist nach Julius Fast „jede bewusste oder unbewusste Bewegung eines Körperteils oder des ganzen Körpers, die von einem Menschen dazu benutzt wird, der Außenwelt emotionale Botschaften zu übermitteln" (Fast 1979: 6). Sie hat noch vor wenigen Jahrzehnten bei Verhaltensforschern, ebenso wie bei Psychologen, Soziologen, Politologen und Sprachwissenschaftlern relativ wenig Aufmerksamkeit gefunden. Erst mit der „visuellen Zeitenwende" (Frey 1991: 27) und den damit verbundenen Entwicklungen und Veränderungen im aktuellen Kommunikations- und Medienspektrum, das von der Designphilosophie bis hin zu den pragmatischen Auswirkungen etwa als Geheimsprache der Macht reicht, erforscht auch die Wissenschaft verstärkt die Mechanismen und Einflüsse der „Kinesik".

Dabei wird bestätigt, dass sich Inhalte eher über die verbale Kommunikation, Gefühle und Beziehungsbotschaften aber überwiegend über die Körpersprache erkennen und vermitteln lassen. Es kommt also nicht nur darauf an, was man sagt, sondern wie man es sagt. Wie man die Hand gibt, die Nase rümpft oder die Schultern hebt.

Man kann sich nicht nicht verhalten

Das Alphabet der Körpersprache verrät also ständig, in welcher Verfassung ein Mensch sich gerade befindet, denn auch wenn der Mensch schweigt, spricht er mit seinem Körper. „Ob man handelt oder nicht handelt, ob man redet oder schweigt, man kann sich nicht nicht verhalten" (Watzlawick et al. 1996: 51). „Was wir sind", formuliert Samy Molcho (1983: 20), „sind wir durch unseren Körper. Der Körper ist der Handschuh der Seele, seine Sprache das Wort des

Herzens. Jede innere Bewegung, Gefühle, Emotionen, Wünsche drücken wir durch unseren Körper aus. Was wir Körperausdruck nennen, ist der Ausdruck innerer Bewegungen". Und das Fazit liest sich bei Horst Rückle so: „Wer es versteht, die Signale des Körpers zu deuten, tut sich im Leben leichter. Er erkennt, wenn die ‚Ampeln' bei anderen auf Rot, Gelb oder Grün stehen, nimmt wahr, wie sein Verhalten auf andere wirkt, und kann es, wenn er will, entsprechend ausrichten, um Probleme und Konflikte schneller zu lösen und Ziele sicherer zu erreichen. Nicht zuletzt wird auch die eigene Persönlichkeit weiter entwickelt, weil man sich selbst an den anderen erlebt und besser versteht" (Rückle 1991: 7).

Körpersprache lügt nicht

Was auch immer ein Mensch verbal verschweigen will, mit seiner Körpersprache verrät er Reaktionen, Macken und Marotten, die ihm selbst kognitiv noch nicht bewusst geworden sind. Jede körperliche Bewegung ist verbunden mit einer seelischen Bewegung. Daher ist auch die Behauptung, dass Körpersprache nicht lügen kann, nicht übertrieben. Sie vollzieht „dem wahrheitslosen Inhalt zugehörige Bewegungsabläufe nur zögernd oder gar nicht mit und kann so über den tatsächlichen Wahrheitsgehalt aufschlussreiche Informationen liefern" (Rückle, a.a.O.: 8). Ausnahmen gelten für die Gesprächspartner, die z.B. schauspielerisches Verhalten trainiert haben und somit manipulationsfähig sind. Doch auch sie können in vielen Fällen Symptome des Körpers bei Lügenvorgängen wie erhöhte Schweißsekretion an den Händen oder im Gesicht, nervöses, maskiertes Lächeln, Vermeiden von Blickkontakten, schnelles Auf- und Abbewegen des Adamsapfels durch Atemnot, eine Veränderung der Stimmlage, eine verkrampfte Haltung oder einen erhöhten Puls nicht verhindern. Das Ergebnis: Ein körpersprachlich geschulter Mensch erkennt manipulative Versuche, mit denen ein Gesprächspartner sein wahres „Ich" verschleiern will, und gewinnt daraus Erkenntnisse, weil die Sprache des Körpers nie perfekt überspielt werden kann.

Dominanzaspekte

Körperhaltungen markieren auch die soziale, hierarchische, gesellschaftliche Stellung. „Der Grad der körperlichen Entspanntheit gibt wichtige Aufschlüsse über den sozialen Status einer Person. Je mächtiger sie ist, desto entspannter ist ihre Körperhaltung" (Schwertfeger u.a. 1990: 81). Auch Raum- und Distanzzonen, Möblierungen von Privat- und Diensträumen, erwartetes Rollenverhalten, z.B. in der Kleidersprache, bestimmen die Bewertung und die Einstellung zu unseren Mitmenschen. Wir gehen zwar in Jeans in die Oper, signalisieren mit einem offenen Jackett unsere Kontaktfreudigkeit, tragen Pullover auch im Dienst und immer seltener die silberne Krawatte zur Hochzeit oder den schwarzen Binder zur Beerdigung, dennoch bleiben wir abhängig von Erwartungen, Werten, Normen und Konventionen, die unseren sozialen Umgang mitbestimmen. „Die beharrliche Position des Chefs hinter seinem Schreibtisch oder die fixierte Sitzordnung an einem Konferenztisch folgt mit ihren Standortzuweisungen bestimmten Dominanzaspekten" (Molcho 1983: 7).

Mann und Frau – getrennte Welten?

Körpersprachlich leben wir in unserer Gesellschaft mit einem Männlichkeitskult und einem weiblichen Skript. Dieser Unterschied betrifft nicht nur die Körpersprache des Flirts und der erotischen Annäherung, der Berührungsgebote und Berührungserwartungen, sondern auch das Verhalten im Berufsleben. Frauen haben in der Regel eine „engere" Körpersprache als Männer. Frisur, Schmuck, Handtasche, Make-up und Kleidung, z.B. kurze enge Miniröcke oder auch hohe Stöckelschuhe, verkleinern die „Raumblase" der Frau und verhindern damit vielfach, die lässigen Machtdemonstrationen und aggressiven Gesten von Männern ebenfalls zu vollziehen.

So manche Ungleichheit in der Beziehung zwischen Mann und Frau, die auch an der unterschiedlichen Körpersprache abzulesen ist, bedarf noch der Emanzipation, sowohl im Familienleben als auch im Beruf oder in der Politik. „Frauen haben größere Schwierigkeiten, negative Gefühle wie Ärger oder Aggressionen auszudrücken als Männer. Sie zeigen daher seltener ihren Ärger oder ihre Wut. Tun sie es doch, dann haben sie meist Schuldgefühle. Ihren Ärger verstecken sie häufig hinter Tränen, Enttäuschung, Angst oder einem nervösen Lächeln" (Schwertfeger u.a. 1990: 214).

Körpersprache und Politik

Ein ausgestreckter Zeige- und Drohfinger am Pult des Deutschen Bundestages, ein herzhaftes Lachen oder Kopfschütteln in der Fraktionssitzung, ein selbstbewusst emporgerecktes Kinn auf der Regierungsbank sind ausdruckspsychologisches „Beiwerk" für politische Karrieren. In diesem Sinne ist Körpersprache auch Politik, gerade in Zeiten des politischen Euphemismus, der immer mehr um sich greift.

Vier markante Beispiele illustrieren dies: Winston Churchill wurde im Zweiten Weltkrieg durch zwei gespreizte Finger, das Victory Zeichen, besonders populär. Konrad Adenauer stellte sich am 10. April 1949 auf dem Petersberg bei Bonn bei der Verkündung des Besatzungsstatuts den alliierten Kommissaren gegenüber auf den Teppich, den er laut Absprache nicht betreten sollte und demonstrierte mit dieser körpersprachlichen Haltung sein Selbstbewusstsein. Willy Brandt ehrte am 07. Dezember 1970 mit seinem Kniefall am Mahnmal des Warschauer Ghettos die Opfer des NS-Terrors. Helmut Kohl und Francois Mitterrand reichten sich 1984 als Zeichen der Versöhnung über den Gräben von Verdun die Hände. Das Ergebnis: Ob im Deutschen Bundestag oder in der kommunalen Selbstverwaltung, in der Schule oder am Mittagstisch der Familie, die Körpersprache ist ein wichtiger Informant für menschliche Nähe, Distanz oder Selbstbewusstsein.

„Wenn wir offene Sinne und ein waches Auge für die Signale und Kommentare unserer Körpersprache haben", betont der bekannte Pantomime und Körpersprachler Samy Molcho, „können viele Gespräche und Begegnungen leichter und erfolgreicher verlaufen. Die Kenntnis der Körpersprache, des lautlosen Frage- und Antwortspiels in unserem körperlichen Verhalten, öffnet direktere Wege zueinander und einen freieren Umgang miteinander" (Molcho a.a.O.: 9). In der Politik sind die körpersprachlichen Versuche zur Selbstdarstellung und Selbstidealisierung an der Tagesordnung, vordringlich im Angesicht der Fernsehkamera.

Dies gilt mit besonderer Intensität auch für das Verhältnis zwischen Bürger/in und Gemeinde. Städte, Gemeinden und Kreise, die eine Fülle hoheitlicher Aufgaben wahrzunehmen haben, bilden die wichtige dritte Säule innerhalb unseres demokratischen Systems. Eine Vielzahl von Problemen ist hier zu lösen, hier vor allem findet der unmittelbare Kontakt zwischen Bürger, kommunaler Politik und Verwaltung statt. Die Macht der Begriffe und die Begriffe der Macht erfahren hier eine vielfache Wechselwirkung. Körpersprache ist hier ebenso ein Medium der Politik wie der interpersonalen hautnahen privaten Begegnung und Gesprächsform.

Gullivers Kampf ist kompliziert

Auch Bürger und Gemeinde stehen in unserer Demokratie in einem ständigen Kommunikations- und Informationsaustausch, ob nun im Rahmen der Bauaufsicht oder der Meldeverwaltung, bei Sprechstunden oder in Zeiten des Wahlkampfs. An diesen und weiteren beziehungsintensiven Bereichen ist das politische Leben in unseren Gemeinden, Städten und Kreisen besonders deutlich abzulesen. Bei ständig erforderlichen Kraftakten und Taten, rasant wachsenden und sich wandelnden Initiativen, sich verändernden Differenzierungen und Effizienzkriterien, darf auch die Artikulationsfunktion auf kommunaler Ebene nicht vernachlässigt werden. Ob es um Diskussionen über die konkrete Gestaltung des Sozialstaates oder den Zwang zur fachlichen Expertise und Arbeitsteilung geht, Artikulationsfunktionen, verbal und nonverbal, sind davon betroffen. Gullivers Kampf ist kompliziert und erfordert einen langen Atem. Von heute auf morgen eine heile Welt zu schaffen, ist nicht möglich. Möglich aber ist, sich Kenntnisse zum Verstehen und Deuten der Körpersprache, etwa für die Begegnungen im Bürgerbüro, zu erarbeiten, gerade in Zeiten, in denen der Computer auf beinahe jedem Schreibtisch steht. Zu beachten ist, dass der Umfang des persönlich beanspruchten Raumes zwischen Stadt und Land unterschiedlich sein kann und mit der Bevölkerungsdichte zusammenhängt. „Wer in einer schwach bevölkerten ländlichen Gegend aufgewachsen ist", betonen Allan und Barbara Pease, „braucht mehr persönlichen Raum als die, die in eng bebauten Städten aufgewachsen sind. Aus der Tatsache, wie weit ein Mensch die Hand bei der Begrüßung ausstreckt, kann man vielleicht schon schließen, ob er aus der Großstadt oder aus der tiefsten Provinz stammt" (Pease u.a. 2003: 48).

Übrigens: Frauen schneiden beim Lesen und Verstehen körpersprachlicher Signale und Botschaften besser ab als Männer. Der Grund für diese erhöhte Sensibilität wird in ihrer sozialeren Charakterstruktur und auch in ihrem Umgang mit Säuglingen und Kleinkindern und der noch immer unterschiedlichen Erziehung von Jungen und Mädchen gesehen.

Der Körper ist die Botschaft

Ob nun beim Streit über einen Abenteuerspielplatz oder bei den Gesprächen über ein neues Verkehrskonzept, ob bei der Diskussion über mehr Grün in der Stadt oder bei der lokalen Pressekonferenz über die Umwandlung eines Wohnblocks in einen Büroblock – in der Geste, in der Miene steckt der ganze Mensch. Nicht nur mit den Fakten, auch mit den Gefühlen sind Karrieren verbunden. Ein steifer Nacken oder ein gesenkter Kopf sind mitunter aufschlussreicher für die Verfassung des Gesprächspartners als sein Vertragsentwurf. Und die nonverbale Kommunikation ist in vielen Fällen ein verständlicheres „Humankapital" als die verbalen Formulierungen im Internet, z.B. auf den Seiten der Bundesministerien, auf Face-books oder in aufwändigen Kampagnenportalen.

Ob Zynismus oder Naivität, die Ausdruckssignale der Kinesik verraten jedes Tabu und jede Schutzfunktion. Ob Zorn oder Furcht, Angst oder Hoffnung, Begrüßungen oder Abschiede, Fingernägelkauen oder das Lächeln als Waffe, die Körpersprache eines Menschen erzählt mindestens ebenso viel wie die Zunge. Ein Bürgermeister, der seine Handrücken ständig nach vorn kehrt, verbirgt gern seine wahren Emotionen, ein Verwaltungsdirektor, der mit kleinen kurzen Schritten die Straße vor dem Rathaus überquert, den Kopf leicht abgesenkt, vermittelt den Eindruck entscheidungs- und gesprächsscheu zu sein. Ein Bürger, der dem Leiter des kommunalen Bauamts bei einem Besuchs- und Verhandlungstermin in seinem Geschäfts- oder Privathaus keinen Stuhl anbietet, demonstriert damit seine Wut oder Enttäuschung, seinen Willen zur „Abstrafung". Für den Besucher ist dies eine wichtige, noch *vor* der verbalen Auseinandersetzung übermittelte nonverbale Information, auf die er sich einstellen kann, um Pluspunkte zu sammeln.

Weitere Beispiele zur Bestimmung körpersprachlicher Botschaften und Signale sind:
- wer hastig die Brille abnimmt, befindet sich in einem Zustand der Ablehnung bis hin zum aggressiven Verhalten,
- wer die Hände in die Hüften stemmt, will imponieren,
- wer die Stirn runzelt, ist entrüstet,
- wer mit den Fingern trommelt, zeigt Ungeduld,
- wen jemand die Arme auf der Brust verschränkt, bedeutet das Abstandshaltung, Abschottung und Verschlossenheit,
- wer den Kopf einzieht, verrät Unsicherheit und signalisiert Schuldbewusstsein,
- abgesenkte Mundwinkel verraten Verbitterung, Enttäuschung und Trauer,

- niedergeschlagene Blicke sind Demutszeichen, Fluchtsignale, Ausweichmanöver vor der auch visuellen Konfrontation,
- wer einen gekrümmten, angewinkelten Finger oder die Hand vor den Mund legt, begibt sich gegenüber Gesprächspartnern in eine reflektierende „Abwarteposition" wie z.B. Rodin: „Der Denker",
- wer mit auffälliger Kurzschrittgeschwindigkeit und einem ausgeprägten Tempolimit daherkommt, weicht Konflikten aus und lässt Vorsicht bei anstehenden Entscheidungen walten,
- wer den Zeigefinger in Richtung des Gesprächspartners führt, signalisiert damit Belehrung und Tadel,
- wer durch seine Körperhaltung Zuversicht, Freude, Aktivität, Optimismus, aktives Territorialverhalten, Raumanspruch, Souveränität ausstrahlt, braucht keinen Rückwärtsgang. Die Macht des Bildes überzeugt.

Auch körpersprachlich kann man natürlich „jemandem auf die Füße treten", „sich an die eigene Nase fassen", „mit beiden Beinen fest auf der Erde stehen", „jemandem den Rücken stärken", „einen über die Achsel ansehen", „einem unter die Arme greifen", „einen mit offenen Armen empfangen", „die Arme hängen lassen", „ein Auge zudrücken", „einem um den Bart gehen", „jemandem Beine machen", „die Hände in den Schoss legen", „den Daumen drauf halten", „Wut im Bauch haben" oder „auf die Knie fallen".

Der Besucher, der im Ordnungsamt einer Kommune sein Körpergewicht auf das rechte Bein, das „Verstandesbein", verlagert, will auf der Verstandesebene kommunizieren. Wer das linke Bein, das „Gefühlsbein", be- und das rechte, das „Verstandesbein", sichtbar entlastet, verfolgt eine emotional dominierte Gesprächsführung. Wer mit seinem gesamten Körper die Sitzfläche eines Stuhls ausfüllt, hat in der Regel Zeit, wer nur auf der vorderen Stuhlkante Platz nimmt, offenbart Zeitmangel, Nervosität und Ungeduld. Wer die Füße um die Stuhlbeine wickelt, signalisiert „Sitzfleisch".

Neben den Merkmalen des Gangs (Tempo, Dynamik), des Sitzens und Stehens spielen sowohl im Beruf als auch privat Distanzzonen und Abstandsverhalten bei den Begegnungen der Menschen eine wichtige Rolle. Wer dem anderen ohne dessen Zustimmung zu sehr „auf die Pelle" rückt und in die Intimzone (Abstand vom Körper 59 bis 60 Zentimeter) eindringt, wird leicht zur „Unperson" und des Mobbings verdächtigt. Wer diese Regulation, die freilich in der Familie oder für eine medizinische Untersuchung nicht gilt, kennt und berücksichtigt, vermeidet verstecktes oder offenes Abwehrverhalten und passives Bewegungsverhalten. Viele soziale Beziehungen, von der Plaudersituation bis zur Arbeitsbesprechung, spielen sich in der öffentlicheren Distanz zwischen 50 Zentimetern und 1,20 Metern ab und kennzeichnen die Verständigungsebene nach der ersten Distanzzone. Hier bedeuten ein ausdrucksloses Gesicht, eine teilnahmslose Haltung oder angewinkelte Arme eine abweisende Botschaft.

Fazit: Wer die Choreografie der Körpersprache analysieren kann, besitzt den Schlüssel für eine intensivere, informationsreichere, bessere Menschenkenntnis. Immer, bei jeder menschlichen Begegnung, überlagert nämlich die Beziehungsebene die Verstandesebene. Aber immer muss in den verschiedensten Situationen beachtet werden, dass Körpersprache ein sehr vielschichtiges Phänomen ist, das auch von kultureller Prägung beeinflusst wird. Wer am KFZ-Schalter oder im Einwohnermeldeamt z.B. Kenntnis von der Körpersprache eines türkischen oder tunesischen Besuchers hat, kann damit mehr zur Verständigung und Harmonie beitragen als manche Hochglanzbroschüre. Grundsätzlich ist zu beachten, dass z.B. Begrüßungsformen und Begrüßungssignale in den verschiedenen Kulturen durchaus sehr unterschiedlich sein können.

Die spontane Eindrucksbildung durch nonverbale Stimuli ist beeindruckend. „Offenbar", so Siegfried Frey, „entscheidet sich beim Anblick einer Person buchstäblich in Sekundenschnelle, was wir von dieser Person halten, welche Eigenschaften wir ihr zuschreiben oder absprechen, ob wir sie sympathisch finden, als langweilig erachten, als arrogant, unehrlich, intelligent, fair u.a.m. einstufen" (Frey 1991: 113).

Ob bei der Verhandlung vor dem Amtsgericht oder einer Bürgerversammlung, ob bei Medienauftritten oder in der Stadtverordnetenversammlung, die Situation wird z.B. mitbestimmt auch durch einen Schlag auf den Tisch, das Senken des Kopfes oder den Griff zur Nase. Körpersprache spiegelt sich in jedem Schritt, jedem Reaktionsmuster und jedem Revierzwang wider.

So werfen Politiker Blicke zu den Partnern oder Kontrahenten wie Bälle über das Tennisnetz als Signale für Genugtuung, Zustimmung, Erniedrigung oder vermeintliche Nichtbeachtung. Auch beim Dialog mit älteren und kranken Menschen verstärken die Beachtung und der Einsatz der Körpersprache die Bindungsgefühle für persönliche Pflege und Harmonie beträchtlich. Berührungen sind hier oft gewünscht oder auch intensive Hilferufe. Bestimmte Altersbilder können besseren Erklärungsprinzipien zugeführt werden, können besser verstanden werden, wenn dies beachtet wird. Auch Kinder brauchen in ihren verschiedenen Lebensphasen ständig das Verständnis für ihre Körpersprache, den nonverbalen Dialog wie der Schwamm das Wasser. Wer das berücksichtigt, tut z.B. als Kindergärtnerin, Lehrer oder Mitglied eines Familienverbunds viel für die Lebensfitness der jungen Generation.

Körpersprache verstehen lernen

Schritt für Schritt kann man, z.B. in Volkshochschulkursen, heute in seiner Gemeinde, in seiner Stadt, die Abläufe, Eindrucks- und Ausdrucksformen der Körpersprache als Lebenshilfe erlernen und verstehen. Der gegenwärtige Zustand, dass viele Menschen nicht merken, welche Signale sie senden oder empfangen, ist unbefriedigend. Da man die Deutung der Körpersprache erlernen kann, ist Bildungs- und Ausbildungsbedarf als moderne Initiative angesagt.

„Gute Produkte, Ideen und Angebote", so Samy Molcho, „haben viele, aber persönliche Kommunikation macht letztlich das Geschäft. Verstehen wir das Raster des anderen, bekommen wir mehr Chancen" (Handelsblatt 6.8.1993). Auch die Kommunalpolitik könnte mehr an Kompetenz und Sympathie gewinnen, wenn sie den noch immer für viele Menschen fast geheimen Code jeweils für die lokale Ebene „knacken" würde.

Mit einer solchen Vorreiterrolle könnte jeder Bürgermeister oder Gegenkandidat als entschlossener Spielführer ins Rathaus gehen und jeder Oppositionelle seine Befindlichkeit mit dem Drohfinger artikulieren. Als pultfreie Redner würden beide zudem im Gemeinde- oder Stadtparlament demonstrieren, dass sie sich ohne Machogeste und mit Vertrauen an die Bürger wenden können. Die Körpersprache, die nicht lügen kann, hätte auch im politischen Boxkampf den Sieg davongetragen. Wie im Märchen hätte sich der Euphemismus als Selbstbetrug entlarvt. Der Hauptmann von Köpenick hätte keine Chance, erfolgreiche Befehle zu erteilen. Schließlich wurde errechnet, dass einem Menschen 250 Millisekunden genügen, um sich mit Hilfe der Körpersprache ein dezidiertes Vorurteil über die Persönlichkeitseigenschaften der Stimuluspersonen zu bilden (Dieball 2002: 18). Dabei ist es gleichgültig, ob es sich um einen Komiker oder einen Politiker handelt.

Literatur

Argyle, M. (2002). *Körpersprache & Kommunikation. Das Handbuch zur nonverbalen Kommunikation.* Paderborn.
De la Bruyère, J. (1947). *Die Charaktere oder Die Sitten des Jahrhunderts.* Neu herausgegeben von Gerhard Hess. Wiesbaden.
Dieball, W. (2002). *Gerhard Schröder, Körpersprache. Wahrheit oder Lüge?* Bonn.
Fast, J. (1979). *Körpersprache.* Hamburg.
Frey, S. (1991). *Die Macht des Bildes. Der Einfluß der nonverbalen Kommunikation.* Frankfurt am Main.
Mehrabian, A. (1971). *Silent Messages.* Belmont California.
Molcho, S. (1983). *Körpersprache.* München.
Pease, A. & Pease, B. (2003). *Der tote Fisch in der Hand und andere Geheimnisse der Körpersprache.* Ullstein.
Rückle, H. (1991). *Körpersprache.* Niedernhausen.
Schwertfeger, B., Lewandowski, N. (1990). *Die Körpersprache der Bosse.* Düsseldorf, Wien, New York.
Sollmann, U. (1999). *Management by Körper. Körpersprache, Bioenergetik, Stressbewältigung.* Hamburg.
Sollmann, U. (1999). *Schaulauf der Mächtigen. Was uns die Körpersprache der Politiker verrät.* München.
Watzlawick, P., Beavin, J.H., Jackson, D. (1996). *Menschliche Kommunikation: Formen, Störungen und Paradoxien.* Bern, Göttingen, Toronto, Seattle.
Weinlich, A. (2001). *Körpersprache von Politikern Machtdemonstration und Selbstdarstellung.* Münster.

Reinhard Meyers
Politikwissenschaft und Kommunalpolitik – fruchtbare Verbindung von Theorie und Praxis

Vita Rüdiger Robert

Die beständige Verbindung von wissenschaftlich-analytischer Beschäftigung mit der Politik und politischer, insbesondere kommunalpolitischer, Praxis ist das augenscheinlichste Kennzeichen des Lebenslaufes von Rüdiger Robert. Analytische Schärfe, zupackende Tatkraft, Zielstrebigkeit in der Verfolgung politischer Ziele und Geschick in der Reduzierung komplexer Zusammenhänge auf eingängig-einsichtige Darstellungen sowie die Meisterung der Kunst, die so erzielten Erkenntnisse auch einem breiteren Publikum anschaulich zu vermitteln, zeichnen sein akademisches wie öffentliches Wirken aus.

Geboren am 04.01.1945 in Naumburg/Saale in eine Medizinerfamilie, jüngerer Bruder zweier älterer Schwestern, verheiratet mit seiner ebenfalls kommunalpolitisch aktiven Frau Doris, drei Söhne, zwei Enkel – das sind zunächst die Fixpunkte dieses Lebenslaufs. An Schul- und Ausbildung halten wir fest: Evangelische Grundschule in Krefeld 1951–1955; Arndt-Gymnasium in Krefeld 1955–1960; Gymnasium Fabritianum in Krefeld-Uerdingen 1960–1965, Abitur 23.02.1965, gefolgt vom Grundwehrdienst in Dössel/Warburg, Köln und Minden 01.04.1965–30.09.1966.

An das Studium der Politikwissenschaft, Soziologie und Geschichte an der Freien Universität Berlin WS 1966/67–SS 1970, abgeschlossen mit dem Grad eines Diplom-Politologen am Otto-Suhr-Institut der FU Berlin am 15.09.1970, schließt sich ein Promotionsstudium an der Westfälischen Wilhelms-Universität Münster WS 1970/71–SS 1974 an; die Promotion zum Dr. phil. an der Philosophischen Fakultät der Westfälischen Willhelms-Universität Münster erfolgt am 16.12.1974; Thema der Dissertation: „Konzentrationspolitik in der Bundesrepublik Deutschland. Das Beispiel der Entstehung des Gesetzes gegen Wettbewerbsbeschränkungen".

Parallel zum Promotionsstudium verlaufen die ersten Jahre der Berufstätigkeit: Wissenschaftliche Hilfskraft am Seminar für Politikwissenschaft der WWU Münster, anschließend dortselbst Verwalter der Stelle eines wissenschaftlichen Assistenten 01.10.1970–31.12.1974; Wissenschaftlicher Assistent 01.01.1975–31.07.1975; Akademischer Rat 01.08.1975–04.07.1979; Akademischer Oberrat seit 05.07.1979; Vertretung einer C3-Professur an der Staatlichen Fachhochschule Münster 01.10.1983–31.07.1985; schließlich am 12.06.1998 die Kumulative Habilitation am Fachbereich Erziehungswissenschaft und Sozialwissenschaften der Westfälischen Willhelms-Universität Münster mit der Venia Legendi für „Politikwissenschaft"; der dabei vertretene monographische Schwerpunkt lautete „Telgte im 20. Jahrhundert: Sozialdemokratie, Parteiensystem und gesellschaftlicher Wandel". Im Jahre 2003 erfolgt die Ernennung zum apl. Professor.

Die akademische Selbstverwaltung sieht Rüdiger Robert als stellv. geschäftsführenden Direktor des Instituts für Politikwissenschaft 2001–2006 und als Sprecher der Abteilung A „Politische Theorie und Innenpolitik" sowie als Mitglied im Fachbereichsrat des Fachbereichs 06 Erziehungswissenschaft und Sozialwissenschaften 2002–2006; als Prodekan für Finanzen und Strukturfragen des Fachbereichs amtiert er 2006–2008.

Kommen wir zur Politik: Der Kommunalpolitiker Robert ist als Mitglied im Rat der Stadt Telgte über drei Jahrzehnte aktiv – nämlich genau 1975–2009; 1979–1986 ist er stellv. Bürgermeister; 1986–2009 Vorsitzender der SPD-Fraktion, ferner gehört er der Landschaftsversammlung Westfalen-Lippe 1981–2009 an; und in dieser Versammlung ist er Mitglied des SPD-Fraktionsvorstands sowie finanzpolitischer Sprecher. Sein weit umfassender und intensiver Einsatz für die Belange des Bürgers vor Ort und in der Region wird darüber hinaus durch Mitgliedschaften in einer Reihe von Aufsichtsräten und Beiräten im Bereich der regionalen und kommunalen Wirtschaft ebenso deutlich wie in verschiedenen kulturellen Verbänden, Stiftungen und Institutionen: Wer würde vermuten, dass er nicht nur über zwei Jahrzehnte als Aufsichtsrat der Westfälischen Landeseisenbahn amtiert, sondern auch als Mitglied im Kuratorium des Westfälischen Heimatbundes und als dessen Sprecher der Fachgruppe „Westfalenfragen"? Kongenialität von niederrheinischer Provenienz und westfälischen Wirkungskreisen?

Wie dem auch sei – Rüdiger Roberts regional- und kommunalpolitischer Einsatz ist durch eine Reihe von verdienten Ehrungen anerkannt worden: im Dezember 1994 durch die Verleihung der Stadtplakette Telgte, im Januar 1996 durch das Verdienstkreuz am Bande des Verdienstordens der Bundesrepublik Deutschland – und, westfälisch solide zurückhaltend, durch die Verleihung des Freiherr vom Stein-Ehrenrings des Landschaftsverbandes Westfalen-Lippe im Juni 2001 und durch die Freiherr vom Stein-Medaille in Gold des Landschaftsverbandes im Jahre 2006. Und wir zitieren Livius: Es ist noch nicht aller Tage Abend …

Nach einem knappen Blick auf die Politik darf die Politikwissenschaft etwas ausführlicher zu ihrem Recht kommen: Halten wir zunächst überblicksartig die Schwerpunkte der Robert'schen Aktivitäten in Lehre und Forschung fest.

Schwerpunkte in der Lehre:

1. Theorien und Methoden
- Einführung in die Politikwissenschaft
- Politikwissenschaft in der Bundesrepublik Deutschland
- Zur Theorie öffentlicher Aufgaben unter besonderer Berücksichtigung regional-politischer Fragestellungen
- Globalisierung und Demokratie
- Globalisierung und Gerechtigkeit
- Einführung in politische Strategie und Taktik

2. Politisches System der Bundesrepublik Deutschland
- Einführung in das politische System der Bundesrepublik Deutschland
- Parteienfinanzierung in Deutschland

- Ausgewählte Probleme des Parteiensystems in der Bundesrepublik
- Die Bürgerinitiativbewegung
- Gewerkschaften in der Politik
- Politisches System und Globalisierung
- Der Landschaftsverband Westfalen-Lippe – Struktur und Funktion

3. Innenpolitik der Bundesrepublik Deutschland
- Einführung in die Kommunalpolitik
- Einführung in die Regionalpolitik
- Einführung in die Sozialpolitik
- Einführung in die Umweltpolitik
- Einführung in die Gesundheitspolitik
- Armut in Deutschland – Armut in einem reichen Land
- Pflege im Alter
- Politische Bildung
- Sozialpolitische Perspektiven
- Grenzen des Wachstums
- Mitbestimmung in der Wirtschaft
- Vermögenspolitik
- Politische Ökonomie: Investitionslenkung in der Marktwirtschaft
- Wettbewerbspolitik in der Bundesrepublik
- Terrorismus

4. Vergleichende Politikwissenschaft
- Israel – Politik, Wirtschaft und Gesellschaft
- Saudi-Arabien: Politisches, wirtschaftliches und soziales System
- Die arabischen Golfstaaten: politische, soziale und wirtschaftliche Entwicklung
- Der Irak – eine neue Macht im Nahen Osten?
- Europa der Regionen unter besonderer Berücksichtigung Deutschlands und Russlands

5. Internationale Beziehungen/Außenpolitik
- Der Nahe und Mittlere Osten – Grundlagen und Strukturen
- Der Nahe und Mittlere Osten – Aktuelle Konflikte
- Der israelisch-arabische Konflikt
- Politik und Wasser im Nahen Osten
- Politische Ökonomie des Wassers
- Der Kurden-Konflikt
- Der Libanon-Konflikt
- Europa und der Nahe Osten
- Islam und Politik
- Nukleare Rüstung im Nahen und Mittleren Osten
- Der iranisch-irakische Konflikt: Krieg am Persisch/Arabischen Golf
- Sicherheit am Persisch/Arabischen Golf

- Deutsch-arabische Beziehungen
- Die Arabische Welt im 20. Jahrhundert – ausgewählte Probleme
- Die Deutschlandpolitik der Bundesrepublik seit Bildung der Großen Koalition im Dezember 1966

6. Schwerpunkte in der Forschung
- Politikwissenschaft als sozialwissenschaftliche Disziplin
- Globalisierung und Territorialstaat
- Politisches System der Bundesrepublik Deutschland
- Innenpolitik der Bundesrepublik Deutschland
- Kommunal- und Regionalpolitik
- Naher und Mittlerer Osten in Verbindung mit der „Werkstatt Nahost": Lehrforschungsprojekte, Auslandsseminare, Publikationen mit Doktorandinnen und Doktoranden

Der Blick geht – wir merken es bereits bei den Schwerpunkten der Arbeit – weit über den Turm der Propstei-Kirche St. Clemens Telgte hinaus, spiegelt sich nicht nur in Lehrtätigkeiten und wissenschaftlichen Projekten im Ausland – darunter
- Lehrtätigkeit an der Taras Shevchenko Universität in Kiew, Ukraine
- Lehrtätigkeit an der Staatlichen Universität in Rjasan, Russland
- Lehrtätigkeit an der Bilkent Universität in Ankara, Türkei
- Lehrtätigkeit an der Soochow Universität in Taipeh, Taiwan
- Leitung eines DAAD-Projekts in Rjasan, Russland 2004 und 2005,

sondern auch in einer spezifischen Forschungs- und Veröffentlichungsperspektive, die die Verbindungslinien zwischen Globalisierung und lokaler Politik zieht – oder im Fachjargon den Phänomenen der *Glokalisierung* nachspürt. Parallelen zum literarisch verarbeiteten Treffen in Telgte anno 1647 sind eher gewagt, obgleich der Schluss der *Grass*'schen Erzählung mit etwas kritischer Distanz auch auf die Entwicklung der Globalisierungsforschung übertragen werden könnte …

Veröffentlichungen in Auswahl

Politikwissenschaft als sozialwissenschaftliche Disziplin:
- mit Jürgen Bellers (Hrsg.): Politikwissenschaft I: Grundkurs, Münster 1988, 1990^2, 1992^3, 320 S.

Aufsätze:
1. Politikwissenschaft und Politikbegriffe, in: Bellers, Jürgen/Robert, Rüdiger (Hrsg.): Politikwissenschaft I: Grundkurs, Münster 1988, S. 1–29.
2. Lehre und Studium der Politikwissenschaft an der Westfälische Wilhelms-Universität Münster, in: Vorstand des Instituts für Politikwissenschaft der WWU Münster (Hrsg.): Beiträge zur Politikwissenschaft und Verwaltungswissenschaft Nr. 23, Münster 1989, 40 S.

3. Bestandsaufnahme und Perspektiven der Politikwissenschaft in der Bundesrepublik – Ein Diskussionsbeitrag, in: Zeitschrift für Politik. Organ der Hochschule für Politik München, 1/1990, S. 52–75; Wiederabdruck in: Bellers, Jürgen (Hrsg.): Politikwissenschaft in Europa, Münster 1990, S. 52–82.
4. Politikwissenschaft, in: Andersen, Uwe/Woyke, Wichard (Hrsg.): Handwörterbuch des politischen Systems der Bundesrepublik Deutschland, Opladen 1993, S. 420–428; 1995[2], S. 453–462; 1997[3], S. 436–444; 2000[4], S. 465–473.

Politisches System der Bundesrepublik Deutschland

- mit Irene Gerlach (Hrsg.): Politikwissenschaft II: Innenpolitik der Bundesrepublik Deutschland, Münster 1990, 1992[2], 338 S.
- Bundesrepublik Deutschland – Globalisierung und Gerechtigkeit, Münster/New York/München/Berlin 2002, 341 S.
- Bundesrepublik Deutschland – Politisches System und Globalisierung – Eine Einführung, Münster/New York/München/Berlin 2000, 2001[2], 303 S.; 2003[3], 341 S.; 2007[4], 353 S.

Aufsätze:

1. mit Gerhard W. Wittkämper: Staatsziele und Staatszielbestimmungen, in: Gerlach, Irene/Robert, Rüdiger (Hrsg.): Politikwissenschaft II: Innenpolitik der Bundesrepublik Deutschland, Münster 1990, S. 7–32.
2. Bund, Länder und Gemeinden – Kompetenzen und Organe, in: Gerlach, Irene/Robert, Rüdiger (Hrsg.): Politikwissenschaft II: Innenpolitik der Bundesrepublik Deutschland, Münster 1990, S. 33–57.
3. Politisches System und Globalisierung – Begriffsklärungen, in: Robert, Rüdiger (Hrsg.): Bundesrepublik Deutschland – Politisches System und Globalisierung. Eine Einführung, Münster/New York/München/Berlin 2000, 2001[2], S. 1–18; 2003[3], S. 1–20, 2007[4], S. 9–26.
4. Globalisierung als Herausforderung des politischen Systems, in: Robert, Rüdiger (Hrsg.): Bundesrepublik Deutschland – Politisches System und Globalisierung. Eine Einführung, Münster/New York/München/Berlin 2000, 2001[2], S. 19–38; 2003[3], S. 21–40; 2007[4], S. 27–47.
5. mit Gerhard W. Wittkämper: Grundgesetz und Globalisierung, in: Robert, Rüdiger (Hrsg.): Bundesrepublik Deutschland – Politisches System und Globalisierung. Eine Einführung, Münster/New York/München/Berlin 2000, 2001[2], S. 59–76; 2003[3], S. 61–80, 2007[4], S. 69–90.
6. Föderalismus, Gemeinden und Globalisierung, in: Robert, Rüdiger (Hrsg.): Bundesrepublik Deutschland – Politisches System und Globalisierung. Eine Einführung, Münster/New York/München/Berlin 2000, 2001[2], S. 163–184; 2003[3], S. 175–196.
7. mit Gerhard W. Wittkämper: Bundesverfassungsgericht, europäische und internationale Gerichtsbarkeit, in: Robert, Rüdiger (Hrsg.): Bundesrepublik Deutschland – Politisches System und Globalisierung. Eine Einführung, Münster/New York/München/Berlin 2000, 2001[2], S. 185–199; 2003[3]; S. 197–214; 2007[4], S. 217–234.

8. Transnationale Unternehmen und politisches System in: Robert, Rüdiger (Hrsg.): Bundesrepublik Deutschland – Politisches System und Globalisierung. Eine Einführung, Münster/New York/München/Berlin 2000, 2001², S. 265–283; 2003³, S. 259–280; 2007⁴, S. 277–296.
9. Globalisierung, Gerechtigkeit und Menschenrechte, in: Robert, Rüdiger (Hrsg.): Bundesrepublik Deutschland: Globalisierung und Gerechtigkeit, Münster/New York/München/Berlin 2002, S. 1–26.
10. Menschenrechtsdiskussion nach dem Ende des Ost-West-Konflikts, in: Robert, Rüdiger (Hrsg.): Bundesrepublik Deutschland : Globalisierung, und Gerechtigkeit, Münster/New York/München/Berlin 2002, S. 27–54.
11. Globalisierung: Europäische Grundrechtscharta und Verfassung, in: Robert, Rüdiger (Hrsg.): Bundesrepublik Deutschland: Globalisierung, und Gerechtigkeit, Münster/New York/München/Berlin 2002, S. 55–78.
12. Kinderarmut als Problem globaler Verteilungsgerechtigkeit, in: Robert, Rüdiger (Hrsg.): Bundesrepublik Deutschland: Globalisierung und Gerechtigkeit, Münster/New York/München/Berlin 2002, S. 185–210.
13. Die Bewegung der „Globalisierungskritiker", in: Robert, Rüdiger (Hrsg.): Bundesrepublik Deutschland – Politisches System und Globalisierung. Eine Einführung, Münster/New York/München/Berlin 2003³, S. 299–322; 2007⁴, S. 313–332.
14. Politische Kultur und Globalisierung, in: Robert, Rüdiger (Hrsg.): Bundesrepublik Deutschland – Politisches System und Globalisierung. Eine Einführung, Münster/New York/München/Berlin 2003³, S. 131–152, 2007⁴, S. 139–158.
15. Politisches System, Westintegration, Europäische Einheit und Globalisierung, in: Robert, Rüdiger (Hrsg.): Bundesrepublik Deutschland – Politisches System und Globalisierung. Eine Einführung, Münster/New York/München/Berlin 2007⁴, S. 49–68.
16. Globalisierung: Herausforderung für den Föderalismus, in: Robert, Rüdiger (Hrsg.): Bundesrepublik Deutschland – Politisches System und Globalisierung. Eine Einführung, Münster/New York/München/Berlin 2007⁴, S. 175–194.
17. Politische Parteien auf der Suche nach Neuorientierung, in: Robert, Rüdiger (Hrsg.): Bundesrepublik Deutschland – Politisches System und Globalisierung. Eine Einführung, Münster/New York/München/Berlin 2007⁴, S. 255–276.

Kommunen in Deutschland

Monographie:
- Telgte im 20. Jahrhundert: Sozialdemokratie, Parteiensystem und gesellschaftlicher Wandel, Warendorf 1997, 578 S.

Editionen:
- mit Norbert Konegen: Globalisierung und Lokalisierung. Zur Zukunft des Kommunalen in Deutschland, Münster/New York/München/Berlin 2006, 320 S.
- mit Paul Kevenhörster: Kommunen in Not – Aufgaben- und Finanzverantwortung in Deutschland, Münster/New York/München/Berlin 2004, 339 S.

Aufsätze:
1. Verwaltungsreform der „Zwischeninstanzen" in Nordrhein-Westfalen: Die Stellung der Landschaftsverbände, in: Konegen, Norbert/Kevenhörster, Paul/ Woyke, Wichard (Hrsg.): Politik und Verwaltung nach der Jahrtausendwende. Plädoyer für eine rationale Politik. Festschrift für Gerhard W. Wittkämper zum 65. Geburtstag, Opladen 1998, S. 333–356.
2. Zur Finanzpolitik des Landschaftsverbandes Westfalen-Lippe – Haushaltsdebatte 1998, in: 10. Landschaftsversammlung Westfalen-Lippe, Niederschrift über die 9. Tagung am 13.02.1998, S. 13–17.
3. Parteien, Politik und Wahlen in Telgte, in: Frese, Werner (Hrsg.): Geschichte der Stadt Telgte, Telgte 1999, S. 343–356.
4. Stadtgeschichtliche Forschung im ländlichen Raum: Kommunikation, Kultur und Kunst als Schlüsselbegriffe, in: Heimatpflege in Westfalen, 14. Jg. H. 3, Münster 2001, S. 1–12.
5. Stadtjubiläen im 21. Jahrhundert – antiquiert oder zeitgemäß? In: Heimatpflege in Westfalen, 15. Jg., H. 2, Münster 2002, S. 1–3.
6. Telgte, Artikel in: Johanek/Reininghaus (Hrsg.): Handbuch der Historischen Stätten Nordrhein-Westfalen. Landesteil Westfalen-Lippe, Stuttgart 2004 (in Vorbereitung).
7. Die Regionalisierungsdebatte und der EU-Verfassungsvertrag – Zu kurz gesprungen? In: Varwick, Johannes/Knelangen, Wilhelm (Hrsg.): Neues Europa – alte EU. Fragen an den europäischen Integrationsprozess. Festschrift für Wichard Woyke zum 60. Geburtstag, Opladen 2004, S. 209–228; russischsprachige Fassung in: Russische Akademie der Wissenschaften – Institut für wissenschaftliche Information in Gesellschaftswissenschaften (Hrsg.): Aktuelle Probleme Europas, Heft 4, Moskau 2005, S. 123–140.
8. Reform der Kommunalfinanzen zwischen „Flickschusterei" und „großem Wurf", in: Robert, Rüdiger/Kevenhörster, Paul (Hrsg.): Kommunen in Not – Aufgaben- und Finanzverantwortung in Deutschland, Festschrift für Norbert Konegen zur Vollendung des 65. Lebensjahres, Münster/New York/München/ Berlin 2004, S. 35–73.

9. mit Wolfgang Schäfer: Eingliederungshilfe – Aufgabenwahrnehmung unter dem Vorzeichen kommunaler Finanznot, in: Robert, Rüdiger/Kevenhörster, Paul (Hrsg.): Kommunen in Not – Aufgaben- und Finanzverantwortung in Deutschland, Festschrift für Norbert Konegen zur Vollendung des 65. Lebensjahres, Münster/New York/München/Berlin 2004, S. 179–195.
10. Kommunen und Wirtschaft: „Global Player", in: Deutsche Zeitschrift für Kommunalwissenschaften, 44. Jg., H. 2, 2005, S. 103–128; englischsprachige Fassung unter „German Journal of Urban Studies" im Internet www.difu.de; russischsprachige Fassung in: Wittkämper, Gerhard W./Koslow, Genadin S./Awdonin, Wladimir S. (Hrsg.): Kommunale und Regionale Entwicklungsprozesse unter den Bedingungen der Globalisierung und Europäisierung, Moskau 2006, S. 212–263.
11. Globalisierung als kommunales Projekt, in: Zeitschrift für Politik. Organ der Hochschule für Politik München, 53. Jg., H. 2, 2006, S. 212–226.
12. Globalisierung und Lokalisierung – Anmerkungen zur Theoriedebatte, in: Konegen, Norbert/Robert, Rüdiger (Hrsg.): Globalisierung und Lokalisierung – Zur Neubestimmung des Kommunalen in Deutschland, Münster/New York/München/Berlin 2006, S. 1–19.
13. Globalisierung: Herausforderung für die bundesdeutschen Kommunen, in: Konegen, Norbert/Robert, Rüdiger (Hrsg.): Globalisierung und Lokalisierung – Zur Neubestimmung des Kommunalen in Deutschland, Münster/New York/München/Berlin 2006, S. 21–42; ähnlich in: Robert, Rüdiger (Hrsg.): Bundesrepublik Deutschland – Politisches System und Globalisierung. Eine Einführung, Münster/New York/München/Berlin 2007[4], S. 195–216.

Innenpolitik der Bundesrepublik Deutschland

Monographien:

- Konzentrationspolitik in der Bundesrepublik Deutschland. Das Beispiel der Entstehung des Gesetzes gegen Wettbewerbsbeschränkungen, Dissertation, Berlin 1976, 404 S.
- Die Unabhängigkeit der Bundesbank. Analyse und Materialien, Kronberg/Ts. 1978, 165 S.
- Pflege im Alter: Eine ungelöste Aufgabe der Sozialpolitik – Zum Meinungsstreit über die Pflegeversicherung in der Bundesrepublik, München/Stuttgart 1992, 55 S.
- Umweltschutz und Grundgesetz. Zum Meinungsstreit der politischen Parteien über eine notwendige Verfassungsänderung, Münster/New York 1993, 80 S.

Aufsätze:

1. Gewerkschaftliche Organisation und innergewerkschaftliche Demokratie, in: Politische Bildung, 3/1975, S. 3–17.
2. Unternehmenskonzentration und Wettbewerbspolitik in der Bundesrepublik, in: Aus Politik und Zeitgeschichte, Beilage zur Wochenzeitung „Das Parlament", Nr. 34/35 vom 23.8.1975, S. 23–47.

3. Mitbestimmung und Grundgesetz. Der Verfassungsstreit über das Mitbestimmungsgesetz 1976, in: Aus Politik und Zeitgeschichte, Beilage zur Wochenzeitung „Das Parlament", Nr. 16 vom 21.4.1979, S. 22–39.
4. Sozialstaat, Sozialpolitik und Selbsthilfegedanke, in: Vorstand des Instituts für Politikwissenschaft der WWU Münster (Hrsg.): Beiträge zur Politikwissenschaft und Verwaltungswissenschaft Nr. 24, Münster 1989, 44 S.; in aktualisierter und gekürzter Fassung auch erschienen in: Gerlach, Irene/Robert, Rüdiger (Hrsg.): Politikwissenschaft II: Innenpolitik der Bundesrepublik Deutschland, Münster 1990, S. 207–234.
5. Armut im vereinten Deutschland: Zur Notwendigkeit einer umfassenden Armutsberichterstattung, in: Kevenhörster, Paul/Thränhardt, Dietrich (Hrsg.): Herausforderungen an den Wohlfahrtsstaat. Internationalisierung, Individualisierung und gesellschaftlicher Wandel, Festschrift für Viola Gräfin von Bethusy-Huc zum 65. Geburtstag gewidmet von Kollegen und Freunden der Universität Münster, Münster 1992, S. 308–339.
6. Wettbewerb/Kartellamt, in: Andersen, Uwe/Woyke, Wichard (Hrsg.): Handwörterbuch des politischen Systems der Bundesrepublik Deutschland, Opladen 1993[1], S. 592–595; 1995[2], S. 643–646; 1997[3], S. 620–623; 2000[4], S. 665–668; 2003[5], S. 703–707.
7. Modernisierung der Demokratie, Umweltschutz und Grundgesetz, in: Von Prittwitz, Volker (Hrsg.): Umweltpolitik als Modernisierungsprozeß. Politikwissenschaftliche Umweltforschung und -lehre in der Bundesrepublik Deutschland, Opladen 1993, S. 93–102.
8. Globalisierung, Sozialstaat und Demokratie – Anmerkungen zu einem schwierigen Befund, in: Stolorz, Christian u.a. (Hrsg.): Jahrbuch zur Außenwirtschaftspolitik 1997/98, Münster 1999, S. 81–95.
9. Wettbewerb/Wettbewerbspolitik, in: Andersen, Uwe/Woyke, Wichard (Hrsg.): Handwörterbuch des politischen Systems der Bundesrepublik Deutschland, Opladen [4]2000, S. 665–668.
10. Armut, in: Gernert, Wolfgang (Hrsg.): Handwörterbuch für Jugendhilfe und Sozialarbeit, München/Stuttgart 2001, S. 48–51.

Der Nahe und Mittlere Osten

Editionen:
- mit Udo Steinbach (Hrsg.): Handbuch ‚Naher und Mittlerer Osten', Bd. 1: Grundlagen, Strukturen und Problemfelder, Opladen 1988, 821 S.
- mit Udo Steinbach (Hrsg.): Handbuch ‚Naher und Mittlerer Osten', Bd. 2: Länderanalysen, Opladen 1988, 600 S.

Aufsätze:

1. Nahostkonflikt, in: Woyke, Wichard (Hrsg.): Handwörterbuch „Internationale Politik", Opladen 1977, S. 230–235; 1980², S. 257–262; 1986³, S. 346–352; 1990⁴, S. 358–366; 1993⁵, S. 316–325; 1995⁶, S. 316–325; 1998⁷, S. 280–289; 2001⁸, S. 307–316; 2005⁹, S. 358–369.
2. Die Liga der Arabischen Staaten. Versuch einer Bestandsaufnahme, in: Aus Politik und Zeitgeschichte, Beilage zur Wochenzeitung „Das Parlament", Nr. 23 vom 7.6.1980, S. 25–46.
3. Die Bundesrepublik Deutschland und der Irak – Eine Bilanz, in: Orient, Zeitschrift des Deutschen Orient-Instituts, 2/1981, S. 195–218; auch erschienen als Sonderdruck Nr. 46 des Deutschen Orient-Instituts.
4. Der iranisch-irakische Krieg: Regionaler Konflikt im Spannungsfeld Mittlerer Osten, in: Politische Bildung, 1/1982, S. 49–66; Wiederabdruck in: Iranzamin, Echo der Iranischen Kultur, 1/1983, S. 9–24.
5. Der iranisch-irakische Konflikt: Krieg am Persisch/Arabischen Golf, in: Deutsches Übersee-Institut Hamburg (Hrsg.): Jahrbuch Dritte Welt, Bd. 1, München 1983, S. 119–133.
6. Der Golfkooperationsrat – Die arabischen Golfstaaten auf der Suche nach Sicherheit und Stabilität, in: Orient, Zeitschrift des Deutschen Orient-Instituts, 2/1983, S. 235–259; Wiederabdruck in: Kooperation, Zeitschrift zur Analyse und Förderung der Beziehungen zwischen der Europäischen Gemeinschaft und dem Golfkooperationsrat, 1/1986, S. 5–31.
7. Euro-arabischer Dialog, in: Woyke, Wichard (Hrsg.): Europäische Gemeinschaft, Pipers Wörterbücher zur Politik Bd. III, München 1984, S. 43–46.
8. Iranisch-irakischer Konflikt, in: Boeckh, Andreas (Hrsg.): Internationale Beziehungen, Pipers Wörterbücher zur Politik Bd. V, München 1984, S. 267–269.
9. Islamische Republik Iran: Fünf Jahre Islamische Revolution – Vier Jahre Krieg am Golf. Ein Expertengespräch der Friedrich-Ebert -Stiftung, 27.–28. November 1984 in Bonn, Bericht in: Orient, Zeitschrift des Deutschen Orient-Instituts, 4/1984, S. 491–494.
10. Organisation der Islamischen Konferenz, Arabische Bank für ökonomische Entwicklung in Afrika, Arabischer Fonds für ökonomische und soziale Entwicklung, Kooperationsrat der Arabischen Golfstaaten, Liga der Arabischen Staaten, in: Andersen, Uwe/Woyke, Wichard (Hrsg.): Handwörterbuch „Internationale Organisationen", Opladen 1985, S. 58–60, 184–186 und 189–193.
11. Legitimitäts- und Stabilitätsprobleme politischer Systeme (im Nahen und Mittleren Osten), in: Steinbach, Udo/Robert, Rüdiger (Hrsg.): Handbuch „Naher und Mittlerer Osten", Bd. 1, Opladen 1988, S. 187–194.
12. Zwischenstaatliche Arbeitskräftewanderung (im Nahen und Mittleren Osten), in: Steinbach, Udo/Robert, Rüdiger (Hrsg.): Handbuch „Naher und Mittlerer Osten", Bd. 1, Opladen 1988, S. 489–499.
13. Die Europäische Gemeinschaft und der Nahe und Mittlere Osten, in: Steinbach, Udo/Robert, Rüdiger (Hrsg.): Handbuch „Naher und Mittlerer Osten", Bd. 1, Opladen 1988, S. 789–803.

14. Israels Nuklearpolitik: Verdeckte oder offene Abschreckung? in: Orient. Zeitschrift des Deutschen Orient-Instituts, 4/1988, S. 539–560; auch erschienen als Sonderdruck Nr. 83 des Deutschen Orient-Instituts.
15. Iranisch-irakischer Konflikt, in: Woyke, Wichard (Hrsg.): Handwörterbuch ‚Internationale Politik', Opladen 1990^4, S. 290–297.
16. Die Wasserfrage im israelisch-arabischen Konflikt, in: Israel & Palästina – Zeitschrift für Dialog, 1/2000, S. 23–37.
17. Außenpolitik der Golfemirate, in: Bellers, Jürgen/Benner, Thorsten/Gerke, Ines Miriam (Hrsg.): Handbuch der Außenpolitik von Afghanistan bis Zypern, München 2001, S. 755–765.
18. Die Ressource Wasser im Nahen Osten, in: Klein, Uta/Thränhardt, Dietrich (Hrsg.): Gewaltspirale ohne Ende? Konfliktstrukturen und Friedenschancen im Nahen Osten. Schriftenreihe des Deutsch-Israelischen Arbeitskreises für Frieden im Nahen Osten Bd. 37, Schwalbach/Ts. 2002, S. 249–266.
19. Auf dem Weg zu einer Wasserkatastrophe, in: Das Parlament, 55. Jg., Nr. 32/33, 2005, S. 17.
20. Wasser im Nahen Osten und Nordafrika – Szenario einer Krise, in: Janosch, Meike/Schomaker, Rahel (Hrsg.): Wasser im Nahen Osten und Nordafrika – Wege aus der Krise, Münster/New York/München/Berlin 2008, S. 13–32.
21. Saudi-Arabien: Meerwasserentsalzung – vom angebots- zum nachfrageorientierten Wassermanagement, in: Janosch, Meike/Schomaker, Rahel (Hrsg.): Wasser im Nahen Osten und Nordafrika – Wege aus der Krise, Münster/New York/München/Berlin 2008, S. 165–186.
22. Jordan und Yarmuk: Grenzüberschreitender Wasserkonflikt, in: Janosch, Meike/Schomaker, Rahel (Hrsg.): Wasser im Nahen Osten und Nordafrika – Wege aus der Krise, Münster/New York/München/Berlin 2008, S. 275–292.
23. Integriertes Wasserressourcenmanagement – ein Konzept mit Problemen und Fallstricken, in: Mediterranes, 2/2009, S. 6–12.
24. Kollektive Identitätskonstruktionen unter besonderer Berücksichtigung von Staat und Religion, in: Ders./Schlicht, Daniela/Saleem, Shazia (Hrsg.): Identität, Staat und Religion im Nahen und Mittleren Osten, Münster/New York/ München/ Berlin (erscheint 2010).
25. Identität durch Mythenbildung: Massada (erscheint 2010), in: Ders./Schlicht, Daniela/Saleem, Shazia (Hrsg.): Identität, Staat und Religion im Nahen und Mittleren Osten, Münster/New York/München/ Berlin (erscheint 2010).
26. Mit Julia Kaspari: Identität durch Personenkult: Gamal Abdel Nasser und Rouhollah Khomeini (erscheint 2010), in: Ders./Schlicht, Daniela/Saleem, Shazia (Hrsg.): Identität, Staat und Religion im Nahen und Mittleren Osten, Münster/New York/München/ Berlin (erscheint 2010).
27. Mit Fereshte Hedjazi: Ausgrenzung und Verfolgung: Die Bahai in Iran, in: Ders./Schlicht, Daniela/Saleem, Shazia (Hrsg.): Identität, Staat und Religion im Nahen und Mittleren Osten, Münster/New York/München/Berlin (erscheint 2010).

Autorinnen und Autoren

Klaus Heinrich Marcel Beck, stellvertretender Vorsitzender der SPD-Fraktion der Stadt Telgte.

Florian Boettcher arbeitet als wissenschaftlicher Mitarbeiter am Lehrstuhl für Stadt-, Regional- und Umweltökonomie an der TU Kaiserslautern.

Eberhard Christ, Vorsitzender der Geschäftsführung der Westfälischen Verkehrsgesellschaft mbH (WVG), Münster.

Wolfgang Gernert, Honorarprofessor für Jugendhilfepolitik an der Westfälischen Wilhelms-Universität Münster.

Martin Junkernheinrich, Professor für Stadt-, Regional- und Umweltökonomie unter besonderer Berücksichtigung finanzwissenschaftlicher Aspekte an der TU Kaiserslautern.

Walther Keim, Honorarprofessor an der Westfälischen Wilhelms-Universität Münster. Direktor des Museums für zeitgenössische Kunst, Kultur und Karikatur in Rotenburg a.d. Fulda.

Paul Kevenhörster, Professor Emeritus für Politikwissenschaft an der Westfälischen Wilhelms-Universität Münster.

Norbert Konegen, Professor Emeritus für Politikwissenschaft an der Westfälischen Wilhelms-Universität Münster.

Dietrich Meendermann, ehem. Bürgermeister der Stadt Telgte.

Reinhard Meyers, Professor für Politikwissenschaft an der Westfälischen Wilhelms-Universität Münster.

Hiltrud Naßmacher, apl. Professorin an der Carl von Ossietzky Universität Oldenburg.

Friedrich Paulsen arbeitet als wissenschaftlicher Mitarbeiter am Institut für Politikwissenschaft der Westfälischen Wilhelms-Universität Münster.

Hannes Rehm, Honorarprofessor an der Universität Münster. Sprecher des Leitungsausschusses des Sonderfonds Finanzmarktstabilisierung (Soffin).

Heiko Sakurai arbeitet als freischaffender Karikaturist u.a. für die WAZ, die Berliner Zeitung und die Financial Times Deutschland.

Manfred Scholle, Vorstandsvorsitzender der GELSENWASSER AG.

Gerhard W. Wittkämper, Professor Emeritus für Politikwissenschaft an der Westfälischen Wilhelms-Universität Münster.

Annette Zimmer, Professorin für Sozialpolitik und Vergleichende Politikwissenschaft am Institut für Politikwissenschaft der Universität Münster.